한반도 평화의 지정학

한 반 도 평 화 의 지 정 학

신성호 지음

21세기북스

들어가는 말

한국은 마치 안보 문제의 백화점과도 같다. 근세 한국인들의 삶은 항상 전쟁 위협에 시달렸다. 아시아 대륙의 동북부에 위치한 한반도는 19세기와 20세기 대륙과 해양의 강대국들 틈바구니에서 주요한 세력 쟁탈의 대상이 되는 비극을 겪었다. 한반도를 둘러싼 주변의 정세가 요동칠 때마다 안보 문제를 둘러싼 논쟁이 끊임없이 제기되었다.

분단과 한국전쟁을 거치면서 굳어진 남북의 군사대결은 한반도 전쟁 위협과 이를 둘러싼 각종 안보 문제를 한국민의 일상 현안으로 만들어버렸다. 정치면에서 동맹과 남북관계, 경제면에서 코리아 디스카운트, 사회면에서 통일과 반공 등 우리 삶의 전반에 걸쳐서 안보와 관련된 현안이 항상 핵심 화두로 등장한다. 전쟁, 국방, 동맹, 핵과 억제, 경제제재, 안보전략, 민군관계 등과 관련된 논쟁이 한국인의 일상에서 매일 벌어진다. 최근에 불거진 사드 미사일 방어, 북핵 개발과 확장억제, 미·중 경쟁과 한미동맹을 둘러싼 논쟁 등 매우 전문적인 안보 현안이 매일 신문과 방송 등을 통해 보도되는 것은 가장 비근한 예이다.

그러나 한편으로 이러한 중요한 안보 현안에 대한 논의나 이해가 종종 특정 이념이나 정치적 입장 혹은 감정에 사로잡혀 객관적이고 논리적으로 전개되지 못하는 경향을 보게 된다. 돌이켜보면 이는 우리의 안보 현실에 대한 지나친 피해의식이나 선입견이 작용한 측면이 있다. 주변 강대국의 위협에 항상 불안한 한국인들은 가깝게는 일제 침략과 한국전쟁 시 중국의 개입을 포함한 과거 한반도 침탈의 역사에 대한 기억이 유난히 강하다.

흔히 대부분의 한국 사람들은 과거 수천 년의 역사에서 한반도가 최소 수백에서 1000회가 넘은 외침을 당하였다고 알고 있다. 그러나 실제 기록을 자세히 따져보면 지난 2000년간 한반도가 심각한 외적의 침략을 당한 횟수는 고작 80여 회라는 분석이 있다. 반면에 항상 평화를 사랑하여 남의 나라를 침략한 적이 없다는 주장과는 달리 광대한 남의 영토를 접수하여 왕국을 수립한 광개토대왕이 역사의 영웅으로 대접받는 것도 우리의 모순된 현실이다. 21세기 한국은 세계 5위권의 군사 대국으로 부상하였다. 하지만 여전히 많은 한국인은 같은 민주주의 국가면서 평화헌법과 반전 여론이 어느 사회보다 강한 세계 최고령의 노인 국가인 일본이 한반도를 재침공할 가능성이 있다고 불안해한다. 이렇듯 한국인은 항상 전쟁의 공포에 시달려왔다.

그런데 정작 한국인의 불안과 달리 최근 한국을 찾는 외국인의 수가 급증하고 있다. 이들은 한류와 더불어 한국의 밤거리를 마음 놓고 활보할 수 있는 것에 매력을 느낀다고 한다. 그렇다. 대한민국이야말로 이 지구상에서 가장 안전한 나라가 아닐까. 핵을 개발하는 북한과의 전쟁 위협을 제외하면 미국처럼 총기사고로 매년 수만 명이 죽는 일도 없고, 프랑스나 독일, 영국처럼 유럽 인근에서 퍼져 나오는 난민이나 테러 걱정을 하지 않아도 되고, 일본처럼 대규모 지진이나 쓰나미의 위협도 적지 않은가? 그렇다고 중동이나 아프리카의 일부 개도국처럼 내부 인종 갈등이나 종교적 분쟁에 의한 내전을 걱정해야 하는 것도 아니다. 물론 '서울 불바다'와 '핵전쟁 불사'를 운운하는 북한과 대면하고 살아야 하고, 실제 북한의 무력도발이 종종 벌어지는 현실이 있다. 그러나 거꾸로 북한 위협만 잘 관리하면, 혹은 북한과 제대로 평화적 관계만 수립할 수 있다면 한반도와 대한민국은 그야말로 전 세계에서 가장 안전한 나라가 될 것이 아닌가?

이를 위해서는 이제 대한민국의 안보정책에 관한 보다 현실적이고 객관적인 논의가 필요하다는 생각이다. 물론 어느 사회나 마찬가지로 한국 역시 안보정책이 대중의 감상적 접근을 자극하는 정치 논리에 휘말리는 상황에서 벗어나기는 쉽지 않다. 그러나 이러한 상황은 특정 안보 이슈나 논쟁의 출발점이 되는 기본 개념이나 이론에 대한 명확한 정의가 제시되지 못한 현실도 그 책임이 크다고 느꼈다. 『전쟁론』으로 유명한 프로이센의 전략가 클라우제비츠는 "이론의 가장 중요한 목적은 현실에서 혼동되거나 뒤섞인 개념이나 생각을 명쾌하게 밝혀주는 것"이라고 설명한다. "개념이나 용어가 명확히 정의되지 않는 상태에서는 주어진 문제에 대해 명쾌하고 쉬운 해답을 얻거나 다른 사람들과 이러한 관점을 공유하기를 기대할 수 없다"는 것이다. 비록 "이론은 특정 문제를 풀 수 있는 공식이나 유일한 해결책이 있는 자세한 길을 인도해주지는 않지만, 엄청난 분량의 현상이나 그 관계들에 대한 통찰력을 제시하여 더 수준 높은 영역의 행동을 취할 수 있는 자유를 제공한다."[1]

이 책은 크게 세 독자층에게 도움이 되고자 한다. 첫째, 안보 문제에 관심이 있는 학생이나 이 분야의 전공자에게 안보와 관련된 기본 이론을 정리하여 설명코자 한다. 흔히 이론은 학문적으로 복잡하고 추상적인 개념으로 이해된다. 안보이론을 접하는 초기 전공자들에게는 더더욱 어렵고 난해한 과정으로 여겨지기도 한다. 그러나 원래 이론의 목적은 복잡하고 풀기 어려운 현실의 문제를 일목요연하게 정리하여 명쾌한 해석과 대안을 제시하는 길잡이 역할이다. 난마처럼 얽힌 한반도의 복잡한 안보 현안을 풀기 위해서는 안보 관련 주요 개념과 이론에 대한 기본적인 이해가 바탕이 되어야 한다.

둘째, 안보를 담당하는 정책 결정자와 이를 비판적으로 검증하는 언론을 포함한 여론 주도층이다. 안보정책의 시작은 선택이 어려운 현실을 잘 분석하여 여기에 맞는 여러 대안을 제시하고 그중에 가장 적절한 정책 수단을 찾는 것이다. 이를 위해 안보 현안을 올바르게 이해할 수 있는 분석 틀을 제공하는 것은 안보정책의 기초 작업에 중요하다. 또한, 이를 비판적으로 분석·검증할 수 있는 언론이나 기타 관계자들에게도 이러한 분석 틀은 유용하게 쓰일 것이다.

셋째, 일반 대중이다. 한반도의 지정학적 운명은 안보 논쟁을 전문가뿐 아니라 일반 대중에게도 중요한 일상사로 만들었다. 자유민주주의를 근간으로 하는 대한민국에서 올바른 안보정책의 논쟁과 토론은 대중의 올바른 인식에서 출발한다. 비록 정책 전문가나 안보 전공자의 수준은 아니더라도 대중의 안보 현안에 대한 올바른 기본 지식과 인식은 건설적이고 효과적인 안보정책 논의의 시작이 될 것이다.

이 책의 구성은 다음과 같다. 한반도 안보 문제를 전쟁 편과 평화 편으로 크게 구분하여 중요한 현안 질문에 대한 답을 구하는 형식으로 구술하였다. 그 과정에서 주제별로 가장 대표적인 학자의 이론이나 저술을 요약·정리하여 소개했다. 이들 이론이나 학자의 선정은 저자의 자의적 기준에 의한 것이다. 그러나 여기 소개되는 이론은 국제정치와 안보 관련 주류 학계의 전공자들에게 인정받는 가장 대표적인 내용이다. 단, 지면의 제한으로 이들 이론을 자세하게 설명하지 못하거나 그에 대한 세부적인 논쟁이나 비판을 함께 소개하지 못하는 한계를 밝혀둔다. 저자가 설명하는 이론이 원래의 취지와 맞지 않거나 중요한 부분을 생략하였다면 이는 어디까지나 저자의 책임이다. 그 대신 이에 대한 건설적인 문제 제기나 비판을 겸허히 수용한다. 동시에 저자가 소개하는 이론의 해석이나 관련한 정책적 함의에 대해 다른 의견이 충분히 있을 수 있다.

두 번째로 이론이 실제에 적용된 대표적인 역사적 사건이나 정책 사례를 소개한다. 이를 통해 이론이 실제 사례에 어떻게 적용되는지를 구체적으로 살펴볼 것이다. 최근에 새로이 떠오른 일부 주제는 주요 정책 문서나 보고서, 뉴스 자료 등을 이용하여 주요 쟁점이나 흐름을 소개한다. 세 번째로 이론과 국제적 사례가 한반도의 실제 안보 현안이나 정책문제에 어떻게 적용될 수 있는지를 살펴본다. 여기에는 과거의 역사적 사건이나 현재의 각종 안보 문제를 관련 이론을 통해 어떻게 새롭게 접근하고 정책대안을 제시할지 논의할 것이다. 이와 관련된 정책 논쟁, 비판과 또 다른 대안이 있다면 대한민국 안보정책의 건설적인 논의를 위해 기꺼이 환영한다.

이 책이 나오기까지 여러분의 도움을 받았다. 많은 분량과 거친 이 책의 초고 내용을 검토하고 따뜻한 격려와 조언을 해준 고려대학교 이동선, 명지대학교 정성철, 해군사관학교 임경한, 육군사관학교 양희용 교수께 감사드린다. 독자를 가르치기보다 지식을 전하는 책을 쓰라는 같은 대학원 조영남 교수님의 말은 책의 방향을 놓고 고민하던 나에게 큰 도움이 되었다. 원고의 감수 과정에서 여러 도움을 준 나지원, 김선진, 이한준, 박지수 박사 조교와 신홍중 석사 조교에게도 고마운 마음을 전한다. 책의 출판을 선뜻 결정한 21세기북스 출판사와 실무를 맡으신 양으녕 팀장, 서진교 PM께도 감사를 드린다. 끝으로 오랜 시간 더딘 책 작업을 묵묵히 옆에서 지켜봐 준 아내에게 감사한다.

2025년 5월

관악에서 신성호

차례

4장 북한은 핵전쟁을 일으킬까?

5장 전쟁에 법이 통할까?

6장 21세기 테러와의 전쟁?

7장 21세기 총성 없는 전쟁?

8장 21세기 미·중 우주 패권경쟁?

9장 터미네이터가 나올까?

2부 · 평화

1장 총이냐, 버터냐?

2장 국가안보전략의 최고 담당자는?

3장 세계 최강 미국의 군사전략은?

4장 한미동맹은 영원할까?

5장 한국은 핵무장이 필요한가?

6장 대북 제재냐 당근이냐?

7장 21세기 한국의 새로운 안보위협은?

8장 한국 국방의 미래는?

1부 전쟁

1장

제2의 한국전쟁이 일어날까?

전쟁은 한국인의 가장 큰 관심사이다. 한국전쟁이 끝나지 않았기 때문이다. 1953년 7월 27일, 3년 전 전쟁이 시작된 38선을 중심으로 치열한 공방전을 지속하던 북한과 미국, 중국은 서로 패배를 인정하지 않은 채 평화협정이 아닌 정전협정을 맺었다. 당시 한국의 이승만 정부는 북진통일을 주장하며 정전협정 참가 자체를 거부하였다. 이후 남과 북은 폭 4000미터 비무장지대를 사이에 두고 세계에서 가장 중무장한 군대가 남쪽에 50만, 북쪽에 100만 명이 밀집하여 군사 대치 중이다. 전쟁 발발 70년이 넘는 세월을 여전히 한반도의 7000만 한국인이 전쟁의 그림자와 두려움 속에 살고 있다. 여기에 더하여 일제강점기로 이어진 청일·러일전쟁, 조선 중기 임진왜란과 정묘·병자호란의 기억은 강대국 사이에 낀 한반도 지정학의 질곡 속에 한민족이 전쟁에 대해 누구보다도 강한 역사적 피해의식을 갖는 요인으로 작용한다.

지난 2500년의 한반도 역사에서 어림잡아 1000여 회에 이르는 외세의 침략을 당했다는 대중의 인식은 한국인의 뿌리 깊은 전쟁 공포증을 반영한다. 그러나 자세히 따져보면 실제로 한반도에 대한 외세의 침략이 최대 90회 남짓이라는 것, 광개토대왕의 경우에서처럼 한민족이 때로는 남의 영토를 침략한 예도 적지 않았다는 것 또한 역사적 사실이다. 오늘날 대한민국은 세계 10위권의 경제 선진국과 더불어 무력에서는 그보다 높은 5~6위권의 군사 대국으로 여겨진다. 그러나 아직도 많은 이가 초고령사회로 접어든 일본이 군사 대국화하여 언젠가 다시 한반도를 침략할 가능성이 있다거나 북한 급변사태와 같은 상황 발생 시 중국이 북한은 물론 한반도 전체를 지배할 기회를 호시탐탐 노리고 있다고 믿는다. 여기에 북한은 핵무장 국가를 선포하며 핵 선제공격까지 위협하고 있다.

그렇다면 21세기 한반도에 전쟁이 일어날 가능성은 얼마나 될까? 전쟁이 일어난다면 어떻게 일어날까? 한반도에서 전쟁을 막고 평화를 지키기 위한 우리의 전략은 어떠한 것이어야 할까? 전쟁의 본질과 그 원인에 대한 이론과 논쟁은 이러한 질문에 답할 단초를 제공한다. 이 장에서는 한반도 전쟁의 역사를 재조명하고 전쟁의 원인에 대한 국제정치의 3가지 이론을 통해 21세기 한반도의 전쟁 가능성을 살펴본다.

한반도와 올바른 전쟁사

01

우리는 어려서부터 한반도는 항상 외세의 침입에 취약하고 실제로 많은 고통과 침략의 대상이 되었다고 배웠다. 과연 한반도는 외세의 침략을 가장 많이 받은 지역 중 하나인가? 그렇다면 왜 한반도에서는 전쟁이 많이 일어났을까? 한반도 주변 국가가 모두 한반도를 지배하려는 야욕을 가졌기 때문일까? 이러한 질문에 대한 답은 자명해 보인다. 한반도는 주변 강대국의 사이에 끼인 지정학적 운명에 의해 항상 침략의 대상이었으며, 그로 인해 전쟁과 수난의 역사를 겪을 수밖에 없었다는 것이다.

그러나 한반도의 역사를 따져 보면 사실 전쟁의 시기보다 평화의 시기가 훨씬 길었다. 더욱 특이한 것은 한반도가 중국이라는 거대한 제국의 바로 옆에 존재하면서도, 지난 수천 년간 중국의 직접적인 간섭을 받거나 식민지로 전락한 경우가 거의 없었다는 점이다. 당장, 근대 이전 조선 왕조 500년 동안을 보아도 조선이 이웃 중국의 직접적인 침략을 받은 것은 정묘·병자호란을 합쳐 단 두 번이고 중국의 직접적인 지배를 받은 적은 한 번도 없다. 이것은 과연 우리 민족이 외세의 침략에 항상 강인하게 저항한 이유 때문일까? 아니면 주변의 강대국이 무슨 이유에선지 한반도 접수에 별 관심을 보이지 않았기 때문일까?

평화를 사랑하고 남을 침략한 적이 없는 우리 민족은 불행하게도 역사상 항상 주변 강대국의 침략과 간섭의 대상이 되었다는 인식이 널리 퍼져 있다. 혹자에 의하면 한반도가 침략당한 숫자가 총 993번이나 된다고 한다. 이 주장은 대중에 의해 무의식적으로 받아들여진다. 정작 이 숫자가 어디서 나왔는지 그 정확한 근거를 알 수는 없다. 그런데도 오늘날 대부분 한국인은 최소 수백에서 천여 회에 달하는 외세의 침략이 있었다는 막연한 인식을 가지고 있다. 이는 사실일까? 한반도 전쟁사를 살펴본 왕선택 박사는 사실이 아니라고 분석한다. 그에 따르면 고조선 시대 이후 시대별 역사에 기록된 다양한 침략 기록과 내용을 분석해보면 한국이 외세에 의해 대규모의 침략을 당한 횟수는 고조선, 삼국 시대, 고려 시대, 조선 시대를 걸치는 2500년간 80여 회 정도이며, 최대로 잡아도 90여 회에 지나지 않는다고 결론 짓는다.

삼국 시대 신라·백제·고구려 간의 잦은 전투는 외세의 침략으로 볼 수 없고, 시대를 걸쳐 자주 기록된 왜구의 침입은 대부분 규모가 작은 노략질 정도로밖에 볼 수 없다는 것이다. 이러한 경우를 제외하고 한반도가 심각한 규모의 외부 침략을 받은 경우를 정리하면, 삼국 시대의 경우 수 양제와 당 태종의 대군을 포함 대륙의 중국 세력과 맞서던 고구려가 50회 정도, 원나라의 침략을 수십 년간 버티던 고려 시대가 20차례, 조선 시대는(청일전쟁과 러일전쟁을 포함할 경우) 10여 차례, 도합 전체 80여 회에 달하는 심각한 외세의 침략이 있었다고 역사는 기록한다. 여기에 낙랑이 고구려·백제·신라를 10여 차례 침략했다는 그 실체가 분명하지 않은 삼국 시대의 역사를 추가할 경우 지난 2500년간 최대 90여 차례의 외세의 한반도 침략이 있었다는 것이다.

따라서 한반도가 외침을 받은 횟수는 1000여 회는커녕 모두 합쳐 100번을 넘지 않는다. 한반도 역사에서 최소 수백 번의 외침을 겪었다는 인식은 크게 잘못된 사실이라는 것이다. 왕 박사는 이러한 한국 사람들의 피해의식이 "과거부터 큰 나라 사이에 끼여서 끊임없는 침략 속에 은근과 끈기로서 실낱처럼 가는 목숨을 비굴하게 유지해온 민족으로 한편으로 강인하다는 점을 말하려는 듯하면서도 결국에는 약소국 민족이라는 자학적 태도를 취하"는 이중적인 모습을 보인다고 언급한다.[2] 그러나 여기에는 근대 들어 지난 100여 년 전쟁의 경험이 더욱 중요하게 작용하는지 모른다. 일본의 제국주의 침탈과 식민지화에 이은 한국전쟁의 경험이 현재 한국인의 이러한 역사관과 피해의식에 더욱 직접적인 영향을 주었다는 것이다.

고조선 이후 우리 역사를 통틀어 외침이 90여 회 정도라면 이는 곧 외침의 주요 주체로 여겨지는 중국이 한반도를 수백여 회에 걸쳐 침략하고 제패하려 했다는 인식에도 중요한 문제가 제기된다. 한국인의 마음속에 중국은 한반도와 대륙으로 연결된 강대국으로 호시탐탐 한반도를 지배하에 두려는 저의를 가진 나라로 인식되는 경향이 있다. 현재 중국의 급속한 부상은 중국의 장기적 의도에 관한 이러한 의구심을 더욱 강화한다. 최근 사드 미사일 배치를 둘러싼 한중 갈등은 이러한 인식을 더욱 확대 및 재생산하였다. 같은 맥락에서 많은 전문가를 비롯한 대부분의 한국인은 북한 체제 전복이나 급변사태 시 중국이 대규모 군대를 파병하여 북한 지역을 점령하거나 정치적 지배하에 두려는 의도가 있다고 믿는다.

이러한 한국민의 의식에는 과거 중국이 수백 번에 걸쳐 한반도를 침략하여 지배하려 했다는 역사적 인식이 자리하고 있다. 왕 박사는 이에 대해 외침 자체가 90여 회에 지나지 않을 뿐 아니라 그중에서도 중국대륙에 자리한 주요 정치세력에 의한 한반도 침략의 역사는 고구려에 대한 침략 30회, 낙랑의 침략 10회를 합해 최대로 잡아 45회 정도밖에 되지 않는다고 분석한다. 더구나 이들 중에서도 본토의 한족 왕조가 주도한 중앙정부 차원의 침략은 7차례밖에 되지 않다는 것이다.[3] 흔히 중국의 침략으로 여겨지는 조선 시대 병자·정묘호란의 경우 중국 북방의 오랑캐 여진족이 주축이었고, 고려 시대 원나라의 침공도 몽골족에 의한 것으로 역대 중국 본토의 주류인 한족과는 상관없는 사건이었다.

한편, 외침에 대한 한국민의 피해의식은 우리 민족은 항상 평화를 사랑하여 다른 나라를 침략한 적이 없다는 민족적 평화 애호의식에 대한 강조로 이어진다. 왕 박사는 이에 대해서도 한국인의 모순을 지적한다. 실제로 『삼국사기』와 고려와 조선의 역사서에 나온 대외전쟁의 기록만 상식선에서 따져보아도 우리가 주변의 이민족이나 국가

그림 1-1 | 고려와 조선의 영토 확장 지도

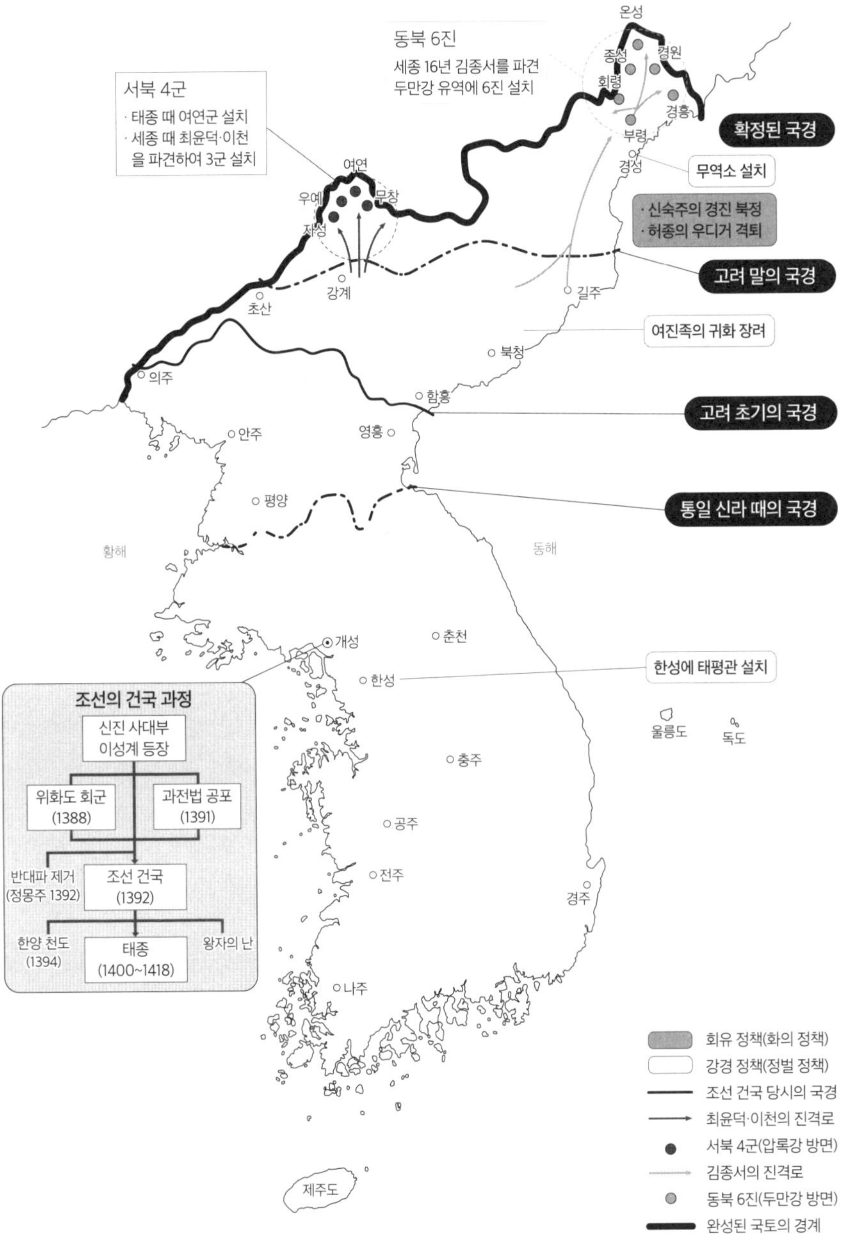

를 침공한 사례가 64회에 이른다는 것이다. 여기에는 우리가 삼국 시대 영웅으로 기리는 광개토대왕의 고구려에 의한 중국을 포함한 주변 지역으로의 영토 확장, 고려 시대 윤관의 여진 정벌과 여몽연합군의 일본 정벌, 조선 시대 김종서의 북방 영토 확장 등 우리 스스로 역사 교과서에 자랑스럽게 기술하고 있는 대표적 사례가 포함된다.

더욱이 918년 고려 건국 이후 약 1000년 동안 한국의 영토가 크게 확장된 점에 주목할 필요가 있다. 우리가 침략을 받은 경우는 영토를 잘 지켜낸 반면 우리가 남의 영토를 쳐들어갔을 때는 점령지의 지도부를 아예 소멸시켜버리고 현지 주민을 쫓아내거나 우리 국민으로 귀화시켰다. 고려 초기 개성 수도 이북의 평양에 그쳤던 고려의 영토가 이후 조선에 이르는 수백 년의 북방정벌을 통해 압록강과 두만강에 이르는 오늘날의 우리 영토로 만들어버렸다는 것이다. 결론적으로 전체 횟수로만 보면 한반도가 침략을 많이 당한 것처럼 보이지만, 영토가 확장됐다는 사실은 우리의 주변 영토 확장이 실제 더욱 강력했다고 해석될 수도 있다.

요약하면, 2500년 역사에서 한반도가 유난히 외세의 침입을 많이 받았다는 우리의 인식은 과장된 측면이 있다. 반대로 우리도 외국을 침략한 경우가 이에 못지않다는 것 또한 역사적 사실이다. 단지 근세 들어 일제강점 경험과 연이은 한국전쟁의 기억으로 인해 오늘날 일반 한국인이 전쟁에 관한 심각한 피해의식을 갖게 된 것으로 보인다. 21세기 세계 10위권의 경제 선진국은 물론 세계 5~6위권의 군사 대국으로 부상한 한국은 이제 중국이나 일본 등 주변국의 침략 의도나 가능성에 대해 지나친 걱정이나 낙관 모두를 경계하는 객관성이 요구된다. 그렇다면 과연 한반도에서 또다시 전쟁이 일어날까? 많은 사람이 여전히 한반도에 전쟁이 일어날 가능성이 많다고 생각한다. 근본적으로 해결되지 않은 남북 군사 대치가 가장 중요한 원인이다. **21세기에 한반도 전쟁은 어떻게, 왜 일어날 수 있을까? 여기에 대한 답은 전쟁의 근본 원인에 관한 자유주의·현실주의·구성주의의 세 가지 국제정치이론을 통해 논의해볼 수 있다.**

임마누엘 칸트와 자유주의 전쟁론

02

독재체제가 전쟁을 일으킨다

근대 서구 민주주의의 주류 이념인 자유주의에 기반한 국제정치이론은 비민주적 독재체제를 전쟁의 주요 원인으로 지목한다. 1950년의 한국전쟁은 북한 김일성 수령의 결심으로 시작되었다. 70년이 지난 지금 제2의 한국전쟁도 북한 김정은 위원장으로 인해 일어날 가능성이 많다고 생각되는 이유이다.

2017년 북한 김정은 위원장과 미국 트럼프 대통령의 설전 속에 많은 이가 한반도의 전쟁을 염려하였다. 트럼프 행정부의 출범과 함께 북한의 김정은 정권이 미사일과 핵실험을 지속하자 미국 정부는 이에 대한 거친 위협을 구사했다. 트럼프 대통령은 북한의 계속되는 도발에 대해 미국의 '화염과 분노'를 경고하더니 급기야 9월의 유엔총회 연설에서 김정은 위원장을 '자살행위의 로켓맨'으로 부르며 북한을 완전히 파괴할 수 있다고 위협하였다. 2018년 초 김 위원장은 핵단추를 언급하며 미국을 위협하였다. 여기에 트럼프 대통령도 자신은 더 큰 핵단추가 있다고 반박하면서 한반도 핵전쟁 가능성이 제기되었다. 그러나 북한의 2월 평창올림픽 참가로 국면이 전환되기 시작했다. 4월 판문점 남북 정상회담에 이어 6월에는 싱가포르에서 사상 초유의 북미 정상회담이 성사되는 드라마가 펼쳐지면서 비핵화에 대한 기대가 높아지기도 하였다.

그러나 2019년 하노이의 2차 북미 정상회담에서 비핵화에 대한 양측의 견해가 팽팽히 맞서면서 협상이 결렬되고 김정은 위원장은 빈손으로 돌아갔다. 이후 단단히 화가 난 북한의 김정은 위원장은 미국을 타격할 대륙간 탄도미사일(ICBM) 개발에 전념하였다. 2022년 북한은 5가지의 핵 무력 사용 조건을 명시하는 공세적 핵독트린을 발표하며 남한 정권과 군이 전멸을 면치 못할 것이라며 위협하고 있다. 2023년과 2024년에는 급기야 남북관계를 '적대적 두 국가 관계', 즉 '전쟁 중인 교전국 관계'라고 규정하며, '남반부 전 영토를 평정'할 것을 암시했다. 과연 북한의 김정은 위원장은 제2의 한국전쟁을 일으킬까?

국제정치의 자유주의이론에 따르면 북한의 전체주의 독재는 한반도 전쟁을 일으킬 수 있는 가장 주요한 위협요인이다. 북한에 사회주의 독재정권을 수립한 김일성이 적화통일을 위해 남한을 침략한 한국전쟁은 자유주의 시각에서 보는 북한 위협론의 가장 주요한 근거이다. 이후 김일성 주체사상으로 무장한 북한의 독재체제는 자본주의 경제성장과 민주화를 이룬 대한민국을 근본적으로 부정하며, 적대세력으로 인식된다. 1990년대 소련을 위시한 동구의 사회주의 몰락 이후 경제난과 외교 안보 고립을 타개하기 위한 선군정치와 핵 개발은 남한을 무력으로 통일하기 위한 북한 독재체제의 의도를 반영하는 것으로 이해된다. 실제 북한은 남한을 미국 제국주의의 앞잡이로 매도하며 서울 불바다 발언 등을 통해 핵과 군사 위협을 서슴지 않았다. 더욱이 냉전이 끝난 지 10여 년이 지난 21세기에 들어서서도 1999년·2002년·2009년 서해교전, 2010년 천안함 폭침과 연평도 포격, 그리고 2015년 군사분계선 목함지뢰 매설 등 각종 군사도발을 일으켰다. 역사적인 남북 정상회담 20주년이었던 2020년에도 최고 존엄에 대한 탈북단체의 삐라 살포를 빌미로 우리 정부가 170억 원을 들여 개성에 건설한 남북공동연락사무소를 폭파하였다. 한국전쟁 발발 후 70년이 지난 오늘날에도 북한의 남한에 대한 무력통일을 우려하는 시각이 한국 사회에 여전한 이유이다. 특히 북한 정권의 핵 개발은 체제 방어와 생존의 수단이기보다는 다시 한번 남한을 무력으로 통일하기 위한 침략의 도구로 이해된다.

1·2차 세계대전 이후 서구의 여론과 주류 이론가들은 전쟁을 일으킨 국가의 과도한 탐욕, 특히 일부 지도자의 잘못된 욕망과 선택을 전쟁의 일차적 원인으로 지목하였다. 오스트리아와 폴란드를 시작으로 주변 국가를 침공하여 유럽을 제패하고자 2차 대전을 일으킨 독일의 히틀러가 대표적인 사례이다. 메이지개혁 이후의 초기 공화정을 압살하고 전체주의적 군국주의를 표방하며 태평양 전쟁을 일으킨 일본의 군부 지도자들도 전쟁의 주범으로 전범재판의 심판을 받았다. 이

전 유럽 열강의 주요 전쟁도 이러한 잘못된 지도자에 의해 시작된 것으로 해석될 여지가 충분히 있다. 19세기 초 유럽을 휩쓴 나폴레옹 전쟁도 말 그대로 프랑스 황제 지위에 만족하지 못한 나폴레옹이 유럽 제패의 욕망을 위해 일으킨 침략전쟁에 맞서 영국과 러시아를 위시한 나머지 유럽의 국가들이 연합하여 싸운 전쟁으로 이해된다.

이러한 특징은 동서고금을 막론하고 주요 전쟁의 원인으로 나타나는 듯하다. 고대 그리스의 알렉산더대왕, 몽골의 칭기즈칸, 오스만 제국의 메흐메트 등을 보면 거대한 전쟁의 뒤에는 제국 건설의 야심을 가진 강력한 지도자가 등장한다. 이들의 공통점은 국내적으로 강력한 독재권력을 수립했다는 점이다. 이는 곧 서구의 합리적 민주주의 발전을 신봉하는 자유주의 국가의 시민이나 학자들에게는 독재자나 독재체제를 국제사회의 평화를 위협하고 전쟁을 일으키는 주범으로 주목하게 한다. 국제정치학에서 자유주의 이론가들이 국내 정치 형태와 제도를 전쟁의 가장 중요한 근본 원인으로 주장하게 된 배경이다. 비민주적 정치제도와 독재적인 지도자가 전쟁의 주원인이라면 전쟁을 방지하는 가장 근본적인 방법은 민주주의 제도와 정치가 모든 국가에 확산되는 것이다.

전쟁을 방지하고 평화를 보장하기 위한 자유주의자들의 가장 대표적인 이론은 민주 평화론(Democratic Peace Theory)이다. 독일의 철학자 칸트(Immanuel Kant)가 그의 저서 『영구 평화(Perpetual Peace)』에서 국민이 의사결정의 주체인 공화제 국가는 구조적으로 전쟁을 싫어한다고 주장한다.[4] 그 이유는 간단하다. 전쟁이 발발할 경우 실제 전쟁터에서 목숨을 걸고 싸우거나 희생을 당해야 할 사람은 일반 국민이기 때문이다. 자신들의 목숨을 바쳐야 하는 전쟁에 대부분 반대한다는 것이다. 유럽에 공화정이 형성되기 이전의 절대왕정 혹은 오늘날의 독재국가에서는 왕이나 독재자가 쉽게 전쟁을 일으킬 수 있다. 그들이 직접 전쟁에 나가서 싸우지 않기 때문이다. 일반 국민의 경우 자신이 그 대가를 고스란히 책임질 전쟁에 찬성한다는 것은 여간해선 쉽지 않다. 따라서 국민이 궁극적인 의사결정권을 가진 민주주의 국가의 지도부가 여론을 거스르고 침략전쟁을 일으키기는 거의 불가능하다. 민주국가가 침략에 대한 방어적 목적 이외의 전쟁에 참여하기 어려운 근본적인 이유이다. 따라서 세상의 모든 국가가 국민이 주권자인 공화제의 민주주의가 된다면 더 이상 전쟁이 일어나지 않는 영구 평화가 가능하다는 것이다.

칸트의 영구 평화 이론은 미국의 대표적 자유주의 학자 마이클 도일(Michael Doyle)에 의해 민주 평화론으로 발전한다. 도일은 칸트의 전 세계적 영구 평화는 실제 이루어지기 어렵더라도, 최소한 민주주의 국가들 사이에는 전쟁이 일어나지 않으리라는 민주 평화론을 주장한다. 국민이 주권자인 민주주의 국가는 본질적으로 전쟁을 하기 쉽지 않다. 국민의 선택을 받는 민주 정부는 전쟁의 피해에 대한 유권자 국민의 우려와 비난을 두려워한다. 따라서 민주적으로 선출된 지도자들은 국가 간 분쟁이 생기더라도 되도록 전쟁보다는 국제협약이나 외교적 협상을 통해 문제 해결을 시도할 것이다. 이들 민주주의 국가들은 국제법을 준수하며 비슷한 정책과 이념을 가진 서로를 적대하는 경향이 적다. 여기에 민주주의 국가들은 대체적으로 선진적이고 부유한 나라가 많으므로 전쟁의 피해에 더욱 민감하다. 실제 유럽을 중심으로 근대 민주주의가 확립된 1차 대전 이후 이들 사이에 전쟁이 일어난 경우는 찾아보기 힘들다. 중세 이후 수백 년간 전쟁이 일상화되었던 유럽에서 근대 민주주의가 확산하면서 유럽연합을 형성하고 이들 사이에 무력분쟁이 사라진 것은 민주 평화론의 가장 중요한 사례이다.[5]

민주 평화론은 현실 국제정치에서 민주주의 국가들의 정책에 실제 중요한 영향을 미쳤다. 냉전 시기 미국을 비롯한 서구 민주주의 국가들은 소련 전체주의에 대항하는 강력한 연합정책을 펼쳤다. 이 과정에서 미국과 서방은 2차 대전의 주범인 독일과 일본을 민주주의로 탈바꿈시켜 가장 강력한 동맹의 파트너로 삼았다. 미국이 한일 역사 문제보다는 한·미·일 협력을 강조하는 것도 한국과 일본이 아시아의 가장 모범적인 민주주의 국가라는 사실에 기초한다. 냉전 이후 미국의 주요 외교정책은 과거 공산주의 동구 유럽국과 개발도상국에서의 민주주의의 확산에 초점을 두었다. 21세기 미국과 세계 경제의 가장 중요한 파트너로 부상한 중국을 위협으로 인식하고 대중 경쟁을 펼치는 미국의 정책도 시진핑 정부가 공산주의 독재라는 인식에 기반한다. 중국이 비록 자본주의적 경제 개혁과 국제무역을 통해 급속한 경제 발전을 이루었지만, 여전히 공산당 일당독재를 중심으로 권위주의 체제를 고수하고 있다는 것이다. 따라서 미국은 물론 민주주의를 지향하는 한국, 일본 등의 주변국과 중국과의 갈등도 필연적인 것으로 이해한다. 실제 미국 정부는 홍콩, 신장 등의 인권이나 언론의 자유 문제에 관해 중국 정부를 강하게 비판하고 있다. 1기 트럼프 행정부 당시 중국 공산당과 지도부를 '파산한 전체주의 이데올로기'에 사로잡힌 '프랑켄슈타인'으로 비유한 폼페이오 국무장관의 연설은 자유주의 시

각의 대표적인 모습이다.[6]

같은 핵 개발을 추구한 이스라엘과 북한에 대한 미국의 차별대우도 민주와 독재의 근본적인 차이에 기인한다. 같은 자유민주주의 체제가 확고하게 자리 잡은 미국과 한국, 그리고 일본이 공동의 가치를 바탕으로 협력을 추구하는 것은 자유주의이론에서는 매우 당연할 것으로 기대된다. 그런데 한국의 대중은 중국 못지않게 일본을 싫어하고 의심하며 군사협력에 매우 부정적이다. 아직도 상당수 한국인은 일본이 군국주의로 회귀하여 한국을 또다시 침략할 수 있다고 믿는다. 미국의 정책 담당자들이 틈만 나면 대북한 혹은 대중국 한·미·일 공조를 외치는 바탕이 되는 서구의 자유주의 민주평화론 시각에서는 이해하기 힘든 현상이다.

한편, 서구의 전통 법치 자유주의는 개별 국가를 통제할 수 있는 충분한 국제법적 합의나 제도가 미약한 현실을 전쟁의 원인으로 지적한다. 즉 독립적 국가가 구성원인 국제사회는 중앙정부에 의해 통제되는 국내 사회에 비해 법치제도의 성숙과 발전이 일천하기 때문에 전쟁이 발생한다는 것이다. 근대 서구의 계몽사상과 과학 발전에 따른 인간 사회의 정치적·경제적·사회적 진보에 대한 신념을 가진 자유주의자들은 약육강식의 국제정치와 파괴적 전쟁이 민주적 제도에 의해 완화되고 국가 간 협력과 평화가 증진될 수 있다고 주장한다. 국내정치에서 개인 간의 사회 갈등과 생존투쟁을 조정하기 위해 발현된 법과 제도를 국제정치에도 도입하여 전쟁의 가능성을 줄일 수 있다는 것이다. 영국의 사상가 **존 로크**(John Locke)와 같은 자유주의자들은 자연상태에서 개인 간의 사회협약이 폭력과 위협을 줄였듯이 국가 간에도

국가 간 협약을 통한 국제법이 전쟁을 방지할 수 있다고 주장한다.[7]

한편 15세기 이후 유행하던 중상주의를 비판한 **애덤 스미스(Adam Smith)** 이후의 자유주의 경제론자는 시장경제와 자유무역의 증진이 전쟁을 방지하는 효과를 가져온다고 주장한다. 국가 간 비교우위에 바탕한 자유무역은 상호 윈윈의 경제적 편익 관계를 창출함으로써 분쟁보다는 협력을 증진한다고 믿는다. 한마디로 이념이나 법제도 이전에 경제적 이해관계를 공유하게 되면 서로 싸우기가 힘들다는 것이다. 이렇듯 근대 서구 자유주의 사상에 근간한 법이나 경제학적 접근은 국제법이나 자유시장과 자유무역제도의 확산이 국가 간 전쟁을 막는 가장 근본적인 처방이라고 주장한다. **민주주의 정치제도, 법과 규칙에 의한 국제질서, 시장과 자유무역을 강조하는 서구 자유주의 사상은 2차 대전 이후 소위 자유주의 국제질서(Liberal International Order)의 수립과 확산에 기여하였다.**

김정은이 전쟁을 일으킬까?

탈냉전 이후 확산되던 민주주의와 자유무역질서가 21세기 들어와서 다시 후퇴하는 모습이 나타나고 있다. 자유질서의 수호자 미국의 수도와 뉴욕을 강타한 2001년의 9·11 테러는 미국과 전 세계에 충격과 공포를 안겼다. 극심한 안보 불안에 휩싸인 미국은 전 세계적인 테러와의 전쟁에 돌입했다. 미국의 아프가니스탄과 이라크 침공은 중동과 인근 지역의 혼란과 불안정으로 이어졌다. 중동과 아프리카에서 밀려오는 난민들로 흉흉한 민심 속에 유럽 곳곳에서 민주주의가 후퇴하기 시작했다. 미국에 의해 시작된 대중 무역 전쟁은 경제안보라는 미명하에 전 세계적인 보호무역주의와 경제의 블록화를 가져오고 있다.

이 와중에 2022년 러시아의 우크라이나 침공이 발생하면서 유럽에서 2차 대전 이후 70년 만에 처음으로 대규모 전쟁이 발생하였다. 미국과 나토 동맹은 푸틴을 전쟁을 일으킨 독재자로 지목하고 러시아에 대한 강력한 응징을 다짐했다. 독재에 항거하는 자유주의 민주 평화론이 다시 발동된 것이다. 동시에 미국은 중국 공산 독재체제에 맞서는 인도-태평양 전략을 추진하고 있다. 최근에는 한·미·일의 민주주의 삼각 협력이 강화되고 북·중·러가 맞서면서 한반도에 신냉전의 기류가 형성되고 있다. 핵 무력 사용을 공언한 김정은 위원장의 전쟁 도발 가능성이 커 보이는 배경이다.

그러나 한편 안보 전문가들은 북한 김 위원장이 쉽게 전쟁을 일으킬 수 없다고 분석한다.[8] **비정상으로 보이는 김정은 체제의 위험성에도 불구하고 구조적인 현실의 벽은 여전히 높다**는 것이다. 첫째, 겉으로는 무모해 보이지만 김 위원장의 핵 개발이 실제로는 합리성에 근거하고 있다는 점이다. 핵 개발의 목적이 전쟁을 일으키기 위해서라기보다 자신과 정권의 생존 보장을 위한 억제용이라는 것이다. 핵을 포기한 후 사라진 이라크의 사담 후세인이나 리비아의 카다피 정권의 교훈은 북한의 김정은 정권이 핵 개발을 생존을 위한 유일한 담보물로 여기게 했다. 핵 개발이 미국의 압도적 무력공격을 억제하기 위한 수단이라면 김정은 정권이 여간해서는 먼저 전쟁을 일으키기 쉽지 않다는 결론에 다다른다. 당장 2만 8000명의 주한미군과 16만 명에 달하는 미국 시민이 거주하는 남한에 대한 대규모 군사공격은 미국의 즉각적인 군사개입을 초래할 것이다. 초기 피해에도 불구하고 세계 최강의 미군과 한미연합군의 가공할 군사력은 김정은 정권의 파멸을 가져올 가능성이 크다. 누구보다 정권의 생존이 중요한 김정은 위원장에게 핵 도발은 곧 자살행위가 될 것이다.

둘째, 미국과 한국도 전쟁을 원치 않는다. 전쟁의 승리와 무관하게 북한은 재래식 전력만으로도 휴전선에 인접한 서울에 전쟁 초기, 재앙과 같은 손실을 입힐 수 있다. 여기에 북한이 보유한 다량의 중거리 미사일은 한반도는 물론 일본 본토에도 심각한 타격을 가할 수 있다. 입증되지는 않았지만, 북한이 시험 발사한 장거리 미사일의 미국 본토 공격 가능성까지 고려하면 미국으로서도 대북 군사 옵션은 쉽게 결정할 수 있는 사안이 아니다. 따라서 북한과 한미 양국 모두 전쟁은 되도록 피하고 싶은 수단이다. **한반도에 전쟁의 강력한 상호 억제가 작동하고 있는 것이다.**

그러나 한반도 전쟁의 가능성은 여전하다. 오판으로 전쟁이 시작될 수 있다. 비록 북한이나 미국이 속으로 전쟁을 원하지 않더라도 우연한 마찰이나 사고, 혹은 사소한 도발로 의도치 않은 전쟁이 시작될 위험이 존재한다. 특히 북한이 미국의 위협을 빌미로 핵과 미사일을 개발하고 미국은 이에 대해 강력한 경고와 응징을 반복하는 상호작용은 군사적 긴장과 충돌의 가능성을 고조시킨다. 정권의 생존을 위한 북한의 핵 개발이 전쟁 위협을 고조시키는 현상은 자위력의 강화가 서로의 안보를 더욱 위협하는 '안보 딜레마' 현상이 극대화되는 불행한 한반도의 현실이다.

투키디데스와 현실주의 전쟁론

03

중국의 부상과 세력 전이가 위험하다

2차 대전 이후 유럽과 미국을 중심으로 자유주의이론에 대한 비판이론이 나타났다. **현실주의 국제정치이론**이 그것이다. 현실주의는 먼저 국제정치에서는 자유주의 이념이나 가치가 적용되지 않는 현실을 직시해야 한다고 주장한다. 그 대신 **힘의 논리**가 주도하는 약육강식의 국제정치에서 패권을 추구하는 강대국 간의 경쟁과 마찰이 전쟁의 주원인이라고 분석한다. 21세기 중국의 부상과 이로 인한 미·중 경쟁이 주목받는 이유이다. 모두가 원치 않는 전쟁이 왜 일어나는지는 서구 근대 국제정치학의 가장 근본적인 질문이다. 국제정치학이란 학문 자체의 성립이 전쟁에 관한 질문에서부터 시작하였다.

20세기 초 유럽 열강의 패권 다툼은 두 번의 세계대전을 초래한다. 1차 대전 1900만 명, 2차 대전 5900만 명 사상자라는 이전에는 상상하지 못했던 야만적인 살상과 파괴가 근대 과학기술과 정치·경제 발전을 선도하던 유럽의 문명국들 사이에 일어난 것이다. 서구 지식인들은 도대체 왜 이런 전쟁이 일어나게 되었는지, 그리고 어떻게 하면 이러한 불행을 피하거나 방지할 수 있을지에 대한 심각한 질문을 던지게 된다.

영국의 역사학자인 카(E. H. Carr)와 호주 출신의 불(Hedley Bull), 독일 출신의 법학자인 모겐소(Hans J. Morgenthau), 프랑스의 사회철학자인 아롱(Raymond Aron) 등 서구 근대 국제정치학의 1세대를 이룬 유럽 출신의 인문·사회학자들이 앞다투어 나섰다. 이들이 던진 질문은 서구 계몽 시대를 걸쳐 국내적으로는 공화정과 민주주의 정치 발전을 이룬 유럽 문명 세계의 합리적 근대 국가들이 왜 전례 없이 야만적이고 파괴적인 전쟁에 휘말리게 되는가의 문제였다. 특히 수천만이 희생된 두 전쟁의 원인을 1차 대전 당시 유럽 황실 간의 세력다툼이나 2차 대전 히틀러와 같은 일부 지도자의 문제로 치부하는 것은 너무 단순한 접근으로 여겨졌다. 대신 전쟁의 원인에 대한 보다 체계적이고 근본적인 이유를 찾고자 하는 질문이 제기되었다. 이들의 관심은 전쟁의 주체가 되는 근대 국가의 속성과 국가 간 관계에 대한 본격적인 연구로 이어졌다.

국가 간(inter-national) 관계(relations) 혹은 국가 간 정치(politics)를 연구하는 국제정치학이라는 새로운 학문 분야가 1·2차 대전 이후 유럽과 미국을 중심으로 탄생하게 된 것이다. 특히 이들은 자유주의이론이 전쟁의 원인을 단순히 1인 독재자의 무지나 탐욕으로 분석한 것을 비판하였다. **대신 약육강식의 정글의 법칙이 적용되는 국가 간 힘의 균형 관계를 전쟁의 주요한 원인으로 주목하게 되었다.** 이것이 이들 1세대 국제정치학자들이 국익 중심의 냉혹한 국제정치를 강조한 현실주의 이론과 학파를 형성하게 된 배경이다.

이들이 직시한 근본 문제는 국내정치와 달리 국제정치에는 각 개별 국가의 안전을 보장할 초국가적 중앙정부나 경찰력이 존재하지 않는다는 현실이다. 만인의 만인에 대한 투쟁의 **자연 상태**(state of nature), 혹은 **무정부**(anarchy) 상태인 국제사회에서 각 개별 국가는 끊임없는 안보 불안에 직면한다. 이를 해결할 궁극적인 수단은 힘을 통한 자위이다. 힘이 강한 국가는 살아남고, 약한 국가는 항상 침략의 불안에 시달려야 한다. 자위의 추구는 더 강한 힘의 추구로 이어지고, 힘의 추구는 안보를 달성하는 수단임과 동시에 국가의 가장 중요한 목표가 된다. 자유나 민주주의, 인권, 법치 등으로 요약되는 근대 국가의 국내정치 원리는 국제정치에서는 작동하지 않는다. 그 대신 약육강식에 의한 정글의 법칙이 국제정치를 지배하는 현실로 이해된다.

국제정치에서 힘의 추구는 국가 간 **세력다툼**(power struggle)과 **패권정치**(power politics)로 이어진다. 이 과정에서 본래 방어를 위한 자위력의 강화가 상호 간 위협의식을 강화하는 안보 딜레마(security dilemma)가 나타난다. 북한의 핵 개발 및 미사일 개발에 대한 대응으로 한국이 세계 최대의 재래식 미사일을 개발하고 한국의 사드 미사일 방어 배치를 미국의 대중 견제장치로 본 중국이 강력하게 반발한 것이 그 좋은 예이다. 전쟁을 방지하려는 조치가 전쟁 위협을 강화하는 모순이 국제정치의 기본 동학이 된 것이다. 현실주의 이론에서는 힘을 끊임없이 추구하는 국가 간 힘의 균형을 통해 불안한 평화가 유지되는 것이 국제정치의 본질로 이해된다. 따라서 힘의 균형(balance of power)에 이상이 생길 때 위험한 전쟁이 벌어질 가능성이 커진다. 동서고금을 막론하고 역사상 있었던 강대국 간의 거대 패권전쟁은 현존하는 패권국과 이에 도전하는 신흥 패권국의 부상에 의해 일어났다. 기존에 존재하던 힘의 균형이 깨어지고 세력 전이가 일어날 때 전쟁의 위험이 가장 커진다.

현실주의에서는 국가 간 힘의 균형과 변화가 시공간을 초월하여 인류 역사상 있었던 전쟁, 특히 큰 전쟁의 원인과 가능성을 설명하는 가장 중요한 변수이다. 여기에는 민주주의 국가냐 독재국가냐, 서양이냐 동양이냐, 고대 국가냐 근대 국가냐의 구분은 의미가 없다. **초기(고전) 현실주의자(classical realist)**들은 각 국가의 힘의 추구와 패권투쟁에 주의를 기울였다.[9] 왈츠(Kenneth Waltz)를 선구로 한 **신현실주의(neo-realism) 구조주의자(structuralist)**들은 개별 국가보다는 이들이 처한 무정부적 국제질서(구조)에 무게를 두었다. "전쟁은 아무것도 그것을 막을 수 없기 때문에 일어난다(War happens, because nothing can prevent it)"는 것이다.[10] 개별 국가이든 무정부적 국제질서이든 전쟁의 가장 중요한 원인은 힘의 균형이 깨지는 것이다. 힘의 균형이 깨지는 가장 중요한 계기는 특정 국가나 세력의 부상에 의해 힘의 분포가 변하는 세력 전이(power transition)가 생길 때이다.

세력 전이를 초래하는 가장 대표적인 사례는 신흥 강대국의 부상이다. **새로운 강대국의 부상은 힘의 균형을 파괴할 뿐 아니라 현상 유**

지를 원하는 기존 패권국의 불안과 견제를 유발한다. 현존하는 패권국과 부상하는 신흥 강자 사이의 패권경쟁(power competition)은 이들이 원하든 원치 않든 간에 결국 강대국 전쟁(great powers war)으로 이어진다. 왈츠 이후 가장 대표적인 현실주의자로 불리는 시카고 대학의 미어샤이머(John Mearsheimer) 교수는 중국의 강력한 부상은 21세기 미·중 간의 패권전쟁을 일으킬 것이라고 주장한다.[11]

1960년대 미국과 소련 사이의 쿠바 미사일 위기 분석으로 유명한 하버드대학의 그레이엄 앨리슨(Graham Allison) 교수도 『Destined For War: Can America and China Escape Thucydides's Trap?(번역서명: 예정된 전쟁)』이라는 최근 저서에서 미·중 패권전쟁의 가능성을 경고한다. 앨리슨 교수는 지난 500여 년간 국제정치에서 기존의 최강대국 패권에 도전하는 신흥 강대국이 급속하게 부상한 사례가 16번 있었으며 그중 12번이 이들 국가 간 전쟁으로 이어졌다고 분석한다.[12] 그는 현재 중국의 부상을 5000년 역사를 가진 14억 인구의 강력한 부상으로 정의한다. 역사상 그 어떤 세력 전이보다도 근본적이고 강력한 변화와 도전이 오늘날 벌어지고 있다는 것이다. 여기에 역사상 가장 강력한 지구적 패권을 수립한 미국의 존재를 조합할 때 이들 간 패권경쟁과 그 여파는 실로 엄청난 결과를 초래할 수 있다. 그리고 미·중 전쟁은 당연히 한반도에도 심각한 위기를 초래할 것이다.

2016년 트럼프 행정부는 중국에 대한 무역 전쟁을 선포하며 **미·중 패권경쟁**이 본격화하였다. 이전 트럼프 행정부의 거의 모든 정책을 180도 뒤집은 바이든 행정부에서도 중국을 미국에 가장 큰 위협으로 부르며 대중 견제를 더욱 견고하게 추진하였다. 모두에게 원윈이 되는 평화로운 부상을 주창하던 중국도 이전의 도광양회 전략에서 벗어나 전랑외교를 표방하며 한층 공세적인 모습을 보이고 있다. 남중국해의 여러 지역에서 아세안 인접국과 영토 분쟁은 물론 일본과도 동중국해의 센카구(댜오위) 섬을 놓고 분쟁이 가열되는 양상이다. 특히 중국 지도부가 영토와 주권의 핵심이익으로 여기는 대만에 대한 중국의 무력시위가 격화되는 모습을 보이면서 2027년 중국의 대만 침공설이 제기되기도 한다. 미국이 이 모든 분쟁에 적극 개입하려는 의지를 보이면서 미·중 전쟁으로 격화될 가능성이 제기된다. 시진핑 주석은 2021년 7월 1일 중국 공산당 창당 100주년 기념 연설에서 "어떤 외세라도 중국을 괴롭히려 든다면, 14억 명이 넘는 중국 인민이 피와 살로 쌓은 강철 만리장성 앞에 머리를 부딪쳐 피를 흘리게 될 것"이라고 경고하였다.[13] 만약 미·중 간에 전쟁이 벌어진다면 그것은 20세기 초 유럽의 양차 대전 이후 21세기 지구상의 가장 큰 전쟁이 될 것이다.

투키디데스(Thucydides)의 함정

전쟁의 원인을 분석한 가장 오래된 사례는 기원전 5세기경 **고대 그리스의 역사가 투키디데스**가 저술한 **펠로폰네소스 전쟁사**이다. 그레이엄 앨리슨을 비롯한 근대의 현실주의자들은 한때 페르시아 왕국에 힘을 합쳐 싸웠던 동지이자 같은 문화와 언어를 공유하며 경제 교역이 활발하던 두 그리스의 강대국이 왜 서로 전쟁을 벌이게 되었는지에 주목했다. 투키디데스는 기원전 431년에서 404년의 27년간 패권국인 스파르타와 신흥 강자로 부상한 아테네를 중심으로 벌어진 전쟁에서 아테네의 장수로서 직접 해군을 이끌고 전투에 참전하였다. 그러나 전쟁에서 패배한 투키디데스는 스파르타군에게 붙잡

히게 되고 포로로 유배 생활을 하는 동안 아테네가 몰락하는 것을 목격한다. 이후 한때 그리스 세계를 호령하던 아테네의 충격적인 몰락과 그리스 전체를 참화로 몰아넣은 전쟁의 원인과 전개를 나름 객관적으로 서술 분석하며 총 8권에 이르는 방대한 전쟁사를 작성하였다. 투키디데스는 아테네의 무리한 패권적 정책과 페리클레스라는 탁월한 지도자의 갑작스런 죽음, 이후의 국론 분열과 선동 정치가의 실정을 아테네 몰락의 일차적 원인으로 기술한다. 한편 저자는 이 비극적 전쟁의 원인을 특정 개인의 잘못이나 우발적 사건에서 찾기보다는 급속하게 신장한 아테네의 세력과 이를 두려워하게 된 스파르타 간의 패권전쟁이라는 명제를 제시한다. 투키디데스는 제1권에서 "대부분이 무시한 전쟁의 진정한 원인은 **아테네의 부상하는 힘과 이에 대한 스파르타의 위기의식이 전쟁을 필연적으로 만들었다**라고 분석한다(The real cause I consider to be the one which was formally most kept out of sight. The growth of the power of Athens, and the alarm which this inspired in Lacedaemon, made war inevitable: Thucydides, 1972) 오늘날 부상하는 중국과 패권국인 미국 사이의 전쟁이 일어날 가장 위험한 가능성을 경고하는 '투키디데스 함정(Thucydides Trap)'이라는 용어가 탄생한 배경이 이것이다.

다행히 아직 미·중 간에 군사적 무력충돌의 움직임은 보이지 않는다. 현실주의자들은 여전히 미국의 경제력이 우세한 상태에서, 미국이 압도적인 군사력과 강고한 동맹을 기반으로 동아시아에 강력한 역외 균형자로서의 역할을 하고 있기 때문에 중국의 도전이 쉽지 않다고 분석한다.[14] 이는 반대로 미국의 국력이 상대적으로 쇠퇴하고 동맹에 대한 공약과 지도력을 상실할 경우 미·중간의 전쟁 가능성이 커질 수도 있다고도 해석된다. 민주주의와 더불어 시장·제도를 강조한 자유주의 입장에서는 미·중을 포함한 동아시아 국가 간의 증가하는 경제 교류와 상호 이해의 증진은 이들 간의 전쟁을 막는 가장 중요한 요소이다. 애덤 스미스가 주장한 자유무역의 상생과 상호 의존의 선순환이 갈등과 분쟁을 막는다는 것이다. 그러나 최근 격화하는 무역 전쟁과 미국의 보호무역 정책은 미·중 간 분쟁의 불씨를 새로이 제공하는 것으로 보인다.

세력 전이이론과 한반도 전쟁의 역사

현실주의의 세력 전이이론은 한반도에 발생한 주요 전쟁에도 적용해 볼 수 있다. 조선 왕조 500년간 있었던 **임진왜란**이나 **병자호란**, **청일전쟁**은 대부분의 한국인에게는 일본과 청나라의 오랑캐가 평화로운 한반도를 불시에 일방적으로 침략한 전쟁으로 이해된다. 그러나 현실주의 이론에 의하면 이는 갑작스러운 사건이라기보다는 한반도 주변 강대국 간의 **세력 전이가 가져온 현상**으로 이해된다.

16세기 말 임진왜란의 경우 당시 전국을 통일하고 강력한 중앙집중적 군사력을 양성한 일본이 중국의 패권에 도전한 사례이다. 기록에 나와 있듯이 애당초 도요토미 히데요시가 원한 것은 조선 침략이 아니라 명나라를 치기 위해 조선이 길을 열어달라는 것이었다. 그러나 명과의 사대관계를 존중한 조선은 이를 거부한다. 일본이 명나라를 정벌하는 과정에서 조선 침공을 위해 일으킨 25만여 명의 병력은 당시 유럽의 세계 최강의 패권국이던 스페인 군사력을 넘어서는 규모였다. 더구나 이들 왜군은 당시 가장 첨단 무기였던 서양식 화승총을 세계 최초로 규격화하고 대량생산하는 군사기술 혁명을 통해 무장한 세계 최강의 군대였다. 일본은 경제력에서도 당시 주요 화폐 수단이었던 전 세계 은 생산의 30%를 차지하며 세계 2위권의 경제력을 보유했다. 거듭되는 선조 임금의 구원 요청에 명나라 황제 만력제가 미적이다가 마지못해 원군을 보낸 것은 조선을 보호하기 위해서라기보다는 파죽지세로 조선을 점령하고 명나라 국경으로 접근하던 왜병을 막기 위한 고육지책이었다.[15]

왜란 이후 30여 년 만에 다시 찾아온 북쪽 여진족의 침공으로 시작된 정묘·병자호란 역시 중국대륙의 패권이 명에서 청으로 넘어가는 세력 전이의 과정에서 나타난 전형적인 패권전쟁이다. 후일 청나라의 태종이 된 홍타이지는 자신의 세력이 커지자 명나라를 정벌하기 위해 조선과 새로운 동맹관계를 맺을 것을 종용한다. 그러나 임진왜란 당시 대규모 원병을 파견하여 조선을 구한 명에 대한 은혜를 잊지 못한 조선의 조정은 청의 요구를 제대로 수용하지 못하고 두 번에 걸쳐 징벌 성격의 침략을 당한다. 수만 명의 기병을 모아 남한산성을 에워싼 당시의 청군 역시 세계 최강의 군사력을 자랑하였다.[16] 삼전도에서 인조 임금의 치욕적인 삼배구고두례(三拜九叩頭禮)로 조선의 새로운 충성을 확인한 청군은 그대로 돌아가 결국은 명나라를 무너뜨리고 새로운 제국을 수립한다. 두 전쟁 모두 조선의 입장에서는 갑작스럽고 억울한 침략이지만 강대국 사이에 놓인 한반도의 지정학적 운명이 치명적인 전쟁으로 불똥이 튄 전형적인 사례이다.

이러한 짓궂은 운명은 조선의 지도부가 주변의 세력 전이가 가지는 위험성을 제대로 인지하지 못한 상태에서 18세기 말 19세기 초에도 반복되었다. 메이지 유신으로 근대화에 성공하여 새로운 강대국으로 부상한 일본이 다시 한번 중국의 패권에 도전한 것이다. 조선 왕실은 물론 한반도가 또다시 신흥 패권국 일본을 중심으로 강대국 세력 다툼의 희생이 된 것은 물론이다. 한반도를 중심으로 펼쳐진 청일전쟁, 러일전쟁이 그것이다. 그리고 그 결과는 한반도의 식민지화라는 최악의 상황으로 이어졌다.

그로부터 100여 년이 지난 오늘날 한반도를 둘러싼 세력경쟁이 또다시 요동치고 있다. 19세기 중반 아편전쟁을 시작으로 서구와 일본에 패권을 빼기고 100년의 치욕을 되새기던 중국의 굴기가 시작된 것이다. 중국이 언제 미국을 제치고 세계 제1의 경제 대국이 될지는 21세기 국제정치의 초미의 관심사이다. 그러나 정작 중국이 1895년 청일전쟁의 패전 이후 2010년 100여 년 만에 일본을 제치고 공식적으로 세계 제2의 경제 대국, 즉 아시아 제1 대국의 위치를 탈환한 사실은 간과된다. 한반도가 속한 동북아의 세력 균형이 100년 만에 뒤바뀐 것은 결코 사소한 일이 아니다. 그로부터 10년 남짓 사이, 2024년 기준으로 중국의 국내총생산(GDP)은 약 18.3조 달러로 4.1조 달러의 일본과 4배 이상의 격차를 벌리고 있다. 국방비의 경우 약 3000억 달러로 일본의 500억 달러의 6배에 달한다. 청일전쟁의 역사를 누구보다 잘 알고 있는 일본이 중국을 가장 큰 위협으로 여기며 미·일동맹과 국방력 강화에 매진하는 이유가 여기에 있다.[17]

혹자는 그럼에도 불구하고 중일 간에 100년 전과 같은 전쟁이 왜 일어나지 않느냐고 반문할지 모른다. 아직 속단하기에는 이르다. 일본의 우파 자민당 세력이 군사비를 늘리고 평화헌법을 개정코자 하는 시도나 중일 간에 동중국해에서 긴장이 고조되고 있는 것은 우연이 아닐 수도 있다. 여기에 중국이 남중국해에 인공섬 건설에 박차를 가하면서 주변 동남아 국가는 물론 미국과의 갈등이 고조되는 것도 심상치 않다. 중국의 부상이 21세기 미·중 간의 패권전쟁이나 일본, 아세안 등 지역 국가와의 전쟁으로 이어질지는 미지수이다. 그러나 현실주의자들은 중국의 부상을 단순한 경제 대국의 등장으로 보지 않는다. 20세기 국제정치가 유럽의 두 차례 세계대전으로 시작하여 40년간 전개된 미·소 간 냉전의 시대였다면, 지금 21세기 국제정치의 가장 큰 화두는 미·중 경쟁이다. 그 한가운데에 한반도가 놓여 있다. 다가오는 위기 앞에 많은 고민과 과거에 대한 성찰이 필요한 시점이다.

공격적 현실주의와 방어적 현실주의 전쟁이론

국가 간 힘의 균형에 초점을 둔 현실주의 전쟁이론은 좀 더 구체적이고 세분화된 전쟁 가능성에 대한 이론으로 전개되기도 하였다. 현실주의 전쟁이론 내부의 세분화 과정은 공격적 현실주의와 방어적 현실주의 간의 논쟁으로 이어졌다. **공격적 현실주의**(offensive realism) **학파의 대표 격인 시카고대학의 존 미어샤이머**(John Mearsheimer) 교수는 전쟁의 원인 분석에서 강대국 간 세력 전이가 전쟁을 유발한다는 것에서 더욱 나아가 세력 전이가 발생할 당시의 힘의 균형이 어떠한 형태로 이루어져 있는지의 여러 다른 구조적 조건에 주목한다. 즉 세력 전이가 일어나는 당시의 국제구조의 모습에 따라 전쟁이 일어날 가능성이 상대적으로 높거나 낮을 수 있다는 것이다.

미어샤이머에 따르면 강대국 간 세력전쟁 가능성은 국제체제의 **두 가지 구조적 변수**에 의해 좌우된다. **1차 변수**로 국제체제가 양극이냐 다극이냐에 따라 강대국 간 전쟁의 가능성이 달라진다. 단순히 2개 강대국이 존재하는 양극체제(Bipolar System)에 비해 3개 이상의 강대국이 존재하는 다극체제(Multipolar System)의 경우 이들 간 전쟁이 생길 경

그림 1-2 | 극 구조와 전쟁 가능성

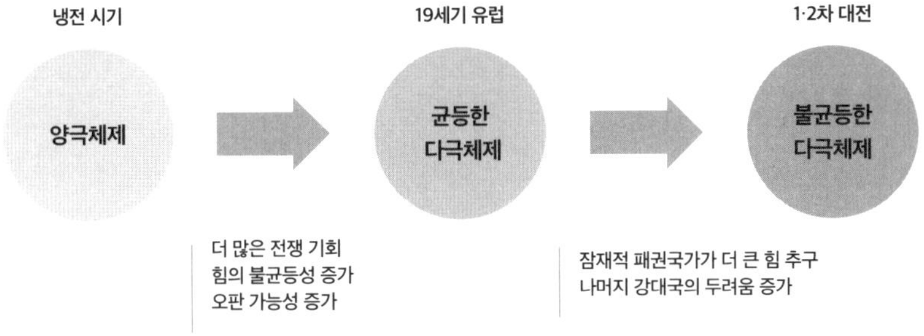

우의 수가 많아진다. 즉 두 개의 강대국으로만 이루어진 양극체제의 조합은 둘 사이 1개의 전쟁 가능성만 있다. 그러나 3개 강대국이 존재하는 3극체제에서는 이들 3개국 간 6개 조합의 전쟁 가능성이 있다. 그리고 그 수가 많아질수록 이들 간 전쟁 가능성은 더욱 커진다. 따라서 첫째 변수로 양극체제냐 3극 이상의 다극체제냐의 변수에 따라 세력 전이에 따른 강대국 패권전쟁 가능성이 훨씬 커진다. 또한, 서로 상대해야 할 대상이 많아지면서 이들 간 오해와 불신의 가능성도 커진다. 더욱이 다극체제는 또 다른 중요한 변수인 전체 체제를 불안정하게 만드는 국가 간 힘의 불균형이 생기기가 더욱 쉽다.

2차 변수로 이들 강대국 간 힘의 균형이 균등(Balanced)하냐, 불균등(Unbalanced)하냐의 차이에 따라 전쟁 가능성이 더욱 커질 수 있다는 것이다. 즉 같은 다극 구조 내에서도 이들 간 상대적 힘의 배분이 서로 균등한지, 불균등한지의 2차 변수에 따라 전쟁의 가능성이 또한 달라진다. 다극체제에서 급성장하는 잠재적 패권국이 있는 경우 여타 강대국과 힘의 불균등이 생기고 이 잠재적 패권국이 나머지를 굴복시켜 유일 패권을 추구할 유혹과 가능성이 커진다. 여기에 맞서는 기존의 패권국이나 나머지 강대국들과의 패권전쟁으로 이어지는 것이다. 역으로 이러한 잠재적 패권국의 존재는 상대 국가들로 하여금 잠재적 위협에 대한 반패권 견제 심리를 강화시켜 예방 전쟁의 가능성 또한 높인다.

실제 역대 강대국 전쟁의 사례에서 이 두 가지 변수가 작동하는 것이 나타난다. 미어샤이머는 1772년에서 1990년에 이르는 200년간 유럽의 역사를 양극체제, 균형적 다극체제, 불균형적 다극체제로 구분하고, 영국, 독일, 프랑스, 러시아, 오스트리아, 이탈리

표 1-1 | 전쟁 사례 분석

	양극체제	다극체제
불균등	사례 1 • 사례 없음	사례 2 • 2개 이상의 강대국의 잠재적 패권국 존재 • 가장 불안정 • '중심 전쟁(Central Wars)'
균등	사례 3 • 2개의 동등한 강대국 • 가장 안정적 • '강대국 대 소국 간의 전쟁(Great Power vs. Minor Power Wars)'	사례 4 • 3개 이상의 비교적 동등한 강대국 • 중간 정도의 안정성 • '강대국 간 전쟁(Great Power Wars)'

아 등 유럽의 주요 강대국과 미국을 중심으로 전쟁 사례를 분석하였다. 미어샤이머는 냉전 시기 미국과 소련처럼 힘의 배분이 균등한 양극체제가 가장 전쟁의 가능성이 적은 안정적인 국제체제라고 정의한다. 실제 냉전은 양국 간의 치열한 이념 대립과 군비경쟁에도 불구하고 이들 간의 직접적인 전쟁 없이 50여 년을 유지하다가 소련의 붕괴로 막을 내렸다. 이에 비해 17~18세기 유럽처럼 힘이 비교적 균등하지만 3개 이상의 강대국이 존재하는 다극체제에서는 강대국 간의 전쟁이 자주 일어났다고 분석한다. 특히 1·2차 대전 직전의 경우는 강대국 다극체제에서 이들 중 어느 한 국가의 힘이 급속히 성장하며 패권을 추구하는 불균등 다극체제가 나타난 경우이다. 그 결과는 가장 위험한 세계적 전쟁(central wars)으로 나타났다는 것이다.[18]

한편 같은 국제체제의 극 구조 내에서도 각국이 추구하는 무기 체계의 성격에 따라 전쟁의 가능성을 가늠하기도 한다. **방어적 현실주의(defensive realism) 학자 로버트 저비스(Robert Jervis)는 무기 체계가 가지는 두 가지 변수에 의해 전쟁 가능성이 달라진다고 분석한다.**

첫째 변수로 무기의 성격상 공격이 방어에 비해 우세할 경우 전쟁이 더 일어나기 쉽다(Jervis, 1978). 즉 공격적인 무기가 우세한 경우 상호 불신의 국제체제의 특성상 유리한 공세적인 무기를 먼저 구축하려는 군비경쟁과 안보 딜레마가 가열된다. 그 과정에서 전쟁을 원치 않음에도 적의 선제공격에 대한 두려움으로 상호 전쟁을 시작할 가능성이

표 1-2 | 공격·방어 무기 체계와 전쟁(Robert Jervis)

	공격 우위	방어 우위
공수 구분 불가능	위험한 전쟁 가능성 배가	안보 딜레마가 있지만, 안보 확보 가능
공수 구분 가능	안보 딜레마는 없지만, 공격이 있을 수 있고, 동시에 사전 위험 인지 가능	전쟁 감소 안정성 배가

커진다. 공격이 최선의 방어라는 명제가 작동하는 것이다.

두 번째 변수는 공세적인 무기와 방어적 무기의 구분이 명확한지의 여부이다. 구분이 명확할 경우 상대방이 구축하는 무기 체계를 보면 평화를 원하는지 침공을 할지의 의도 파악이 비교적 쉽다. 그 결과 안보 딜레마의 불안정이 줄어드는 효과가 나타나고 상호 불신에 의한 전쟁 가능성이 줄어들게 된다. 문제는 공격용 무기와 방어용 무기의 구분이 쉽지 않다는 것이다. 2차 대전 당시 대표적인 공격용 무기로 사용된 탱크의 경우 용도에 따라 상대의 공격에 맞서는 방어용으로도 사용될 수 있다. 실제 대부분의 무기는 의도에 따라 공격용이나 방어용이 다 가능하다. 이러한 두 변수에 따르면 공격이 우세하고 공수의 구분이 없는 경우가 가장 전쟁이 일어날 위험과 가능성이 크다. 반대로 방어가 우세한 상태에서 공수의 구분이 명확하다면 서로 전쟁을 원하지 않는 한 전쟁이 일어날 가능성이 가장 작다.

MIT대학의 스티븐 반 에베라(Stephen Van Evera) 교수는 현실에서는 방어가 공격에 비해 일반적으로 우세한 경우가 많다고 지적한다. 전통적으로 공수 구분에서 공격자는 상대방의 지역을 침공해 들어가야 하기 때문에 같은 조건이면 3배 정도의 군사력이 필요하다고 여겨진다. 즉 방어가 공격에 비해 3배 정도 유리하다는 것이다. 또한, 국제정치에서 안보 딜레마가 작동하는 기저에는 대부분의 국가가 방어를 목적으로 무력을 가진다는 전제가 있다. 실제 북한을 포함하여 세상의 그 어떤 나라도 다른 나라를 침략하기 위해 군사력을 키운다고 주장하지는 않는다. 오늘날 대부분 국가의 무력을 담당하는 부처 이름이 대한민국 국방부와 같이 한결같이 방어(defense)라는 단어를 가졌다. 실제 대부분의 국가가 방어를 추구한다는 현실과 일반적으로 방어가 공격에 우위에 있는 속성을 고려하면 전쟁이 막상 일어나기는 쉽지 않다는 것이다. **에베라 교수는 각국이 외부 위협에 대한 과도한 우려를 지양하고 이성적인 국방 정책을 편다면 실제 전쟁이 일어나는 것을 크게 걱정할 필요가 없다고 주장한다.**[19] 이러한 점에서 그의 주장은 방어적 현실주의(defensive realism)로 이해된다.

알렉산더 웬트와 구성주의 전쟁론

04

적이냐? 친구냐? 생각하기 나름이다

한국에게 일본은 항상 경계의 대상이다. 1945년 해방 이전 36년간의 일제강점기의 기억이 강하게 남아 있기 때문이다. 오늘날 한국인 중에 강점기를 경험한 사람은 많지 않다. 그러나 어릴 때부터 받은 역사 교육, 그리고 각종 언론이나 문학 작품 속에 묘사된 일제의 잔혹한 침략과 식민의 역사가 일본에 대한 상시적 위협 인식과 경각심을 형성하고 일깨운다. 한국인에게 일본이 어느 날 다시 침략할 수도 있다는 생각은 매우 당연하게 여겨진다.

오늘날 세계에서 가장 고령화된 인구와 국민의 대다수가 일제 군국주의에 누구보다 비판적인 일본으로서는 당황스런 현실이다. 한국과 일본을 아시아의 가장 모범적인 민주주의 국가로 여기며 양국 모두와 강력한 동맹관계를 가진 미국도 한국의 이러한 감정과 태도를 이해하기 어렵다. 현실주의 학자에게도 국력이 상대적으로 급속히 부상한 한국이 아직도 일본을 더 위협적으로 여긴다는 사실은 매우 역설적인 현실이다. 북한 같은 독재체제도 아니고 중국에 비해 국력이 급속히 쇠락하는 일본을 여전히 위협으로 보는 한국인의 태도는 어떻게 설명할 수 있을까? 자유주의와 현실주의 사이의 제3의 이론으로 등장한 구성주의 이론에서 그 해답을 찾을 수 있다.

구성주의(constructivism)는 국제정치를 이해하는 주요한 변수로 현실주의의 힘의 관계와 자유주의의 민주제도와 더불어 **관념, 생각**(ideas), **혹은 자의식**(identity)의 중요성을 제시한다. 20세기 후반 핵전쟁의 공포 속에 영원히 지속될 것 같던 미·소 냉전은 1990년대 초 **소련의 갑작스러운 붕괴**로 막을 내렸다. 문제는 국제정치이론의 양대 산맥으로 자리 잡은 현실주의와 자유주의 두 이론 모두 이를 전혀 예측하지도, 또 그 이유를 제대로 설명하지도 못한 것이었다. 현실주의 입장에서는 가장 안정적인 힘의 균형 상태로 여겨진 양극체제가 하루아침에 무너진 것을 설명하기가 어렵게 되었다. 비민주적 공산주의 독재체제와 자유민주 진영 간의 정면충돌을 예견하던 자유주의 입장에서도 소련의 일방적인 몰락은 설명하기 어려운 현상이었다.

소련의 몰락은 사회주의 계획경제의 고질적인 비효율과 부패 구조를 개혁하려던 당시 고르바초프 공산당 서기장의 개혁·개방 정책이 의도하지 않은 체제의 붕괴를 가져온 것으로 이해되었다. 1985년 54세의 젊은 나이로 소련 공산당 최고지도자에 오른 고르바초프 서기장은 사회주의 계획경제의 쇠락에 대한 과감한 내부 개혁을 추구하였다. 이를 위해 미국과의 군사경쟁 및 체제대결을 지양하고 관계 개선을 통해 외부 압박을 줄이고 국내 문제에 전념하는 개혁·개방 정책을 추구하였다. 당시 소련을 악의 제국으로 부르며 강경노선을 취하던 **레이건 대통령은 고르바초프의 대화 외교**에 적극적으로 화답하였다. 극적인 미·소 간 정상회담이 이어지고 중거리 전략핵무기 감축 협상 등의 실질적인 군축이 합의되었다. 고르바초프의 개혁은 그러나 수십 년에 걸쳐 축적된 소련 내부의 고질적인 병폐에 너무 급격한 충격을 주었고 뜻하지 않은 체제의 균열을 가져왔다. 소련의 강력한 통제 속에 위성국가로 전락한 동유럽의 폴란드, 헝가리, 루마니아 등 주변 국가에서 자유주의 운동이 촉발된 것이다. 급기야 1989년 동서독의 베를린 장벽이 무너지자 1991년 소련연방도 해체의 길을 걷게 된다. 철의 장막으로 불린 소련과 동유럽 공산주의 연합이 해체되면서 냉전의 종식이라는 거대한 변화가 일어난 것이다.

그 과정에서 주목된 것이 40년을 적대적 관계로 이어오던 미·소 관계가 하루아침에 젊은 소련 지도자의 정책 변화로 인해 우호관계로 전환한 것이었다. 어제의 적이 오늘의 친구가 되었다. 이를 통해 냉전의 거대한 구조가 무너진 것은 양극체제가 가장 안정적이라는 현실주의 국제정치이론의 한계를 드러냈다. 더구나 소련 독재체제와의 숙명적 대결을 예상했던 자유주의이론도 소련의 갑작스러운 붕괴는 설명하기 어려운 결과였다. 그래서 미·소 대결을 종식하고 내부 개혁을 추진한 고르바초프라는 지도자의 혁신적인 사고와 접근을 중요한 요인으로 설명하는 이론이 등장하였다. 근대 국제정치이론의 양대 산맥,

즉 힘의 현실주의와 제도의 자유주의 모두를 비판한 구성주의가 제3의 대안이론으로 등장한 배경이다.

사회학과 심리학에서 출발한 구성주의 이론가들은 국제정치를 움직이는 주요 요인으로 국제체제의 힘의 구조나 제도보다 국가를 실질적으로 구성하는 인간의 사고와 관념에 주목한다. 국가 간 관계가 힘의 관계에 좌우된다는 현실주의나 국가 간 민주적 제도의 확립을 중시하는 자유주의만으로는 국제정치의 다양한 변화를 설명하기 힘들다는 것이다. 특히 힘의 물질적 배분 관계를 중시하던 현실주의에 대한 대안이론으로 구성주의는 국제정치에 있어 힘의 배분에 못지않게 이를 바라보는 **주관적 관념이나 정체성, 그리고 상호 인식의 형성이 중요함을 강조한다.**

단적인 예로 냉전 중 미국이 소련의 핵을 가장 큰 위협으로 여기면서도 같은 핵을 가진 영국이나 프랑스는 가장 믿을 수 있는 동맹으로 삼은 것은 현실주의에서는 설명하기 어려운 현상이다. 마찬가지로 미국이 이웃 국가 중 가장 국력이 강한 캐나다와 우호관계를 유지하면서 국력이 미약한 쿠바는 냉전이 끝난 지금까지 적대관계를 유지한 것도 현실주의 힘의 관계로는 설명하기 어렵다. 여기서 적대관계를 만드는 요인은 오랜 기간 형성된 불신과 적대의식 때문이다. 반대로 과거의 적이 오늘의 친구로 변하기도 한다. 미국의 가장 중요한 동맹국인 영국과 프랑스는 미국 독립 국가 수립 과정에서 가장 중요한 적이요 경쟁자였다. 현실주의에서 국제관계의 가장 중요한 특징으로 설명하는 무질서 하의 만인의 투쟁 속에서도 실제로는 다양한 관계가 형성된다. 서로의 인식과 상호 교류에 따라 적대관계가 될 수도, 우호관계가 될 수도 있다는 것이다.

구성주의의 대표주자인 **알렉산더 웬트(Alexander Wendt)**는 **"국제정치의 무질서는 그것을 어떻게 보느냐에 달렸다(anarchy is what states make of it)"**라고 정의한다. 무질서가 국가 간 관계를 규정하기보다 국가 간의 상호 인식이 무질서의 성격을 규정한다는 주장이다. 현실주의가 주장하듯이 국가 간 관계를 근본적인 경쟁과 불신으로 만드는 무질서가 영원불변한 것이 아니다. 오히려 국가 간의 상호 인식과 교류에 따라 무질서의 성격이 적대적일 수도 혹은 우호적일 수도 있다고 주장한다.[20] 현실주의는 무질서 상태의 국제정치에서는 양자 혹은 다자와 같은 힘의 균형 구조가 국가의 행태나 관계를 지배한다고 주장한다. 반대로 구성주의는 오히려 국가 간의 상호 인식과 작용에 따라 무질서 구조의 성격과 국가 관계가 다르게 구성될 수 있다고 주장한다. **상대를 적으로 대하면 적대적 무질서 관계가 성립되고, 친구로 대하면 우호적 무질서 관계가 형성된다는 것이다.**

이 과정에서 중요한 것은 **국가 지도자나 사회 지도층의 역할**이다. 외교와 안보의 영역은 각종 사안과 정책 결정 과정이 복잡하여 일반 국민의 의사가 사안별로 직접 작용하기 어렵다. 그 대신 국가를 대표하는 정책 전문가나 정책 결정자의 역할이 국내정치에 비해 큰 비중을 가진다. 따라서 이들이 타국과의 관계를 어떻게 인식하고 설정하느냐에 따라 국가 간 관계가 큰 영향을 받게 된다. 앞서 말한 고르바초프 서기장의 경우가 대표적이다. 이전까지 미국을 적으로만 보던 소련의 지도부에 다른 생각을 가진 지도자가 나타난 것이다. 그리고 여기에 미국이 우호적으로 화답하면서 핵 경쟁의 적대적 미·소 관계에서 핵 군축을 합의하는 역사적 변화가 생겼다.

같은 민주주의 가치를 공유하고 국력이 쇠퇴하는 일본을 여전히 위협적으로 간주하는 한국인의 감정도 구성주의 이론으로 설명된다. 근대 일본의 침략과 식민지 경험이 한국의 일본에 대한 적대적 인식 형성에 영향을 미치고 있다. 부상하는 중국에 맞서 가장 중요한 동맹을 형성해야 할 한국과 일본이 서로 갈등하는 모순적인 상황이 연출되는 것이다. 더구나 일본보다 중국에 더욱 지리적으로 가깝고 힘도 약한 한국이 중국의 패권 부상을 미국이나 일본만큼 심각하게 여기지 않는 모습은 현실주의에서는 이해하기 힘든 현상이다. 같은 민주주의를 공유하는 미국의 가장 중요한 아시아의 동맹국인 한일 간의 해묵은 역사 갈등은 자유주의적 시각에도 맞지 않는다. 위안부, 독도, 역사 교과서 등을 둘러싼 한일의 갈등은 한국민의 역사적 감정과 더불어 보수적인 일본 정치인과 정부 지도자의 왜곡된 인식에 의해 증폭되어왔다는 점에서 안타까운 일이다. 한편 1990년대 말 김대중 대통령의 일본에 대한 미래 지향적인 문화 개방 정책 이후 한일 대중 간에 많은 문화 교류와 상호 이해가 증진된 것은 해묵은 적대감정을 우호적인 관계로 발전시키려는 지도자의 역할의 중요성을 보여주는 또 다른 예이다.

햇볕정책과 구성주의

구성주의 이론은 남북 간의 대화 노력에도 적용될 수 있다. 역시 **김대**

중 대통령의 햇볕정책이 대표적인 사례이다. 한국전쟁 이후 서로를 인정하지 않은 채 적대적 관계를 이어오던 남북이 2000년 극적인 정상회담을 가진 것은 김 대통령의 결단과 정책이 결정적인 시발점이었다. 당시로는 남북의 정상이 직접 만난다는 것이 일반 국민이나 여론의 입장에서는 상상하기 어려운 일이었다. 실제 김 대통령의 햇볕정책은 정상회담 전후는 물론 그 이후 정책 수행 과정에서도 보수진영을 포함하여 이를 불안하게 바라보는 많은 국민의 비판과 반대에 직면했다. 이어진 노무현 정부의 평화 번영 정책도 북한의 계속된 핵 개발과 여러 군사도발로 그 성과에 대한 논란은 여전하였다. 결국, 김대중·노무현 정부의 10년에 걸친 **남북 화해 정책**은 이후 새로이 들어선 보수 정부에서 점차로 소멸의 과정을 겪었다. 그렇지만 햇볕정책은 이전까지 북한을 적으로만 생각하던 **한국민의 대북 인식**에 새로운 시각을 제시하였다. 이러한 점에서 햇볕정책은 김대중·노무현 정신을 계승하며 2017년 집권한 문재인 정부가 북한과 적극적인 평화 공존 정책을 추진하는 중요한 기틀로 작용하였다.

한반도와 관련한 구성주의 이론의 또 다른 극적인 사건은 **트럼프 대통령과 김정은 위원장의 만남**이었다. 기존 미국 정부의 접근법을 벗어난 트럼프 대통령의 과감한 대북정책이 사상 최초의 북미 정상회담으로 이어진 것이다. 한국전쟁 이후 70년간 적대국으로 남은 북한과의 관계 개선을 위해서는 북한이 먼저 비핵화의 큰 양보 조치가 필요하다는 것이 민주·공화를 불문한 모든 미국 행정부의 공식 입장이었다. 그러나 트럼프 대통령은 그러한 사전 조치 없이 북한의 김정은 위원장을 만나는 초유의 외교 행보를 이어갔다. 문재인과 트럼프 두 대통령의 연이은 파격 행보는 한반도 종전선언에 대한 기대로 이어졌다.

만약 당시의 정상외교가 종전선언과 평화협정, 평화체제로 이어졌다면 1970년대 미·중 데탕트와 1990년대 냉전의 종식에 버금가는 또 한 번의 세계적 사건이 되었을 것이다. 마치 1980년대 말 고르바초프의 등장과 레이건의 만남이 냉전의 종식으로 이어졌듯이 트럼프와 김정은의 만남은 구성주의 이론을 뒷받침하는 또 다른 주요한 역사적 사건이었다. 문제는 이러한 지도자의 정책 변환이 일시적 사건을 넘어 지속성을 가지고 추진되어야 한다는 점이다. 민주주의 국가의 경우 지도자의 변화에 따라 이러한 일관성이 유지되기 어렵다. 트럼프 대통령과 문재인 대통령이 단임 임기를 채우고 물러남에 따라 북한 김정은 위원장과의 평화협정도 결실을 맺지 못하였다. 국가 사이에 오랜 세월 쌓인 적대관계가 새로운 관계로 전환하기 위해서는 많은 어려움이 있다는 현실을 보여준다.

한편 구성주의 이론은 **중국에 대한 한국의 독특한 입장**을 설명하기도 한다. 부상하는 중국의 힘을 위협으로 정의하는 **현실주의**나 공산당 독재의 비민주성을 위협으로 보는 **자유주의** 입장에서는 바로 이웃의 민주국가인 한국이 중국을 크게 위협적으로 보지 않는 기이한 현상이다. 최근 한중관계는 사드 사태 이후 악화되기도 하였다. 중국의 공세적 모습에 한국 국민의 대중 여론도 매우 부정적이다. 그렇다고 한국 지도부나 국민이 중국을 당장 심각한 군사적 위협으로 여기는 것은 아니다. 한국전쟁 이후 수십 년의 적대관계에서 1992년 수교 이후 한중관계는 가장 극적인 전환을 이루었다. 중국은 미국·일본을 제치고 한국의 가장 중요한 경제 파트너로 부상하였고, 한국 정부는 중국과 전략적 협력 동반자 관계를 맺었다.[21] 미국과 일본이 중국을 가장 중요한 안보위협으로 공식 발표하고 대중국 공세에 나서고 있지만, 한국은 여전히 중국과의 직접 대결을 피하는 모양새다. **과거 수천 년간 중국과 평화 교류 및 문화적 유대를 공유한 한국의 역사가 대중국 인식에 영향을 미치는 것이다.**

앞서 한반도 전쟁사에서 보았듯이 수백·수천 년의 역사에서 중국이 한반도를 직접 침략한 경우는 생각보다 적다. 당 태종의 경우를 제외하면 중국의 주류인 한족이 한국과 전쟁을 벌인 경우는 거의 없다. 고려 시대 몽골과 조선 시대 여진족의 침략은 중국에게도 적이었던 북쪽 오랑캐의 침략이었다. 특히 조선 왕조 500여 년간 중국의 한반도 침략은 정묘·병자호란의 두 차례뿐이었다. 그것도 조선을 정복하기 위한 것이라기보다 명·청 교체기에 여진족의 후금이 후방의 위협세력 조선을 자신의 우방으로 만들기 위한 고육책이었다. 1627년 정묘년 1차 정벌을 통해 자신들과 우호관계 수립을 요구한 후금에 대해 반정을 통해 정권을 잡은 인조와 지도부는 명과의 전통 사대관계에 매여 새로운 동맹관계 수립을 거부하였다. 급기야 1636년 병자년 청 태종 홍타이지는 주력부대인 기마병이 두만강을 건너기에 용이한 추운 겨울을 기다려 6만의 거대한 원정군을 이끌고 조선을 침공한다.[22] 남한산성에서 내려와 항복한 조선 왕 인조에게 새로운 사대관계를 확인한 홍타이지는 그러나 조선 왕조 체제 자체를 전복하거나 식민 지배하지 않았다. 대신 또다시 조선이 배신하지 않도록 왕세자를 인질로 잡고 대군을 돌려 본국으로 돌아갔다.[23]

비슷한 시기 크고 작은 전쟁이 끊이지 않는 속에서 강대국 간 패권전쟁을 통한 영토 변경이나 체제 전복이 반복된 유럽의 역사를 볼 때 **조선과 중국 사이의 500년은 상대적으로 매우 평화로운 관계였다고 할 수 있다.**[24] 미국의 데이비드 강(David Kang) 교수는 강대국의 패권이 곧 주변 약소국의 불행으로 이어진다는 서구의 시각과는 달리 동양에서는 중국의 패권이 주변국에 오히려 평화를 가져왔다는 주장을 편다. 근대 이전 동아시아 국제질서가 중국과 주변국 간의 사대관계에 기초한 위계적 구조를 가지고 있음에도 조선과 같은 약소국이 독자성을 유지하며 패권국인 중국과 평화적으로 공존할 수 있었다는 것이다.

이는 약소국이 항상 강대국의 내정간섭이나 자의적 침략의 대상이 되었던 유럽이나 기타 지역과 다른 독특한 중국식 위계에 의한 평화질서로 정의된다. 강대국인 중국의 패권이 국내외적으로 강할 때 주변국에 대한 침략보다 오히려 이들과의 평화가 더욱 공고화되는 특징을 지녔다는 것이다. 오늘날 중국의 급속한 패권 부상이 주변국에게는 불안 요소로 작용한다는 현실주의 시각과는 사뭇 다른 해석이다. 현실주의 미·중 패권경쟁을 주장하는 존 미어샤이머 교수는 만일 미국이 고립주의로 회귀하여 아시아에서 철수할 경우 한국을 비롯한 아시아의 주변국은 중국의 패권에 종속될 수밖에 없다고 경고한다.[25] 그러나 데이비드 강은 중국의 부상이 곧 서구식 패권질서의 수립으로 이어지지 않을 수도 있다고 주장한다. 중국이 강대국으로 부상하더라도 아시아적 가치와 전통에 기초하여 주변국과 안정적이고 평화로운 관계를 수립할 수 있다는 것이다.

중국 정부는 주권 존중과 내정 불간섭을 외교의 가장 중요한 원칙으로 내세운다. 동시에 자신들 패권에 대해서는 **'평화로운 부상'**, 즉 비록 힘이 강해지더라도 남을 해치지 않을 것이라고 주장한다.[26] 중국의 패권이 약소국의 주권을 침해하거나 침략적이지 않을 거라는 주장이다. 약육강식의 힘의 논리를 주장하는 서구 현실주의와는 사뭇 상반되는 주장이다. 물론 현재 최강 패권국인 미국도 자국의 외교정책은 자유주의적 국제질서와 평화를 추구한다고 주장한다. 과연 중국이 2050년 중국몽을 실현하며 미국과 대등한 패권국이 되더라도 주변과 조화를 이루면서 평화를 추구할 것인가? 답은 간단치 않다. 중국과 조선의 평화로운 양국관계는 조선이 기본적으로 중국의 패권을 인정하고 중국이 조선의 주권을 존중하는 중국적 사대관계의 천하질서에 기반하였다. 21세기 중국과 한국은 서구식 근대 국가로 변모하였다. 오늘날 대한민국에게 중국과의 사대관계는 상상하기 힘들다. 그렇다고 미국 우선주의를 외치는 한미동맹에만 의지하기도 불안하다. 중국과의 상호 이해와 존중을 바탕으로 21세기적 공생과 협력의 관계를 재구성하려는 장기적 노력이 필요한 시점이다.

문명충돌론

전쟁에 관한 구성주의적 접근은 탈냉전 이후 문명 간의 거대 전쟁 가능성을 주장한 하버드대학의 정치학자 **새뮤얼 헌팅턴**(Samuel Huntington)의 '문명충돌론'에서도 드러난다. 헌팅턴은 〈포린 어페어스(Foreign Affairs)〉에 1993년 게재한 「문명충돌(The Clash of Civilization)」이란 제목의 논문과 후속 저서에서 탈냉전 이후 새로운 국제분쟁의 주요소로 서로 다른 문명 간의 전쟁 가능성을 주장하였다.[27] 그에 의하면 국제정치에서 분쟁과 전쟁은

17~18세기 유럽의 왕조 간 대립, 19세기와 20세기 초의 근대 국민국가 간 대립, 20세기 후반 공산주의 대 자본주의 이념 대립에서 21세기 역사, 종교, 언어 등으로 구분되는 문명 간의 충돌로 옮겨갈 것으로 예측하였다. 헌팅턴은 세계를 서구 기독교, 유교, 일본, 이슬람, 힌두, 슬라브정교, 중남미와 아프리카의 **8개 문명권**으로 구분하였다. 이들 문명은 국가나 이념에 비해 타협이 어렵고 상호 배타적인 속성을 가진다. 한 사람이 두 개의 국적을 가지거나 사회주의와 민주주의가 결합한 사회민주주의 이념을 받아들일 수는 있다. 하지만 두 개 문명의 다른 종교를 동시에 숭배하기란 어렵다.

실제 탈냉전 이후 정보통신 기술의 발달로 이러한 문명 간 접촉과 갈등이 점차 확산되는 경향이 나타난다. 남녀 간의 자유로운 만남이나 접촉을 죄악으로 여기는 이슬람 종교를 믿는 무슬림 문명 사회에 TV나 인터넷을 통해 전파되는 서구의 자유분방한 문화는 자신들의 가치를 위협하는 존재로 인식된다. 자유로운 남녀 교제를 넘어 동성 간의 연애를 허용하는 서구 문화가 전통의 가치를 고수하는 사회에는 자신들의 가치관을 무너뜨리는 치명적인 이단 행위로 여겨지는 것도 같은 맥락이다. 헌팅턴의 문명충돌론은 일본을 단일 문명으로 볼 수 있는지, 혹은 같은 문명권 내에서 벌어진 이라크-이란 전쟁을 어떻게 설명할지 등 많은 논란을 낳았다. 그러나 한편 2001년 미국을 강타한 **9·11 테러** 이후 기독교 문명에 기반한 미국이 아프가니스탄과 중동의 이슬람 국가를 중심으로 한 지역에서 전 지구적 테러와의 전쟁에 나서면서 **21세기 문명충돌적 현상**이 나타나기도 하였다. 최근 하마스-이스라엘 전쟁으로 또다시 중동에 종교와 민족을 중심에 둔 충돌이 벌어지고 있다. 여기에 격화되는 **미국과 중국의 신냉전**을 보면서 헌팅턴의 문명충돌론에 대한 새로운 관심이 생기는 것은 우연이 아닐지 모른다.

2장

한국전쟁,
왜 끝나지 않은 전쟁인가?

1950년 발발한 한국전쟁이 1953년 휴전협정으로 정지한 채 70년이 지났다. 남북 간 동족상잔의 비극으로 시작된 전쟁은 미국을 비롯한 17개 유엔 참전국과 중국이 참여한 국제전쟁으로 확전되었다. 3년 간의 치열한 전투 끝에 맺은 것은 평화협정이 아닌 정전협정이었다. 40년 세월이 흘러 한국전쟁의 배경이 된 미·소 냉전이 1990년대 초 종식되었다. 소련 공산주의가 몰락하고 독일이 통일된 지 또 30여 년이 흘렀지만, 한국전쟁은 아직 끝나지 않았다. 오늘도 240km의 휴전선을 사이에 두고 남북의 군대가 대치하고 있다. 한국전쟁은 '얼어붙은 전쟁(frozen conflict)'으로 남아 있다.

2022년 우크라이나 전쟁이 발발하였다. 1945년 2차 대전 종전 이후 유럽 대륙에서 70년 만에 처음으로 발생한 대규모 전쟁이다. 흥미로운 점은 우크라이나 전쟁이 한국전쟁과 비슷한 모습을 보인다는 것이다. 초기의 치열한 전투 이후 양측이 900km 넘는 전선을 두고 교착 상태에 빠지면서 휴전과 정전협정이 논의되고 있다. 우크라이나 전쟁도 얼어붙은 전쟁이 될 것인가?

70년의 시차를 두고 유럽 대륙에서 발생한 전쟁에 한국전쟁의 그림자가 드리우는 것은 왜일까? 혹자는 이제 한반도에서 한국전쟁을 마무리 짓고 평화협정을 추구할 때라고 주장한다. 그러나 평화협정을 위한 여정은 여전히 멀게 느껴진다. 어떻게 한국전쟁을 끝낼 것인가의 문제는 그 책임 여부나 이념 논쟁을 넘어서 전쟁의 기본적 성격과 이유에 대한 기본적 성찰이 필요하다. **이번 장에서는 전쟁의 본질과 수행에 대해 가장 권위적인 이론가로 알려진 클라우제비츠(Clausewitz)와 손자의 전쟁이론을 통해 한국전쟁의 성격과 그 진행 과정에서의 시행착오, 그리고 궁극적으로 왜 오늘날에 이르기까지 전쟁의 종결이 어려운지에 대해 살펴본다.**

클라우제비츠와 손자의 전쟁론

01

왜 싸우는지, 목표를 잘 설정해라!

한국전쟁에 관해 그동안 많은 연구와 다양한 시각이 존재해왔다. 대부분 한국인에게 한국전쟁은 평화로운 일요일 새벽에 북한의 김일성이 탱크를 앞세워 무력남침을 감행한 전쟁으로 기억된다. 반면에 북한이나 중국은 한국전쟁을 미 제국주의에 항거한 자랑스러운 항미원조 전쟁으로 정의한다. 이 두 시각에는 전쟁의 근본 원인과 책임에 대한 타협하기 어려운 입장이 존재한다. 남북한은 애초부터 서로를 정당한 국가로 인정하지 않은 채 흡수통일만이 궁극적 해결책이라 생각하였다. 그래서 1953년 사실상의 무승부로 타협한 정전협정 이후 지금까지 평화협정이 맺어지지 않았다. 우크라이나 전쟁도 종전을 위한 타협

점을 찾기가 매우 어려워 보인다. 그리고 두 전쟁 모두 미국의 개입이 두드러진다. 문제는 미국 스스로가 어떻게 전쟁을 끝낼지 명확한 답을 제시하지 못한다는 점이다. 한국전쟁과 우크라이나 전쟁 모두 일반 미국인들에게는 잘 모르는 머나먼 이국땅에서 갑자기 벌어진 전쟁이다. 초기에 승리를 자신했던 김일성과 푸틴의 계획은 미국의 적극적인 개입으로 좌절되고 만다. 대규모 군사지원을 통해 대대적 반격의 승리를 기대했던 미국도 후퇴하던 적의 완강한 저항에 당황하며 시간이 지날수록 피로감과 초조함을 느낀다. 한국전쟁의 가장 큰 아이러니는 3년간의 수많은 파괴와 희생 끝에 결국 전쟁이 시작한 곳으로 되돌아와 멈춘 것이다. 과연 누구를, 무엇을 위한 전쟁이었는가? 그 결과로 남은 것은 파괴와 증오뿐이었다.

인간은 왜 파괴적인 전쟁을 일으키는 것일까? 인간 사회에서 전쟁은 어떠한 의미와 역할을 가지는가? 전쟁의 본질과 그 역할이 무엇인지를 이해하는 것은 전쟁을 어떻게 하면 잘 수행하여 가장 효과적이고, 확고한, 그리고 빠른 승리를 이끌어낼 것인가의 질문에 연결된다. 이에 대한 해답을 근본적으로 제시한 책이 **클라우제비츠(1780–1831)의 『전쟁론(On War)』**이다.[28] 클라우제비츠는 이론가 이전에 어릴 때부터 전쟁터에서 잔뼈가 굵은 군인이었다. 그의 저서는 과연 전쟁이란 무엇이고 어떻게 이를 이해할지에 관하여 최초로 과학적이고 심도 있는 분석을 한 연구로 여겨진다.[29] 18세기 유럽의 신흥 강국으로 부상한 **프로이센** 태생의 클라우제비츠는 12세에 견습생으로 군에 입대하여 이후 25년을 당시 유럽을 휩쓴 **나폴레옹 전쟁**에 참여한다. 전장에서 은퇴 후 38세의 나이에 사관학교 교장으로 임명된 후 10년이 넘게 전쟁에 관한 가장 체계적이고 방대한 연구를 하였다. 집필 중 갑자기 병사하면서 미완성으로 남은『전쟁론』은 사망 1년 후 부인 마리 클라우제비츠가 원고를 정리하여 1832년에 출간된다. 군인의 입장에서 어떻게 하면 전쟁에서 잘 싸워 이길 수 있을까의 질문으로 시작된 클라우제비츠의 연구는 결국 '전쟁은 정치 행위이다'라는 결론에 도달한다. **전쟁이 단순한 살상이나 파괴를 위한 무의미한 폭력의 사용이 아니라 '군사적 수단에 의한 정치의 연속(War is the continuation of politics by military means)'이라는 것이다.**

전쟁이 겉으로는 상대방을 완전히 물리적으로 제압 또는 제거를 하는 행위(절대 전쟁, absolute war)로 여겨지기 쉽다. 그러나 현실에서 실제 전쟁은 상대방을 무차별적으로 파괴하기 위해서라기보다는 항상 특정한 정치적 목표와 상황 속에서 일어난다. 특히 모든 전쟁의 수행과 그 진행은 현실의 여러 제약 속에 이루어지기 때문에 완벽하고 절대적인 승리로 끝나는 경우는 드물다. **클라우제비츠는 실제 전쟁은 제한적인 정치적 목표를 달성하고 타협하는 행위(제한 전쟁, limited war)라는 결론을 내린다. 현실의 전쟁에는 제한이 있다는 것은 두 가지를 의미한다.**

첫째, 모든 전쟁의 목표는 상대방을 완전히 제거하는 것이 아니라 나의 특정한 요구를 상대방에게 관철하기 위한 것이라는 점이다. 인류 역사상 전쟁을 통해 일부 부족이나 도시를 무자비하게 말살시킨 사례도 있다. 13세기 몽골군이 이슬람과 유럽 정벌 시에 당시 아바스 왕조의 수도 바그다드를 무자비하게 파괴하며 수십만의 시민을 몰살시켰다. 그러나 여기서도 몽골의 무자비한 살상행위는 여타 유럽과 이슬람 지역에 몽골군에 저항하지 말라는 본보기로 삼기 위한 정치적 의도가 있었다. 결국, 전쟁의 목표는 상대방에게 특정한 정치적 혹은 경제적 사안을 요구하기 위한 것이지 상대방 자체의 말살이나 체제의 멸망을 원한 경우는 흔치 않다.

둘째, 전쟁의 목적이 적의 완전한 제거와 파괴가 아닌 한 그 수단도 제한적이어야 한다는 것이다. 즉 적군이나 적의 민간인을 완전히 말살하는 행위가 제한된다는 것이다. 실제 나중에 전쟁법과 전쟁 윤리 편에서 살펴보겠지만 시대와 문화를 막론하고 전쟁에서 무자비한 파괴나 살상은 비윤리적인 행위로 여겨졌다. 전시에도 필요 이상의 살상을 최소화하는 것이 시대와 문화에 상관없는 인류 보편의 상식으로 여겨진다. 더구나 전쟁은 항상 많은 위험과 부담을 수반한다. 아무리 강한 군대도 뜻밖의 상황에 의해 패할 수 있으며 그 경우 모든 것을 잃을 수 있다. 누구에게나 전쟁을 시작하는 것은 큰 모험이며 따라서 극단적인 경우가 아니면 피하게 된다. 그래서 되도록 전쟁 없이 정치적 목표를 달성하기 위해 항상 먼저 평화적 대화나 외교를 통한 해결과 타협을 시도한다.

따라서 전쟁 수행은 항상 내가 적에게 원하는 것이 무엇인지, 즉 전쟁의 정치적 목표와 한계를 정확히 이해하는 속에서 이루어져야 한다. 전쟁의 목표를 합리적으로 세우고 그 목표에 대한 냉철한 이성적 태도를 견지해야 한다. 문제는 전쟁이 가지는 폭력성과 불확실성(fog of war) 등으로 인해 실제 전쟁을 이성적으로 수행하기가 매우 어렵다는 것이다. 전쟁의 지도자는 인간의 원초적 폭력, 증오와 같은 반이성적 감정의 영역, 도박성이나 개연성이 지배하는 전술·전략의 영역, 그리고 국가의 정책 목표를 이루려는 이성적 영역의 3요소가 종합된 가장 복잡하고 통제하기 힘든 일임을 먼저 이해해야 한다. 따라서 전쟁을 시작하기에 앞서 정말 다른 선택의 여지가 없는지를 숙고하고 또 피하기 위해 최선을 다할 것이 요구된다. 클라우제비츠의 『전쟁론』은 근대 민족국가의 성립 이후 나타난 국가 중심의 근대 전쟁을 이해하는 중요한 분석 틀을 제공한다.

제한전(limited war)과 총력전(total war)

클라우제비츠는 전쟁의 이론과 실제를 분석하면서, 근대 전쟁은 상대방에 대한 폭력이나 살상 그 자체보다 특정한 정치적 목적을 가지고 수행되는 제한전의 모습을 보인다고 진단한다. 어느 한 상대가 완전히 제압될 때까지 계속되는 두 사람 간의 결투와 달리 국가 간 전쟁은 특정한 전쟁의 목표가 달성되는 순간 전쟁이 끝난다는 것이다. 실제로 **18~19세기 유럽의 전쟁**은 많은 경우 국가 간 이해충돌을 조정하고 해결하는 방법으로 여겨졌다. 이를 위해 소수의 전문적 군대에 의해 짧은 기간의 전투를 통해 승부가 결정되곤 하였다.

그러나 프랑스혁명의 열기 속에 나폴레옹이 민간 대중을 징집한 대규모의 국민군대가 등장하면서 전쟁의 규모와 성격은 국가의 구성원 모두가 참여하는 총력전의 양상을 띠기 시작하였다. 더욱이 대규모 살상이 가능한 기관총, 화학무기, 탱크, 전투기 등의 새로운 무기가 등장하고 이에 따른 전략·전술의 진화로 점차 전후방의 구분이 없는 총력전 양상이 나타난다. 대규모의 민간인 사상자와 재산 피해가 초래되는 총력 전쟁은 전 국민의 사활을 건 투쟁이 되면서 전쟁 지도부의 합리적 정치 이익보다는 대중적 복수의 감정이 지배하는 양상을 보인다. 유럽에서 발생한 **1차 세계대전**은 각국 전 국민이 전쟁 수행에 동원되어 서로에게 비이성적 파괴와 무조건의 항복을 추구하는 총력전의 모습을 보여주었다. 1900만 명에 달하는 사상자를 낸 1차 세계대전의 비극에 놀란 유럽과 미국은 전쟁을 아예 금지하는 조약을 맺거나 각종 군축협약을 통해 또 다른 참화를 막고자 하였다.

그러나 20년 만에 다시 5000만 명이 넘는 사상사를 낸 **2차 세계대전**이 벌어진다. 유럽은 물론 태평양의 거대 전쟁으로 번진 2차 대전은 잠수함, 전폭기, 항공모함 등 각종 신무기에 의해 전후방과 전투원과 민간인의 구분이 없는 총력전의 성격이 더욱 강화된다. 결국, 핵폭탄이라는 가공할 신무기의 등장과 함께 독일과 일본의 무조건 항복으로 전쟁은 종결된다. 20세기 초 양차 대전의 결과는 전쟁이 본래의 의도나 상상을 초월하는 엄청난 재앙을 초래할 수 있다는 것을 일깨우는 극적인 계기가 된다. 특히 2차 대전 말에 사용된 핵무기는 어떤 이유로도 핵전쟁은 정당화될 수 없다는 인식을 인류 사회에 심어주었다. 이후 아직은 핵을 가진 강대국 간의 총력 전쟁이 없는 불안한 평화의 시대가 지속되어왔다. 그러나 2022년 발생한 우크라이나 전쟁과 미·중 패권경쟁은 21세기 3차 대전이나 핵을 사용한 새로운 총력전의 가능성을 인류에게 경고하고 있다.

나를 알고 적을 알아야 한다

전쟁의 정치성과 제한성에 대한 클라우제비츠의 명제는 그보다 2500년 전인 기원전 6세기 중국의 춘추(전국)시대 오나라의 전략가인 **손무(손자)의 『손자병법』**에도 나타난다.[30] **손자는 전쟁에서 최상의 승리란 싸우지 않고 이기는 것, 미리 이기고 싸우는 것이라고 설파한다.** 13편으로 구성된 간결한 책의 총론격인 제1편 「시계」, 제2편 「작전」, 제3편 「모공」을 통해 손자는 먼저 전쟁이 얼마나 무서운 것인가를 설명하고, 전쟁을 피하는 것이 최선이라는 점을 강조한다. 책의 제일 첫머리인 「시계」의 첫 문장에서 손자는 전쟁은 국가의 중대사라고 정의한다. 사람이 죽고 살고, 나라의 존속과 멸망이 달려 있기 때문이다.

따라서 매우 조심해서 접근해야 한다고 경고한다.

흔히 손자병법의 가장 유명한 명제로 "나를 알고 적을 알면 100전 100승"이라는 말이 있다. 그러나 이는 원문과는 다른 오해이다. 원문에는 **'백전불패'가 아니라 '백전불태'**로 기록되어 있다. **100번 싸워, 패하지 않는 것이 아니라 위태로워지지 않는다는 말이다.** 손자는 공세, 즉 공격에 앞서 적을 알고 나를 알면 백 번 싸워도 위태롭지 않고, 적을 모르고 나만 알면 한 번 이기고 한 번 질 것이며, 적을 모르고 나도 모르면 싸울 때마다 위태롭다고 경고한다. 전쟁을 시작하기 전에 싸울지 말지 그 여부를 제대로 판단할 줄 알아야 나를 지키고 위태롭지 않게 된다는 것이다. 아무리 나와 적에 대해 잘 알아도 모든 전쟁에서 지지 않거나 이기기를 기대하는 것은 비현실적이다. 대신 내가 적보다 충분히 강한지 혹은 적이 만만치 않은지를 먼저 철저히 파악해야 한다고 조언한다. 그리하면 무모한 전쟁을 일으키기보다 전쟁을 피하는 지혜를 발휘할 수 있다. 위태로운 상황을 자초하지 말라는 것이다. 특히 손자는 100번 싸워서 100번 이기는 것보다 전쟁하지 않고 적을 굴복시키는 것이 최선 중의 최선이라고 가르친다. **싸우지 않고 이기는 전쟁이 가장 훌륭한 전략이라는 손자의 명제는 전쟁은 정치적 목표를 위한 수단이라는 클라우제비츠의 명제를 가장 극적으로 설명한다.**

『손자병법』의 핵심주제는 '어떻게 하면 전쟁 자체를 피하고 전쟁의 피해를 최소화할 수 있을까'로 요약된다. 손자는 전쟁 이전에 전쟁을 일으킬 상황을 만들지 않고, 전쟁을 하려면 전쟁의 명확한 목표와 그로 인한 분명한 이득이 있어야 한다고 강조한다. 또한, 상대방의 군사전력과 나의 전력을 파악해서 승산이 있는지를 먼저 따져보아야 한다. 전쟁을 결심해도 여전히 마지막 순간까지 싸우지 않을 방법이 있는지 살피고 혹은 다른 방법으로 상대방을 무력화시키는 노력을 해야 한다. 어쩔 수 없이 싸우게 된다면 최대한 빠르고 피해 없는 승리를 거두는 것이 차선의 방법이다. 이 과정에서도 손자는 군비로 국가 경제가 피폐해지는 것을 경고한다. 전쟁은 필연적으로 국가와 국민의 막대한 재정 지출과 인명 피해를 초래하게 된다. 정작 전쟁에서 승리해도 실제로 얻은 것이 없다면 이는 최악의 승리이다. 전쟁은 파괴와 살상 자체를 위한 것이 아니라 특정한 정치적 목표를 달성하기 위한 수단에 불과하기 때문이다. 싸우지 않고, 즉 파괴와 살상 없이, 정치적 목표를 달성하는 것이 최고의 승리이다.

손자의 전쟁론은 결국 상대방을 완전히 제압, 즉 전멸시키는 것이 목표인 가상의 절대 전쟁과 구분하여 정치적 목적을 위한 현실 세계의 제한 전쟁론을 펼친 **클라우제비츠와 전쟁의 본질에 대한 이해가 같다.** 이러한 **전쟁의 정치성은 국가안보전략의 수립**에 중요한 함의를 지닌다. 뒤에 안보 이론에서 자세히 살펴보겠지만 국가안보전략의 수립은 국가나 사회가 가장 중요하게 여기는 가치가 무엇인지에 대한 사회적 합의와 이해에서 출발한다. 이는 곧 전쟁의 정치적인 목표와 긴밀하게 연결된다. 또한, 국가안보전략, 혹은 전쟁 계획의 수립이나 그 수행이 전문 군인과 정치 지도자 중 누구에 의해 주도되어야 하는지의 실질적인 질문과도 연결된다.

쉬운 전쟁은 없다

02

전쟁의 삼위일체

이 세상에 쉬운 전쟁은 없다. 전쟁에서 잘 싸우는 것이 너무나 복잡하고 어렵기 때문이다. 손자가 전쟁은 싸워서 이기는 것보다 싸우지 않고 이기는 것이 가장 큰 승리라고 주장한 이유이다. **클라우제비츠의 전쟁의 삼위일체(Trinity of War) 명제**는 전쟁 수행의 어려움을 잘 설명한다. 전쟁의 수행은 세 주체 사이에 3가지 특징이 상호작용하며 누구도 예측하기 힘든 상황이 나타난다는 것이다. 먼저 **전쟁의 3주체는 ① 일반 국민, ② 장수와 병사, 그리고 ③ 정부 혹은 정치 지도자**로 구분된다. 전쟁의 수행에서 이들 세 주체는 복잡하게 상호작용하며 전쟁의 3요소, 혹은 전쟁의 삼위일체가 나타난다. 첫째는 전쟁의 본질적 폭력성과 관련한 증오 및 적개심이 작용하는 감정과 열정의 요소이다. 둘째는 감정과는 별개의 개연성과 운이 작동하는 요소이다. 셋째는 전쟁의 정치적 목적을 달성하기 위한 수단으로써의 합리적 판단, 순수한 지혜, 혹은 이성의 요소이다.

그림 1-3 | 전쟁의 삼위일체

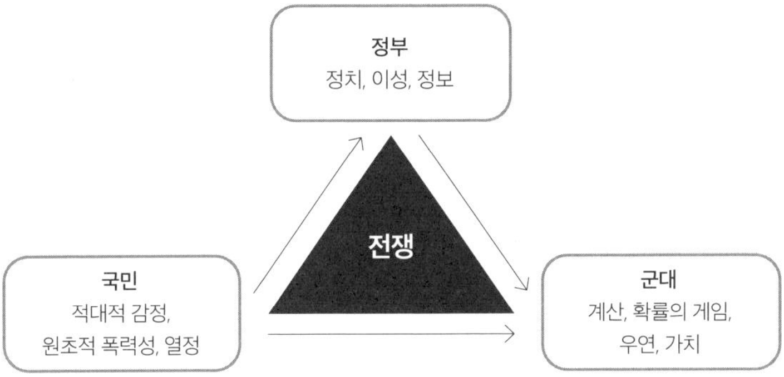

이들 3요소 중 **전쟁 중에 타오르는 감정과 열정의 요소는 첫째 주체인 일반 국민에 의해 주로 표출된다.** 전쟁의 무고한 희생자로서 겪는 일반인들의 비극과 슬픔, 자식이나 형제를 전쟁터에 보낸 가족들의 애타는 심정, 아군의 승리에 대한 갈망과 환희, 적국에 대한 증오와 복수심의 주요 주체는 국민이다. **둘째, 전쟁의 개연성과 운의 요소는 전쟁을 지휘하는 장수들과 그들의 군대가 가지는 용기와 능력에 의해 좌우된다.** 아무리 수적, 무기 면에서 우세한 군대라고 해서 항상 전쟁에 승리하는 것이 아니다. 객관적으로 열세인 전쟁도 지휘관의 능력이나 전략, 혹은 날씨나 지형지물, 병사들의 사기와 적의 오판 등 예기치 못한 변수에 의해 하루아침에 전세가 역전될 수 있다. 열두 척의 전함으로 수백 척의 적선을 치밀한 전략과 용기로 물리친 이순신 장군의 기적은 단순히 병력이나 무기의 숫자를 넘어서 지형지물과 전략·전술을 복합적으로 잘 활용하는 우수한 지휘관이 전쟁에서 얼마나 중요한지를 극적으로 보여준다.

마지막으로 전쟁의 궁극적인 정치적 목표를 달성하기 위한 이성적 판단은 정부나 국가 지도자가 주로 담당하는 요소이다. 아무리 용맹한 장수나 뛰어난 지휘관이라도 전쟁의 참여자로서 이성과 평정심을 유지하기란 쉽지 않다. 더구나 지휘관은 전쟁을 수행하기 위해 지도자에 의해 임명된다. 전쟁의 궁극적 목표와 종결은 지도자의 정치적 판단의 몫이다. 임진왜란의 시작은 일본 통일 후 중국까지 점령하여 천하의 황제가 되고자 한 히데요시의 정치적 야심과 조선의 당파싸움에 휘말려 일본의 야심을 간과한 선조 임금의 정치적 판단이 초래한 결과였다.

한국전쟁 중 트루먼 대통령이 인천상륙작전의 영웅 맥아더 사령관을 갑자기 해임하는 일이 벌어진다. 한국전쟁 이전에 이미 태평양전쟁의 영웅으로 미국민에게 가장 추앙받던 맥아더 장군의 해임 사건은 전쟁 수행과 그 목적을 두고 민간인 정치 지도자와 최고 군지휘관 사이에 첨예한 갈등을 드러낸 대표적인 사례이다. 맥아더 장군은 대부분의 중장년층 이상 한국인들에게는 미국의 가장 위대한 장군이자 6·25 전쟁 당시 대한민국을 절체절명의 위기 상황에서 구원한 전쟁영웅으로 기억된다. 남침 한 달여 만에 부산과 낙동강 전선을 제외한 남한 전역이 공산군에게 점령당한 상황에서 맥아더 장군은 모두의 허를 찌르는 **인천상륙작전**을 감행하여 전세를 일거에 역전시킨다. 이후 패퇴하는 북한군을 쫓아 평양을 넘어 두만강 국경까지 진출한 맥아더 장군의 활약은 남한 사람에게 남침의 악몽을 딛고 북진통일이라는 대반전의 드라마를 기대키에 충분한 감동과 흥분으로 다가왔다.

북한군의 파죽지세와 이를 극복한 맥아더 장군의 용맹한 지휘력에 전쟁 초기 트루먼 대통령은 절대적인 신뢰를 보였다. 그러나 이후 **중공군**의 갑작스러운 개입이라는 변수가 생기면서 두 사람 사이에 갈등이 본격화된다. 전쟁 초기부터 트루먼 대통령은 북한의 김일성에 의해 시작된 한국전쟁이 소련 및 중국과의 **제3차 대전**으로 확전되는 것을 원치 않았다. 2차 대전이 불과 5년 전에 마무리된 상황에서 또다시 3차 대전이 벌어지는 것을 국내 여론이 찬성할 리 없었기 때문이다. 트루먼의 우려는 맥아더 장군의 연합군이 인천상륙작전 이후 빠른 속도로 북진하여 중국과의 국경에 다다르자 현실화하였다. 중국의 마오쩌둥이 대규모의 지상군을 파병한 것이다. 이에 맥아더 장군은 당시 북·중 국경지대의 주요 중국 군사시설에 수십 발의 핵폭탄을 투하하는 공세적 전략을 주장하였다.

트루먼 대통령에게 맥아더 장군의 주장은 너무 위험한 것이었다. 중국 영토와 중국군에 대한 핵무기 사용은 중국과의 전면전을 초래할 뿐 아니라 당시 핵을 개발한 소련과의 핵전쟁으로 이루어질 수도 있다고 판단하였다. 히로시마와 나가사키에 핵무기를 사용한 이래 다시는 이러한 끔찍한 무기를 사용하지 않겠다고 공언했던 트루먼에게는 감당하기 어려운 부담이었다. 영국을 비롯한 미국의 주요 유럽 동맹국들도 미·소 간의 대규모 전쟁 가능성을 우려하며 트루먼 정부의 핵 사용에 강한 반대를 표명하였다.[31]

그러나 맥아더 장군은 자신의 주장을 굽히지 않았다. 결국, 트루먼은 전쟁이 한창 중인 1952년 4월, 자신이 직접 임명한 연합군 최고 사령관 해임이라는 어려운 결정을 내린다. 본국으로 송환된 맥아더는 미국의 주요 도시를 순회하며 2차 대전에서 태평양 전쟁을 승리로 이끈 영웅으로 시민들의 열렬한 환영을 받았다. 로마의 카이사르처럼 금의환향한 맥아더 사령관은 초유의 의회 상하 양원 합동 연설에서 "노병은 죽지 않는다. 다만 사라질 뿐이다"라는 명언을 남기고 군 생활을 마감한다. 이후 전쟁영웅 맥아더를 해임한 정치인 트루먼에 대해 일반 대중은 대통령 허수아비를 만들어 화형식을 열며 분노를 표출하였다. 그러나 미국 의회와 대다수 전문가는 한국전쟁이 제3차 세계대전으로 확산하는 것을 막은 트루먼을 지지하였다.

전쟁은 결국 정치의 연속이요 수단이라는 클라우제비츠와 전쟁은 하지 않고 이기는 것이 최상책이라는 손자, 2000년의 시대를 넘어선 동서양 최고의 전쟁 사상가인 두 사람 모두 전쟁의 최종 결정자로서 국가 지도자의 역할이 중요함을 새삼 일깨운다. 인간의 원초적 폭력과 증오가 분출하는 반이성적 영역, 도박성이나 개연성이 작동하는 전술·전략의 영역, 그 속에서 국가 이익과 정책 목표를 추구하는 이성적 영역의 3요소가 종합된 전쟁의 정치성을 정확히 이해하고 결정하는 것은 결국 국가 지도자에 달려 있다. 수많은 인명이 달린 전쟁을 결심하고, 감정이나 운의 요소에 휘말리지 않으면서 군을 지휘하여 최대한 이성적으로 신중하게 수행하는 것은 아마 정치가에게 가장 중요하면서도 어려운 덕목일 것이다.

전쟁의 안개와 마찰

전쟁이 어려운 또 다른 이유는 전쟁이 시작되면 아무도 그 끝을 알 수 없기 때문이다. 앞서 전쟁의 성공적 수행을 위해서는 이성적인 판단력을 갖춘 지도자와 전략·전술에 능한 장수와 군대, 애국심으로 단결된 국민의 성원이라는 삼위일체가 중요함을 알아보았다. 그렇다면 과연 이 세 가지가 갖추어지면 전쟁에서 승리할 수 있을까? 클라우제비츠는 여전히 어렵다고 증언한다. 막상 전쟁이 진행되면서 겪게 되는 전쟁의 예측 불가능성, 즉 불확실성 때문이다. 아무리 정치 지도자가 전쟁의 정치적 목표에 대해 명확한 이해를 하고, 훌륭한 군대와 지휘관을 통하고, 또 국민의 전폭적인 지지를 받는다 하더라도 실제 전쟁의 수행은 결코 쉽지 않다.

전쟁 수행은 인간의 통제를 벗어나는 너무나 많은 요소와 조건에 의해 영향을 받는다. 따라서 이러한 모든 것을 사전에 파악하고 준비하는 것은 불가능하다. 클라우제비츠가 전쟁의 어려운 요소로 지적한 **전쟁의 안개(Fog of War)와 마찰(Friction in War), 즉 전쟁의 불확실성을** 경고하는 이유이다.[32] 아무리 좋은 첨단 무기와 완벽한 전략으로 무장한 군대라도 예기치 못한 사막의 모래 폭풍이나 앞을 볼 수 없는 짙은 안개는 이러한 계획을 물거품으로 만들 수 있다. 물론 **전쟁의 안개**는 단순히 안개만을 이야기하지 않는다. 보다 광의의 의미로 전쟁에서 아군과 적을 포함한 양측 모두의 능력과 전쟁 의지를 정확히 객관적으로 파악하기는 어려운 근본적인 불확실성에 관한 것이다.

설사 이러한 기본적인 조건과 상황에 대한 객관적 파악을 하더라도 막상 전쟁이 시작돼야 알 수 있는 요소들도 너무나 많다. 수많은 병사가 서로 이성을 잃고 생사를 건 혈투를 벌이는 전장에서 벌어지는 역동성은 그 자체로 각본 없는 드라마다. 때로는 전혀 예기치 않은 요소로 순식간에 전세가 역전되거나 뒤집힐 수 있다. 엄청난 국력의 차이에도 오히려 장기전으로 갈수록 약소국이 유리한 예도 무수하다. 1960~1970년대에 세계 최강의 무기와 보급품으로 무장한 미국이 오합지졸로 보이던 베트남의 베트콩 게릴라에게 패할 줄 누가 예상했던가. 그러나 이러한 미군의 어려움은 21세기 초 20년간 싸운 아프가니스탄에서 탈레반 반군에 의해 또다시 되풀이되었다. 물론 이전에도 아프가니스탄은 19세기 영국과 1980년대 소련의 원정군이 패배한 제국의 무덤으로 악명이 높았다.

클라우제비츠는 이러한 전쟁의 의외성과 혼란을 **전쟁의 '마찰(friction)'**로 정의한다.[33] 전투나 전쟁의 과정에서 발생하는 의외의 사건이나 요인에 의해 놀랍게도 원래의 계획과는 전혀 다른 전쟁의 양상이나 결과가 나타나는 경우가 흔하다. 전쟁의 마찰로 인해 실제 전쟁(actual war)과 계획상의 전쟁(war on paper)이 다를 수 있다는 것이다. 전쟁의 계획이 실제로 작동하기 위해서는 수많은 조건과 요인들이 맞아떨어져야 한다. 문제는 그 수많은 요인이 언제든 다르게 작동할 수 있다는 것이다. 혹은 사소한 순간의 실수나 착오가 모든 것이 수포로 돌아가게 만들 수 있다.

앞에서 말한 맥아더와 한국전쟁은 전쟁의 안개와 마찰을 보여주는 또 다른 예를 제시한다. 6월 25일 남침 후 3달간 낙동강 유역까지 진군한 북한군에 패퇴하던 절체절명의 위기에서 맥아더는 9월 15일 인천상륙작전으로 전세를 일거에 뒤집었다. 맥아더는 서울 수복 직후 바로 10월 1일 북으로의 진군을 명한다. 문제는 이 과정에서 심각한 혼란이 발생한 것이다. 인천에 상륙했던 미군 주력 10군단을 김포–개성 축선으로 그대로 북진하는 대신 다시 배에 싣고 남하하여 한반도 반대쪽 동부전선인 원산으로 상륙시켜 동쪽 축선인 함경도로 진격시킨 것이다. 대신 낙동강 전선에서 수원까지 육로로 올라온 미 8군은 한강을 건너 서쪽 축선인 평안도로 진격시켰다.

당시 인천항은 한쪽에선 38선 바로 밑까지 진격했던 미 10군단의 병력과 장비를 다시 배에 싣고 다른 한쪽에서는 육로로 진격한 미 8군을 지원하기 위한 물자를 하역하느라 북새통이 되었다. 이로 인해 미 8군은 10월 4일이 돼서야 38선으로 진격하였고 서해 인천에서 동해 원산으로 우회한 미 10군단은 공산군이 설치한 기뢰에 걸려 상륙도 못 한 채 보름을 바다에서 대기하는 상황이 벌어졌다. 그사이 동해 축선을 따라 북진하던 국군 1군이 내륙에서 원산을 먼저 점령해버리면서 미 10군단의 해상 기동은 무의미한 작전이 되어버렸다.

이러한 미군의 혼선은 후퇴하는 북한군과 북·중 국경에서 대기하던 중공군에게 중요한 반격의 기회를 주었다. 38선과 원산 사이를 지나 갑자기 넓어진 북한 지역에서 서로 분리되어 전진하게 된 연합군은 광범한 북·중 국경을 향해 다가갈수록 부대 간 단절이 발생했다.[34] 그 결과 만들어진 거대한 간격은 은밀히 매복하고 있던 중공군에게 훌륭한 침투로를 제공하였다. 중공군은 동과 서로 갈라진 아군 부대들의 배후를 차단하고 추운 겨울 고립된 한미연합군에 대규모 공세를 퍼부었다. 당시 한미연합군은 약 40여 만의 대군이었다. 이들은 중공군과 대등한 병력은 물론 여전히 우세한 화력을 보유했다.

그림 1-4 | 인천상륙작전 이후 낙동강에서 압록강까지 북진 진전도

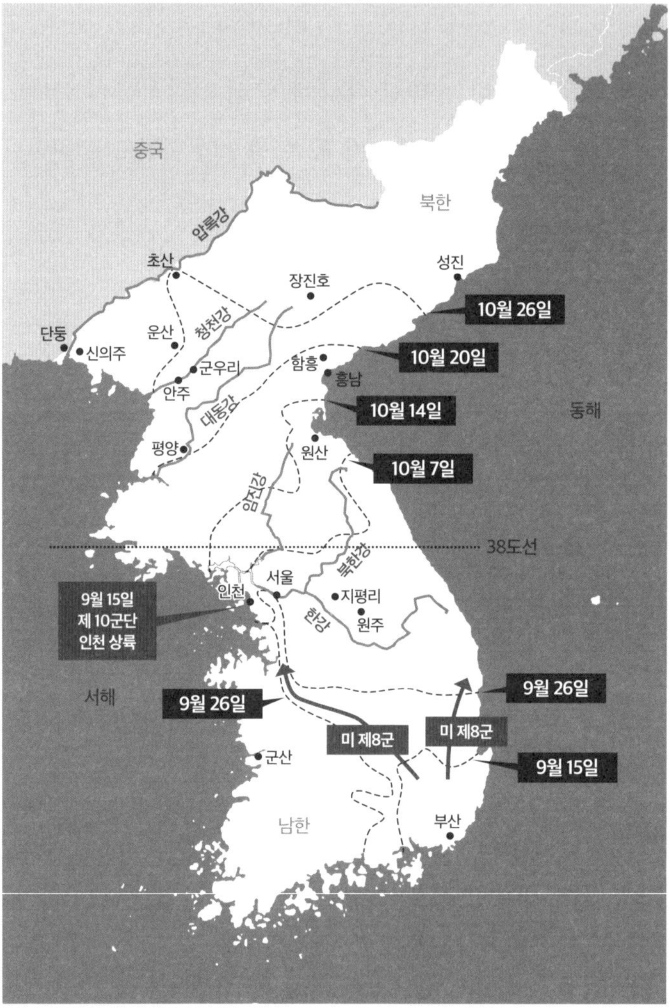

(자료: 스트레이트마이어, 520쪽)

그러나 강추위에 고립되어 당황하고 혼란스러운 연합군은 급속하게 패퇴할 수밖에 없었다. 결국, 1950년 12월 24일 크리스마스이브에 마지막 철수선인 흥남 부두를 떠나며 북진 3달 만에 통일의 기회도 날

아가 버렸다. 만일 인천을 통해 서울을 탈환했던 미 10군을 동해로 회군시키지 않고 곧바로 진격시켰다면, 아니면 중국을 자극할 무리한 진격보다 천혜의 방어선인 청천강–원산에 강력한 교두보를 구축한 후 신중하게 북진했다면 과연 역사는 어떻게 되었을까? **헨리 키신저(Henry Kissinger)**는 한반도의 좁은 목 지형을 이용해 청천강–원산의 약 100마일을 중심으로 교두보를 확보하는 것이 북·중 국경에 바로 진격하여 400마일이 넘는 전선을 방어하는 것보다 훨씬 유리했을 것이라 진단한다. 그 경우 북한의 수도 평양 북쪽에 전선을 형성한 후 북·중 국경 사이 완충지대를 활용할 수 있었을 것이라는 이야기이다. 그리하여 중공군의 개입 빌미를 주지 않고 남은 공산군을 토벌하였으면 전략적으로 통일을 이루기가 용이했으리라는 가설이다. 물론 그 가설도 현실적으로 실행 가능했을지는 아무도 증명할 수는 없다.[35] 하지만 아쉬움이 남는 지적이다.

북진 초기 맥아더의 참모들은 총사령관 맥아더의 지시가 무리라고 생각했지만 반대할 수 없었다고 한다. 직전에 있었던 인천상륙작전이 모두의 반대에도 불구하고 성공했기 때문이었다. 그러나 그 성공이 자만과 오판을 불러왔고 결국은 한국전쟁의 흐름을 또다시 뒤바꾸는 결과를 초래했다. 맥아더 장군이 북·중 국경에 핵폭탄 투하의 무리수를 주장한 것도 자신의 뼈아픈 실수를 만회코자 한 아쉬움의 발로가 아니었을까? 물론 당시 상황에서 맥아더가 아닌 다른 지휘관이 더 나은 판단을 했으리라는 보장은 없다. 전쟁의 안개와 혼란은 아무리 뛰어난 장군이라도 모든 상황에 완벽하게 대처하기 어렵게 만든다는 교훈을 확인시킬 뿐이다.

한국전쟁과 4인의 동상이몽

03

클라우제비츠와 손자의 전쟁론을 통해 본 한국전쟁은 어떠한 전쟁이었나? 전쟁의 정치적 목표는 무엇이었나? 누가 어떻게 수행하였고 그 과정에서 무엇이 잘못되었는가? 왜 한국전쟁은 아직도 끝나지 않고 휴전상태로 남아 있는가? 이들 질문의 해답을 위한 가장 중요한 실마리는 당사자들이 한국전쟁을 통해 얻으려고 한 목적이 무엇이었나를 살펴보는 것이다. **먼저 전쟁을 시작한 북한의 지도자 김일성의 의도는 무력을 통한 남한의 흡수통일이었다.** 남북에 각자 정부가 수립된 후 임시적 분계선이던 38선을 사이에 두고 남북 간에는 서로 정통성을 주장하는 두 정부 사이에 크고 작은 무력충돌이 이어졌다. 그런데 김일성이 전격적인 남침을 결심하게 된 가장 중요한 계기는 미국이 한반도에 군사개입을 하지 않으리라는 계산이 있었기 때문이다. 남침이 있기 6개월 전 당시 미국 국무장관이던 딘 애치슨(Dean Acheson)은 기자회견에서 일본 열도와 필리핀을 미국의 일차적 방어선으로 발표한다. 후일 **애치슨 라인**(Acheson Line)으로 알려진 당시 미국의 동아시아 방어선에 한반도가 빠진 것으로 해석되었다. 이후 김일성은 미국의 군사개입과 무력충돌을 우려하던 스탈린과 마오쩌둥을 설득하여 남침에 대한 지지를 확보하였다. 그런데 미국의 트루먼 대통령은 한국전쟁이 시작되자마자 참전을 결정한다. 혹자는 이를 두고 미국이 김일성의 남침을 유도하였다는 음모론의 근거로 삼기도 한다.[36]

애치슨 라인

1950년 1월 12일 미국의 국무장관 딘 애치슨은 워싱턴 내셔널 프레스 클럽에서 열린 전미국 신문기자 협회에 참석하여 '아시아의 위기'라는 제목의 기자회견을 열었다. 애치슨은 스탈린과 마오쩌둥의 영토적 야심을 경고하며 **미국의 동북아시아 방위선**을 설정한다. 그 핵심은 태평양에서 미국의 지역 방위선을 **알류샨열도-일본-오키나와-필리핀**을 연결하는 이른바 '애치슨 라인'으로 한다는 것이었다. 그 결과 한반도와 대만, 베트남은 당시 미국의 태평양 지역 방위선에서 제외된 것으로 이해되었다. 그 배경에는 1949년 미국이 지지한 장제스의 중화민국 정부가 국공내전에서 공산당에 패하여 대만으로 밀려난 상황에 대한 미국의 충격이 있었다.

더욱이 미국 조야에서 한반도는 전략적으로 중요하지 않다는 인식이 지배적이었다. 애치슨의 기자회견 이후, 대한민국의 임병직 외무부 장관은 즉시 주한미국대사인 존 무초를 불러 애치슨 선언의 진의를 해명해달라고 요구했다. 또 장면 주미대사에게 훈령을 보내 애치슨 발언의 경위를 신속히 조사하여 보고하라고 지시했다. 그러나 애치슨은 한국이 미국의 극동 방위권에서 제외된 이유에 대해 한마디 회답도 보내주지 않았다. 이후 한국전쟁이 발발하자 애치슨의 선언에 그 책임이 있다는 비난을 받았다.

그림 1-5 | 애치슨 라인

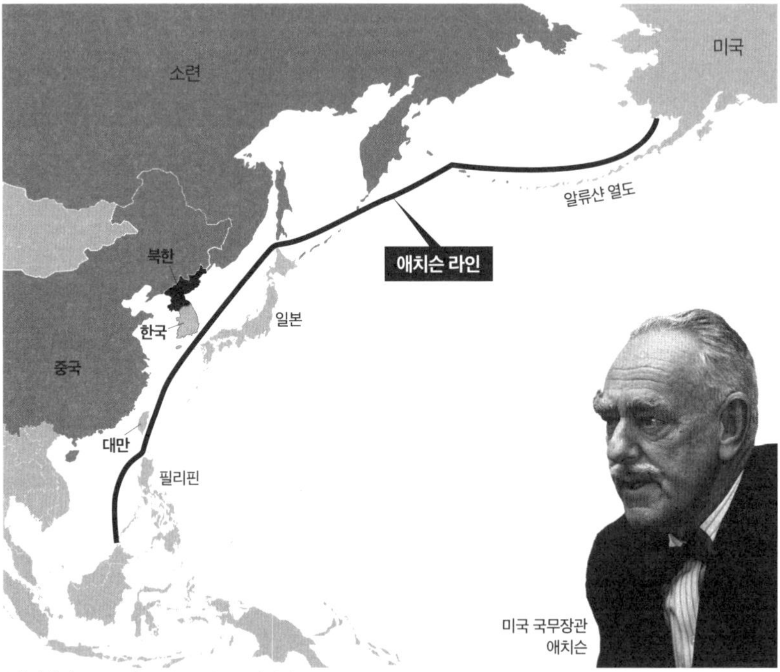

(위키백과: https://ko.wikipedia.org/wiki/%EC%95%A0%EC%B9%98%EC%8A%A8_%EC%84%A0%EC%96%B8)

그렇다면 미국의 트루먼 대통령은 왜 갑자기 한국전쟁 참전을 결정하였을까? 미국이 입장을 바꾼 정치적 이유나 목표는 무엇이었나? 일본과 필리핀의 방어에 초점을 맞추었던 **미국의 입장은 한국전쟁 내내 그 기본 목표를 놓고 우왕좌왕하는 모습을 보였다.**[37] 초기에는 공산주의 침공으로부터 남한의 보호와 동시에 북한의 군사도발에 대한 엄벌이라는 목표를 설정하였다. 2차 대전 직후 미국은 1차 대전 후 실패한 국제연맹의 사례를 본보기 삼아 뉴욕에 유엔 본부를 유치하며 어떤 형태의 침략도 불법으로 규정한 미국 주도의 새로운 세계질서를 출범시켰다. 김일성의 남침은 일방적인 침공에 반대한다는 국제연합의 기본정신과 미국의 리더십에 정면으로 도전하는 것이었다. 동시에 스탈린의 소련이 주도하는 세계적 공산주의 확산을 저지하기 위한 미국의 봉쇄전략이 배경이 되었다. 여기에 한반도가 공산화되면 애치슨이 미국의 핵심이익으로 지정한 일본이 위태로워진다는 지정학적·군사적 계산도 작용하였다. 전쟁 발발 하루 만에 트루먼 대통령이 스탈린과 김일성의 예상을 깨고 전격적인 참전 결정을 내린 배경이다. 그 후 1950년 9월 맥아더 장군의 인천상륙작전 이후 전세가 급변하자 미국 정부는 이참에 북한 영토로 진격하며 남북통일을 새로운 전쟁의 목표로 추구하였다. 그러나 후퇴하는 북한군을 쫓아 빠르게 진격하는 미군의 북·중 국경지대 접근에 위협을 느낀 마오쩌둥이 그해 10월 대규모 지상군을 투입하면서 전세는 다시 역전된다. 이에 다시 전쟁 목표는 예상치 못한 대규모 중국 공산군의 공세에 후퇴하는 유엔군의 보호, 남한 영토의 원상복구와 함께 중국 및 소련과의 전면전 방지를 위한 빠른 종전으로 다시금 변경된다.

한편 한국의 이승만 정부는 북한의 김일성과 마찬가지로 이 기회를 이용하여 북진통일을 전쟁의 목표로 추구하였다. 세계 최강 미국의 참전 이후 맥아더 장군의 인천상륙작전으로 전세가 역전되자 이승만 정부는 이를 이용하여 남한 주도의 북진통일을 꿈꾼다. 특히 맥아더 장군의 공세적 전략으로 북·중 국경까지 진격한 연합군이 중국의 개입으로 후퇴한 이후에도 이승만의 이러한 정치적 목표는 계속되었다. 그러나 중국은 물론 소련과의 세계대전을 우려한 트루먼 대통령은 중국군에 핵무기 사용을 주장한 맥아더 장군을 해임하고 교착상태에 이른 전쟁의 휴전을 서두른다. 트루먼에 이어 새로이 들어선 공화당의 아이젠하워 대통령도 한국전쟁의 조속한 종결을 추진하자 이승만 정부는 급기야 1953년 휴전협정에 서명을 거부한다. 휴전협정 당사국에서 중국, 북한에 이어 유엔군을 대표한 미국만 있고 정작 한국의 서명이 빠지게 된 이유이다. 이후 북한은 핵을 포함한 한반도 군사 문제에서 한국을 배제하고 미국과만 직접 대화하겠다는 통미봉남 정책을 펼치게 된다.

당시 중국 마오쩌둥은 미국과의 전쟁에 반대하는 참모진의 의견을 물리치고 항미원조 보가위국(抗美援朝 保家衛國)이라는 명분으로 참전을 결정하였다. 2차 중일전쟁 당시 일본군에 함께 싸운 북한을 미 제국의 침략에서 구원한다는 형제 공산국의 의리가 강조되었다. 중국이 한국전쟁을 항미원조 전쟁으로 부르는 이유이다. 그러나 더 중요한 이유는 북·중 국경선을 향해 진격해오던 한미 동맹군에 대한 자신들의 안보 우려가 있었다. 보가위국, 북한을 돕는 것이 결국 나의 가정과 국가를 지킨다는 것이다. 남한 주도로 통일이 될 경우 북한이라는 전략적 완충지대가 사라질 것을 우려한 것이다. 1953년 정전협정 체결 당시 북한에 있던 중국 인민군은 100만 명에 육박했다. 한국전쟁에서 중국은 마오쩌둥의 유일한 아들 마오안잉을 포함 18만 명이 넘는 전사자를 위시해서 90만 명이 넘는 사상자가 나왔다. 중국은 한국전쟁 정전 이후에도 40만 명 이상의 대규모 병력을 북한에 체류시킨다. 단계적으로 진행된 중국군의 철수는 1958년 말에야 완결되었다.[38]

당시 국공내전에서 승리하고 1949년 본토에 중화인민공화국을 수립한 마오쩌둥은 대만으로 패퇴한 장제스의 국민당 정부에 대한 최후의 결전을 준비하고 있었다. 그러나 한국전쟁으로 인해 대만 침공은 미루어지고 오늘날까지 대만과의 분단이 유지되는 통한의 사건으로 남게 된다. 이후 미국의 직접 위협을 막는 완충지대로서 북한의 전략적 가치를 지키고자 한 마오쩌둥의 의도는 지금까지 북·중 관계를 유지하는 기본 토대가 되었다. 21세기 미·중 경쟁이 본격화되면서 중국의 한반도에 대한 전략 목표는 더욱 중요해질 것이다.

한국전쟁은 남북한과 이를 둘러싼 미국, 중국 4개국의 지도자가 가진 각기 다른 전쟁의 정치적 목표가 충돌한 전쟁이었다. 김일성과 이승만은 전쟁을 통해 독립 이후 임시 분단된 한반도의 통일을 목표로 하였다. 전쟁 초기 김일성의 무력통일과 전쟁 말기 이승만의 북진통일은 상대 체제를 무너뜨리고 흡수하기 위한 총력 전쟁의 성격을 가졌다. 그 기본 동학은 오늘에도 근본적으로 바뀌지 않았다. 70년이 넘게 평화협정 대신 휴전협정이 이어지는 배경이다. 한국전쟁이 언제 다시 일어나도 이상하지 않은 상황에서 한반도는 여전히 총력전의 위험을 안고 살아가고 있다.

남북의 후견인 역할을 한 미국과 중국 지도자의 셈법은 달랐다. 트루먼과 마오쩌둥에게 한국전쟁은 매우 부담스러운 그러나 냉전의 대결 구도 속에서 자국의 안보이익을 위해 내버려둘 수 없는 전쟁이었다. 이들의 일차 목표는 전면 대결은 피하면서도 한반도의 주도권을 서로에게 넘겨주지 않는 것이었다. 한국전쟁 직후 트루먼의 전격적인 군사개입과 미군의 북진 이후 마오쩌둥의 전면 군사개입은 남과 북을 보호한다는 미명하에 자신들의 전략적 완충지대를 확보하기 위한 고육책이었다. 동시에 한국전쟁은 미·중 간의 총력전을 피하기 위한 방어적 제한 전쟁의 성격을 가졌다. 전쟁이 교착상태를 이루자 서둘러 휴전협정을 타결한 이유이다. 즉 **휴전협정은 남북의 총력전과 미·중의 제한전에 대한 서로 다른 목표가 충돌하고 타협한 산물이었다. 오늘날 한반도에 대한 미·중의 계산도 크게 바뀌지 않았다.** 사실 미·중은 제2의 한국전쟁이 초래할 군사개입에 남북 당사자보다 더욱 부담을 느낄지도 모른다. 제한 전쟁으로 끝난 한국전쟁이 너무나 치열하고 그 희생이 컸기 때문이다. 남북 간의 군사적 위기 때마다 중국이 한반도의 안정과 대화를 강조하고 미국은 남한의 절제된 대응을 바라는 이유이다.

한국전쟁이 1953년 누구의 승리도 아닌 휴전으로 끝나면서 남북분단이 고착되었다. 그런데 한반도의 남북분단은 한국전쟁 이전에도 여러 번 논의되었다. 임진왜란 당시 마지못해 조선에 출병한 명나라는 전쟁의 빠른 해결을 위해 조선을 남북으로 나누어 휴전하는 방안을 일본과 논의하였다. 구한말 동북아에서 일본과 패권경쟁을 벌이던 러시아는 1904년 러일전쟁 직전에 일본에 타협안으로 조선반도를 39도선을 경계로 나누어 분할하는 방안을 제시하였다. 그렇다면 1945년 해방 후 러시아와 미국이 38선을 합의한 것이 과연 역사적 우연일까? **동북아에서 강대국 간에 심각한 패권경쟁과 충돌이 있을 때마다 전쟁 대신 세력 균형을 이루는 타협안으로 남북분단이 제시되었다.** 한반도의 지정학적 위치가 강대국 간 세력 균형에 중요한 변수로 작용하는 단적인 예이다.

한반도를 사이에 두고 주요한 세력 전이나 패권경쟁이 일어나는 경우 한반도를 자신들에 우호적인 지역으로 확보하고자 하는 추동력이 생긴다. 그렇다고 한반도를 차지하기에는 큰 부담과 위험이 수반되었다. 특히 양측 간의 직접적인 충돌이 생기는 것을 피하는 차선책으로 한반도를 분할하는 것이 유용한 대안으로 고려되었다.[39] 이는 거꾸로 현재 한반도의 분단 상황이 강대국 입장에서는 직접 충돌을 막는 완충작용을 한다는 점을 의미한다. 남북분단이 부담스러운 전쟁을 피하고자 하는 강대국의 세력 균형 전략에 유용한 타협 장치로 작용할 수 있다는 것이다.

현재 미·중 경쟁이 지속되거나 앞으로 가속화될수록 미·중 모두 당분간은 한반도의 통일보다는 분단을 원하지 않을까. 한국전쟁에 참여한 각 당사자의 정치적 목표와 이해는 다 달랐다. 휴전과 정전협정, 그리고 남북분단은 당시 미국과 중국 두 강대국 간 정치적 타협의 결과였다. 70년이 지난 오늘 미·중은 한반도를 넘어 지역과 세계 차원의 패권경쟁을 벌이고 있다. 무섭게 부상한 중국과 초강대국 미국의 정치·군사적 이해가 한반도의 전쟁과 운명을 좌우하는 가장 큰 변수라는 사실은 지금도 여전하다.

3년의 치열한 전쟁 후에 평화협정이 아닌 정전협정으로 끝난 한국전쟁은 아직 끝나지 않은 전쟁이다. 비무장지대를 사이에 둔 남북의 군사 대치 상황은 기본적으로 변한 것이 없다. 절대 지도자 김일성과 김정일을 이은 김정은 위원장이 삼대를 세습한 북한은 핵을 6번 이상 실험하며 핵무장에 박차를 가하고 있다. 자유민주 국가인 미국은 전체주의 북한의 핵 개발을 한반도와 동북아는 물론 미국에게도 가장 심각한 위협으로 규정한다. 한편 21세기 중국의 부상이 본격화되면서 한반도와 동북아를 둘러싼 미·중의 패권경쟁이 한층 격화되고 있다. 공산당 일당체제를 유지한 채 세계의 경제 및 군사 대국으로 부상하는 중국은 세계의 유일 패권국 미국에 심각한 도전으로 인식된다. 한반도를 둘러싸고 자유주의와 현실주의에서 경고하는 두 가지 전쟁의 위협이 동시에 전개되는 상황이다.

쉬운 전쟁은 없다. 전쟁하지 않는 것이 가장 좋다는 **클라우제비츠와 손자의 교훈**은 20년 만에 패퇴한 미국의 아프가니스탄 철수에서 다시 한번 증명되었다. 한반도에도 예외는 없다. 클라우제비츠와 손자는 고대 중국과 근대 유럽이라는 정반대의 시대적·지리적·문화적 배경을 가진 인물이다. 그리고 손자의 글이 비교적 짧은 것에 비해 클라우제비츠는 방대하고 자세한 서술 방식을 쓰고 있다. 그런데도 두 사람의 글은 전쟁의 본질과 목적에 관해 놀랍게도 한결같은 통찰력을 제시한다. 전쟁은 인간사의 사활을 건 중대한 사건이기 때문에 매우 신중하게 다루어져야 한다는 점. 이를 위해 최대한 이성적인 접근이 필요하면서도 동시에 파괴와 살상이 이루어지기 때문에 가장 감정에 매몰되기 쉽다는 점. 또한, 아무리 준비를 잘하더라도 전쟁의 안개, 마찰과 우연(chance)과 같은 요소에서 오는 수많은 불확실성의 요소가 있어서 완벽한 전쟁 계획과 수행을 한다는 것은 불가능하다는 점. 따라서 전쟁을 수행하는 것은 전장의 지휘관이나 정치 지도자를 막론하고 학습할 수 있는 합리적 능력의 영역이 아니라 본능적으로 타고나야 하는 직관과 통찰력이 중요한 예술의 영역이라는 점 등에서 두 이론가는 전쟁에 관한 중요한 교훈과 성찰을 제공한다.[40] 이들이 제시하는 결론도 같다. 되도록 **전쟁 없이 문제를 해결하는 것이 최선의 길**이라는 것이다. **전쟁의 두 거장이 시대와 문화를 초월하여 던지는 가장 중요한 메시지이다.** 민주주의와 강력한 대북억제를 바탕으로 한반도 종전선언과 남북 평화협정, 한반도 평화체제 구축을 주도할 대한민국의 적극적인 역할이 그 어느 때보다 중요하다.

3장

북한에 코피 전략이 통할까?

1953년 휴전 이후 남북 간에 다양한 형태의 무력시위와 행사가 끊이지 않았다. 2010년 봄과 가을에 벌어진 천안함 피격과 북한의 연평도 포격 도발은 한국전쟁 발발 70년이 지난 오늘에도 남북 간 무력충돌이 가능함을 보여주었다. 이후 우리 군은 적극 억지 개념을 도입하였다. 북한의 또 다른 군사도발 시 3배 이상의 보복은 물론 지휘부까지 타격하겠다는 것이다.

억지의 기본은 상대가 감내할 수 없는 2차 보복을 위협하여 적의 군사력 사용 자체를 막고자 하는 데 있다. 그러나 3배의 군사보복이 과연 북한에 충분한 위협이 될지 확신하기 어렵다. 특히 적 지휘부에 대한 타격은 북한의 보복을 초래해 순식간에 확전으로 이어질 수 있다. 적의 전면 공격을 억지하겠다는 전략이 오히려 전면전을 초래하는 악수가 되는 것이다.

한편, 북한이 핵과 미사일실험을 지속하면서, 이에 대한 선제타격론이 종종 거론되었다. 2017년 북한이 6차 핵실험에 이어 미국을 타격할 수 있는 대륙간 탄도탄 개발을 선언하자 트럼프 행정부는 이에 대한 정밀타격 가능성으로 위협하였다. 북한이 핵 무력을 완성하기 전에 미국에 대한 도전 의지를 꺾기 위한 '코피 전략(Bloody Nose)'이 바로 그것이다.

이에 대해 많은 전문가가 미국의 공격적 전략이 전면전으로 확전될 위험을 심각하게 우려하였다. 이러한 지적은 충분히 근거가 있고 합리적이다. 그러나 선제타격이나 예방타격이 상대방에 대한 무차별적인 공격을 의미하지는 않는다. 두 가지 모두 적의 공격 시 피해를 최소화하기 위한 방어를 그 기본 목적으로 하기 때문이다.

클라우제비츠는 전쟁은 무력을 매개로 하는 정치라고 하였다. 무력의 사용이 단순히 인명 살상을 위한 것이 아니라 상대와 효과적인 의사전달의 수단이 되어야 한다는 것이다. 그러나 무력이 일단 사용되면 정치적 목표나 이성적 판단보다 공포와 보복의 감정이 지배하기 쉽다. 모두가 원치 않는 전면 전쟁 위험이 커지는 것이다.

2024년 이스라엘과 이란은 미사일 공격을 주고받으며 2022년 우크라이나에 이어 중동에서 대규모 전쟁이 발생하는 상황을 연출하였다. 다행히 양국의 절제된 행동으로 전면전은 발생하지 않았다. 2025년에는 인도와 파키스탄의 해묵은 무력 갈등이 재현되었다. 우크라이나 전쟁을 통해 북·러 간 군사동맹이 강화되는 가운데 남북한의 군사 긴장도 여전하다.

무모한 전쟁을 위한 것이 아니라면 무력의 사용은 특정한 목적을 달성하기 위한 대화의 수단이다. 무력을 사용한 대화는 냉철한 이성과 극한의 절제력을 요구한다. **과연 한반도에서 또다시 전쟁이 발생한다면 어떠한 과정을 통해서일까? 남북은 각자의 무력 사용에 어떠한 목적과 원칙을 가져야 하나? 이 장에서는 제각기 다른 4가지 무력 사용의 기능과 목적에 관한 이론을 통해 한반도 무력 사용의 위험을 살펴본다.**

로버트 아트와 무력 사용의 4기능

01

무력(force)은 국가의 안보 목표를 달성하기 위한 중요한 수단이다. 국가 무력의 대표 격인 군사력은 외부의 적의 침략에 대응하여 사용하는 최후의 방어수단이다. 그러나 실제 국가에 의한 군사력의 사용은 다양한 기능이 있다. **로버트 아트(Robert J. Art)에 의하면 군사력이나 무력의 사용은 개념적으로 네 가지의 기능을 갖는다.** 첫째, 적으로부터 공격이 있을 때 이를 방어하고 피해를 최소화하는 방어(defense), 둘째, 적이 아예 공격하지 못하도록 방지하는 억지(deterrence), 셋째, 나의 요구를 적에게 강요하는 강제(compellence), 넷째, 자신의 힘이나 무력을 뽐내거나 시위하는 과시(Swagger)가 있다.[41]

방어

방어는 적의 공격을 격퇴하고 적의 공격으로부터 그 피해를 최소화하기 위한 무력의 사용이다. 이를 위해 평시에는 군사력을 준비하고 전시에는 실제 그 무력을 사용한다. 이 경우 군사력의 사용은 실제 침공을 한 적의 병력이나 잠재적 적의 병력에 한정되며, 적의 민간인에 대한 공격은 원칙적으로 배제된다. 방어를 위한 군사력의 사용은 필요에 따라 공세적인 군사력의 사용으로 나타날 수 있다. 적의 공격이 임박하였거나 확실시되는 경우 적의 무력에 대해 선제공격을 하는 것이 방어를 위한 군사력의 사용 범주에 포함된다. 따라서 방어적 목적의 군사력 사용에는 반격을 위한 2차 타격은 물론 선제공격을 위한 1차 타격이 모두 포함된다. 다시 말해 방어적 목적의 무력 사용은 공세적 형태의 적극 방어도 포함된다. 적의 공격이 먼저 발생한 후 그 피해를 최소화하기 위해 자국의 영토 내에 침입한 적을 격퇴하고 몰아내는 것을 소극적 방어라 할 수 있다. 적극적 방어는 적의 공격 의도가 확실한 경우 공격이 최선의 방어라는 명제로 적에 대한 선제공격 혹은 예방공격을 하는 것이다.

적극적 방어는 그 시급성에 따라 두 가지로 구분된다. 선제타격(preemptive blow)은 적의 공격이 임박하였다고 여겨질 때 적용된다. **예방타격**(preventive blow)의 경우는 적의 공격이 임박하지는 않았지만, 시간을 두고라도 반드시 이루어지리라는 확신이 있을 때 적용된다. 두 경우 모두 적의 공격 의도에 대한 확신이나 근거가 있어야 한다. 그리고 이를 기다리기보다는 먼저 공격을 하는 것이 피해를 최소화하는 최선의 수단이라는 판단을 전제로 한다. 선제타격은 적에게 선제공격의 이점을 주지 않기 위한 목적을 가진다. 예방타격은 시간이 갈수록 무력의 균형이 적에게 유리하게 되는 경우이다. 따라서 아군이 우세할 때 공격하는 것이 유리하다는 계산을 전제로 한다. 방어를 목적으로 한 선제공격과 예방공격은 적의 예상되는 공격의 시점의 차이로 구분된다. 선제공격은 적의 공격이 수 시간, 수일 혹은 길어도 수주 이내에 이루어질 것이라는 긴박한 상황에서 행해진다. 예방공격은 좀 더 시차를 두고 몇 달 내지는 수년 안에 이루어진다는 가정을 전제로 한다. 선제공격의 경우 공격 시점에 대한 선택의 여지가 별로 없는 급박한 경우이다. 이에 비해 예방공격은 보다 여유를 두고 공격 시점을 결정할 수 있다. 두 경우 모두 '공격이 최선의 방어'라는 논리에 바탕을 둔다.

억지

억지는 감내할 수 없는 수준의 처벌(punishment)을 적에게 위협하여 적이 우리가 원치 않는 행동을 하지 못하도록 막는 무력의 사용이다. 다시 말해 억지는 치명적 보복(retaliation)의 위협을 통해 원치 않는 일이 생기지 않도록 방지하는 것이다. 무력 사용의 주 대상은 방어와 달리 적의 군사력이 아니라 적의 민간인 내지는 주요 산업 기반시설을 상정한다. 억지의 성패는 적의 독단적 행동에 대해 우리가 최악의 보복을 실행할 능력과 의지가 있다는 점을 확신시킬 수 있는지에 달려 있다.

억지는 상대방의 공격 의도를 꺾기 위해 처음부터 우리의 가장 최고의 공격 의지를 강조한다. 즉 적이 공격을 통해 얻을 수 있는 정치적·군사적 이익을 웃도는 처벌을 경고한다. 그 결과 비용 대비 효과 면에서 적이 얻을 수 있는 이익을 거부(denial)하고 대신 심한 손상을 입을 것이라는 확실한 메시지를 적에게 전달해야 한다.[42] 뒤의 장에서 왈츠의 이론을 통해 살펴볼 핵무기를 통한 억지가 대표적이다. 2차 대전 이후 등장한 핵무기의 위력이 워낙 크기 때문에 핵 보복을 통한 억지가 가장 확실하게 여겨진다.

상황에 따라 군사력 사용을 포함하는 방어와 비교하면 억지는 기본적으로 실제 무력의 사용이 아닌 위협에 국한된다. 억지의 본질은 강력한 무력 사용의 처벌 가능성에 대한 위협이지 처벌 자체를 의미하지 않는다. 위협의 신뢰성을 높이기 위해 매우 제한적인 무력 사용이나 시위가 이용될 수는 있다. 그러나 원래 처벌로 위협한 본격적인 무력 사용이 실행되는 경우 억지는 이미 실패한 것이 된다. 억지용 무력은 그 특성상 그 위협이 실행되지 않도록 하는 것에 목표를 둔다. **따라서 억지의 성공은 보복 위협이 실행되지 않아야 한다.**

방어와 억지는 모두 적의 물리적 공격으로부터 아군과 동맹을 보호하는 것을 목적으로 한다. 즉 상대방이 우리에게 해가 되는 행동을 하지 않도록 설득하는 것을 목표로 한다. 방어는 적에게 우리를 정복할 수 없다는 것을 보여주는 것이다. 억지는 적의 공격 시 적의 민간 시민이나 영토가 무서운 타격을 입을 것이라는 점을 확인시키는 것이다. **방어는 적의 공격이 성공하지 못할 것을 보여주고 억지는 적의 공격이 오히려 더 큰 화를 불러올 것을 제시하여 적의 자제를 설득하**

는 행위이다.

방어와 억지는 나를 보호하기 위한 목표는 같지만 동시에 작동하지 않을 수 있다. 때에 따라 방어능력 없이 억지할 수 있고 그 반대의 경우도 가능하다. 베트남 전쟁에서 호찌민이 이끄는 공산군은 미국 본토의 인구나 민간시설을 보복 타격할 억지능력은 없었다. 하지만 게릴라전을 활용하여 미군의 압도적 군사공격을 버텨낼 수 있었다. 북한의 경우 한미연합군의 재래식 군사력에 대한 방어능력은 날이 갈수록 떨어지고 있다. 그러나 한반도는 물론 미국 본토를 공격할 핵무기와 장거리 미사일 개발을 통해 미국의 공격을 억지할 보복능력을 추구하고 있다. 적의 공격에 대한 방어적 능력을 충분히 갖추고 있다면 억지능력에 대한 필요성은 상대적으로 적어진다. 반면 방어능력이 충분치 못한 경우 효과적인 억지능력의 필요성은 매우 높아진다. 많은 전문가가 북한의 핵 개발 노력을 남침 공격용보다는 북한과 한미연합군 사이의 벌어지는 군사력 불균형에 대한 생존 보장용으로 보는 이유이다.

강제

강제는 적이 이미 실행하고 있는 행동을 그만두게 하거나 적은 원치 않지만 내가 원하는 조치를 하도록 군사력을 사용하는 것이다. 강제를 위해 실제 무력을 사용하는 경우와 평화적인 방법 모두 가능하다. 적이 아군이 원하는 행동을 실행할 때까지 실제로 적에게 무력을 사용하는 경우는 전자에 해당한다. 후자의 경우는 적에게 물리적 공격을 가하는 대신 우리의 요구를 들어줄 때까지 특정한 군사위협을 하거나 대가를 치르도록 다른 형태의 부담을 가하는 경우이다. 1965년 초 남베트남에 대한 월맹군의 게릴라전 공세 중단을 요구하며 미국이 북베트남에 대해 공습을 지속한 것은 전자에 해당한다. 1962년 쿠바 미사일 위기 당시 쿠바에 배치한 소련의 핵무기 철수를 요구하며 케네디 대통령이 전군 동원령을 내리고 쿠바에 대한 해상 봉쇄 조치를 취한 것은 후자에 해당한다.

강제와 억지는 둘 다 상대가 원치 않는 행위를 강제한다. 그러나 실제 군사력의 사용에는 주요한 차이가 있다. 억지의 성공은 군사력을 사용하지 않는 것으로 판단된다. 반대로 강제는 명시적인 군사력의 사용을 통해 그 목적을 달성코자 한다. 또한, 억지의 경우는 적의 공격이 일어나지 않는 것을 통해 그 성공이 드러난다. 강제는 우리가 명시적으로 요구하는 특정한 행동의 변화가 일어나는 것을 통해 그 성공이 판단된다. 즉 우리의 군사력 사용과 그로 인한 적의 행동 변화 여부의 인과관계가 명확하게 드러난다. 그러나 억지는 적의 무행동 혹은 자제가 과연 우리의 위협 때문인지, 아니면 다른 요인인지 혹은 처음부터 적이 행동할 의지가 없었는지 등에 대한 판단이 어렵다. 즉 억지는 그 인과관계의 증명이 어렵다.

이에 비교해 강제는 우리의 군사력 사용이 우리가 원하는 적의 행동을 초래한 것인지의 사실관계가 비교적 명확하다. 따라서 강제는 적에게는 더욱 큰 부담과 굴욕감을 준다. 적이 우리의 군사적 압박에 굴복했다는 상관관계가 명확하기 때문이다. 억지의 경우는 우리의 위협과 상관없이 적이 자신의 선택에 따라 아무것도 하지 않았다고 주장할 수 있다. 상대로서는 체면 손상이 적은 것이다. 강제의 경우는 그러한 부정이 불가능하다. 적으로서는 권위가 훼손되고 감정이 상할 수밖에 없다. 결과적으로 **강제는 적에게 수모(humiliation)를 유발하여 억지와 비교하면 받아들이기가 매우 어렵다. 일반적으로 무력의 사용에서 강제가 성공하기 어려운 이유이다.**[43]

과시

과시란 방어·억지·강제를 제외한 나머지의 부가적인 무력 사용에 해당한다. 과시의 목적과 의미는 위의 세 가지 개념과 비교하면 정확히 특정하여 말하기가 어렵다. 과시는 일반적으로 군사력의 평화적 사용을 통해 나타난다. 군사훈련을 통한 군사력의 전시나 기념일의 군사 행진과 같은 군사력 시위, 당대 최고의 무기를 개발하거나 구매하는 행위 등이 여기에 속한다. 자기중심 혹은 자기만족적인 군사력의 활용으로 국민적 자긍심을 고취하거나 지도자의 개인적 야망을 충족시키는 것이 주목적이다. 1기 트럼프 대통령이 워싱턴에서 대규모 군사 행진을 추진하다가 참모와 여론의 반대에 무산된 사례가 있었다. 자타가 공인하는 군사 최강대국 미국이 굳이 수도에서 군사 행진을 하는 것은 국가적으로 필요치도 않고 시대에 어긋난다는 지적이었다.

그러나 일부 국가에게 과시는 국제사회에서 존재감을 가지고 무시당하지 않도록 더욱 강하고 중요해 보이고 싶은 욕구를 대변한다.

과시를 통해 결과적으로 방어·억지·강제 능력의 효과를 가질 수도 있다. 김정은 위원장이 매년 평양 시내에서 대규모 군중 앞에 성대한 군사 행진을 벌이는 것은 체제 결속과 더불어 한미에 대한 억지력의 과시 의도가 있는 것으로 보인다. 중국의 시진핑 주석도 2021년 공산당 창당 100주년 행사에서 대규모 군사 행진을 벌였다. 행진에서는 중국

표 1-3 | 4가지 무력 사용의 목적과 기능

	목적	무력 사용	주 타깃	특징
방어	적으로부터 공격을 격퇴하고 그 피해를 최소화	평화적·물리적	주로 적의 군사력, 부차적으로 적의 산업시설	• 방어수단이 적의 공격을 방지하는 효과 • 방어수단이 공격적으로 보일 수 있음 • 적의 공격이 확실시 될 때 이를 사전에 제압하는 선제공격(preemption)과 예방공격(prevention) 포함
억지	적의 공격을 방지	평화적	주로 민간인 2차적으로 산업시설 3차로 군사력	• 실제 공격이 필요하지 않기 위해 감당할 수 없는 보복을 위협 • 2차 보복공격이 그러나 선제공격으로 오해될 수 있음 • 적에게 무력을 실제 사용할 경우 억지가 실패하였다는 것을 의미
강제	적이 하던 행동을 멈추거나 특정한 행동을 하도록 만드는 것	평화적·물리적	민간인, 산업시설, 군사력 구분 없음	• 목적 달성 여부가 명확함과 동시에 이루기가 어려움 • 같은 행위가 방어를 근거로도 합리화될 수 있음 • 억지와 마찬가지로 적의 의지에 반하는 것을 요구하는 것이지만 적에게 명시적으로 압력에 굴복하게 하는 굴욕감을 주어 억지에 비해 훨씬 목표 달성이 어려움
과시	위상을 높이는 것	평화적	없음	• 4가지 기능 중 가장 모호한 개념 • 단순한 우월성 과시의 범위를 넘어 방어·억지·강제의 모든 요소를 동시에 가질 수 있음 • 자신의 힘이나 무력을 과시하여 스스로 우월성을 뽐내거나 적이 우습게 보지 않도록 함 • 상대에게 위협으로 인식될 수 있음

이 최근 개발하고 있는 신형 핵미사일과 기타 첨단 무기들이 선을 보였다. 당시 대만 문제 등을 둘러싸고 군사적 긴장이 고조되는 상황에서 미국의 압박에 굴복하지 않겠다는 방어와 억지의 의도가 포함된 것으로 보인다. **과시는 본질적으로 특정 목적보다는 그 자체로서 즐기며 손쉽게 존경과 권위를 얻고자 하는 행위이다. 그렇다고 과시적 목적의 군사력 사용을 쉽게 간과해서는 안 된다.** 합리성과 비합리성을 함께 수반하는 군사적 과시는 여전히 많은 나라에서 가장 흔히 볼 수 있는 군사력 사용의 형태로 나타난다.

아트에 의하면 위의 네 가지 범주의 무력 사용 중 두 가지 이상을 한꺼번에 할 수 있는 능력은 기본적으로 강대국만이 갖는다. 이 경우에도 상대방이 약소국일 경우 그 효력이 있으며, 같은 강대국끼리는 그 적용이 힘들다.[44] 군사력을 활용한 무력의 사용은 곧 전쟁을 의미한다. 어떠한 목적이든 무력의 사용은 상대방과 아군의 무력에 대한 객관적인 비교 분석을 통해 신중하게 결정되어야 한다.

무력 사용의 실제와 한계

02

앞서 **무력 사용의 4가지 목적과 기능**을 논리적으로 구분하여 설명하였다. **그러나 이를 현실에서 실제로 구분하여 적용하기란 쉽지 않다.** 두 가지 이유 때문이다. **첫째, 무력을 사용하는 행위자의 정확한 동기를 알기가 어렵다.** 특정한 무력 사용의 목적을 알기 위해서는 그 이면의 동기를 알아야 한다. 그러나 현실에서는 여러 다른 동기가 같은 행위를 통해 나타날 수 있다. 그리고 한 국가가 무력을 사용하면서 내세우는 공식적 입장과 그 진정한 동기를 가리기란 쉽지 않다. 무력을 사용하면서 내세우는 국가의 요구나 주장이 과연 공갈 협박인지, 아니면 기만전술인지, 또 다른 국내 정치적 요인이 있는지를 알기가 어려운 경우가 많다. 북한의 핵 위협이나 미사일 시험이 과연 미국에 대한 억지를 위한 것인지, 한미연합훈련을 막기 위한 강제적 협박인지, 아니면 국내 민심을 동요를 막기 위한 것인지, 집권세력 내부 강경파와 온건파 세력다툼의 결과인지, 혹은 이러한 요인 중 그 일부나 모든 것이 복합된 것인지 다양한 추측이 가능하다.

둘째, 무력의 사용은 두 행위자의 상호작용에 의한 것이기 때문이다. 예를 들어 1차 대전 당시 프랑스를 공격한 독일의 의도가 공격 행위인지 방어 행위인지는 당시 독일 지도자 카이저의 의도뿐 아니라, 그 행위의 근거가 된 프랑스의 정책도 영향을 미쳤다. 즉 프랑스의 정책이 독일에 위협적이었다면 방어를 위해 선제공격을 하였다는 독일의 주장이 그럴듯하게 들린다. 하지만 프랑스가 자신들은 방어적 정책을 취했다고 주장하면 반대의 결론이 나오게 된다. 즉 프랑스의 독일에 대한 의도나 정책은 과연 무엇이었느냐에 대해 역시 논란이 있다는 것이다. 그리고 이러한 상호작용은 오랜 시간을 두고 진행된 정책의 결과로 나타나기 때문에 특정한 시기나 정책을 기준으로 판단을 하는 것은 단편적인 근거밖에 제시하지 못한다. 방어·억지·강제·과시 이 네 가지 무력 사용의 구분이 쉽지 않은 이유이다.

아트에 의하면 특히 강제와 방어의 기능과 과시와 억지의 기능 간에 진정한 목적이 무엇인지를 정확히 구분하기가 어려운 경우가 많다. 방어를 목적으로 한 평화적 무력의 전개와 강제를 목적으로 한 평화적 무력의 전개를 구분하기란 거의 불가능하다. 쿠바 미사일 위기 당시 케네디 행정부가 전군에 비상령을 내린 의도는 무엇일까? 미·소 간의 전면전 발생을 대비한 방어를 위한 것인지, 아니면 쿠바에 설치된 소련 핵미사일을 강제로 철수시키기 위한 압박과 위협용인지의 구분이 어렵다는 것이다.[45] 1981년 이스라엘은 이라크 오시라크 핵시설에 대한 정밀타격을 전격 실시하였다. 그런데 당시 이스라엘의 무력 사용이 방어를 목적으로 한 예방공격이었는지, 아니면 이라크에게 핵 개발을 포기토록 강제하는 경고성의 공격인지 구분이 역시 어렵기는 마찬가지이다. 아마 이스라엘은 두 가지의 목적을 동시에 노렸는지도 모른다.

과시와 억지의 경우는 더욱 그렇다. 두 경우 모두 최첨단의 무기를 획득하여 대내외에 전시하는 행위를 포함한다. 북한 김정은 정권은 2016년 대규모 군사 행진에서 대륙간 탄도미사일로 의심되는 신형 미사일을 전 세계에 보란 듯이 선보였다. 곧이어 북한은 김정은 위원장이 소형화된 핵탄두로 보이는 장치 앞에서 간부들과 웃고 있는 사진을 당 선전 매체를 통해 대대적으로 소개하였다. 혹자는 이러한 북한의 무력시위가 단순히 대내외에 자신의 핵 능력을 과시한 것으로 분석하기도 하였다. 동시에 많은 전문가가 김정은 정권이 미국과 한미 연합군의 군사력 사용에 대한 가장 강력한 억지 수단과 의도를 드러낸 것으로 분석하였다.

무력 사용의 딜레마는 북핵에 대한 대응에서도 첨예하게 드러난다. 2016년 북한이 5·6차 핵실험을 연이어 단행하자 미국의 멀린 전 합참의장은 "만약 북한이 미국을 공격할 능력에 아주 근접하고 미국을 위협한다면 자위적 측면에서 북한을 선제공격할 수 있다"라고 말했다.[46] 당시 멀린 의장은 **'선제타격'**이라는 표현을 쓴 것으로 알려졌으나, 엄밀한 의미에선 그가 주장한 것은 **'예방타격'**으로 이해된다. 북한의 핵 공격이나 전쟁 징후가 임박해서라 아니라 장차 미국에 심각한 위협이 될 가능성이 있는 북한의 핵 능력을 사전에 제거할 것을 주장한 것이다. 북한의 공격 징후가 임박한 상태에서 우리 군 당국이 북한 핵미사일을 30분 안에 발견해 무력화하겠다는 '킬 체인(Kill Chain)'에는 선제타격 개념이 포함돼 있다. 반면 예방타격은 당장은 전쟁 발발 가능성이 없거나 낮은 상태에서 위협요인을 사전에 제거하는 것을 의미한다. 1981년 이스라엘의 이라크 오시라크 핵시설에 대한 전격 공습이나 2007년 시리아의 핵 의심 시설에 대한 공습 단행 사례가 대표적이다.[47] 이스라엘은 이런 공습을 통해 이라크와 시리아의 핵 위협이 자라기 전에 싹을 자른 것이다. 1994년 클린턴 행정부 시절 미국이 영변 핵시설 폭격을 검토하고 실제 한반도에 병력과 장비를 투입했다가 막판에 중단했던 것도 예방타격에 해당한다.

미국의 예방타격 대상은 영변 핵시설과 풍계리 핵실험장, 동창리 미사일 시험장 등이 될 것이다. 미국의 예방타격은 심각한 여러 문제를 초래할 것이다. 먼저 북한의 군사 대응으로 인한 한반도 군사위기와 전면전 가능성이다. 그리고 그 책임에 대한 국제사회의 비난은 미국과 한미동맹에 일차적으로 돌아오면서 중국과 러시아 등의 군사개입을 정당화할 수 있다. 게다가 과연 북한 핵 능력의 실질적 제거가 가능할지도 의문이다. 북한은 영변 핵시설 외에 우라늄 농축 시설을 여러 곳에서 비밀리에 운용 중이다. 한미 당국은 지하에서 소규모로 가동할 수 있는 우라늄 농축 시설의 모든 위치를 정확하게 파악하지는 못하는 것으로 알려졌다. 여기에 북한 핵시설을 파괴할 경우 이로 인한 방사능 오염 피해가 주변은 물론 남한 지역까지 영향을 미칠 가능성도 제기된다.

현실에서 어떤 특정 국가가 무력을 사용할 경우 그 정확한 목적과 의도를 파악하면서 각각의 특수한 상황과 조건에 대한 분석이 함께 이루어져야 한다. 문제는 모든 조건과 복잡한 변수들을 정확히 파악하여 그 의도를 분석하기란 쉽지 않다는 것이다. 그럼에도 무력의 사용에 대한 네 가지 개념 정의는 특정한 무력 사용의 의도나 정책을 논리적으로 분석하고 이해하는 중요한 틀을 제공한다. 나아가 국가안보와 관련된 군사력 사용에 관한 정책을 수립하거나 무력 사용이 필요한 안보위기 상황에서 적절한 정책 수립에 유용한 방향을 제시한다.

북한의 군사도발과 무력 사용의 딜레마

03

한반도에서 무력의 사용 가능성은 항상 존재한다. 무력 사용의 원칙과 기능을 정확히 이해하는 것은 실제 위기관리나 무력 사용 상황을 대비하는 데 중요한 것은 물론이다. 문제는 종종 이와 관련하여 혼란스러운 상황이 발생한다는 것이다. **북한이 천안함 폭침에 이어 연평도에 군사도발을 하자 우리 군 당국은 이에 대해 적극 억지라는 개념을 통해 북한의 군사도발에 대한 강력한 경고와 재발 방지를 추구하였다.** 한국 정부가 채택한 적극 억지는 방어와 억지의 개념을 혼용하여 사용하는 모습을 보인다. 적극 억지의 개념은 북한의 도발을 막기 위해 북한 지도부가 가장 감내하기 힘든 보복 타격을 설정하고 암시함으로써 북한의 도발을 '억지'할 것을 목표로 한다. 북한의 군사도발 원점에 3배로 응징하며, 필요시 북한군 지휘부까지 타격한다는 것이다. 동시에 유사시 북한의 공격 징후가 확실할 경우 이에 대한 선제공격 또한 상정한다는 점에서 '적극적'이라는 단어가 사용된다.

그런데 '적극 억지' 개념은 앞에 설명한 네 무력 사용의 개념에 따르면 몇 가지 혼란스러운 모습을 보인다. 첫째, '적극적'이라는 수사는 방어의 개념에는 상황에 따라 구분하여 사용할 수 있지만 **'억지'의 경우 적극적 혹은 소극적 억지의 구분이 있을 수 없다.** 방어는 적의 공격이 먼저 발생한 후 그 피해를 최소화하기 위해 영토에 침입한 적을 격퇴하고 몰아내는 소극적 방어와 적의 공격 징후가 포착될 경우 공격이 최선의 방어라는 명제로 적에 대한 선제공격 혹은 예방공격을 하는 적극적 방어로 구분된다. 이에 비교해 억지는 처음부터 가장 최고의 보복공격 의지를 상정한다. 적의 공격 의지를 꺾기 위해 적이 감당할 수 없는 최고 수준의 보복 내지는 처벌을 공언하는 것이다. 즉 적이 공격을 통해 얻을 수 있는 정치적·군사적 이익을 웃도는 처벌을 있을 것을 확신시켜야 한다. 이를 통해 비용 대비 효과 면에서 적이 얻을 수 있는 이익을 거부하고 오히려 심각한 손해를 입을 것이라는 확실한 의사를 전달해야 한다.[48] 따라서 억지가 실패하였다는 사실은 처음부터 적이 과연 가장 두려워하는 보복이 무엇인지를 파악하는 데 실패하였거나 우리의 보복 의지가 충분하지 않았다는 문제로, 아군의 위협 정도가 소극적이었다거나 덜 적극적이었다는 논의는 억지의 기본 개념에 적합하지 않은 접근이다.

둘째, 앞에서 논란이 된 적극적 억지를 위해 선제공격을 위협하는 것은 **억지와 방어가 뒤섞인 결과를 가져온다.** '억지'와 '방어'는 적의 공격 혹은 '강제'에 대응하는 군사력의 사용이라는 공통점을 가진다. 그러나 '방어'가 적의 공격을 무력화하기 위한 수단으로 선제공격이나 예방공격을 포함한 '적극적 무력 사용'까지도 상정하는 반면, '억지'는 적에게 강력한 무력보복을 암시할 뿐, 실제로 무력이 사용되어야 할 상황이 도래하였다는 것 자체는 이미 '억지'가 실패한 것으로 여겨진다.[49] 적의 도발 징후가 확실하여 선제공격하는 상황은 억지가 아닌 방어의 상황으로 전환된 것이다. 따라서 선제공격을 상정하는 '적극적 억지'는 논리적으로는 모순되는 개념이며 이 경우 '적극적 방어'가 타당한 개념이다.

셋째, 적극 억지 대신 **'적극적 방어' 전략을 채택할 때도 실제 적용에서 또 다른 문제가 발생할 수 있다.** 적의 공격으로부터 피해를 최소화하기 위한 방어는 수 시간 혹은 수일 내에 적의 공격이 확실시되는 경우 적극적인 선제공격의 형태로 나타날 수 있다. 이론적으로는 정당한 방어 행위이다. 또한, 적의 공격이 임박하지는 않지만 내버려 둘 때 심대한 안보위협이 된다면 예방 차원에서 적의 위협 원천을 제거하는 공격을 취할 수도 있다. 이 경우 단지 차이는 적의 위협이 임박한 것인지, 아니면 보다 시간을 두고 일어날 것인지의 문제이다. 여전히 중요한 공통점은 적의 공격에 대한 확신이 있고 적의 공격을 기다리는 것보다 사전에 제거하는 것이 피해를 최소화하는 방어의 기본 목표에 유리하다는 판단에 근거한다.

그러나 선제공격이나 예방공격의 경우 모두 방어를 목적으로 한다는 점에서는 개념적 정당성을 가지지만 적의 공격이 확실하다는 것을 어떻게 증명하느냐의 현실적 문제가 있다. 즉 적의 공격 의지나 징후에 대한 상황 판단이 자의적일 수 있다는 것이다. 남북 간 적대적 군사 대치와 긴장 상태에서 의도하지 않은 행동이 서로의 오해를 불러일으킬 소지가 항상 존재한다. 어느 측이 되었건 선제공격을 수행할 경우 자의적 해석에 의한 도발이라는 논란의 가능성은 매우 크다. 9·11 직후 미국의 부시 행정부는 이라크의 사담 후세인이 핵무기를 개발하고 있다고 주장하면서, 이것을 국제사회는 물론 미국의 안보에 심각한 위협을 초래하는 행위로 규정하여 이라크에 대한 전격적인 침공을 정당화하였다. 이러한 미국의 주장은 초기부터 러시아나 중국은 물론 프랑스, 독일 등 여러 동맹국으로부터 미국의 자의적 판단에 의한 주장으로 비판을 받았다. 더구나 전쟁 후 이라크에서 의심되던 핵시설이 발견되지 않으면서 부시 행정부의 이라크 전쟁의 정당성에 대한 전 세계적 비난을 받게 되었던 선례가 있다.[50]

넷째, 우리가 제시하는 강력하고 **적극적인 '억지' 전략이 북한에 어떻게 인식될지 불명확하다.** 냉전 시기 핵억지의 경우 수백만, 수천만의 민간인에 대한 상호 보복이 순식간에 이루어질 수 있다는 인식이 비교적 명확하게 교환되었다. 문제는 우리 군이 상정한 '적극적 억지'는 핵 공격이 아닌 재래식 무기를 사용한다는 점이다. 우리 군이 아무리 철저한 응징을 주장하더라도 전통적 무기를 사용한 보복 타격에 대해 북한이 충분한 위협 인식을 가질지가 의문이다.[51] 특히 북한의 기습적인 백령도 강점 등 아군의 즉각 대응력 동원이 어려운 외딴 도서 지역의 도발 상황에서는 대규모 응징 보복이 어렵다. 이 경우 해당 작전의 북한군 지휘부나 다른 지역의 군사 목표에 대한 대량 보복 계획을 통해 보복의 신뢰성을 높이는 방안이 거론되었다. 예를 들어 서해 도서에 대한 도발 시 황해도 내 특정 목표들에 대한 보복 타격 계획이 보복의 신뢰성을 증가시킨다는 것이다. 그러나 이러한 전략은 국지 도발을 전면전으로 확대시킬 가능성이 크다. 즉 북한의 도발 원천에 대한 대응을 넘어선 다른 목표나 지역에 대한 대량 보복은 북한의 방어적·보복적 군사행동을 초래할 가능성이 크다. 결과적으로 국지전의 전면전 확전 가능성을 키우는 매우 위험한 상황을 초래하게 될 것이다.

억지의 핵심은 도발 시 북한이 감내할 수 없는 타격을 입을 것이라는 점을 인지시키는 것이다. 하지만 이러한 메시지를 북한에 어떻게 전달할지, 또는 우리의 의사가 충분히 전달되더라도 과연 북한이 우리의 위협을 과연 감내할 수 없는 것으로 여길지 알기는 어렵다. 지난 2010년 연평도 포격사태 시 우리 군도 북한에 대응 사격을 하였다. 북한은 당시 무력도발에 대한 우리 군과 지도부의 대응이 생각보다 소극적이었다고 판단할 수 있다. 이후 우리 군은 북한의 재래식 도발에 3배의 타격을 가할 것이라는 적극 대응 방침을 수립하였다. 그러나 북한은 우리 지도부가 전면전 위험을 무릅쓰고 실제 공세적인 작전을 감행할 의지가 있을지에 대해 여전히 회의적일 수도 있다.[52] 반대로 설사 우리가 실제 3배의 보복 응징을 하더라도 그 결과로 생기는 제한적인 피해에 대해 북한이 감내하기 힘든 심각한 손실로 여길지도 의문이 제기된다.[53]

북한은 점차 격차가 벌어지고 있는 남북한 재래식 군사력에 대응하기 위해 핵과 미사일, 잠수함, 특수부대 등을 활용한 비대칭 전력과 전술의 사용에 새로운 강조점을 둔다. 잠수함을 이용한 천안함 기습 폭침은 비대칭 전술의 전형적인 모습을 보여준다. 2010년 북한의 연평도 군사도발 이후 우리 군의 개혁 과제는 이러한 북한의 비대칭 전술 도발에 어떻게 대응할지에 초점을 맞추어왔다. 그러나 보다 근본적인 문제는 남북 군사충돌에서 **북한이 가지는 '이해득실(interests)의 비대칭성' 혹은 '위험 감수(tolerance)의 비대칭성'**에서 비롯한다.

먼저 '이해득실'의 비대칭성은 남북 간 군사충돌에서 남한이 입을 손실이 북한의 그것에 비해 훨씬 크다는 것을 의미한다. 북한은 우리의 무력타격에 의한 직접적인 인명 피해 혹은 무기의 손실 정도가 가장 중요한 이해득실이 될 것이다. 한국의 경우에는 군사충돌에서 초래될 군사적 피해 외에도 한반도 위기로 인한 주식시장 붕괴나 대외 신용등급의 강등과 같은 훨씬 더 큰 경제적 이익의 손상을 감수해야 한다. '위험 감수'의 비대칭성은 같은 수의 인명 피해라도 북한 정권이 그것을 감수할 능력이 우리보다 훨씬 크다는 것이다. 북한의 절대적인 수령체제 보위를 위해 목숨을 서약하는 북한 병사의 인명 피해는 상대적으로 작게 여겨지거나 여론 조작이 상대적으로 쉬울 것이다. 반면 민주주의 체제의 한국 정부에게는 단 한 명의 병사나 국민의 희생도 대정부 여론과 정책 수행에 심각한 영향을 미칠 것이다.[54] 북한의 군사도발은 단순한 무력충돌을 넘어서는 고도의 정치·경제적 도전을 의미한다. 이에 대한 우리의 대응도 단순히 군사적 전략·전술의 완비 차원에서뿐 아니라 남북한의 정치·경제·외교적 함의와 목표를 아우르는 국가전략의 차원에서 접근해야 한다.

4장

북한은 핵전쟁을 일으킬까?

1950년 한국전쟁은 탱크를 앞세운 북한군과의 전면전이었다. 70년 넘게 휴전상태인 한반도에 제2의 한국전쟁이 일어난다면 북한의 핵무기와 미사일이 가장 심각한 위협이 될 것이다. 2017년 9월 3일 북한은 6차 핵실험을 실시하며 명실상부한 핵보유국임을 전 세계에 과시하였다. 2006년 첫 핵실험을 시작으로 각종 미사일실험을 진행하면서 북한의 핵무기 능력은 한층 더 강화된 것으로 분석된다. 북한의 핵 개발은 한반도뿐 아니라 미·중·일을 위시한 동북아와 세계 안보에 커다란 도전이다. 1990년대 초 국제원자력기구의 영변 핵사찰을 계기로 시작된 북핵 위기는 30여 년이 지나면서 아직도 해결의 실마리를 찾지 못하고 있다. 한국을 위시한 미국과 중국이 북한 정권에 대해 온갖 압박과 회유를 통한 외교적 설득 노력을 펼쳤지만, 비핵화의 길은 이제 불가능해 보인다.

북한의 김정은 위원장은 2024년 1월 최고인민회의 시정연설에서 대한민국을 “철두철미 제1의 적대국으로, 불변의 주적”으로 선언하고, 남북관계를 “적대적인 두 국가 관계, 전쟁 중인 완전한 두 교전국 관계”라고 규정했다. 이에 앞서 2023년 12월 당 전원회의에서 김 위원장은 ‘전쟁’이라는 말이 이미 ‘현실적인 실체’로 다가오고 있다며, “유사시 핵 무력을 포함한 모든 물리적 수단과 역량을 동원하여 남조선 전 영토를 평정”할 것을 주문했다. 2024년 6월에는 러시아 푸틴 대통령과 유사시 상호 군사개입 조항을 담은 새로운 협약을 맺기도 하였다.

북한은 과연 핵을 이용하여 제2의 한국전쟁을 일으킬 것인가? 북한 핵은 과연 호전광의 공격용인가, 아니면 이성적인 방어의 수단인가? 북한 핵은 억지될 수 있는가? 이 장에서는 핵무기와 그 억지에 대한 이론을 중심으로 핵과 한국 안보에 대해 논의해보기로 한다.

왈츠 및 세이건과 핵확산론

01

핵이 가져온 평화

2차 대전 막바지인 1945년 8월 6일과 9일 미국이 새로 개발한 핵무기를 일본의 히로시마와 나가사키에 각각 떨어뜨린다. 8월 15일 일본 천황은 라디오 생방송으로 무조건 항복을 선언한다. 핵무기의 파괴력과 그 효과는 극적이었다. 처음이자 마지막이 된 핵무기 사용은 이후 국제정치의 양상을 바꾸어놓았다. 미국이 사용한 핵무기는 각각 농축우라늄과 플루토늄을 사용하여 제조된 것이었다. 농축우라늄을 사용한 '작은 아이(Little Boy)' 폭탄은 히로시마에, 플루토늄을 사용한 '뚱뚱한 남자(Fat Man)' 폭탄은 나가사키에 떨어졌다. 히로시마와 나가사키에서 10만 명이 넘는 일본인이 사망했다. 넉 달 전 히틀러의 자살로 유럽대륙의 전쟁이 종결된 상태에서 홀로 본토 공략을 버티던 일본은 이미 전쟁에서 패하고 있었다. 그러나 일본 군부는 미국의 무조건 항복 요구를 거부하고 마지막까지 버티기로 하였다. 본토 상륙 시 악명 높은 가미카제 자살 특공대식 결사항전에 따른 수많은 사상자를 걱정하던 미국으로서는 전쟁을 끝내기 위한 특단의 조치가 필요했다. 그러나 처음 개발한 핵무기의 효과와 성공 여부를 자신할 수 없었다. 일본에 핵폭탄 사용을 미리 경고하지 않은 배경이다.

인류 최초로 사용된 핵폭탄의 위력에 일본 천황은 관례를 깨고 본인이 직접 육성으로 항복을 선언하였다. 과연 핵무기가 일본의 패전에 결정적인 역할을 했는지 논란의 여지는 있지만, 항복의 시기와 조건을 놓고 고민하던 일본 지도부의 결심을 빠르게 굳혔음을 짐작할 수 있다. 이러한 핵의 파괴력과 효과는 미국에 가장 심각하게 다가왔다. 이후 트루먼 대통령을 비롯한 미국의 지도부는 핵을 다시는 사용되어서 안 될 절대무기로 여기게 된다. 대신 핵무기는 냉전 시기 소련과의 첨예한 이념 및 체제 경쟁 속에서 미·소 간 군비경쟁의 상징으로 떠오름과 동시에 전쟁 억지를 보장하는 가장 중요한 도구로 이해되었다.

케네스 왈츠(Kenneth Waltz)는 뉴욕 컬럼비아대학 박사과정 중 한국전쟁에 참전했다. 그는 양극이냐 다극이냐와 같은 국제정치 힘의 구조가 국가 간 행동을 좌우한다는 이론으로 신(구조)현실주의를 창시한 현대 국제정치의 대가이다. **왈츠는 1945년 이후 70년이 넘게 진행된 강대국 간의 예외적인 평화는 크게 두 가지 요인에 의해 기인하였다고 주장한다.** 먼저 냉전 기간의 미·소 양극체제와 탈냉전 이후 미국 중심의 단극체제의 **국제질서가 이전 유럽에서 나타난 다극체제에 비해 구조적으로 매우 안정적이라는 것이다.**[55] 이 기간에도 세계의 각 지역에서 분쟁이나 내전 등의 다양한 전쟁이 벌어지고 많은 인명이 희생되었다. 그러나 주요 강대국 간의 전쟁이나 1·2차 대전과 같은 거대 전쟁은 발생하지 않았다. 이러한 평화의 시기가 지속한 비결은 미·소 양극 간에 형성된 안정적인 국제질서 때문이라는 것이다.

왈츠는 **안정적인 국제체제 못지않게 중요한 다른 요소로 핵무기의 등장을 꼽는다.** 2차 대전 막바지에 미국에 의해 개발되어 히로시마와 나가사키에서 그 위력을 드러낸 핵무기의 등장은 기존의 전쟁에 대한 개념과 접근을 혁명적으로 변화시켰다. 핵무기 등장 이후 세계 곳곳에서 각종 분쟁과 무력 사용이 나타났지만, 핵을 보유한 강대국 간에는 전쟁이 없었다는 것이다. **왈츠는 핵무기가** 여러 국가에 확산되면 이들 국가 간에 더욱 신중한 접근을 초래함으로써 오히려 **전쟁을 억지하는 공포의 균형과 평화를 강화시킨다고 주장하였다.**[56]

무질서의 국제정치에서 전쟁의 방지를 위해서는 충분한 방어력이나 강력한 억지력을 가지는 두 가지 방법이 있다. 왈츠에 의하면 핵무기는 이 중 억지를 극대화한다. 억지는 잠재적 적에게 어떤 의도의 공격이던 감당하기 어려운 보복 피해가 있을 것이라는 능력과 의지를 확신시켜 적의 공격을 포기시키는 전략이다. 재래식 무기로는 이러한 보복을 적에게 확신시키키기가 어렵다. 적보다 압도적인 무력을 보유하지 않는 한 적에게 치명적 타격을 입히기는 쉽지 않기 때문이다. 그런데 강대국들 사이에서 압도적인 힘의 불균형, 즉 절대적 군사력 우위를 가지기는 쉽지 않다. 방어적 목적의 억지가 쉽지 않다는 것이다. 거꾸로 무력의 불균형이 존재하는 경우 우세한 쪽에는 전쟁의 유혹이나 오판을 불러오기 쉽다. 핵무기의 등장 이전에 많은 전쟁이 이러한 유혹이나 오판 때문에 일어났다.

핵무기는 억지의 문제를 근본적으로 해결한다.[57] **첫째, 핵무기의 가공할 파괴력은 보복공격의 피해에 대한 의구심을 제거한다.** 재래식 무기로 적에게 감당하기 어려운 피해를 주기 위해서는 장시간 많은 공격과 그 공격이 성공한다는 것을 전제한다. 문제를 이러한 조건을 달성하기가 쉽지 않다는 것이다. 재래식 전쟁은 병력이나 무기, 전략, 그리고 지도자의 능력 등 여러 상황 변수에 의해 결과를 예측하기가 지극히 어렵고 복잡하다. 역사적으로 많은 지도자가 종종 전쟁의 비용 대비 승리에 대한 환상과 오판을 가지고 전쟁을 일으켰다. 그에 비해 핵무기는 한두 개의 핵탄두 공격만으로도 감당하기 어려운 피해가 초래된다는 사실이 모두에게 명백하게 인지된다. 어떠한 지도자도 핵을 가진 상대의 보복공격을 무릅쓰면서 그 대가를 넘어서는 승리에 대한 환상을 가지기가 어렵다.

둘째, 실제로 적이 감당하기 어려운 피해를 주는 것이 어렵지 않다. 재래 전쟁의 경우 과감한 선제공격을 통해 적의 보복공격력을 무력화시키거나, 적의 보복공격이 있더라도 이를 방어하기 위해 다양한 수단과 전략이 사용될 여지가 있었다. 재래식 무기에 의한 2차 보복과 억지가 통하기 쉽지 않은 이유이다. 핵무기의 경우 적의 선제공격으로부터 한두 개의 탄두라도 살아남아 보복공격을 할 수 있다면 적에게 치명적인 피해를 줄 수 있다. 특별한 전략이나 전술 없이도 2차 보복 능력의 확보와 그 가능성이 재래식 무기에 비해 획기적으로 높다. 그

만큼 억지를 위한 보복 위협의 효과와 신뢰성이 높다. 이는 핵무기가 재래식 무기에 비해 가지는 본질적인 다른 특성이다. 재래식 무기는 같은 무기 체계라도 그것을 언제, 어떻게 사용할지의 운용전략에 따라 그 효과가 전혀 다르게 나타날 수 있다. 이순신 장군이 12척의 배로 수백 척의 왜군 함대를 무찌른 것은 무기 자체의 차이보다는 그것을 운용한 전략과 전술의 차이였다. 이에 비해 핵무기는 어떻게 사용하느냐보다는 핵무기 능력이 있냐 없냐의 차이만 따지면 된다. 즉 핵무기는 그 존재 자체로서 전략적 의미를 지닌다. 왈츠에 의하면 재래식 무기는 전략에 의해 지배되고, 핵무기는 전략을 지배한다. 왈츠는 이를 핵무기의 **'절대성(absolute quality)'**으로 정의한다.

셋째, 왈츠는 핵무기를 최소 필요량 이상 보유한 국가 간에는 **실질적으로 선제공격으로 얻을 수 있는 군사적 이점이 사라진다고 주장한다.** 핵무기는 억지 전략에 핵심적인 2차 보복능력을 확보하기가 쉽기 때문이다. 적의 선제공격으로부터 몇 기의 핵무기만 살아남을 수 있으면 충분하다. 지하터널이나 이동식 발사대에 실려 이동하는 소수의 핵무기와 미사일만 있어도 적의 대규모 핵 선제공격에서 살아남을 2차 핵 보복능력을 확보하는 것이 어렵지 않다. 특히 전략핵 추진 잠수함은 수십 개의 핵미사일을 장전하여 드넓은 바다에서 수개월에서 수년간 산소 공급 없이 숨어 지내면서 핵 공격을 가할 수 있다. 냉전 시기 미국과 소련 간의 '상호 확증 파괴(Mutual Assured Destruction, MAD)' 전략이라는 2차 보복의 확증성이 형성된 배경이다. 서로의 2차 핵 보복능력에 대한 확신이 40년 넘는 냉전 기간 미·소 간 전쟁을 억지하였다.

MAD 전략하에 미국과 소련은 핵 군비경쟁을 벌였다. 왈츠는 미국과 소련이 냉전 시기 수만 발의 핵폭탄을 보유한 것은 불필요한 과당 경쟁이었다고 비판한다. 수십에서 수백 기의 핵무기만 있어도 선제공격에서 살아남을 2차 보복능력이 충분하다는 것이다. 핵무기 수에서 아무리 우세하더라도 상대 핵무기를 1차 공격에서 완전히 제거하기란 어렵기 때문이다. 따라서 핵을 가진 상대에 대한 핵 선제공격을 주저할 수밖에 없다. 키신저에 따르면 1962년 미·소 간 쿠바 미사일 위기 당시 미국은 약 2000개의 핵폭탄을 보유해서 당시 소련의 60~70기의 전략핵무기에 비해 압도적인 우위에 있었다. 그런데도 미국 케네디 지도부는 소련과의 핵전쟁 가능성에 극도의 공포심을 가졌다. 자신들이 가진 핵무기로 소련의 핵무기를 모두 파괴할 수 있을지에 대해 확신이 없었기 때문이다.[58]

2차 보복공격에 필요한 최소한의 핵무기만으로도 더욱 많은 핵전력을 보유한 상대 국가의 공격을 충분히 억지할 수 있다. **왈츠는 2차 공격에 필요한 핵전력만 확보되면 그 이상의 핵무기는 핵억지에 쓸모가 없다고 주장한다.** 재래식 무기와 달리 필요 이상의 핵무기 증가가 추가적인 전력 증가로 이어지지 않는다. 일정 수준 이상의 핵 군비경쟁은 의미 없는 자원의 낭비일 뿐이다. 그림 1-6에서 보듯이 각 6000여 개의 핵탄두를 보유한 미국과 러시아를 제외한 나머지 핵무장 국가들의 핵탄두 보유 현황은 300기 이하이다. 미국과 새로운 패권경쟁을 벌이며 신냉전의 주역으로 부상한 중국도 2021년까지는 350여 기의 핵탄두만을 보유한 것으로 알려졌다. 1964년 핵 개발에 성공한 이후 지난 반세기 동안 '최소억지' 개념에 근거한 핵정책을 채

그림 1-6 | 전 세계 핵탄두 재고 현황

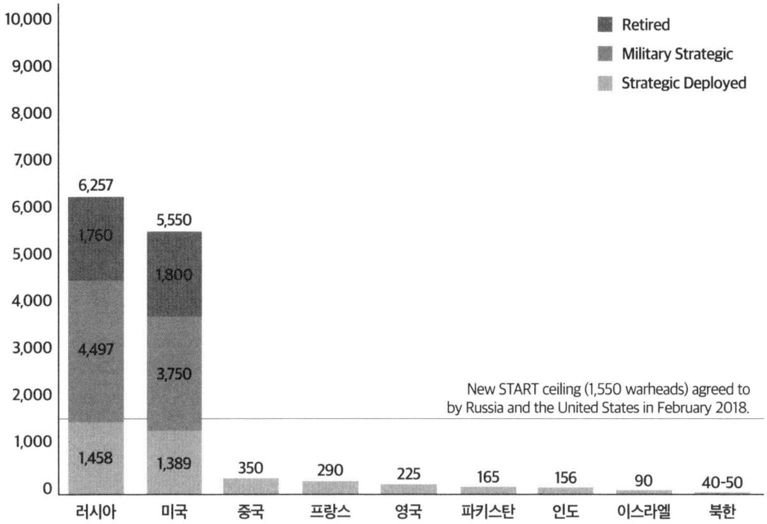

택해왔기 때문이다. 왈츠는 핵무기 덕분에 20세기 강대국들은 과도한 군비경쟁의 악순환에서 벗어날 수 있었다고 결론짓는다.

넷째, 왈츠는 나아가 핵억지의 안정성은 '비례성의 원칙'에 의해 더욱 강화된다고 주장한다. 일반 상식과는 달리 실제 분쟁 발생 시에도 핵억지는 최소한의 보복이나 경고만으로도 전면전을 막을 수 있는 억지 효과를 가진다는 것이다. 핵억지를 위해 처음부터 적에 대한 대규모 2차 공격의 과한 보복을 할 필요가 없다는 것이다. 억지의 핵심은 적에 대해 감당하기 어려운 보복공격을 위협함으로써 적의 무모한 전면적 선제공격을 방지하는 것이다. 일반적으로 핵억지는 적이 공격 시 적의 수도에 대한 무조건적 대량살상 공격을 전제하는 것으로 알고 있다. 냉전의 상호 확증 파괴 독트린이 대표적인 경우이다. 그런데 현실에서 대부분의 전쟁은 전면적인 핵 공격보다는 재래식 무기를 통한 제한적인 형태로 나타날 가능성이 크다. 그 경우 수많은 인명 피해를 초래할 핵 보복공격을 쉽게 감행할 수 있을지의 딜레마가 생긴다. 적이 핵이 아닌 재래식 무기를 사용하거나 핵 당사국이 아닌 주변의 다른 동맹국을 공격할 경우 이에 대한 핵 보복을 하는 것이 매우 부담스럽다는 것이다. 냉전 당시 미국의 유럽 나토 동맹국들은 소련이 우세한 재래식 무기를 사용하여 서유럽 국가를 전면 침공할 경우 과연 미국이 핵을 사용할지 강한 의구심을 가졌다. 소련의 핵 보복공격 위험을 미국이 감당하기 어렵다고 보았기 때문이다. 소위 미국의 유럽 동맹국에 대한 확장억지가 유사시 신뢰할 수 있는지에 대한 논란이 바로 그것이다.

이에 대해 왈츠는 핵억지가 반드시 처음부터 적의 도시를 파괴하는 것이 아니라고 주장한다. 핵억지는 '비례성의 원칙'에 의해 충분히 이러한 상황에도 신뢰성을 가지고 적용될 수 있다. 오히려 핵무기의 존재는 최소의 무력 사용만으로도 적에게 강력한 경고 효과를 가지고 억지를 강화시킨다. 소련의 재래식 선제도발이나 제한적인 공격에 비례하여 적절하게 대응 공격을 하는 것만으로도 소련의 전면적인 공격이나 핵 도발을 억지할 수 있는 충분한 경고 효과를 가진다는 것이다. 소련의 도발에 대해 무조건 소련군 전체나 주요 도시에 대한 대규모 핵 보복을 감행하는 것은 무모할 뿐 아니라 현실적인 목표가 아니다. 대신 소련의 제한적 도발에 대해 한두 개의 군사적 목표나 산업시설에 대한 타격만으로도 더 이상의 도발을 방지할 수 있는 충분한 경고 효과를 가진다고 주장한다. 소련의 기회주의적 도발에 대해 전면적인 핵 보복 대신 초기에 미국의 제한적 행동만으로도 핵 보복에 대한 강력한 의지를 과시하여 전면적인 확전을 막을 수 있다는 것이다. 미국의 확장억지가 충분히 작동한다는 결론이다. 억지는 우리가 무엇을 할지의 의지가 아니라 무엇을 할 수 있는지의 능력에 좌우된다. 적에게 우리의 의지를 증명하기는 쉽지 않다. 그러나 적을 충분히 파괴할 수 있는 핵무기가 존재한다면 다른 증명이 필요 없다. 핵무기는 억지의 능력을 증명하기가 매우 단순하며 쉽게 작동한다는 것이다. **왈츠는 핵억지가 적은 비용과 적은 보복으로도 강대국 간 오판이나 기회주의적 도발에 의한 전면전을 방지하는 훨씬 안전한 기회를 제공한다고 주장한다.**[59]

왈츠에 의하면 핵억지는 '심오하게 안정적(deeply stable)'이다. 핵전쟁의 결과는 어떠한 승리나 보상도 정당화하기 어렵기 때문이다. 클라우제비츠의 『전쟁론』에서 살펴보았듯이 전쟁의 본질은 특정한 정치적 목표를 달성하기 위한 행위이다. 파괴나 살상은 수단일 뿐이다. 핵은 전쟁의 수단으로는 그 파괴력이 너무 크다. 자신과 적 모두를 파괴하는 것 자체가 목적이 아닌 한 핵전쟁을 감당할 명분을 찾기란 어렵다. **전쟁은 결국 폭력을 사용한 정치의 수단이라는 클라우제비츠의 기본 명제가 핵무기의 압도적 파괴성과 만날 때 전쟁할 동기가 없어진다.** 전쟁의 정치성이 핵무기의 절대성에 압도된다. 전쟁 억지의 효과가 극대화되는 것이다.

핵보유국 사이에도 군사경쟁은 지속되고 이해의 충돌이 발생한다. 인류 역사에서 전쟁은 강대국의 특권이었다. 2차 대전까지 강대국일수록 다양한 이유로 많은 전쟁을 일으키고 싸웠다. 그러나 핵무기는 이들 간 전쟁의 가능성을 획기적으로 어렵게 만들었다. 일본 원폭 투하 이후 핵을 가진 강대국 간 전쟁은 한 번도 일어나지 않았다. 대신 핵무기의 등장은 전쟁을 가난하고 힘없는 국가들의 특권으로 만들었다. 냉전 이후 지구상에 벌어지는 대부분 전쟁은 저개발 국가들 지역에서 벌어졌다. 서구 근대 국가의 시발점인 1648년 베스트팔렌 조약 이후 강대국들 사이에 지금보다 긴 평화를 누려본 적이 없다. 핵무기가 이 행복한 상황에 크게 기여했음을 부정하기란 쉽지 않다고 왈츠는 주장한다.

그림 1-7 | 1969년 이후 핵탄두 보유국 추이

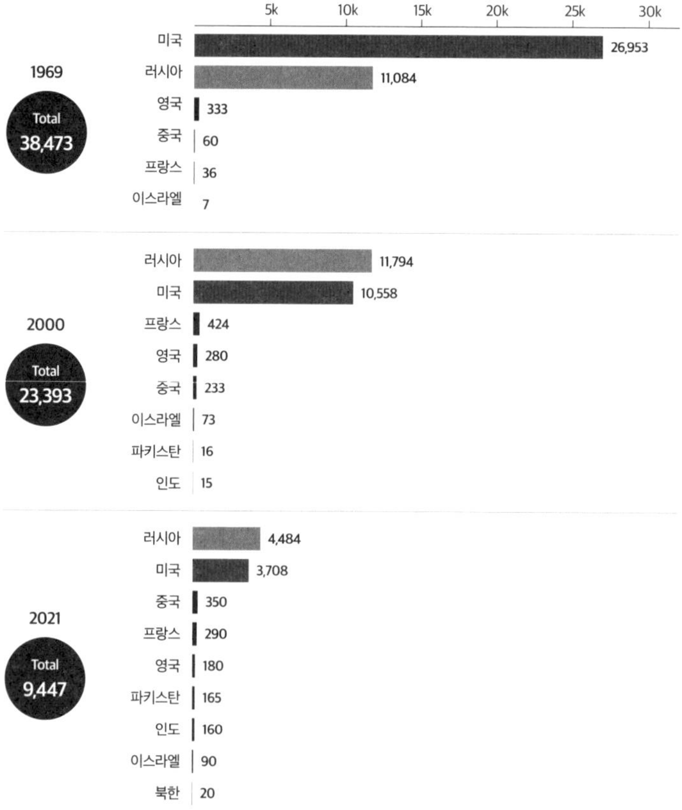

왈츠는 핵이 전쟁을 억지할 뿐만 아니라, 핵확산이 더디게 진행된 점에 주목한다. 냉전 초기 미·소가 본격 핵 경쟁에 나서면서 수많은 국가가 핵 개발에 뛰어들 것으로 예상되었다. 미국 정부는 1970년대까지 최소 15~25여 나라가 추가로 핵보유국이 될 것으로 예상하기도 하였다.[60] 각자도생의 국제정세에서 안보위협을 느끼는 국가가 방어적 목적으로 핵무기를 원하는 것은 자연스럽다. 주권국가가 안보를 이유로 핵 개발을 추진한다면 이를 저지하기는 쉽지 않다. 그러나 실제 핵확산은 초기 예상보다 많이 일어나지 않았다. 핵무기 개발이 심각한 정치·군사·경제·외교적 부담을 수반하기 때문이다. 1945년 미국의 첫 핵무기 개발 이후 실제 핵보유국으로 여겨지는 나라는 가장 최근의 북한을 포함하여 9개 국가밖에 되지 않는다. 특히 냉전 초기 핵 개발을 주도한 미국과 소련, 그리고 나머지 유엔 상임이사국 3개 나라인 영국, 프랑스, 중국 이후 핵을 개발한 나라는 4개이다. 이스라엘, 인도, 파키스탄, 그리고 북한의 경우는 핵 개발 과정에 많은 논란이 있었고 공식적인 핵보유국 지위보다는 실제적인 핵 국가로 여겨진다.

그런데 왈츠는 핵무기 개발이 이들의 고질적인 안보 부담을 해소하여 오히려 지역의 안정과 평화에 기여한 것으로 주장한다. **소위 불량국가로 여겨지는 나라의 핵무기 보유도** 그것이 가지는 절대성으로 인해 국가 간 오판의 가능성을 줄이고 전쟁의 충동을 억지하는 **핵억지가 강하게 작용한다는 것이다. 즉 핵억지는 국가의 체제나 성격에 상관없이 작용한다.** 실제 위의 그림에서 보듯이 이들 국가는 최소 수준의 핵억지력을 보유한 이후 핵무기 보유량이 안정적으로 유지되는 경향을 보인다. 미·소의 경우도 핵 군축 등을 통해 과도한 핵무기를 줄이는 모습을 보였다. 왈츠는 점진적인 핵확산에 대한 막연한 두려움보다 그 긍정적인 측면을 환영해야 한다고 강조하였다. 왈츠가 북한이나 이란의 핵무기 개발도 오히려 지역의 안정을 가져올 것으로 예측하고 크게 걱정할 필요가 없다고 주장하는 이유이다.[61]

핵은 여전히 위험하다

왈츠의 핵확산 낙관론에 대해 **스탠퍼드대학의 스콧 세이건(Scott Sagan) 교수는 핵확산이 핵무기 사용의 위험을 증가시킨다고 반박한다.** 그는 먼저 왈츠의 핵억지 이론은 매우 합리적이고 신빙성이 있다고 평가한다. 그 결과 왈츠의 합리적 억지론이 저명한 국제정치 학자들에 사이에 널리 '확산'되어 광범위한 '핵확산 낙관론자(proliferation optimist)'들이 생겨났다.[62] 그러나 **문제는 과연 핵을 가진 모든 국가가 합리적으로 행동할지를 과연 믿을 수 있느냐이다.** 세이건은 지구상 모든 국가가 합리적 의사결정 구조와 이를 안전하게 관리할 수 있는 작동 기제를 가졌다는 핵확산 낙관론의 기본 전제에 의문을 제기한다.

세이건은 **'조직이론(organizational theory)'**에 근거하여 핵확산의 위험성을 제시한다. 현실에서 핵무기의 운영은 추상적인 국가가 아닌 군대조직이 전담한다. 그런데 **군**은 그 특성상 억지의 실패, 혹은 의도적·우연적 **핵전쟁을 일으키기 쉬운 조직이라는 것이다.** 더구나 이러한 군대 조직이 강력한 민간 지도부의 통제하에 견제와 균형을 통해 전문적으로 운영되는 경우가 많지 않다. 모든 국가가 안정적인 핵억지를 운영하는 조건을 충족한다는 가정은 무리라는 것이다. 게다가 핵무장을 추진하거나 그 가능성이 있는 국가들의 경우 안정적 민간 통제체제 자체가 결여될 가능성이 크다. 실제로 핵 개발을 추진한 파키스탄이나 이란, 북한 같은 국가들의 경우 군이 정부에 강한 영향력을 행사하거나 민간의 통제가 약한 모습을 보인다. 이 경우 객관적인 국가이익보다는 강력한 군 조직이 가지는 고유의 편견이나, 관료적 일 처리, 편협하고 보수적 시각 등에 의해 국가의 정책이 좌우될 가능성이 크다.[63]

세이건은 먼저 핵확산 낙관론이 성립하기 위한 3가지의 기본 전제를 제시한다. 첫째, 핵억지의 균형 성립 전 단계인 핵 개발 단계에서 상대국의 예방공격이 없을 것, 둘째, 양측 모두 안정적인 2차 보복능력을 보유할 것, 셋째, 핵무기와 그 시설이 사고나 불의의 사용으로부터 안전할 것이다. 세이건은 이 세 가지 조건에 대해 군 조직의 특성과 연관된 현실적인 문제를 제기한다.

첫째, 핵확산은 그 과정에서 군부에 의한 예방전쟁의 가능성을 높인다. 왈츠의 핵억지는 핵 능력을 온전히 완성한 두 국가가 2차 보복능력을 확보한 상황을 기본 전제로 한다. 그러나 실제 핵 개발을 추구하는 국가는 이러한 능력을 갖추기까지 최소 수년이 넘는 상당한 기간이 필요로 한다. 당연히 기존 핵보유국 입장에서는 이들의 핵무장을 예방하기 위해 군사적 조치를 취할 충분한 동기가 부여된다. 세이건은 특히 안보를 책임지는 군부는 이에 대한 군사적 방안, 단기간의 군사적 승리, 단호한 공격 등을 선호하는 문화가 있다는 점에 주목한다. 여기에 전후 처리나 국내 정치적 문제를 고려하지 않는 군부 특성상 상대의 핵 개발에 대한 예방공격을 지지할 가능성이 크다는 것이다.

세이건에 따르면 냉전 초기 미국군 수뇌부는 자신들의 우세한 핵 능력을 사용하여 소련이 본격적인 핵무장을 하기 전에 예방공격을 시행할 것을 주장하였다. 또한, 1960년대 초 중국의 핵무기 개발에 대해서도 국무부의 조심스러운 접근에 대해 미 합참은 중국의 핵시설에 대한 재래식 공격과 아울러 핵 공격의 필요성을 주장하였다. 그리고 이어진 1969년의 중·소 분쟁 시에는 소련이 중국 핵시설에 대한 예방공격 가능성을 미국에 비밀리에 타진하기도 하였다.[64] 세이건은 새로운 국가가 핵무기 개발에 나설 때마다 경쟁국 입장에서는 '나중보다는 지금(better now than later)'의 논리로 예방공격을 고려하는 경향이 나타난다고 주장한다. 세이건의 이러한 주장은 1990년대 초 1차 북핵 위기 시 클린턴 행정부가 정밀타격을 고려했다는 사실과도 부합한다.

둘째, 군부는 보수적인 성향으로 인해 새로운 무기 체계와 조직이 필요한 2차 보복능력 확보에 관심이 적다. 그보다는 기존 관례에 따라 공세적 핵 능력 증강만을 추구하는 경향을 보인다. 미국의 경우 초기 공군은 기존의 폭격기를 선호하는 문화 탓에 2차 보복의 핵심 능력인 대륙간 탄도탄 개발에 소극적이었다. 해군의 경우도 전통적 무기 체계인 항공모함이나 전투함, 공격형 잠수함의 예산을 깎아 먹는 전략핵잠수함 개발에 소극적이었다. 이러한 군부의 관료적 행태와 보수적 성향은 소련이나 중국에서도 마찬가지로 나타났다. 소련은 전략핵무기의 배치와 개발에서 2차 보복능력의 생존성과 상관없는 기존의 무기 체계 관행을 따르는 양태들이 드러났다. 중국의 경우에도 전통적인 육군 중심의 문화와 조직 특성으로 1960년대 핵무기 개발 이후 2차 보복에 중요한 신형 대륙간 탄도탄이나 해군의 전략핵잠수함 개발에 힘쓰지 않았다. 미 국방부의 보고서에 의하면 중국은 2010년대에 와서야 적의 1차 타격에서 생존성이 강화된 고체연료와 이동식 장거리 미사일과 및 전략핵잠수함에 개발에 적극 나서고 있는 실정이다.[65]

셋째, 군이 핵전력을 운영하고 통제하는 거대한 체계에서, 많은 사고 가능성이 존재한다. 미국의 경우 핵무기를 운영하는 지휘체계나, 담당자의 고의적 혹은 미필적 실수, 그리고 탐지나 경고 과정에서 많은 허점과 실수가 드러났다. 1962년 쿠바 미사일 위기 당시 몬태나의 전략핵미사일 담당자가 임의로 핵 공격을 할 수 있도록 미사일 발사체계를 변경한 사건이 발견되었다. 같은 시기 '북미항공방위사령부(NORAD)'에서는 쿠바에서 미국을 향한 핵미사일이 발사되었다는 잘못된 경고가 보고되었다. 이러한 사고의 가능성은 국내외 정세가 불안한 신흥 핵 개발 국가의 경우 더욱 커질 수밖에 없다. 이들 국가에서 내전이나 국내 정치적 혼란이 발생할 경우, 핵무기의 통제 불능 상태가 발생하여 핵폭발 사고나 외부에 대한 불의의 핵 공격이 발생할 수 있다.

세이건은 이러한 현실적인 이유로 핵확산이 국가 간의 전쟁 억지 능력을 높이고 신중한 행동을 유발한다는 왈츠의 긍정론이 매우 위험하다고 비판한다. 지금까지 핵전쟁이 일어날 우발적 사고가 여러 번 있었으며, 앞으로 핵확산이 진전되면 그 경우의 수와 가능성이 더욱 커질 수밖에 없다는 것이다.

존 뮬러와 핵무기 위협 과장론

02

오하이오주립대학의 정치학자 존 뮬러(John Muller)는 핵무기의 파괴력과 후발 효과에 대한 지나친 과장과 증폭된 대중의 공포가 오히려 이성적이고 합리적인 핵정책 논의와 수립을 저해해왔다고 지적한다.[66] 핵무기가 가공할 만한 파괴력과 인명 살상력을 가진 것은 맞지만 핵의 사용이 바로 도시 전체나 국가, 혹은 지구의 멸망을 초래한다는 종말론적 가정은 비현실적이라는 것이다.

히로시마와 나가사키에 핵폭탄이 사용된 이후 핵무기의 위험성과 파괴성에 관해 많은 전문가와 정책 결정자들이 종말론적 경고를 반복해왔다. 미국 핵무기 개발의 주역 중 한 명인 오펜하이머는 서너 명이 공모해 밀수한 핵폭탄 하나로 뉴욕시를 날려버릴 수 있다고 주장했다. 그 이후 수많은 전문가와 언론이 비현실적인 핵무기의 파괴력을 전파했고 모든 사람이 당연하게 사실로 받아들였다. 핵무기를 논할 때마다 '(인류) 증발', '(도시) 전멸', '(인구) 싹쓸이', '아마겟돈', '묵시록'과 같은 단어들이 함께 사용되었다. 특히 **9·11 테러 이후 미국에서는 "한 번의 핵 테러가 도시 하나를 하루아침에 파괴할 것"**, "핵 테러 한 방이면 도시 대부분이 흔적 없이 사라질 것", "히로시마에 터진 것과 같은 정도의 핵폭탄이 테러범의 손에 들어간다면 수백만의 사람들이 죽게 될 것"이라는 말들이 너무나 당연한 사실로 회자되었다. 물론 냉전 중에는 "미국의 엄청난 핵 비축량으로 전체 지구를 파괴할 수 있다"라거나 "현재 지구상에 존재하는 2만 6000여 개의 핵무기면 지구를 몇 번이고 파괴하기에 충분하다"는 주장 역시 타당하게 여겨졌다.

그러나 실제 과학적인 수치를 적용하면 앞의 표현들은 매우 비현실적이다. 지금까지 개발된 핵폭탄 중 가장 파괴력이 큰 것이 60메가톤으로 히로시마에 투하된 10킬로톤 핵폭탄의 6000배에 해당하는 파괴력을 가진 것으로 알려져 있다. 그런데 이 60메가톤의 파괴력도 매년 수도 없이 발생하는 일반 지진이나 태풍의 1000분의 1 정도에 해당한다. 그런데도 대부분의 사람들은 여전히 핵폭탄 하나만으로도 수십·수백만의 인명을 살상하고 웬만한 도시를 파괴하고, 국가를 마비시킬 수 있다고 믿는다.

히로시마와 나가사키에 투하된 핵폭탄에 의한 사망자는 그 당일에 두 도시 합쳐 약 6만 7000명이었다. 이후 넉 달에 걸쳐 부상과 후유증으로 사망한 수가 3만 6000명으로 총 사망자는 수백만 명이 아니라 10만 명 정도였다. 그런데 이들 사망자 중 대부분은 핵폭탄의 충격이나 방사능에 오염되어 죽은 것이 아니었다. 당시 주로 목조 건물로 밀집된 두 도시의 중심에 핵폭발이 일어나면서 생긴 대규모 화재로 인해 대부분의 희생자가 발생했다. 폭발 당시 중심에서 4km 반경 밖에 있던 사람들은 핵폭발에 그대로 노출된 경우에도 가벼운 부상만 당했다. 나가사키의 경우 폭발의 원점에 위치한 지하 방공호에 있던 400여 명의 사람은 전원이 부상 없이 무사하였다. 또한, 취약한 목조 건물과 달리 철과 콘크리트로 된 몇 안 되는 현대식 건축물은 폭발의 중심 위치에서도 그 외형이 건재하였다. 당시 돌로 만든 다리들도 파괴되지 않았고, 철도와 포장된 거리, 지하의 수도관도 대부분 건재하였다. 실제 원폭 투하 후 하루 만에 도시 일부의 전기가 다시 복구되었고, 전차와 기차는 이틀 만에, 전화 통신은 7일 만에 회복되었다. 그리고 폭발로 인한 잔해는 2주 만에 정리되었다. 당시 미군 당국은 다리 하나 제대로 파괴하지 못한 원자폭탄을 두고 과연 군사적인 효능이 있는지에 대해 의문을 제기할 정도였다. 방사선 피해도 낙진이 많이 발생하는 지상 폭발과 달리 도시 상공 약 500m에서 일어난 공중폭발로 비교적 낙진이 적게 발생하였다. 두 도시의 생존자들 가운데 암 발생률이 일부 높이 나타나기도 하였지만, 전반적인 사망률이나 기형 출산율은 다른 도시에 비해 큰 차이가 없는 것으로 각종 전후 연구에서 드러났다.[67] 이후 **히로시마와 나가사키는 원폭 투하 후 죽음의 도시로 폐허가 되지도 않았다.** 대신 오늘날 각각 인구 120만 명과 40만 명의 일본의 주요 공업·관광 도시로 발전하였다.

오늘날 대부분 콘크리트 구조물인 뉴욕 맨해튼 한복판에 과거 히로시마에 투하한 것과 같은 크기의 폭탄이 터진다면 1% 정도의 지역이 물리적으로 파괴될 것으로 예측된다. 물론 이러한 파괴력 자체도 결코 가벼운 것은 아니다. 또한, 거기에서 파생될 각종 낙진이나 핵 오염으로 인한 혼란과 피해는 더욱 클 것이다. 그러나 여전히 원자폭탄 하나로 수백만이 당장에 사망하거나 도시 전체가 파괴된다는 일반적인 가정과는 상당히 큰 차이가 있다.

핵폭탄에 대한 과장된 평가는 사회·정치적 효과에 대한 과대한 위협 인식으로도 이어진다. 9·11 테러 이후 미국의 많은 정치인이 핵 테러를 미국의 존망이 달린 '사활적 위협'으로 정의했다. 정부 관계자들이나 전문가들이 핵 테러가 "미국 사회를 파괴할 것", "세계적인 글로벌화를 퇴행시킬 것", "미국과 동맹국에 사활적 위기를 초래할 것", "미국의 삶의 방식을 파괴할 것", "미국 경제를 파괴할 것" 등의 발언을 쏟아냈다. 일부 전문가들은 핵 공격이나 핵 테러가 "우리가 아는 문명사회를 파괴할 것", "세계의 안보를 위협할 것", "근대 국가체제를 위협", "인류에 대한 위협"이라는 등의 극단적인 악몽의 시나리오를 제시하기도 한다. 문제는 과연 한두 번의 핵 테러나 공격이 과연 어떠한 경로를 통해 그 정도의 위기를 초래할지에 대해서 아무도 구체적인 근거를 제시하지는 않는다는 것이다.

뮬러 교수는 최악의 경우 미국과 러시아가 보유한 각각 수천 기의 핵무기를 사용한 전면적인 핵전쟁이 일어나더라도, 미국 전체 인구의 5분의 1 정도가 사망할 것으로 추정한다. 물론 이 자체도 엄청난 희생임은 틀림없다. 그러나 흔히 핵 아마겟돈 전쟁으로 미국 자체가 사라지거나 지구 전체가 수백 번 파괴될 것이라는 일반적인 믿음과는 상당한 차이가 있다. 핵전쟁이 곧 국가나 인류의 멸망을 의미하지는 않는다는 것이다.[68]

이러한 핵무기의 파괴력이나 피해에 대한 지나친 과대평가는 대중과 정치인들 사이에 필요 이상의 두려움과 위협 인식을 심어주었다. 그 결과 핵무기와 핵전쟁의 위협이 줄기보다 과도한 핵무장과 핵 경쟁이 격화되는 현상으로 나타났다. 또한, 충분히 억지하거나 봉쇄할 수 있는 소수의 핵 개발 국가에 대한 과대한 위협 인식과 현명하지 못하고 파괴적이며 낭비적인 핵정책과 외교정책을 낳는 부작용을 초래하였다. 이러한 뮬러 교수의 지적은 북한 핵에 대한 우리의 자세와 정책에도 많은 시사점을 제공한다.

북한의 핵전쟁 가능성

03

북한이 과연 핵전쟁을 일으킬 것인가? 결론은 '쉽지 않다'이다. 북한이 핵 선제공격을 한다면 그 주 대상은 남한 혹은 주한미군 그리고 미국의 영토가 될 것이다. 그 경우 한미동맹의 전면적인 보복은 물론 미국의 핵 보복을 불사해야 한다. 그 결과는 북한이 감당하기 어려운 괴멸적 파괴와 살상일 것이다. 이것을 무릅쓰고 핵 공격을 하기에는 여러 가지 현실적·이론적·심리적 어려움이 있다. 여기에는 다음의 몇 가지 핵심요소가 판단의 근거로 작용한다.

첫째, **북한 핵 타격능력의 완성 유무이다.** 북한은 지금까지 수차례의 핵실험을 통해 2017년에는 핵 무력을 완성하였다고 선언하였다. 그러나 여전히 북한의 핵 능력이 본격적인 핵 공격을 감행할 만큼 완성되었는지는 확실치 않다. 명실상부한 핵 국가가 되기 위해서는

① 충분한 양의 핵물질을 확보해야 하고, ② 핵물질을 실제 무기로 사용할 수 있는 핵폭탄으로 완성해야 하고, ③ 그 핵폭탄을 원하는 목표에 도달시켜 목표물을 파괴할 수 있는 투발 수단을 갖추어야 한다. 북한의 핵 능력에 관하여 여러 전문가의 평가가 있지만, 누구도 이 세 가지 질문에 그 정확한 답을 내리지는 못하고 있는 것이 현실이다.

먼저 핵물질의 확보에 관하여 북한이 영변의 플루토늄 핵시설과 비밀 우라늄 생산시설을 통해 일정 정도의 핵물질을 확보하였으리라는 가정이 있다. 그러나 이는 어디까지나 가정일 뿐이지 그 정확한 양을 알지는 못한다. 일부 연구에 의하면 2020년 북한은 최대 60에서 100여 개의 핵무기를 생산할 수 있는 양을 보유한 것으로 추정되고 있다.[69] 그러나 이는 어디까지나 북한의 핵 생산능력을 최대로 가정한 추정이다. 실제로는 각종 제재로 인해 그보다 훨씬 적은 양을 가지고 핵실험을 진행하고 있을 가능성도 충분하다. 설사 최대 100개의 핵물질을 가졌다 하더라도 북한이 핵 선제공격을 감행하기에 충분하지 않다. 기존의 핵보유국 가운데 미국과 러시아를 제외하면 대부분이 200에서 300개의 순수 방어용의 핵무기를 보유하고 있다. 이들이 미국이나 러시아에 대해 핵 공격을 감행하는 것은 자살행위이다. 더욱이 수천 개의 핵무기를 보유한 미국과 러시아도 적극적인 핵 선제공격은 최후의 수단으로 상정한다.

다음으로 실제 북한이 여러 차례의 핵폭발 시험을 하였다는 사실만으로 실전에 사용할 수 있는 무기화에 성공하였다고 단정할 수 없다. 무기화를 위해서는 2차 대전 때처럼 핵폭탄을 폭격기로 투하하거나 미사일에 장착할 수 있는 소형의 핵폭탄을 제작해야 한다. 현재까지 북한이 시행한 것은 지하 핵실험이다. 북한도 미국이 히로시마나 나가사키를 공격한 것처럼 완성된 핵폭탄을 폭격기에 적재하여 투하할 수도 있다. 그러나 이는 현재 북한의 열악한 공군력과 한미연합군의 압도적인 공군력을 감안하면 현실성이 떨어진다. 북한의 지속되는 중장거리 미사일실험은 이러한 상황을 반영한다. 북한은 한반도와 일본을 공격할 수 있는 스커드 미사일을 보유하고 있으며 그 외에도 최근 잠수함 발사 미사일과 장거리 대륙간 탄도미사일의 다양한 시험을 행하고 있다. 그러나 아직 이러한 미사일에 탑재할 수 있는 핵탄두의 소형화에 성공하였는지는 여전히 미지수이다. 2023년 김정은은 핵무기 공장을 방문하며 소형화된 핵무기 사진을 연출하기도 하였다. 그러나 여전히 북한의 핵무기가 중거리 미사일에 탑재할 만큼 충분히 완성되었는지는 여전히 미지수이다. 국방부와 합참은 이에 대해 "핵 능력 전력화가 완료됐다고 보려면 실제와 동일한 환경에서 실험에 성공해야 그 무기가 완성됐다고 볼 수 있다. 아직 확인된 것이 없다"라고 평가했다.[70]

특히 북한이 공언하는 미국에 대한 억제력을 갖추기 위한 전략핵미사일을 완성하는 것은 당분간 기대하기 어렵다. 미국에 대한 핵 공격 능력을 갖추기 위해서는 8000km 이상 떨어진 미국을 타격할 수 있는 대륙간 탄도탄을 갖추어야 한다. 이를 위해 대기권을 벗어나 최소 8000~1만 km에 달하는 사거리를 비행한 후 다시 대기권에 진입하여 최소 수백 미터 안의 목표물을 정확히 타격하는 탄도미사일 기술이 필요하다. 설사 이러한 미사일을 가졌다 하더라도 여기에 다시 소형화된 핵탄두를 탑재하는 기술을 완성해야 한다. 이러한 능력은 현재 미국과 러시아만 실제 가능한 것으로 알려져 있다. 1964년에 핵보유국이 된 중국의 경우도 300여 핵미사일 가운데 일부 미사일만 이러한 능력을 초보적으로 보유하고 있는 것으로 알려졌다. 그나마도 아직은 미국의 핵 공격과 미사일 방어에 절대적으로 취약한 상태이다. 북한이 최근 실험하고 있는 장거리 미사일이 이론상으로는 미국 본토를 공격할 수 있는 사거리를 갖추었다는 보도가 있기는 하다. 그러나 이것이 실질적으로 핵탄두를 싣고 원하는 목표를 타격할 수 있는 능력을 갖추기까지는 아직 넘어야 할 기술적 장벽이 많고 앞으로도 상당 기간의 실험과 노력이 필요할 것으로 예측된다.

둘째, 북한이 핵 개발에 매진하여 실질적인 핵보유국이 되었더라도 북한이 핵 공격을 감행하기는 쉽지 않다. 강력한 대북 핵억지가 작동하기 때문이다. 북한이 미국의 압도적인 핵 능력에 대항하여 핵 공격을 감행하는 것이 자살행위라는 것은 자명하다. 김정은 체제의 지상과제는 자신을 포함한 백두혈통과 정권의 생존이다. 북한의 핵 개발은 날로 격차가 벌어지는 한미군사동맹에 대한 군사 억제와 생존을 보장하기 위한 필사적인 노력의 결과이다. 북한 핵은 김정은 정권이 살기 위함이지 죽기 위함이 아니다. 미국에 대한 어떠한 형태의 핵 공격도 미국의 핵 보복을 포함한 전면전을 초래할 가능성이 크다. 트럼프 대통령이 공언했듯이 김정은과 그 체제가 완전히 파괴되는 결과를 초래할 것이다.

이는 북한의 남침용 핵 공격에도 마찬가지로 적용된다. 일부에서는 북한의 남한에 대한 제한적 핵 공격은 미국 본토 공격에 대한 미국 정부의 우려로 용인될 수 있다는 의구심이 제기된다. 이른바 확장억지 무용론이다. 미국의 핵우산이 한반도에 작동하지 않는다는 것이다. 그러나 북한의 남한에 대한 핵 공격은 필연적으로 전면전을 의미하고 주한미군은 물론 남한 지역의 수많은 미국 시민에게 피해를 줄 것이다. 한미동맹이 존재하는 한 미국의 군사개입이 필연적인 이유이다. 이 경우 남한은 물론 한반도 유사시 미군의 중요한 배후기지인 일본, 그리고 미국 본토에 대한 추가 핵 공격을 막는 것이 급선무이다. 핵 공격을 포함한 모든 군사 수단을 사용하는 것은 자명한 이치이다. 결국, 남한에 대한 핵 공격도 북한 정권의 파멸을 초래할 수밖에 없다. 한미동맹이 굳건한 상태에서 북한 핵이 제2의 6·25로 연결되기 어려운 이유다. 이는 핵무기의 출현으로 냉전 이래 핵보유국 간의 전쟁이 어려운 평화 상태를 초래했다는 왈츠의 핵억지 안정론이 북한과 한반도에도 적용됨을 의미한다.

셋째, 만일 북한 내부의 급변사태 등 김정은 정권이 최악의 상황에 몰려 자살적인 핵 공격을 감행하거나 세이건이 제기하는 핵사고가 발생한다면 어떻게 될까? 이 경우 불의의 핵 공격이나 사고에 의한 최악의 상황을 배제할 수는 없다. 그리고 핵이 폭발한 지역은 상당한 인명과 재산 피해를 입을 것이다. 그러나 그 경우가 곧 수천·수백만의 죽음이나 한반도가 죽음의 땅으로 변하는 것을 의미하지는 않는다. **최후의 수단이나 우발적 사고는 제한적이고 일시적인 핵 타격에 그칠 것이기 때문이다.** 그리고 김정은 정권이 최후의 순간임을 깨달았을 때는 새로운 공격을 감행하기에는 이미 시간적으로나 조건적으로 너무 늦었을 가능성이 크다.

북한이 실제 핵전쟁이나 공격을 감행하기 어려운 현실에도 불구하고 많은 사람은 여전히 북한이 핵을 보유하는 것에 심각한 우려를 가진다. 공산당 일당독재와 김정은 최고 존엄으로 상징되는 북한 체제가 프랑스나 영국, 심지어 인도나 파키스탄 등 여타 핵보유국보다 훨씬 더 위험해 보이기 때문이다. 한국전쟁 이후, 여전히 북한은 군사도발을 일삼고, 남한과 미국에 대한 핵 공격을 공언하고 있다. 약관의 28세라는 어린 나이에 집권하여 고모부 장성택과 이복형 김정남을 포함한 수많은 정적을 무자비하게 제거한 김정은이 공포의 독재체제를 강화하자 북한의 호전성이 더욱 두드러져 보였다. 이러한 체제에 대해 합리적 판단을 전제로 한 기존의 핵억지 이론을 적용하거나 기대할 수 없다는 것이다.

그러나 국제정치 전문가들은 북한의 호전성이 매우 이성적인 행동이라고 분석한다. 약하고 고립된 국가인 북한이 약육강식의 국제사회에서 언제 굴복당할지 모른다는 불안 때문에 호전성 카드를 이용한다는 것이다. 서던캘리포니아대학의 데이비드 강 교수는 "북한 지도자들이 국내외에서 하는 행동들이 혐오감을 자아내긴 해도 자국의 이익을 빈틈없이, 그리고 이성적으로 잘 추구하고 있다"라며 이는 자신들의 체제를 유지하기 위한 "대내외적으로 아주 철저하고 노련한 판단"에 근거한다고 분석한다.[71] 또 다른 국제안보 전문가인 데니 로이(Danny Roy)도 "'미치광이 국가'나 '무모한 도발' 등 북한에 붙은 꼬리표가 자국의 이익을 지키는 데 효과가 있다"라고 말한다. 호전성과 예측 불가능성으로 무장해 적들에게 미치광이로 보임으로써 협상을 유리하게 끌고 간다는, 이른바 '미치광이 이론(Madman Theory)'에 의하면 북한의 도발적인 행동을 이해할 수 있다는 것이다.[72]

그런데 북한의 비이성적 행위와 위험성에 대한 불안감은 냉전 당시 미·소 간의 핵 경쟁에서도 비슷하게 전개되었다. 왈츠에 의하면 냉전 중 미국은 소련의 지도부가 공산당체제가 가지는 호전성이 핵억지의 신뢰성을 떨어뜨린다고 상정하였다. 여기에는 세 가지 근거가 있었다. ① 소련이 전 세계의 공산화를 목적으로 세계정복을 꿈꾼다는 것이다. ② 소련의 군사전략이 억지 독트린을 거부하고, 대신 재래식 무기와 핵무기를 결합한 공세적 전쟁 계획에 기반하고 있다는 것이다. ③ 소련이 지속적으로 군사적 우위를 추구한다는 점이다.

그러나 왈츠는 이러한 믿음이 실질적으로 현실과는 동떨어진 것이었음이 드러났다고 지적한다. 먼저 소련의 지도자들이 세계정복을 통한 공산화에 대한 꿈을 가지고 있었을지는 모르지만, 냉전 기간 내내 미국과의 체제 경쟁에서 뒤처지면서 공세적이기보다는 자유 진영의 분열을 야기하기 위한 기회주의적 성향을 보이기에 급급했다고 지적한다. 그 결과 군사나 외교 분야에서 승리보다는 패배한 경우가 대부분이었다는 것이다.[73]

결론적으로 왈츠의 핵억지 이론에 따르면 북한의 핵 개발은 합리적인 선택이다. 날로 증가하는 남북한 재래식 전력 차이와 압도적 핵 우위를 가진 미국에 맞서 체제 생존을 담보하기 위한 유일한 억지 수단이다. **자신의 생존을 가장 중요시하는 김정은이 자살 공격을 할 이유는 없다.** 북한 정권은 이성적이며 한미동맹의 군사력과 확장억지로 전면 도발을 충분히 억지할 수 있다. 그럼에도 불구하고 북한 체제의 불안정성이 장기적으로 지속되거나 정권 내부의 급변사태가 발생 시 세이건이 말하는 우발적 핵사고나 핵 공격이 발생할 위험성은 존재한다. 그 경우에도 핵 공격은 여전히 제한적이거나 무산될 가능성이 크다. **북한의 핵은 우리에게 매우 심각한 안보위협이다. 그러나 강력한 한미동맹으로 충분히 억제할 수 있다.** 문제는 휴전선 이북의 불안한 북한 체제와 그를 마주하고 살아야 하는 남북관계의 불안정성이다. 북한 핵과 김정은 체제에 대한 냉정한 판단을 바탕으로 남북관계와 한반도의 평화를 안정적으로 관리하려는 노력이 북핵 문제 해결의 시발점이다.

5장

전쟁에 법이 통할까?

전쟁에 법이 적용될 수 있을까? 이는 곧 정의의 전쟁(just war)은 무엇이고 그것이 가능한지의 질문으로 연결된다. 이 질문은 냉혹한 국제정치에서는 일반적인 도덕 개념이나 윤리적 기준을 기대하거나 적용하기 어렵다는 주류 현실주의 주장과 상반되는 모순으로 들린다. 그러나 현실에서는 전쟁이나 무력의 사용이 법과 도덕·윤리의 문제에서 완전히 자유로울 수 없는 경우가 종종 나타난다. 그 본래 의도가 무엇이든지 전쟁의 개시와 수행, 그리고 종결의 전 과정에 걸쳐 윤리와 법의 문제는 매우 중요하다. 아무리 강한 나라라도 그럴듯한 명분 없이 약소국에 대해 무작정 전쟁을 시작하기는 어렵다. 대부분 전쟁의 당사자들은 자신들은 원치 않지만 어쩔 수 없는 이유에 의해 싸우게 되었다고 주장한다. 전쟁의 개시에 관한 정당성의 문제가 전쟁법의 가장 중요한 부분이 되는 이유이다.

법과 도덕 혹은 정당성의 문제는 전쟁의 수행과 종결에도 중요한 영향을 미친다. 무자비한 인명의 살상과 재산의 파괴는 전쟁의 본질적 행태이다. 그럼에도 전쟁 수행 과정에서 기본적 인권이나 윤리, 도덕을 준수하려는 노력은 전쟁의 수행과 정당성에 중요한 요소로 작용한다. 특히 민간인을 무작위로 대규모로 살상하는 행위는 그 이유와 상황을 막론하고 인류의 기본적 도덕 가치에 어긋나는 행위라는 국제적 인식과 합의가 강화되었다. 급기야 이스라엘 역사학자 유발 하라리(Noah Yuval Harari)는 2차 대전 이후 핵무기의 등장과 더불어 전쟁의 무용성에 대한 인류 전체의 합의가 형성되는 역사적 전환이 일어나기 시작했다고 주장한다.[74]

한편 냉전의 종식 이후 지구촌 곳곳에서 국가 간 전쟁보다 내전이나 국내 정치적 갈등으로 수십, 수백만의 인명이 살상당하는 상황이 발생한다. 인도적 보호란 명분으로 무력을 사용한 외부개입이 필요하다는 주장이 제기되기도 한다. 그러나 근대 국제정치의 불문율인 내정 불간섭과 국가 주권의 절대성 원칙은 외부의 무력개입에 여전히 부정적이다. 더욱 큰 문제는 도덕적 명분과 국제사회의 지지로 명분이 정당한 외부개입이라도 그 성공이 보장되지 않는다는 점이다. 실제 많은 경우 인도적 개입은 그 의도의 정당성과 윤리적 우위성에도 불구하고 현실의 여러 제약 요인에 의해 실패로 돌아가기 쉽다. 인도적 개입도 무력의 사용이라는 전쟁의 기본 명제와 도전에서 예외가 아니기 때문이다. **과연 전쟁에 법이 통할까? 실제 전쟁에 전쟁법이 무슨 소용이 있을까? 이 장에서는 전쟁과 도덕·윤리·법의 문제에 대해 알아보기로 한다.**

후고 그로티우스와 근대 전쟁법

01

2023년 10월 7일 벌어진 하마스의 공격은 이스라엘은 물론 전 세계에 커다란 충격이었다. 아무런 예고 없이 수행된 대규모 기습공격은 일본의 진주만 공습에 비교되었다. 동시에 민간인에 대한 무차별적인 공격과 이후의 납치 및 잔인한 살인은 9·11 테러와 같은 공포를 안겨주었다. 하마스 무장세력은 음악 축제를 즐기던 민간인, 국경선 근처 민가 등을 무차별 공격하며 아이와 노인을 비롯한 1400명의 민간인을 잔인하게 살해했다. 네타냐후 이스라엘 수상은 즉시 전쟁을 선포하고 하마스가 근거지로 있는 가자지구에 대한 전면적인 군사작전을 시작하였다. 하마스는 여성과 어린아이를 포함 230여 명의 민간 인질을 납치 후 공개처형을 위협하며 이스라엘의 반격에 대한 인간방패로 삼았다. 이스라엘 정부는 불탄 민가에서 잔인하게 살해된 아이들의 시신을 공개하며 하마스의 야만성을 규탄하였다. 그리고 하마스의 근거지가 있는 가자지구에 대한 대규모 지상군 투입에 앞서 100만이 넘는 팔레스타인 민간인에게 24시간 안에 남쪽으로 피난 갈 것을 경고하였다.

구테흐스(Guterres) **유엔 사무총장**은 이스라엘의 공중폭격으로 폐허가 된 **가자지구**의 민간인 피해에 더해 이스라엘의 대규모 지상군 투입은 더 큰 참상을 가져올 것이라고 경고하였다. 실제로 이스라엘의 가자 공격 10개월 만에 4만 명이 넘는 팔레스타인 민간인이 사망한 것으로 보도된다. 이 중 대부분이 여자와 어린이로 알려진 가운데 미국을 비롯한 유럽에서는 이스라엘의 팔레스타인에 대한 억압정책과 더 큰 민간인 학살을 비난하는 규탄 시위가 발생하였다. 콜롬비아, 하버드와 스탠퍼드 등 미국의 대학가와 언론에서는 하마스의 잔인한 공격과 이스라엘의 무차별한 보복 전쟁 중 어느 것이 더 심각한 전쟁범죄인지 논쟁과 갈등이 표출되기도 하였다.

모든 전쟁에는 안타까운 민간인의 희생이 따르는 법이지만 의도적인 민간인의 살상은 동서를 막론하고 비윤리적 행위로 여겨진다. 근대로 오면서 서양을 중심으로 전쟁의 참상을 막기 위한 최소한의 국제적 합의를 위한 노력이 있었다. 전쟁의 참상을 제한하기 위한 노력이다. **2023년 하마스와 이스라엘의 무력충돌은 그 원인에 대한 논란과 더불어 양측의 윤리적 정당성에 대한 논쟁을 격렬하게 초래하였다.**

정전론 즉 전쟁의 윤리성에 관한 이론은 고대의 사상가들과 신학자 및 법학자들의 연구에서 시작되어, 서구의 중세에서 신학적 전통을 기반으로 발전하였다. 전쟁을 법적으로 규제하기 위한 본격적인 논의는 17세기 사상가이자 법학자인 **후고 그로티우스**(Hugo Grotius)의

『전쟁과 평화의 법』이라는 책을 통해 시작되었다.[75] 그로티우스가 태어난 네덜란드는 16세기 말 종교 갈등으로 스페인과 80여 년간 전쟁을 겪었다. 연이어 17세기 초 유럽 전체를 휩쓴 **30년 전쟁**을 겪으며 전쟁의 심각성과 잔혹성에 심각한 문제가 제기되었다. 중부 유럽을 중심으로 퍼진 신교도 운동과 이에 위기를 느낀 로마 가톨릭 구교도 간의 종교적 명분으로 시작된 30년 전쟁은 유럽 각국의 복잡한 정치적 이해와 맞물려 유럽 전체 인구의 최대 20%가 사망하는 재앙을 불러왔다.

성스러워야 할 종교적 정의를 이유로 시작된 전쟁이 정작 참혹한 살상과 파괴를 가져오는 것을 목격한 그로티우스는 전쟁의 시작과 수행에 대한 최소한의 기준을 제시하여 그 참상을 조금이라도 막고자 하였다. 그로티우스는 '정의(justice)'라는 이름으로 행해지는 전쟁의 허구성에 주목했다. 그리고 전쟁이 정의롭기 위해서는 특정한 행동을 해야 할지가 아니라 특정한 행동을 하지 말아야 할지 기준을 세울 것을 주장했다. 그리고 전쟁은 최악의 살상을 막거나 예방하는 목적을 지닐 경우에만 정의로울 수 있으며, 여타 수단이 가용하지 않을 때 최후의 수단으로서만 활용되어야 한다고 역설했다.[76]

특히 그로티우스는 **정의를 내세운 전쟁은 그 정의로움 때문에 폭력성이 가중될 위험이 크다고 지적한다.** 따라서 전쟁이 정의로울지라도 폭력을 사용하는 결정에 대해서는 오히려 소극적으로 접근해야 한다고 했다. 즉 정의로운 전쟁에서 불가피한 폭력 수단을 활용할 때도 필요 이상으로 고통스럽거나 불명예스러운 방법을 사용하지 말 것을 역설한다. 그리고 상대가 먼저 공격을 시작한 경우도 폭력을 최소화하기 위해 자기방어를 위한 공격을 바로 실행하기보다는 전쟁 이외의 방식으로 적군을 무력화할 방법을 찾을 것을 주장한다. 또한, 자기방어를 위한 전쟁이라도 당장 생존에 직접적인 위협이 있지 않은 경우의 전쟁은 정의롭지 못하다. 즉 미래에 자국의 생존이 위협받을 것이라는 '예상'에 기초하여 전쟁을 수행하는 것은 정의로운 전쟁으로 불릴 수 없다고 말한다.[77]

그로티우스에 의해 시작된 근대의 전쟁에 관한 법, 즉 정전론(just war theory)은 크게 **전쟁의 시작에 관한 법**(jus ad bellum)**과 전쟁의 수단이나 행위에 관한 법**(jus in bello)의 두 분야로 나누어진다. 다시 말해 전쟁을 시작하는 이유와 어떻게 싸울 것인가의 문제와 관련하여 전쟁이 정당화될 수도, 아닐 수도 있다는 것이다. 이 두 가지는 상호 연관성이 있는 듯하면서도 반드시 연결되지는 않는다. 정당한 이유로 전쟁을 시작하였지만, 전쟁의 수행 과정에서 비윤리적 행위가 발생할 수 있다. 반대로 불의의 전쟁을 시작하더라도 무력의 사용에서는 나름 윤리적 교전수칙을 준수하는 경우가 있을 수도 있다. 따라서 정의의 전쟁에 관한 두 분야의 법은 서로 별개의 영역으로 다루어진다.

Jus ad bellum(전쟁명분법): 전쟁은 명분 싸움

전쟁의 시작 혹은 전쟁할 권리에 관한 법은 왜 전쟁을 할 수밖에 없는지를 따지는 것이다. 손자나 클라우제비츠가 말했듯 전쟁은 매우 위험하고 어렵기 때문에 되도록 피해야 한다. 세상에 그냥 전쟁을 원해서 하는 전쟁은 없다. 그런데도 전쟁을 해야 한다면 어쩔 수 없는 선택에 의한 것이어야 한다. **정당한 전쟁의 '명분'에 관한 법(Jus ad bellum)은 어떠한 이유나 상황에서 국가가 전쟁을 시작할 정당한 권리를 가지는지에 관한 특정한 기준을 제시한다.** 1차 대전까지만 해도 서구 유럽에서는 무력에 의존하는 전쟁행위가 외교적 수단과 더불어 분쟁의 해결을 위한 정당한 방법의 하나로 인정되었다. 클라우제비츠가 전쟁을 폭력을 사용한 외교라고 한 배경이다. 그러나 얼떨결에 시작된 1차 대전에서 민간인을 포함한 2000만~3000만 명 규모의 살상이 행해지자 유럽인들은 더는 전쟁을 외교의 수단으로 여길 수 없게 되었다. 1차 대전 후 유럽과 미국이 1919년 국제연맹(League of Nations) 창설과 1928년 일명 켈로그 브리앙(Kellogg-Briand Pact) 협약으로 알려진 파리조약에서 모든 전쟁을 불법화하려고 시도한 이유이다. 이러한 흐름은 군인 2500만 명, 민간인 3000만 명 이상의 살상과 참전국 대부분의 초토화를 가져온 2차 대전을 겪으면서 더욱 강화되었다. 마침내 1945년 전쟁 자체를 불법으로 규정한 국제연합(United Nations, 유엔)이 탄생한 배경이다.

현재 지구상의 대부분 국가가 참여하고 서명한 **유엔헌장**은 국가 간 전쟁의 시작, 혹은 전쟁할 권리와 명분에 관한 가장 대표적인 법적 규정을 제시한다. 헌장 2조는 모든 회원국은 타국의 정치적 독립이나 영토적 보존을 저해하는 어떠한 형태의 무력의 사용이나 위협도 삼갈 것을 규정한다. 즉 타국에 대한 어떠한 무력의 사용, 즉 전쟁은 그 시작부터가 정당하지 않다는 것이다. 이어서 51조는 유엔 회원국에 대한 무력 침공이 발생하는 경우 이에 대한 개별적 혹은 집단방어 노력을 기본 권리로 인정한다. 침략에 맞서는 방어 전쟁의 경우, 유일한 예외로 그 정당성이 인정된다는 것이다.[78]

한편 유엔헌장 7장은 국제 평화를 저해하는 위협이나 파괴행위 혹은 타국에 대한 공격행위에 대해 안전보장이사회가 집단적 무력 사용을 결정할 수 있도록 권한을 부여한다. 유엔의 가장 중요한 기능인 '집단안보(Collective Security)'를 위한 전쟁행위의 정당성을 부여한 것이다.[79] 유엔의 집단안보 기능은 모든 회원국이 일방적 침략전쟁의 부당성을 규정한 유엔헌장에 서약한 것에 기인한다. 모든 회원국이 전쟁을 불법으로 규정하고 이를 어길 경우 힘을 합쳐 응징함으로써 모두의 안보를 보장한다는 것이 집단안보의 기본 취지이다. 무도한 전쟁을 일으킨 국가를 응징한다는 유엔의 집단안보 기능이 가장 최초로 발휘된 것이 한국전쟁이다. 국제연합 결성 이후 최초로 발생한 한국전쟁에 대해 유엔 안전보장이사회에서 전쟁을 일으킨 북한의 불법성을 규탄하는 미국 주도의 결의안이 제출되었다. 동시에 이를 저지·처벌하기 위한 집단안보 조항과 유엔군의 결성이 통과되었다. 당시 유엔 상임이사국으로 거부권을 가졌던 소련이 공산화된 중국의 상임이사 자격 박탈에 항의하며 불참하는 덕에 한국전쟁 유엔군 참전 결의안이 통과된 것은 한국으로서는 천만다행이었다.

이후 냉전을 거쳐 지구촌 곳곳에서 많은 전쟁이 일어났다. 그러나 전쟁의 명분을 놓고 서로가 정당성을 주장하고, 여기에 미·소를 중심으로 한 5개 상임이사국이 정치적 이해관계에 따라 분열하면서 유엔의 집단안보 조항이 적용된 사례는 매우 드물었다. 냉전 직후 1990년 이라크 사담 후세인이 쿠웨이트를 침공하자 미국의 조지 부시(아버지) 대통령 주도로 유엔 결의를 통과하여 발생한 1차 이라크 전쟁이 두 번째 사례이다. 2001년 9·11 이후 아들 부시 대통령의 제2차 이라크 전쟁은 유엔 결의 없이 미국의 일방적 개입으로 진행되었다. 2022년 안보리 상임이사국인 러시아의 우크라이나 침공에 대해 국제연합의 집단안보 조항은 아무런 효력이 없었다. 지구상에서 전쟁을 없애기 위한 인류의 노력은 무정부 상태의 국제사회 현실에서 어려운 꿈이다.

Jus in bello(전쟁행위법): 최소한의 인륜은 지켜라

Jus in bello는 전쟁의 원인이나 명분에 상관없이 그 행위와 수단의 정당성에 관련한 전쟁법이다. 전쟁이 왜, 혹은 누가 어떻게 시작했는지와 상관없이 연루된 모든 당사자의 전쟁행위를 규제하여 무력분쟁의 희생을 최소화하려는 목적을 가진다. 이를 위해 역사적으로 전쟁의 수행에서 상식적으로 지켜져 온 관행이나 원칙에 근거를 두거나 근대 이후 공식적으로 체결된 국제조약 등에 따른다. 전쟁이 인명의 살상과 재산 파괴를 수반하는 행위라는 현실은 부정할 수 없다. 그럼에도 불필요한 살상이나 손실을 막고 최소한이나마 반인륜적 행위를 막으려는 노력은 고대로부터 이어졌다. 기원전 구약 성경의 기록에는 성을 둘러싼 봉쇄를 할 때 사람들이 음식을 채취할 수 있는 그 주변의 과실나무를 불필요하게 자르지 말라고 한 기록이 나온다.

전쟁의 무참한 살상을 막기 위한 인류의 노력은 근대 유럽 국가 간의 국제적 협약을 통해 공식화·구체화된다. 전쟁 중 무력 사용에 대한 한계를 설정하여 전투원과 민간인에 대한 고통과 살상을 최소화하려는 전쟁행위에 관한 법은 통상 전시국제법, 혹은 국제인도법(International Humanitarian Law, IHL), 무력분쟁법(Law of Armed Conflicts), 혹은 단순히 전쟁법(Law of War)으로 불린다. 근대 전시국제법은 1864년부터 네 번에 걸쳐서 개최된 제네바 회의와 1899년과 1907년에 개최된 헤이그 평화회의에서 논의되고 합의된 국제조약을 근간으로 한다. **제네바 협약**은 "전투의 범위 밖에 있는 자와 전투 행위에 직접 참가하지 않은 자는 보호를 받아야 하고 존중되어야 하며, 인도적인 대우를 받지 않으면 안 된다"라는 기본 원칙을 수립한다. 구체적으로는 부상병·조난자·포로·일반 주민 등의 보호를 목적으로 하는 법규이다. 초기 제네바 협약은 비록 적군이라도 무력분쟁에서 부상한 전투원에 대한 인도적 보호에서 시작하였다. 이후 민간인의 불필요한 희생을 막기 위한 법으로 확장되는 모습을 보였다.

1864년에 개최된 첫 번째 회의에서는 전쟁 중 환자와 부상자들을 치료하기 위한 의료시설과 의료요원의 안전을 보장하는 조약이 통과되었다. 국제적십자사가 창설되고, 부상자 치료를 위한 인도적 국제법이 최초로 성문화되었다. 주최국 스위스를 비롯하여 12개 유럽 국가들이 참여하였으나 미국은 참여하지 않았다. 1882년에 개최된 두 번째 회의는 육상뿐 아니라 해상에서 난파선의 선원들과 부상자들의 보호에 관한 조항이 논의되었고, 미국도 참여하였다. 세 번째 제네바 회의는 1929년에 개최되었으며 전쟁 포로의 인도적 처우에 관한 내용이 체결되었다. 2차 대전 이후 열린 1949년의 마지막 회의에서는 전투원에 더하여 전쟁에 휩쓸린 민간인들의 보호에 대해 논의가 집중되었다. 현재 196개국이 여기에 동의하고 있다.

헤이그 협약은 러시아 황제 니콜라이 2세의 제안으로 1899년과 1907년에 걸쳐 네덜란드 헤이그에서 개최된 평화회의에 근거를 둔다. 전쟁 발발 시 당사국 간 전쟁의 수단과 방법에 대한 제한을 주목적으로 하였다. 제1차 평화회의에서는 '국제분쟁 평화 처리 조약', '육지 전쟁 조약', '1차 제네바 회의 원칙을 해전에 적용하는 조약' 등의 세 가지 조약이 채택되었다. 동시에 풍선과 같은 경기구로부터의 무작위 폭탄 투하와 투사물의 금지, 독가스의 사용 금지, 살상능력이 큰 덤덤탄(Dumdum bullet)의 사용 금지 등의 내용이 체결되었다. 제2차 회의에서는 1차 회의 때 채택된 세 가지 조약을 수정하고 10개의 전쟁법규 조약을 추가로 채택했다. 그러나 헤이그 평화회의에서 체결된 조약들은 1915년에 열기로 하였던 3차 회의가 제1차 세계대전 발발로 무산되면서 대부분 무효화되었다. 이후 1977년 제네바 협약에 추가 조항으로 논의되면서 이 두 협약은 하나로 합치되어 이후 포괄적인 국제 인도주의 법으로 확립된다.[80]

유럽에서 시작된 전쟁 수단과 행위에 관한 전쟁법은 전투에 참여하는 병사들을 보호하기 위한 제한된 전투 행위나 규칙의 좁은 범주에서 논의되었다. 앞서 보았듯이 1차 대전 이전 유럽의 대부분 전쟁은 제한된 전장의 병사 간 전투로 승부가 결정되는 제한전이었다. 그러나 징집제의 확산으로 일반 남성이 전투에 참여하고 후방에서는 여성도 군수물자 생산 등에 동원되는 총력전이 2차 대전에서 나타난다. 폭격기의 등장과 함께 주요 산업 도시에 대한 무차별 공격이 적의 의지와 능력을 제압하기 위한 전략으로 채택되면서 수많은 민간인이 희생된다. 전쟁법이 단순히 전투원의 보호를 넘어 민간인과 비전투원의 보호라는 보다 폭넓은 의미의 국제인도법(IHL)으로 확대된 이유이다.

무자비한 전쟁행위를 규제코자 한 전시국제법의 조약과 관습법은 **세 가지의 기본 원칙**을 공통적으로 추구한다. **첫째, 군사적 필요의 원칙이다.** 모든 교전 당사자가 가능한 최소의 기간과 수단으로 전쟁을 수행토록 노력해야 한다는 것이다. 필요 이상의 인명 피해를 최소화하면서 적의 항복을 받아내도록 노력해야 한다는 것이다. **둘째, 분별의 원칙이다.** 군사행동은 상대방의 정식 전투원을 대상으로 하며, 그 외의 민간인이나 포로, 부상자 등은 전쟁 중에도 공격 대상이 될 수 없다. **셋째, 비례의 원칙이다.** 군사적 목적에 필요한 그 이상의 전투력 사용을 지양해야 한다. 즉 과다한 무기나 방법을 사용하여 과도한 피해가 생기는 것을 피해야 한다. 물론 이러한 원칙이 실제 전쟁에서 지켜지지 않는 경우는 허다하다. 미국이 히로시마와 나가사키에 원자폭탄을 투하하여 20만 명이 넘는 민간인을 희생시킨 것은 최소 인명 피해의 원칙, 민간인에 대한 분별의 원칙, 과다한 무기의 사용을 제한한 비례의 원칙 등 세 가지 모든 원칙을 위반한 사례로 볼 수 있다. 6·25 전쟁도 초기 1년의 대규모 공방전 이후 휴전협정을 위해 2년의 지루한 소모전이 전개되었다. 그사이 북한 전역에 대규모 무차별 공습이 이어지고 남북 양측 모두에서 66만 명의 전사자와 더불어 최소 70만 명 이상의 무고한 민간인이 전쟁의 희생양이 되었다.[81] 역시 전쟁법의 기본 원칙이 무시된 결과였다.

전쟁을 어떻게 시작하는가에 관한 전쟁명분법과 전쟁을 어떻게 수행하는가에 관한 전쟁수행법은 엄격하게 구분되는 개념이다. 즉 아무리 상대방이 먼저 전쟁을 시작한 경우라도 전쟁의 수행 과정에서 상대방의 전투원이나 민간인에 관한 인도적 규칙이나 법은 지키도록 서로 노력해야 한다는 것이다. 실제 전쟁 원인이 애매한 경우 전쟁 수행에서 얼마나 규칙을 지키려 노력하느냐에 따라 전쟁의 명분 싸움에서 승패가 갈리기도 한다. 그러나 한편으로는 전쟁의 원인 제공을 누가 했느냐, 혹은 전쟁의 승자가 누구냐에 따라 전쟁 수행에 대한 평가가 달라질 수도 있다. 상대의 불법적인 무력 침공에 대한 방어라는 정당성을 주장하는 쪽에서는 전쟁의 시작과 더불어 그 수행에서도 윤리적 부담을 덜 느낄 수도 있다. 즉 전쟁의 시작과 수행이 전혀 상관이 없는 것은 아니다. 하마스의 대규모 기습공격에 대응하여 이스라엘 정부가 전쟁을 선포하면서 그 본거지인 가자지구에 무차별 폭격을 감행하였다. 그 과정에서 미처 피신하지 못한 팔레스타인 민간인 수천·수만 명이 사망하였다. 그러나 이스라엘 정부는 하마스 섬멸을 위해 불가피한 선택이었다는 입장을 견지하였다.

비슷한 예로 2차 대전 말 트루먼 행정부는 히로시마와 나가사키의 민간인에 대한 원폭 투하를 발표하면서 일본이 먼저 시작한 전쟁을 빨리 끝내기 위한 고육책이었다는 점을 강조하였다. 그러나 많은 일본인은 1941년 진주만 기습으로 태평양 전쟁을 시작한 자신들의 전쟁 책임보다 1945년 미국의 비인도적 원폭 투하로 인한 민간인의 희생을 더욱 강조하는 경향을 보인다. 그해 8월의 원폭 투하를 한국 광복의 결정적 계기로 반겼던 한국 국민의 정서와는 사뭇 다르다. **전쟁법의 이해와 적용이 매우 주관적일 수밖에 없는 현실을 보여주는 사**

례이다.

이렇듯 전쟁의 시작과 수행에 관한 정의가 누구에게 있느냐의 문제는 현실 세계에서 많은 논란을 초래한다. 전쟁에 연루된 모든 당사자는 자신을 상대방 공격의 희생자로 주장하며 정당성을 주장하는 경향이 있다. 그러나 국제적십자사의 국제인권법은 전쟁 시작의 명분이나 정당성과 상관없이 민간인에 대한 무차별적 살상을 분명하게 금지하고 있다. 전쟁행위의 파괴성을 제한하려는 최소한의 원칙이나 법은 인간의 광기와 비이성이 극대화되는 전장의 참상을 조금이라도 줄이기 위한 국제사회의 노력을 반영한다.

라파엘 렘킨의 반인륜 범죄 고발과 보호 책임

02

대량학살과 반인륜 범죄

약육강식의 정글의 법칙이 지배하는 무자비한 국제정치에서는 국내 규범이나 일반적인 도덕·윤리·가치가 적용되기 힘들다. 전쟁법의 경우도 그 최종 준수 여부는 결국 각 국가의 자의적인 해석과 판단에 달린 것이 현실이다. 그럼에도 인류가 최소한 지켜야 할 윤리적 문제에 대한 국제사회의 인식이 증가한 것도 사실이다. 그중에도 특정 인종이나 민족, 종교집단에 대한 대규모의 민간인 학살은 막아야 한다는 여론과 경각심이 20세기 들어 본격적으로 조성되기 시작하였다.

인류 역사에 걸쳐 자행되어온 반인륜적 대량학살 행위를 막기 위한 노력은 20세기 초 폴란드 출신의 한 유대계 법률가에 의해 결실을 보았다. 라파엘 렘킨(Raphael Lemkin)은 젊은 법학도 시절 1차 대전을 전후하여 오스만제국(오늘날 튀르키예)이 100만여 명의 아르메니아인을 집단학살한 사건에 주목하였다.

1차 세계대전에서 독일 편에 섰던 당시 오스만제국은 패전 후 제국의 분열이 시작되었다. 이 과정에서 자국 내의 소수 기독교 인종인 아르메니아 인종을 및 여타 소수민족이 독립운동을 일으키게 된다. 이에 오스만 정부는 이들을 반역자로 몰아 100만 명이 넘는 양민을 학살하고 50만 명의 삶의 터전을 파괴한다. 그런데 2차 대전이 발발하자 자신을 포함한 유대인이 또다시 히틀러 정권의 학살 대상이 된 것이다. 학살을 피해 미국 럿거스대학의 국제법 교수로 이직한 렘킨은 전쟁 중이라도 무고한 민간인에 대한 대량학살은 인류의 기본 가치에 반하는 반인륜적 범죄로 규정하고 그 재발을 막아야 한다는 국제적 노력을 주도한다.

특히 **렘킨은** 이제까지 이러한 행위의 반인륜성을 일깨울 용어가 없다는 사실에 주목하였다. 고심 끝에 **민간인에 대한 반인륜 범죄를 지칭하는 '집단학살(genocide, 제노사이드)'이라는 용어를 만들어낸다.** 제노사이드는 인종을 뜻하는 고대 그리스어 '게노스(genos)'와 살해를 뜻하는 라틴어 '카이데스(caedes)'를 합친 것이었다. 말 그대로 특정 인종이나 집단을 말살하는 행위를 지칭한다. 이름이 없던 범죄에 그 죄악을 알리는 이름을 주어 누구나 쉽게 그 심각성을 알 수 있게 한 것이다.

그 효과는 곧 나타났다. 폴란드의 아우슈비츠 수용소를 중심으로 한 독일 나치의 유대인 학살이 드러나면서 **1948년 유엔총회에서 '집단학살 죄의 방지와 처벌에 관한 협약(The Convention on the Prevention**

and Punishment of the Crime of Genocide)'이 체결된다. 유엔총회 제260호 결의안은 반인륜적 대량학살 범주를 **"한 민족이나 인종, 혹은 종교적 집단 전체 혹은 그 일부를 파괴하려는 의도적 행위"**로 규정한다. 여기에는 ① 특정한 집단의 구성원을 학살하는 행위, ② 집단의 구성원에 대한 심각한 신체적·정신적 손상, ③ 그 집단의 일부나 전체를 파괴할 목적으로 생활 조건을 의도적으로 손상하는 것, ④ 그 집단 내의 출산을 막으려는 조치, ⑤ 그 집단의 어린이들을 강제로 타 집단에 이주시키는 것이라는 구체적 행위가 포함되었다. 더불어 이러한 대량학살 그 자체뿐 아니라 이에 직간접으로 연계된 행위와 음모 등 일체의 행위가 유엔 협약에 의거 처벌될 수 있다고 규정하였다.[82]

그러나 이어진 미·소 냉전 시기 중 벌어진 **캄보디아 크메르루주의 민간인 학살**의 경우 양 진영의 정치 논리로 그 효력을 발휘하지 못하였다. 냉전 이후 2000년대에 설립된 국제형사재판소(ICC)와 국제전범재판소는 이념 갈등으로 인한 정치적 사법 판단의 문제가 제거되면서 반인륜 범죄에 대한 보다 적극적인 판결을 내리기 시작하였다. 대표적인 예로 1990년대 **르완다 투치족 학살**과 **세르비아군의 스레브레니차 학살** 사건이 제노사이드로 규정되고 관계자를 처벌하기 시작했다.

국제재판소가 처음으로 집단학살 혐의를 인정한 사건은 르완다 투치족 학살 사건이다. 1994년 아프리카의 소국 르완다에서 후투족 출신 대통령이 탄 전용기가 격추되자 내전이 벌어진다. 정부와 군을 장악한 후투족은 투치족을 상대로 80만~100만 명에 이르는 무차별적인 학살을 자행한다. 유엔 평화유지군의 개입으로 내전이 종식되고 이후 결성된 르완다 국제전범재판소는 1998년 9월 후투족 장 폴 아카예수 전 타바 시장에게 집단학살 혐의로 유죄 판결을 내렸다.

스레브레니차 학살은 1995년 보스니아 내전 중 세르비아군이 이슬람교도 마을 스레브레니차의 주민 8000여 명을 살해한 사건이다. 유고슬라비아 국제전범재판소는 세르비아군의 라트코 믈라디치 사령관과 라디슬라브 크리스티치 장군 등에게 종신형을 선고했다. 또한, 1970년대 캄보디아에서 양민 200만 명을 학살한 크메르루주 정권의 키우 삼판 전 국가 주석과 누온 체아 전 공산당 부서기장도 2014년 종신형을 선고받았다.[83]

21세기 들어서도 세계 각지에서 인종 간 분쟁으로 많은 무고한 시민이 위험에 처한 상황이 연출되면서 제노사이드 문제가 국제정치 쟁점으로 부각되었다. 대표적인 사례로 아프리카 서부 감비아가 국제사법재판소(ICJ)에 제소한 **미얀마의 로힝야족 사태**이다.

방글라데시와 인접한 미얀마의 서북부에 주로 거주하는 로힝야족 문제는 19세기 말 영국이 미얀마를 식민지로 통치하면서 시작되었다. 당시 영국 정부가 방글라데시 국경 지역에 살던 인도계 무슬림 로힝야족을 대거 이주시켜 불교를 믿는 미얀마 현지인의 통제를 시킨 것이다. 미얀마 독립 후 로힝야족은 영국 식민지에 부역한 소수민족으로 전락한다. 미얀마 원주민에게 배척당한 로힝야족 일부는 독립과 자치권 등을 요구하며 반군 활동을 벌이게 되고, 이들에 대한 미얀마 정부의 탄압이 가해진다. 2016년 미얀마 서부 라카인주에서 경찰서 습격 사건이 발생하고 미얀마 정부는 로힝야족 반군을 테러단체로 규정하고 대규모 토벌 작전을 벌인다. 그 과정에서 로힝야족 마을이 초토화되고 수천 명이 사망한다. 정부군의 학살을 피해 40만 로힝야족이 방글라데시로 도피하면서 이전 피난민을 포함 전체 140만 로힝야 인구의 절반이 넘는 70만 명 이상이 난민 생활을 하게 된다.

국제사회의 규탄 속에 파견된 유엔 조사관은 미얀마군의 로힝야 탄압을 인종청소의 교과서적인 사례로 규정한다. 이에 반발한 미얀마 군부가 득세하여 민주 연립정부의 수장인 아웅 산 수치를 탄압하면서 미얀마 정국 자체가 혼란에 빠지는 상황이 전개된다. 군부의 정치 탄압에 미얀마 민주진영의 반독재시위와 유혈 사태가 벌어지면서 로힝야족 문제는 복잡한 국내 및 국제정치 역학 속에 방치되고 있다.

한편 2021년 트럼프의 국익 우선주의에 반대하여 인권과 같은 보편가치를 강조하며 당선된 **바이든** 미 대통령은 반인륜 범죄에 대한 새로운 관심을 보였다. 1차 대전 중 오스만제국의 **아르메니아인 학살**을 미국 대통령으로서는 처음으로 **제노사이드**로 규정하는 미국의 입장을 밝힌 것이다. 당연히 오스만제국의 후예로 미국의 주요 나토 동맹국인 튀르키예는 강력하게 반발했다. 동맹국의 반발에도 불구하고 100년 전의 사건을 새삼스럽게 들추어낸 바이든의 결정은 전략적 경쟁국 중국에 대한 인권 압박을 위한 사전 포석으로 이해되기도 한다. 바이든 대통령은 중국 당국의 신장 이슬람 분리주의자들에 대한 구금과 정치교화 등의 조치들을 인종청소에 준하는 제노사이드로 비판하였다. 이미 미국뿐 아니라 캐나다, 독일, 영국, 호주, 네덜란드 등 서구권을 중심으로 신장자치구의 **위구르족에 대한 인권 탄압**을 제노사이드로 비판하는 여론이 일기도 하였다.

미국과 서방의 비판에 대해 중국 정부는 강력히 반발하고 있다.

첫째, 신장 지역은 엄연한 중국 영토로서 외부 세력이 이 문제에 간섭하는 것은 근대 국제질서의 근간인 주권 존중과 내정 불간섭의 원칙에 어긋난다는 것이다. 나아가 신장지역의 소수 급진분리주의 세력에 대한 구금이나 처벌과 같은 중국 정부의 조치는 정당한 통치 행위이며, 수십 수백만의 양민을 학살하는 제노사이드의 사례와는 전혀 다르다고 주장한다. 오히려 미국이야말로 과거 개척 시대 인디언 원주민 말살 정책을 시행하였다고 지적한다. 그리고 흑인 노예제의 어두운 역사가 아직도 흑인 주민에 대한 인종차별로 이어지는 심각한 인권문제를 가지고 있다고 비판한다. 중국 정부는 미국이 자신의 입맛대로 중국을 국제사회에서 고립시키며 내부의 분열을 초래하려는 불순한 정치적 의도를 가졌다고 반박하고 있다.

한편, 2023년 벌어진 **하마스-이스라엘 전쟁**은 반인륜 범죄에 대한 또 다른 논란을 낳았다. 하마스 테러와의 전쟁을 선포한 이스라엘이 200만 명의 팔레스타인 민간인이 집중된 가자지구에 무차별 군사작전을 감행하면서 수만 명의 민간인이 사망하는 사태가 발생한 것이다. 급기야 2023년 12월 남아프리카공화국은 이스라엘이 가자지구의 팔레스타인인을 대상으로 집단학살을 저지르고 있다고 주장하며 이스라엘을 국제사법재판소에 제소하였다.[84] 2차 대전 집단학살의 대상이었던 유대인의 국가 이스라엘이 집단학살의 주범으로 고발당하는 사태가 발생한 것이다.

이를 두고 국제사회는 물론 미국 내에서도 이스라엘을 지지하는 미국 정부를 비난하는 목소리가 대학가를 중심으로 퍼지면서 큰 정치적 논란이 일었다. 중국의 위구르 정책을 비난하는 미국의 이중 잣

대는 미얀마 문제에 대한 소극적 대응에서도 비판받고 있다. 이것은 20세기 보편적 가치로 등장한 반인륜 범죄에 대한 국제사회의 합의가 21세기에도 국익과 강대국 정치에 여전히 흔들리는 국제질서의 현실을 보여준다.

보호 책임과 군사개입

법을 집행할 중앙정부가 존재하지 않는 국제사회에서 인권이나 제노사이드에 대한 논쟁은 쉽지 않다. 그러나 **민간인 대량학살과 같은 최악의 비인도적 행위를 막으려는 국제사회의 노력이 냉전 이후 더욱 구체화하는 양상을 보였다.** 특히 1990년대 탈냉전 이후 정작 세계 곳곳에서 더욱 많은 무고한 시민이 죽어가는 모순적인 상황이 발생하였다. 미·소를 중심으로 한 강대국 간 분쟁이나 전쟁 가능성은 많이 축소됐지만, 지구촌은 여전히 각종 분쟁과 자연재해, 내전으로 인한 인명 피해가 끊이지 않았다. 주목할 것은 국가 간 전쟁으로 인한 피해보다 국가 내부의 다양한 사정으로 인한 대규모 살상과 인명 피해가 급증하는 모습을 보인 점이다.

아프리카의 일부 저개발 국가의 경우 냉전 시기 경쟁적으로 제공되던 미국과 소련으로부터 경제나 군사원조가 끊기면서 중앙정부의 경찰력이나 군대와 같은 질서 유지 기능이 취약해지는 상황이 벌어진다. 대부분 유럽의 식민지 정책으로 인위적으로 급조되어 탄생한 이들 국가는 그동안 내재하고 억눌렸던 다양한 인종 간, 부족 간, 혹은 종파 간 사회 갈등이 무능하고 부패한 정부에 대한 불만과 더불어 폭발하기 시작하였다. 소수인종이 식민 정책에 의해 다수인종을 지배하던 르완다나 수단, 콩고, 소말리아 등의 나라에서 종족이나 종교 갈등을 둘러싼 내전이나 무정부 상태의 극심한 혼란이 전개되었다. 여기에 가뭄, 질병, 식량난 같은 자연재해가 더해지면서 수십, 수백만의 민간인이 학살당하거나 굶어 죽는 참혹한 상황이 나타났다. 유엔이나 민간단체들의 각종 구호 활동이 폭도나 정부군에 의해 저지되고 노인과 어린이, 여성에 대한 **반인륜 범죄**가 자행되었다.

여기에 대해 국제사회가 합심하여 적극적 개입을 해야 한다는 주장과 요구가 등장하기 시작했다. 2001년 캐나다 정부의 주도로 조직된 개입과 국가 주권에 관한 국제위원회(International Commission on Intervention and State Sovereignty, ICISS)가 대표적이다. 위원회는 "외부의 자의적 간섭을 배제하는 국가 주권의 가장 중요한 의미는 그 국가의 주민에 대한 보호이며, 만일 국가가 이를 제대로 지키지 못하고 인종청소를 비롯한 대규모의 인명 피해가 발생한다면, 국제사회가 인권 보호를 위해 군사적으로 **인도주의적 개입을 할 의무**가 있다"라고 주장했다.[85]

마침내 2005년 유엔총회에 모인 190여 개국의 정상은 국가가 자국민을 대량학살, 전쟁범죄, 인종청소, 인도적 범죄로부터 보호할 책임을 다하지 못할 경우 국제사회가 그 비극을 막을 책임이 있다는 **'보호 책임(Responsibility to Protect, R2P)'을 공식 선언하였다.**[86] 대량학살과 같은 반인륜 범죄에 대해 우선 외교적 협상이나 인도적 방법을 통한 평화적 방법을 최대한 동원하되 이것이 실패할 때 최후의 수단으로 유엔안보리의 합의와 결정으로 무력을 사용하여 방지할 수 있다고 합의한 것이다.

한편, 보호 책임을 처음 주창한 2001년 ICISS 보고서는 국제법상 보호 책임 법리의 오남용을 방지하기 위한 **4가지 전제조건**을 제시했다. 여기에는 인도적 희생을 막는다는 **올바른 의도(right intention), 최후의 수단(last resort)**으로서의 군사개입, 군사개입의 규모나 기간을 최소화하려는 **비례적 수단(proportional means)**, 군사개입이 오히려 사태를 악화시키지 않고 희생을 막는다는 목적 달성에 대한 **합리적 전망(reasonable prospects)**이 있어야 한다는 것이다. 그리고 이러한 개입의 대전제로 유엔 안보리의 결의가 먼저 이루어져야 한다는 정당한 권위(right authority)가 필요조건으로 제시되었다.[87]

그러나 여전히 **주권 평등과 내정 불간섭** 원칙을 기초로 한 현 국제정치 질서에서 인권 보호란 명목으로 외부 세력이 특정 국가의 내부 문제에 무력을 사용하여 개입하는 행위의 정당성과 실효성에 대한 논쟁은 여전하다. 예를 들어 **현실주의** 이론가들은 세계 정부나 경찰이 부재한 국제사회에서 국가 간 무력 간섭은 현 국제질서의 근간을 흔드는 행위로 규정한다. 나아가 이기적 국익을 추구하는 근대 국가가 박애에 기초한 인류애적 행위를 하는 것은 위선이거나 모순이라고 지적한다.

자유주의 이론가들도 인권과 같은 보편적 가치라도 이것을 외부에서 강제하는 것은 위험하다고 지적한다. 민주주의의 보편가치는 결국 각 사회가 스스로 쟁취해야 해야 영속성이 있다는 것이다. 그러나 타국의 간섭을 배제하는 주권 개념의 근간은 각 국가가 자신들의 국민을 보호한다는 전제하에 성립된다. 만일 국가 자체가 개인의 인권과 생명을 보호할 능력이 없거나 오히려 침해하는 경우는 주권 개념과 내정 불간섭을 주장할 권리를 상실한다는 것이다. 그 경우는 외부의 간섭이 정당화될 수 있다는 주장에 힘이 실린다.

그런데 인도적 개입에 대한 국제사회의 합의에도 불구하고 **정작 실제 행동으로 이어지는 경우는 많지 않다.** 정작 이를 실행할 주체를 찾기가 현실적으로 어렵기 때문이다.

배리 포젠과 인도적 군사개입의 현실

03

MIT대학의 배리 포젠(Barry R. Posen) 교수는 인도적 군사개입의 정당성에 대한 논란과는 별개로 **실제 무력개입에서 발생하는 여러 군사적 도전을 결코 간과해서는 안 된다고 지적한다.** 포젠 교수는 먼저 대량학살을 포함한 민간인에 대한 반인륜 범죄를 막기 위한 무력개입의 형태로 5가지의 유형을 제시한다.[88]

첫째, **가해자에 대한 처벌(punishment)이다.** 가해자의 도시나 인구·경제적 기간시설이나 지도부에 대한 공중폭격과 같은 직접 타격을 통해 가해행위를 중지토록 강제하는 것이다. 인도적 개입 가운데 가장 인기 있는 손쉬운 해결책으로 여겨진다.

둘째, 민간 희생자들이 원래 거주하고 있는 지역 안에 **'안전지대(safe zone)'**를 설정하여 보호하는 옵션이다. 1991년 1차 걸프전 당시 사담 후세인에게 반기를 들었던 쿠르드족들이 후세인 군대의 대규모 보복공격을 당할 위험에 처하게 된다. 이에 미국이 주도한 연합군이 특정 쿠르드 거주 지역 안으로 침입하는 어떠한 이라크군에 대해서도 공중폭격을 할 것을 위협하며 안전지대를 선포한 사례가 있다.

셋째, 자신들의 거주 지역에서 탈출하거나 쫓겨난 난민들이 거주지 외곽에 최소한의 보호를 받으며 생존을 이어갈 **'피난처(safe havens)'**를 설정하는 것이다. 1990년대 발칸반도의 유고슬라비아 공화국 해체 과정에서 인종 간 갈등이 극심해진다. 그중에서도 보스니아 지역에 거주하던 크로아티아계 주민들이 세르비아군에게 인종청소에 준하는 상황에 놓였다. 유엔 평화유지군은 인근의 6개 도시를 안전피난처로 지정하고 이들에 대한 인종청소 정책에 대응하였다. 이후 콩고와 레바논, 소말리아에서도 비슷한 난민 피난처가 설립되었다.

넷째, **'강제적 휴전(enforced truce)'** 조치이다. 내전이나 분쟁이 심각한 지역에 양측 모두의 무의미한 살상과 희생을 막기 위한 것이다. 개입 주체가 보안관 역할을 하면서 양측에 휴전을 강제한다. 콩고와 소말리아 내전에 유엔이 개입하여 교전 당사자들 간 휴전을 이끌어낸 사례가 있다.

다섯째, 가해자의 군사력을 무력화시키고 심지어 체제 변화까지도 포함하는 **'공세적 전쟁(offensive war)'** 조치가 있다. 1970년대 중반 베트남과 캄보디아 전쟁에서 베트남의 승리로 인해 캄보디아의 크메르루주 정권이 축출되면서 이들이 국내 민간인에 자행하던 킬링필드 학살이 중단된 사례가 있다.

그러나 현실에서는 여전히 이러한 개입이 어렵다. 2차 대전 말기 미국과 연합군은 폴란드의 나치 수용소 존재를 알았음에도 여전히 이에 대한 직접 타격이나 공격에 소극적이었다. 냉전 이후 유럽의 보스니아 내전에서도 미국과 나토 동맹국은 압도적인 군사 우위에도 불구하고 인종청소 행위에 대한 폭격이나 처벌은 주저했다. 자신들과 직접 상관없는 복잡한 정치·군사적 사안에 휘말리기 싫은 제3자의 무관심이 냉혹한 국제정치에서는 여전히 작동하기 때문이다.[89]

포젠 교수는 인도적 군사개입이 도덕적 정당성이 있고, 국제사회의 지지를 받는다고 해서 그 임무가 쉬운 것은 결코 아니라고 지적한다. **실제 인도적 개입의 성공을 위한 모든 행동은 여타 전쟁과 똑같은 전략적 상황과 도전에 직면하게 된다**는 것이다. 대량학살과 같은 참상을 '막기' 위한 군사개입에서 '막는다'는 단어 자체는 가해자의 행위를 억제하는 것처럼 이해되기 쉽다. 문제는 대부분의 인도적 군사개입은 이미 대량학살이나 그와 연관된 상황이 상당히 진행된 시점에서야 그 논의가 시작되고 결정되는 현실이다. 결과적으로 실질적인 군사개입이 시작되는 시점에서는 이미 진행되고 있는 가해자의 행위를 멈추고, 추방되거나 점령된 인구와 영토를 원상태로 되돌리는 것이 개입의 목적이 된다. 이는 가해행위를 시작하지 말라는 억지라기 보다는 이미 시작된 가해행위를 중지하거나 되돌리는 강제의 범주에 들어가게 된다. 방어·억지·강제·과시 네 종류의 무력의 사용 중 일반적으로 그 목표 달성이 가장 어려운 군사개입이 되는 것이다.

더욱이 인도적 군사개입은 통상의 군사작전이나 전쟁보다 더 어려운 조건에서 수행될 개연성이 높다.[90] 첫째, 대부분의 인도적 위기는 평소에는 외부의 관심이나 이해관계가 적은 취약국가에서 발생하는 경향이 있다. 이 경우 군사개입을 하는 외부의 세력은 목표 대상 지역에 대한 지식이나 내부의 정치 상황, 위기의 발생 요인, 주요 행위자 등에 대한 정보나 이해가 부족한 경우가 대부분이다. 또한, 원래부터 전략적·정치적·외교적·경제적 이해관계가 적은 군사작전이라 적극적인 개입보다 최소한의 무력만으로 개입하는 경향이 생긴다. 게다가 최고 정책 결정자에게 우선순위가 낮고 관심을 덜 받기 때문에 현장의 지휘부와 긴밀한 의사소통이 이루어지지 않을 가능성이 크다. 여기에 예상하기 힘든 현지 상황의 전개 속에 대규모 난민의 보호와 이동 등 유동적 상황이 전개되면서 원활한 군사작전을 위한 의사소통과 전략 수립이 더 어렵게 전개되는 경우가 많다.

둘째, 인도적 군사개입의 경우 현지 가해자가 외부의 개입세력보다 훨씬 강한 이해관계와 의지를 가질 개연성이 크다. 외부의 개입세력은 이러한 분쟁에 이른바 '사활적 이해(existential interest)'나 동기를 가지지 않는다. 그에 비해 문제를 일으키는 가해자의 경우는 복잡하고 오래된 정치·경제·사회적 이해관계를 가지고 행동을 취했을 가능성이 크다. 쉽게 말해 현지 가해자는 그야말로 죽기 살기의 각오로 나서는 경우가 대부분이다. 가해자가 국민의 지지를 받지 못하는 독재자나 불량 정권인 경우 외부의 결정적 개입에 의해 쉽게 무너질 수도 있다. 과거 아이티나 파나마의 경우가 이에 해당한다. 물론 이 경우에도 외부의 개입이 있기까지 많은 시간이 걸렸으며, 전후 사태처리가 매우 복잡하거나 결국은 실패로 돌아갔다. 특히 가해자가 특정한 종교나 이념, 혹은 민족적·인종적·부족적 정체성에 기반을 둔 지지 세력을 등에 업었을 경우 군사적으로 굴복시키거나 강압 외교를 펼치기가 매우 어렵다. 과거 보스니아의 세르비아 군부, 아이티의 군부와 범죄 조직, 소말리아의 군벌 등의 경우 외부의 군사개입에 쉽게 항복하지 않았다. 이들은 자신들이 내부 위신에 매우 민감하다. 외부 세력은 군사개입에 실패하거나 이를 포기하더라도 자신들의 대내외적 위상에 크게 신경 쓰지 않아도 된다. 이에 비해 현지의 가해자는 쉽게 외부 세력에 굴복하거나 조건을 수용할 경우 내부의 다른 경쟁 세력이 기회를 틈타 도전할 수 있다는 매우 심각한 고려 상황이 있을 수 있다. 외부개입에 격렬하게 저항할 동기가 매우 큰 것이다.

셋째, 외부 개입세력이 어떻게 구성되느냐도 중요한 변수이다. 경험적으로 단일 국가의 개입이 연합 세력에 비해 효과적이다. 문제는 인도적 개입을 어느 한 국가가 단독으로 하기에는 부담이 너무 크다는 것이다. 결과적으로 여러 국가가 연합하여 인도적 군사개입을 하게 되는 경우가 대부분이다. 이들이 과연 유동적이고 복잡한 군사 임무를 잘 수행할 수 있을까. 이들 국가 간에 목표와 전략, 그리고 업무 분담에 대한 합의가 쉽지 않기 때문이다. 특히 누가 얼마만큼의 군사적 책임을 질 것인가에 대해 이견이 생길 가능성이 크다. 상대 가해자는 그중 가장 취약한 멤버에 대한 외교적 접근이나 군사적 공격을 통해 외부 연합군을 분열시키고 교란할 수 있다.

넷째, 인도적 군사개입은 수십·수백만의 난민을 보호하고, 경제적으로 지원하면서 동시에 현지의 적군과 치열한 군사작전이나 게릴라전을 수행하는 이중의 임무를 맡게 된다. 이를 위해서는 엄청난 군사적·재정적·정치적 능력과 자원이 필요하다. 인도적 군사개입의 대상이 되는 국가나 지역이 저개발의 약소국이라 할지라도 막상 현실의 임무는 심각한 군사위협을 감수해야 한다. 현지의 상황이나 지형·기후에 익숙한 적대세력에 대해 군사작전을 감행하는 데는 많은 자원과 인력이 필요하다. 여기에 현지의 가해세력은 자신들의 사활적인 이해관계를 바탕으로 외부의 군사개입에 대해 장기적인 저항을 시도할 가능성이 크다. 초기에는 압도적인 군사력으로 오합지졸로 보이는 현지 가해세력을 일시적으로 패배시킬 수도 있다. 그러나 물러설 곳 없는 잔존 세력의 저항이 지속되고 게릴라식 장기전이 벌어지면 전쟁의 수렁에 빠진 외부 세력은 결국 개입을 포기하는 경우가 대부분이다.

1960년대 베트남 전쟁과 2000년대 아프가니스탄에서 미국은 압도적 군사력 우위에도 불구하고 베트콩과 탈레반의 장기 게릴라전에 패배하였다. 베트남 전쟁의 쓰라림을 뒤로한 미국은 2001년 9·11 테러의 충격 속에 아프가니스탄에서 테러와의 전쟁을 시작한다. 알카에다(al-Qaeda) 테러조직을 보호한 탈레반 정권에 전쟁을 선포한 미국은 20년 동안 2000조 이상의 천문학적인 전쟁 비용을 쏟아붓고도 결국은 철군하였다.

수도 카불로 진격하는 탈레반을 피해 도망치듯 철수하는 미군 비행기에 절박하게 몰려든 아프간 민간인의 모습은 미국 같은 초강대국의 군사개입도 절대 쉽지 않음을 극명하게 보여주었다. 더구나 이 두 경우 모두 인도적 개입이 아니라 공산주의 혹은 테러와의 전쟁이라는 미국 국가안보에 사활이 달린 일이었다. 그런데도 종국에는 현지 저항세력의 끈질긴 군사작전에 미국이 치욕적인 패배를 겪었다. 이에 비교해 훨씬 그 동기나 군사적 동원 능력이 떨어지는 인도적 군사개입이 더 성공적이기를 기대하기는 어렵다.

결론적으로 인도적 군사개입은 무고한 양민에 가해를 저지른 상대의 특정 행위를 멈추거나 되돌리려는 가장 어려운 군사작전을 의미한다. 이는 무력의 사용 중 강제의 범주에 속하는 것으로 상대의 강력한 저항을 초래할 가능성이 크다. **인도적 군사개입의 정당성이 쉽게 인정된다 해도 그 성공 가능성과 도전에 대해 환상을 가져서는 안 된다.**

6장

21세기 테러와의 전쟁?

2001년 9월 11일 초강대국 미국의 수도 워싱턴과 뉴욕을 강타한 테러는 18명의 테러범으로 구성된 비국가 행위자가 국제정치 안보의 새로운 주동자로 등장하는 결정적인 사건이었다. 20세기 냉전 중 국제안보의 핵심이 핵무기로 무장한 미·소 양 강대국 간의 대결이었다면, 21세기는 인터넷을 활용한 불특정 테러집단과 초강대국 미국의 사활을 건 투쟁으로 시작되었다. 당시 미국의 조지 부시 대통령은 대량살상무기와 테러를 미국의 생존을 위협하는 '사활적 위협(existential threat)'으로 규정하고 '범세계적인 테러와의 전쟁(Global War On Terror, GWOT)'을 선포하였다.[91] 이후 미국은 9·11 테러의 주범인 오사마 빈 라덴(Usama bin Laden)과 '알카에다' 테러조직 색출에 총력을 기울이는 한편, 이들을 보호하거나 연계된 것으로 알려진 아프가니스탄과 이라크에 대한 침공을 감행하였다. 2차 대전 이후 최초로 미국과 유럽의 군사동맹인 나토의 5조 공동방위 조항이 발효된 아프가니스탄 전쟁은 2021년 철군까지 20년 동안 이어졌다. 아프간 전쟁은 냉전 시기 베트남 전쟁을 넘어서는 미국의 가장 오래된 전쟁이 되었다.

2023년 10월 7일에 벌어진 팔레스타인 하마스의 이스라엘에 대한 공격은 테러의 공포를 새로이 부각시켰다. 가자지구의 무장단체인 하마스가 기습공격을 감행하여 1400명이 넘는 인근 이스라엘 지역의 민간인을 무작위로 학살한 것이다. 이스라엘 정부는 하마스의 공격을 반인륜적 테러행위로 규정하고 가자지구의 하마스에 대한 전면 전쟁을 선포하였다. 이스라엘판 테러와의 전쟁이 시작된 것이다. 하마스의 근거지로 지목된 가자지구 북부에 대한 이스라엘의 대규모 공습과 지상전이 전개되었고 100만이 넘는 팔레스타인 민간인이 무방비로 공격에 노출되었다. 전쟁 개시 두 달 만에 이스라엘 희생자의 10배가 넘는 2만 명 이상의 팔레스타인 민간인 사망자가 발생하였다. 사망자의 70%가 여성과 어린이라는 점에서 이스라엘의 무자비한 공격에 대한 비난과 더불어 테러와의 전쟁에 대한 새로운 논란을 일으켰다. 하마스의 비인도적 테러행위에 대한 이스라엘의 전쟁행위가 또 다른 비인도적 전쟁 상황을 초래한 것이다. **테러는 누가 왜 일으키나? 9·11과 같은 테러가 다시 일어날까? 이 장에서는 테러의 기원과 역사, 그리고 21세기 급진테러에 관한 이론을 통해 21세기 안보의 새로운 위협으로 등장한 테러에 대해 살펴본다.**

근대 테러리즘의 기원과 특징

01

근대 테러의 기원과 역사

9·11 이후 등장한 급진 테러리즘의 특성을 이해하기 위해, 먼저 테러리즘의 일반적인 정의와 성격을 알아볼 필요가 있다. **9·11 테러 이후 미국 정부는 테러행위 및 테러리즘을 "비국가 단체나 비밀요원들이 자신들의 정치적 목표를 달성하기 위하여 비전투원을 대상으로 저지르는 의도된 폭력"으로 정의한다.**[92] 모든 테러리즘은 특정한 목표를 추구한다는 점에서 정치적 성향을 지닌다. 비록 테러가 불특정의 민간인들을 공격대상으로 삼지만, 살상 자체가 목표가 아니라는 것이다. 그 대신 테러 대상 국가의 정부나 사회에 공포와 혼란을 초래하여 강력한 메시지를 전달하려는 목적을 가진다. 즉 공포의 경고를 통해 자

치나 독립 혹은 조직원의 석방과 같은 특정한 정치적 양보를 얻기 위함이다. 이는 테러의 주체가 주로 '비국가 행위자(non-state/sub-national actor)'라는 중요한 특징에 기인한다. 테러는 정식 군대가 아닌 개인이나 특정한 단체로 구성된 비국가 행위자들이 국가에 대항하는 행위이다. 따라서 일반 전쟁에서 볼 수 없는 비정규적 폭력 수단을 쓴다. 그 대상도 전투원이 아닌 비전투원 민간인을 대상으로 하는 무차별적 공격으로 나타난다. 국가 간 전쟁에 대비되는 비국가 '저강도 분쟁(low-intensity conflict)'의 전형적인 한 유형이다.[93]

개인이 국가를 상대한다는 점에서 테러리즘은 **약자의 무기**로도 이해된다. 국가 차원의 폭력 수단이 없는 소수 집단이 종종 자신들의 절박한 상황을 극복하기 위해 저지르는 최후의 수단이기 때문이다. 피해자에게는 극악무도한 테러분자가 이들의 취지를 지지하는 사람들에게는 영웅으로 여겨지는 이유이다. 그러나 이들의 폭력이 의도적으로 무고한 일반 시민을 주 대상으로 삼아 극적 공포를 조장하는 것을 주목적으로 삼는다는 점에서 테러는 다른 형태의 정치적 폭력에 비해 야만적이고 비도덕적인 행위로 여겨진다.[94] 1980년대 리비아의 팬암(PAN AM) 여객기나 북한의 대한항공 민항기 폭탄 테러 사건과 같이 국가가 주도한 테러행위도 있다. 그러나 민간에 의해 자행되는 테러가 대부분이다.

테러리즘이 9·11 이후 갑자기 등장한 개념은 아니다. 기록에 전하는 테러의 가장 오래된 사례는 성경에도 나온다. 기원전 1세기 로마의 지배에 항거하는 유대인 테러주의자들이 대낮에 예루살렘 한복판에서 단검으로 로마 관리를 살해한 사건이다. 당시 로마 식민지배에 항거하여 군중들에게 공포를 조장하고 대중 봉기를 유도한 것이다. 그 외에도 역사 초기의 기록에는 힌두교의 폭력배나 무슬림 암살자들에 관한 내용도 나온다. 테러의 어원은 1795년 로베스피에르(Maximilien Robespierre)의 프랑스 공화정이 반혁명에 대항하기 위해 시행한 '공포정치(Reign of Terror)'에서 비롯된다.[95] 이후 본격적인 **근대의 테러리즘은 세 시기를 거쳐 변모를 거듭한다.**

근대 테러리즘의 첫 등장은 19세기 중반 이후 러시아의 차르 체제에 대항한 계몽적 테러리즘이다. 러시아의 전제정치에 반하여 민주적 정치 개혁과 경제 개혁을 추구한 나로드니키 혁명세력이 농민대중의 반항운동을 선동하기 위해 차르 정권의 상징적 목표에 대한 테러를 감행하였다. 이후 20세기 초에 걸쳐 유럽에서 전제 정부의 붕괴와 새로운 정치 권력 확보를 위한 수단으로 테러가 본격적으로 사용되는 모습이 나타났다. 1914년 보스니아의 젊은 청년이 오스트리아제국으로부터 독립을 위해 사라예보를 방문한 페르디난트 황태자 부부를 암살한 테러 사건은 결국 1차 세계대전으로 이어지며 그 절정을 이룬다.

근대 테러의 두 번째 시기는 1차 대전 이후 나타난 민족자결주의와 식민지 독립운동으로 시작되었다. 대한민국의 자주독립을 외치며 일제 관료들을 암살한 안중근, 윤봉길, 이봉창 등 우리 역사와도 밀접한 연관이 있다. 이후 20세기 중반까지 활발하게 전개된 2세대 테러의 주류는 대부분 과거 제국주의 식민지로부터 정치적 자주나 독립을 얻기 위한 목적이 있었다. 대표적으로 알제리, 이스라엘, 남아프리카, 베트남 등의 독립운동과 깊은 연관을 갖는다.

세 번째 근대 테러리즘은 1960~1970년대 베트남 전쟁을 계기로 일어났다. 베트남에서 미국의 굴욕적 패배가 전 세계 민족해방운동에 커다란 자극이 된 것이다. 이후 제3의 테러 물결이 미국과 서구 제국주의에 대항하는 형태로 1970년대와 1980년대에 나타난다. 이 시기 테러운동은 더 국제적으로 조직화되는 모습을 보였다. 이 과정에서 북한, 이란, 리비아 그리고 구소련연방의 국가들이 미국과 그 서구동맹에 대항하는 좌파 민족주의 테러운동을 지원하는 양상을 보인다.[96]

근대 테러리즘의 동기와 특징

위와 같은 **근대 테러리즘은 그 동기에 따라 크게 세 가지로 구분된다.** 먼저 공산주의 운동과 연관된 좌파 테러리즘이 있다. 1970년대 독일의 적군파나 이탈리아의 붉은 여단 등으로 대변된 서유럽의 좌파 테러리즘은 유력 정치인 암살 등을 통해 사회주의 혁명을 추구했지만, 냉전의 종식과 함께 사라졌다. 둘째는 파시즘과 같은 우파에서 생겨난 우파 테러리즘이 있다. 종종 인종적 편견이나 종교 및 이민자 문제에 기초한 우파 테러가 1·2차 대전을 전후하여 독일이나 이탈리아, 일본 등의 극우 세력과 파시스트 정권하 국가에서 나타났다. 셋째는 분리주의 테러리즘이다. 2차 대전 이후 세계 각국에서 소수민족이나 종족들이 자신들의 분리독립을 위해 투쟁하는 형태로 나타났다. 1972년 뮌헨 올림픽에 참가한 이스라엘 선수단을 팔레스타인 무장단체가 사살한 사건이 대표적이다. 이러한 **세 가지 근대 테러리즘의 공통점은 모두 세속적인 정치적 목표를 추구하였다는 것이다.** 이 테러들의 구체적 행위나 상황은 다르지만, 자신들의 특정한 정치적 목적을 달성하기 위한 도구로 테러를 사용했다는 공통점이 있다. 즉 이들이 추구한 목표는 세속적인 정치성을 가졌다.

이러한 근대 테러리즘이 가지는 목표의 세속성은 폭력의 수단과 대상을 선택하는 과정에서 **나름의 자제와 절제**를 하려는 노력으로 반영되었다. 이들은 테러 대상이 그 가족과 함께 있거나 무고한 시민이 함께 희생될 가능성이 있는 경우 종종 양심에 의해 테러를 포기하곤 하였다. 정치적 목표를 위해서는 무고한 인명이 희생될 수도 있다는 테러의 논리와 함께 과도한 테러행위는 오히려 역효과를 가져올 수 있다는 실질적 고려가 있었다. 즉 근대 테러는 세속적 동기와 함께 무차별적이고 잔인한 테러행위에 대한 회의와 제약이 스스로 작동하였다.[97]

또한, **근대 테러리즘은 동기의 세속성, 폭력의 제약성과 함께 지리적·기술적 제약성을 가졌다.** 근대 테러리즘의 활동 영역은 대부분이 자신들 지역의 국가 영역을 벗어나지 못하였다. 이들이 추구한 목적이 대부분 특정 지역의 국가나 정부를 상대로 정치적 양보 혹은 독립을 얻어내는 것이었다. 따라서 그 활동 영역이나 대상도 특정한 국가나 지역을 벗어나는 경우가 드물었다. 1972년 '팔레스타인 해방기구(Palestine Liberation Organization, PLO)'가 독일의 뮌헨 올림픽에서 감행한 테러도 그 대상은 이스라엘 선수단에 한정되었다. 이러한 테러활동 영역의 지역적 한계는 테러집단이 지닌 기술적 한계와도 연관이 있다. 소수의 핵심 멤버와 한정된 재원을 가지고 활동해야 했던 이들이 주로 채택한 방법은 요인 암살이나 납치, 폭발물을 이용한 테러가 주를 이루었다. 그중 국제적인 관심을 끈 것이 여객기 납치였다. 그러나 대부분은 테러범들이 인질로 잡은 승객들을 협상을 통해 풀어주는 등 실제로 많은 인명 피해를 초래한 사례는 드물었다.

근대 테러리즘은 민간 목표에 대한 공격이나 파괴를 자신들의 정치적 요구에 관한 관심을 일깨우거나 상대 정부와의 협상을 유리하게 이끌기 위한 수단으로 사용했다. 폭력과 파괴 자체가 목적인 경우는 드물었다. 따라서 테러가 대상 국가의 안보나 사회 전체를 근본적으로 위협하는 수준으로 발전하지는 못하였다. **근대 테러리즘의 지리적·기술적 한계는 이들을 상대하는 국가가 테러집단을 색출·제거하는 데 상대적 이점으로 작용하였다.** 지역 조직에 근거를 둔 테러집단의 구성원과 활동은 국가의 감시망에 쉽게 포착되는 취약성을 가지고 있었다. 국가는 우월한 정보력과 무력을 바탕으로 테러집단의 활동을 비교적 쉽게 파악하여 테러를 미리 방지하거나 테러 발생 후 비교적 신속히 이들 조직을 체포·제거할 수 있었다.

오드리 크로닌과 21세기 극단 테러

02

9·11과 종교적 극단 테러

2001년 9월 11일, 세계는 뉴욕 월가를 대표하는 세계무역센터가 화염에 휩싸여 붕괴하는 장면을 생중계로 바라보았다. 현지 시각 화요일 아침 9시를 전후하여 두 개의 타워에 차례로 충돌한 두 여객기는 157명의 탑승객 및 승무원과 함께 사무실에 막 출근한 시민 2500여 명의 생명을 앗아갔다. 더욱 믿기 힘든 것은 이 참변이 총 19명의 아랍계 테러범이 각각 5명씩 승객으로 탑승 후 문구용 칼로 여객기를 납치하여 110층의 마천루에 돌진한 자살 공격으로 일어났다는 사실이었다. 그리고 또 다른 두 대의 납치 여객기가 펜타곤 국방부 건물을 포함해 수도 워싱턴을 강타했다. 이 **9·11 테러는 이전에 존재했던 테러**

와는 다른 차원의 테러가 등장했음을 알리는 신호탄이었다.

9·11 테러는 오사마 빈 라덴이 조직한 알카에다 테러조직에 의해 일어났다. 미국의 테러 전문가 오드리 크로닌(Audrey Cronin) 교수에 의하면 이들은 동기와 수단, 활동 등에서 이전의 근대 테러와는 다른 훨씬 과격하고 위험한 **극단적 특성**을 가진다. **첫째,** 알카에다 테러조직이 위험한 이유는 세속적 정치 목표가 아닌 **종교적 신념과 믿음을 추구한다는 점이다.** 9·11 테러의 주범은 극단주의 이슬람 종교에 심취한 사우디 부자 가문 출신의 오사마 빈 라덴이라는 인물이었다. 빈 라덴은 1980년대 소련의 아프간 침공 시 이에 항거한 탈레반 반군을 도와 게릴라 활동을 벌인 이슬람 무자히딘 출신이었다. 빈 라덴은 1990년대 초 이라크 사담 후세인과의 1차 걸프 전쟁 이후 미군이 사우디에 주둔한 것에 주목하였다. 특히 부패한 사우디 왕정이 이교도인 기독교를 신봉하는 미국과 결탁한 것을 강력규탄하면서 그 배후인 미군 철수를 위한 테러활동을 벌이기 시작했다. 빈 라덴에게 세속적 기독교 서구 문명을 대표하는 미국은 중세 십자군 전쟁 이후 이슬람의 가장 큰 적으로 인식되었다.

알카에다를 비롯한 이슬람 테러세력은 이슬람 종교의 여러 분파 가운데에서도 극단적 이슬람 근본주의를 따르는 '와하비(Wahaabi)' 종파를 추종한다. 이들은 이슬람의 순수성을 강조하여 다른 종교나 신앙 행위를 절대적으로 배격하며 오직 이슬람 율법에 기초한 무슬림 국가의 설립을 추구한다. 물론 대부분의 이슬람 신도들을 테러를 규탄하며 비판한다. 9·11 테러 직후 부시 대통령은 이슬람은 평화의 종교이며, 미국의 적은 이슬람이 아닌 테러리즘이라고 분명히 하였다.

문제는 이슬람 종교를 테러활동의 정당화 명분으로 삼는 빈 라덴 류의 극단 테러분자와 그 추종자들이다. 이들은 단지 중동에서 미국의 정치·군사·경제적 영향력을 몰아내고자 할 뿐 아니라, 미국이 대표하는 서구적 자유민주주의 이념과 제도, 자본주의 경제체제 제도, 그리고 그에 수반되는 각종 문화적 산물 자체를 이슬람 종교와 문화에 반하는 것으로 간주해 배격한다. 서구 가치와 제도의 가장 중요한 전도자로 여겨지는 미국이 이들 종교적 투쟁의 최우선 대상이 된 이유이다. 그러나 궁극적으로 이들의 전선은 미국이라는 구체적 국가뿐 아니라 이에 동조하는 지구상의 모든 국가나 사회 그리고 개인에까지 확대되고, 그들의 사상과 이념을 타도의 대상으로 삼는다. 이들에게 서구 문명은 남녀평등이나 성소수자 존중, 자본주의 세계화 등을 통해 타락한 성생활, 물질 만능의 소비문화 등을 전파하여 이슬람의 성스러운 정신을 타락시키는 악의 세력으로 인식된다.[98]

여기에는 예루살렘 성지를 둘러싼 기독교와의 오랜 투쟁의 역사가 그 배경으로 작동한다. 이들에게 미국의 아프가니스탄에 이은 이라크 침공은 기독교도에 의한 제2의 십자군 전쟁으로 이해된다. 빈 라덴은 이슬람의 숭고한 정신을 지키고 과거의 위대했던 아랍제국을 재건하려는 영웅으로 여겨진다. 그래서 많은 이슬람의 젊은이들이 악에 대항하는 거룩한 성전(Jihad, 지하드)에 기꺼이 목숨을 바쳐 참여하게 된 것이다.[99]

이와 관련하여 주목할 것은 자살 폭탄 테러의 증가이다. 9·11은 19명 테러범의 자살 테러로 가능했다. 이후 2005년 런던 지하철 테러 등 유럽에서도 연이은 자살 공격이 발생하였다. 아프가니스탄과 이라크에서도 미군과 연합군을 대상으로 수많은 자살 폭탄 테러가 이어졌다. 자살 테러범이 추구하는 것은 현세의 정치적 목적이나 보상이 아니다. 성전을 치르다 전사하였을 때 이 세상 무엇과도 바꿀 수 없는 알라신의 축복과 보상이 천국에서 기다리고 있다. 자살 공격이 약자로서 어쩔 수 없이 선택한 최후의 수단이 아니라 가장 확실하고 의미 있는 투쟁의 우선 수단이 된 것이다.

극단 테러의 **두 번째 특성인 자살 테러는** 동기의 종교성으로 인해 생기는 테러리즘의 **과격성과 폭력의 신성화를 상징한다.** 테러리스트를 섬멸하기 위한 미국의 대테러 전쟁은 오히려 이들의 종교적 신념을 더욱 강화하거나 복수에 대한 결의를 다지는 계기가 된다. 특히 이들의 행위가 정치적 독립이나 개인적 야망 등의 세속적 목표가 아니라 이슬람이라는 종교적 신념에 기반을 둔다는 점에서 이전 근대 테러리즘보다 더욱 과격하고 위험한 모습을 보인다. 오사마 빈 라덴과 그 추종세력이 꿈꾸는 것은 중동 지역에 오로지 알라의 뜻을 충실히 받드는 범이슬람 신정제국을 건설하는 것이다. 이들은 그 꿈을 위해 어떠한 수단과 방법을 가리지 않을 각오가 되어 있다. 즉 자신들의 목표에 방해가 되는 어떠한 세력도 무자비하게 제거할 준비가 되어 있기에 민간인들을 대량살상하는 것도 서슴지 않는다.

이전의 테러조직도 공포를 조장하여 정치적 목적을 달성하기 위해 민간인들에 대한 무차별 살상을 시도하였다. 그러나 그 범위와 대상은 매우 한정되어 있었다. 특히 너무 과도한 사상자를 내면 오히려 자신들의 정치적 입지를 좁힐 수도 있다는 고려하에 목표와 방법 설정에서 신중한 모습을 보였다. 극단 이슬람 테러주의자들은 이러한 세속적인 요소를 걱정할 필요를 못 느낀다. 그들에게 있어서 가장 중요한 기준은 그들이 믿는 신이다. 신의 사명을 따르는 이들에게 세상의 기준은 판단의 준거가 되지 않는다. 이들에게 민간인과 전투원의 구분, 포로에 대한 인도적 처우 등의 근대 전쟁법이나 국제규범은 의미가 없다. 이러한 규범은 근대 서구 문명과 가치의 산물로 이슬람의 그것과는 상관이 없는 개념이다. 오히려 알라신을 믿지 않는 불신자들은 전투원이던 민간인이건 상관없이 똑같은 제거의 대상이 된다. 여기에는 남녀노소의 구분도 필요가 없다. 오직 자신들이 추종하는 이슬람 종교를 믿느냐 아니냐가 중요한 것이다.[100]

그들은 자신들의 테러행위를 선악의 싸움으로 규정한다. 악의 세력인 수백·수천만의 불신자를 제거하는 것은 성스러운 신의 임무를 수행하는 일이 된다. 테러가 특정한 정치적 목적을 달성하기 위한 상징적 폭력의 수단의 범위를 넘어서, 테러의 폭력 자체가 신성화된다. 종교적 테러리즘은 기존 사회체제에 대한 완전한 소외감과 괴리감을 표출한다. 이들에게 기존의 사회체제와 타협하여 공존을 시도하거나 이를 보다 평등하고 정의롭게 개선하는 것은 중요하지 않다. 대신 아예 그 자체를 없애고 새로이 대체하는 것을 추구한다. 극단적으로 종말론적 세상의 파괴가 필요불가결한 것으로 보기도 한다.[101]

셋째, 9·11 이후 급진 테러리즘이 위험해진 또 다른 이유는 **핵이나 생화학무기 같은 대량살상무기가 사용될 가능성이다.** 자살 테러와 대량살상무기라는 수단이 결합할 때, 이를 따르는 추종자들은 그 어떤 위협보다 무서운 가공할 위험성을 가진 테러범들로 변신하게 된다. 이들에게 대량살상무기는 '최후의 수단(weapon of last resort)'이 아니라 '선호하는 무기(weapon of choice)'가 되는 것이다.[102] 2003년 5월 사우디아라비아의 한 유력한 이슬람 성직자는 민간인에 생화학 및 핵무기 사용을 금하는 서구의 규범은 이단자들에 의한 법으로 이슬람 규범에는 적용되지 않는다고 설파하였다. 동시에 미국의 폭격이 무슬림의 땅을 손상시킨 이상 여자와 아이들에 대한 살상을 금지한 지하드 율법에 예외가 있음을 주장하고 대량살상무기의 사용을 더욱 정당화하였다.[103] 실제 빈 라덴은 9·11 이전인 1998년에 그의 종교적 교시(fatwah)에서 알라신과 예언자 모하메드를 믿는 모든 이는 어디서건 미국인을 찾는 대로 살해할 것을 공표하였다.[104]

탈냉전 이후 대량살상무기의 확산은 정보혁명과 함께 이들 테러조직에게 가공할 폭력의 수단을 제공한다. 특히, 소연방의 해체 이후 곳곳에 남아 있던 구소련의 수천 기의 핵무기와 그에 연관된 시설에 대한 관리 부실로 인해 테러조직이 핵물질을 획득할 가능성이 제기되었다. 동시에 미국에 적대적인 북한이나 이란과 같은 불량국가가 핵무기를 개발함에 따라 이들이 테러조직과 협력할 가능성도 제기되었다. 가장 심각한 핵무기의 전파자로 파키스탄의 핵과학자 카디르 칸 같은 개인이 지목되기도 하였다.[105] 국제원자력기구(IAEA)는 2005년에 농축우라늄과 플루토늄을 몰래 유출하려던 사건이 18건 있었다고 확인했다. 한편 인터넷을 통해 핵무기 제조에 필요한 정보를 쉽게 획득할 수 있다는 보도가 쏟아지기도 하였다. 당시 조 바이든이 위원장이던 미국 상원 외교위원회 청문회에서 합법적으로 획득 가능한 일반 물품과 소량의 핵물질만 있으면 수주 안에 충분히 작동 가능한 핵폭탄 제조가 가능하다는 증언이 나오기도 하였다.[106]

과학기술 문명의 발달로 인한 현대사회의 통합과 중앙 집중화는 21세기 테러의 위협을 가중시키는 또 다른 요인이다. 현대사회 인간 생활에 필요한 기본 서비스가 하나의 체계로 통합됨에 따라 이 중 일부에 대한 공격이 전체에 심각한 상황을 초래할 수 있다는 것이다. 2001년 미국에서 일부 우편물을 통해 배달된 '앤트랙스(Antrax)' 세균이 몇 주간 수도 워싱턴의 행정과 정치를 마비시킨 사례가 대표적이다. 테러 전문가들은 생활용수에 뿌려지는 소량의 생화학무기나 핵발전소의 파괴, 혹은 공공기관이나 사설기관의 컴퓨터를 이용한 중앙 전산 시스템의 침투나 해킹만으로도 사회 전체에 커다란 혼란과 실질적 피해를 줄 가능성이 크다고 지적한다.

9·11 이후 미국 정부는 극단 테러리즘을 인류의 적으로 규정하고 지구적인 테러와의 전쟁을 선포하였다. 오사마 빈 라덴과 알카에다로 대변되는 극단 종교적 테러리즘이 냉전 시기 공산주의의 위협에 버금가는 지구적 차원의 새로운 위협으로 부상한 것이다.[107] 이후 20년간 진행된 미국의 아프가니스탄과 이라크 침공, 이란, 북한과 같은 핵 개발 국가에 대한 악의 축 지정, 그리고 리비아, 시리아 내전 개입 등의 공세적 외교 안보정책의 배경에는 대량살상무기 테러를 막기 위한 절박한 위기의식과 목적이 자리하고 있었다.

정보혁명과 '네트워크' 테러

21세기 극단 테러리즘의 또 다른 특징은 정보혁명을 활용한 범세계 네

트워크의 구축이다. 알카에다나 IS가 주도하는 급진 이슬람 테러리즘은 인터넷과 정보혁명에 의한 서구 자유주의 정치사상과 세속문화의 '세계적 확산(globalization)'을 반대한다. 동시에 이들은 자신의 목표를 추구하기 위해 21세기 세계화의 가장 중요한 수단인 정보혁명 기술을 가장 적극적으로 활용하는 역설적인 모습을 보인다.

이들에게 세계화는 민주화, 소비주의, 시장자본주의 등 미국을 필두로 한 서구의 가치와 생활방식이 전 세계로 전파되는 것으로 이해된다. 특히 서구 중심의 세계화는 이슬람 종교와 이에 기초한 중동 사회의 고유한 전통과 풍습을 파괴하는 현상으로 여겨진다. 빈 라덴과 그의 추종자들은 서구 문명이나 사상 및 정치·경제체제의 범지구적 확산으로 정의되는 세계화를 근본적으로 반대한다.[108] 인터넷이나 위성TV를 통해 할리우드나 서구의 외설적인 문화가 이슬람 가정의 안방을 파고드는 것은 세계화의 가장 위험스러운 해악을 그대로 보여준다. 알카에다 조직을 비호했던 아프가니스탄의 탈레반 정권의 경우 이슬람 종교에 반하는 서구적 문화의 침투를 막기 위해 텔레비전 시청은 물론 심지어 칫솔의 사용도 금지했다.

그러나 철저한 이슬람 근본주의를 숭상하는 이들 테러조직의 활동에 가장 중요한 무기와 수단은 노트북 컴퓨터와 인터넷이다. 2001년 9·11 테러 두 달 만에 미국의 아프간 침공으로 탈레반 정권이 무너지자 오사마 빈 라덴과 그의 알카에다 조직은 아프간의 깊은 산중으로 피신하였다. 도망하는 이들이 러시아제 칼리니시코프 소총과 함께 급하게 챙긴 것은 9·11 테러의 행동대장 모하메드 아타(Mohammad Atta)의 사진을 배경화면으로 쓴 노트북 컴퓨터였다. 빈 라덴은 도피 중에도 상업용 위성전화와 소형 비디오카메라를 활용하여 아프간의 깊은 산속 동굴에서 미국에 대항하는 메시지를 전 세계에 송출하였다. 테러와의 전쟁을 선포한 초강대국 미국에 대항하는 가장 중요한 무기로 정보통신과 인터넷을 이용한 것이다. 아프가니스탄의 은신처를 잃어버린 알카에다 조직은 사상 처음으로 그들의 주 활동 무대를 현실세계에서 가상세계로 옮긴 테러조직이 되었다.

인터넷은 21세기 급진 이슬람 테러주의자들의 전 세계적 테러 네트워크 구축과 테러활동에 혁명적인 이점을 제공한다. 인터넷은 극단 이슬람 이념을 전파하고, 새로운 대원을 모집하며, 이들을 훈련함과 동시에 새로운 테러를 기획·시행하는 데 중요한 도구로 이용되었다.[109]

첫째, 인터넷은 21세기 테러주의자들이 자신들의 이념을 전 세계에 전파하고 동조자들을 모으는 데 가장 효과적인 수단을 제공한다. 빈 라덴의 도주 시기에 오히려 그를 따르는 추종자가 늘어났다. TV나 인터넷을 통해 그의 메시지를 이슬람 대중에게 효과적으로 전달되었기 때문이다. 이슬람을 믿는 개인에게 여과 없이 전달되는 빈 라덴의 소식과 호소는 전 세계 각지의 동조세력을 규합하고 새로운 테러 자원자를 모집하는 데 가장 효과적인 방법이었다. 초강대국 미국에 맞서는 자신들의 영웅을 인터넷을 통해 언제든지 만날 수 있게 된 것이다.

인터넷은 국경을 초월하여 그러한 정보를 서로 공유하고 동기를 나눌 수 있는 가장 효과적인 장을 제공하였다. 국경이나 인종을 초월하는 인터넷의 특징은 빈 라덴이 설파한 무슬림 신앙 공동체, 즉 '무슬림 움마(Muslim ummah)'의 범세계적 투쟁과 이를 선도하기 위해 창시한 알카에다의 원래 취지에 완벽하게 부합한다. 빈 라덴이 아랍 사회에서 인기를 끌 수 있었던 가장 큰 비결은 아랍 내부의 국가 간 갈등과 오래된 편견을 배제하고 다양한 인종과 민족들을 모두 포용하는, 여타의 아랍 지도자에서는 볼 수 없는 특수한 지도력 때문이었다. 빈 라덴의 이상주의적 야망을 위해 인터넷은 온갖 종류의 지하드 성전 극단주의자들이 결집할 수 있는 완벽한 장을 제공해주었다. 인터넷은 알카에다 추종 세력에게 가상의 성역을 제공함으로써 피난처요, 동시에 안식처 역할을 하였다.[110]

둘째, 알카에다와 그 추종 조직들은 인터넷을 테러활동에 필요한 정보를 수집하고 대원들을 훈련시키거나 테러활동을 계획하고 준비하는 도구로 활용하였다. 이들은 인터넷상에 테러에 필요한 방대한 자료를 모은 온라인 도서관을 구축하였다. 이 인터넷 훈련장은 각종 테러 전문가가 게시판이나 채팅을 통해 조언하거나 원하는 이들이 자유롭게 정보를 교환하고 전문지식을 습득하는 장소로 활용되었다.

테러범들은 리신(ricin)과 같은 독극물을 섞는 방법, 일반 화학물질을 이용한 폭탄 제조 기술, 어부로 가장하여 시리아를 거쳐 이라크로 잠입하는 법, 미군을 저격하는 방법, 밤에 사막을 이동할 때 별을 이용하여 방향을 찾는 법 등, 그야말로 테러활동에 필요한 모든 지식과 정보를 습득할 수 있었다. 이들 정보는 아랍어, 우루드어, 파슈토어 등 지하드 성전의 자원자들이 쉽게 알아볼 수 있는 그들의 언어로 번역되어 웹상에 올려졌다. 알카에다 인터넷 조직의 하나인 '세계 이슬람 미디어 전선(the Global Islamic Media Front)'이 제공하는 여러 훈련 자료 중 하나는 미사일이나 지뢰에서 폭발물을 추출하는 방법과 함께 영국, 프랑스, 독일, 이탈리아, 일본, 전 소련 연방국 등 서구의 각 국가의 일반 시장에서 구할 수 있는 폭발물 재료를 국가별로 분류해놓기도 하였다. 또 다른 테러 사이트는 '생물학 무기'라는 제목의 아랍어 문건을 통해 쥐와 같은 동물을 이용하여 적은 양의 폐렴 바이러스를 주입한 후 다시 이를 추출·건조한 후 공기를 통해 전염시키는 방법을 상세히 설명하기도 한다.

셋째, 인터넷은 테러조직의 활동에 유용한 수송수단을 제공한다. 미국을 필두로 각국은 9·11 이후 강화된 공항 검색을 포함해 테러범을 추적·체포하기 위한 많은 노력을 기울였다. 알카에다나 여타 테러조직은 날로 심해지는 감시와 추적 속에 물리적 공간에서 가지는 취약점을 가상공간을 통해 빠져나가는 방법을 시도하였다. 예를 들면, 테러 공격을 위해 전통적인 방법으로 사원과 같은 은밀한 장소에 모여 훈련하거나 위조 서류를 가지고 국경을 넘을 때 이들의 활동이 노출되기가 가장 쉽다. 그러나 물리적 이동이 필요 없는 인터넷을 통한 통신과 정보 전달로 이러한 취약점을 극복할 수 있게 되었다. 이전에는 훈련이나 모의를 하기 위해 수단이나 예멘, 아프가니스탄으로 가야 했지만, 이제는 그럴 필요가 없어졌다. 인터넷을 통해 테러에 필요한 활동을 훈련받을 수 있고, 이동 시에도 의심을 살 만한 문건이나 정보를 가지고 다닐 필요가 없다. 대신 필요한 정보를 인터넷상에 올리고 나중에 목적지로 이동해서 그것을 다시 활용한다.

이들은 인터넷을 통해 시간과 공간의 제약을 뛰어넘을 수 있다는 것을 정확히 이해하게 되었다. 결과적으로 상대는 이들 테러조직이 움직이거나 가장 취약할 때 타격할 기회를 상실하게 된다. 알카에다 분파의 한 온라인 사이트는 "무자히딘 형제들이여, 그대들은 테러의 위대한 훈련장에 함께하기 위해 먼 나라로 여행할 필요가 없습니다. 대신 여러분의 집에서 혼자나 혹은 여러분의 형제들과 함께 훈련 프로그램을 실행하면 됩니다"라고 선전한다.[111]

넷째, 인터넷의 익명성과 접근의 편리성은 21세기 테러리즘 활동영역의 '범지구적-네트워크(Global Network)' 구축에 이상적인 수단을 제공한다. 서구의 정보기관과 테러 전문가들은 전혀 서로를 모르지만 비슷한 동기를 가진 이방인들이 온라인 접촉을 통해 자발적으로 지하의 테러 세포 조직들을 구성하는 새로운 움직임에 주목하였다.[112] 또한, 현실세계에서 형성된 테러 조직원들 간의 유대가 인터넷을 통해 지속되거나 양성되는 현상이 포착되었다.

2004년 3월 캐나다 경찰은 오타와 소재의 민가에서 캐나다 외무부의 계약직 직원인 24세의 컴퓨터 프로그래머 모하메드 콰와자를 테러 공모 혐의로 체포하였다. 영국 경찰과의 합동 조사 결과 당시 런던과 캐나다에 폭탄 테러를 계획하고 있던 범인은 온라인을 통해 영국에 있는 공모자를 알게 된 것으로 밝혀졌다. 그가 영국으로 건너가 현지 특수경찰이 미리 감시하고 있던 현장에 나타남으로써 체포가 가능했다. 영국 당국의 설명에 의하면 범인은 인터넷을 통해 알게 된 공모자와 런던의 한 인터넷 카페에서 처음으로 만나 웹사이트에서 찾아낸 폭발물 정보와 휴대폰을 이용하여 이를 폭발시키는 법을 알려주려 했다.[113]

실제로 2005년 7월 7일 일어난 런던 지하철 폭탄 테러의 경우 이전에는 전혀 서로 모르는 사람들이 인터넷을 통해 사건을 공모하고 실행한 것으로 드러났다.[114] 당시 55명의 사망자와 700여 명의 사상자를 낸 폭탄 테러의 공범들은 4명 중 3명이 영국 현지에서 생활하던 아랍계 청년이었다. 그 가족들조차 이들이 과격 테러단체에 가입한 것을 몰랐던 것으로 드러나 영국 사회에 충격을 던져주었다. 알카에다가 심혈을 기울여 추진한 인터넷을 이용한 전문 테러범의 양성이 현실화된 것이다.

테러조직과 관련된 인터넷 사이트가 폭발적으로 증가한 사실은 인터넷이 이들 테러활동에 차지하는 중요성을 보여준다. 한 조사에 의하면 9·11 테러 전 10여 개에 불과하던 테러 관련 사이트가 이후 수천 개로 늘어난 것으로 집계되었으며 이들 중 수백 개의 사이트가 알카에다와 그들의 이념을 공개적으로 지지하였다. 물론 사이버 공간에서만 테러활동이 이루어지는 것은 아니다. 급진 이슬람에 근거한 주요 테러 공격은 여전히 이라크의 수니 지역, 파키스탄의 무법지대, 필리핀, 아프리카, 유럽 등 전 세계 각지에 퍼져 있는 비밀 훈련소나 이슬람 사원에서 훈련된 자원자들을 통해 이루어졌다. 그렇지만 알카에다와 연관된 테러활동에서 인터넷이 차지하는 중요성이 나날이 커지고 테러활동의 주동력이 '이념과 인터넷'에 의해 주도되고 있는 것도 사실이다.

정보기술을 활용한 네트워크 테러조직은 이전과는 다른 생명력과 전파력을 가진다. 미국 랜드(RAND)연구소의 아킬라와 론펠트는 테러조직과 같은 비정규 조직들은 인터넷과 같은 정보통신 기술을 이용하여 **'전방위적인 네트워크(all-channel network)'**를 구성한다고 분석하였다.[115] 네트워크 테러조직은 중앙의 위계적인 단일한 지도부 대신 각

지역의 독립성이 보장됨과 동시에 분산되고 수평적인 다양한 단위체로 구성되는 특성을 지닌다. 여러 개의 점과 단위체가 연결되어 집합을 이룬 네트워크는 근대의 수직적 국가조직에 가장 효과적으로 대항할 수 있는 **'적응력(resiliency)'**을 테러조직에 부여한다. 그리고 더욱 많은 단위체가 네트워크에 생길수록 네트워크 전체의 생명력은 더욱 강화된다.

알카에다 조직은 네트워크의 특수성을 적극 차용한 전형적인 비밀 네트워크의 특징을 보인다. 독립된 단위조직들이 중앙과의 제한적인 의사소통과 지원 속에 통해 독자적인 활동을 벌이면서 의사결정의 권한이 최하 수준의 단위에 주어진다. 알카에다는 다른 지역이나 다른 단위의 네트워크를 연결하는 네트워크의 네트워크로 작용함으로써 조직의 유연성, 안정성 및 중복성을 최대로 확보한다.[116] 21세기 테러 네트워크는 위계가 없는 힘의 분산을 통해 보다 역동적인 성장과 변화의 가능성을 가지며, 외부의 도전에 강력하게 대응할 수 있는 능력을 지닌다. 더욱 중요한 것은 일부 단위체가 제거되더라도 네트워크 조직 전체의 체제를 파악하거나 제거하기가 쉽지 않다는 것이다.[117]

21세기 테러 네트워크의 지구화는 자발성과 익명성에 의해 증폭된다. 미국 정부는 알려지지 않은 소규모 조직이나 개인이 인터넷이나 위성통신, 국제통상 등의 발전된 기술을 이용하여 자발적으로 테러에 동참하는 경향이 증가하는 것에 주목한다. 테러 네트워크가 조직적 계획에 의한 테러보다 우발적 혹은 충동적 테러의 가능성을 높여주고 있는 것으로 해석된다. 중앙의 통제와는 직접적 연계 없이 전혀 알려지지 않은 개인이나 소수 집단이 대량살상무기를 이용하여 예측 불가능한 자발적 테러를 일으킬 가능성이 제기된다.[118] 불특정한 개인에 의한 대량살상무기 공격은 네트워크 전체 공동의 목표나 전선에 상관없이 그 행위 자체로 엄청난 파괴를 불러올 수 있다.

미 국무부의 테러 보고서에 따르면 2000년대 중반 전 세계에 파악된 테러조직 및 관련 의심 조직은 86여 개에 달하며, 이 중 50여 개가 극단주의 이슬람 종파 및 중동 사회에 기반을 두고 있는 것으로 파악된다. 나아가 유럽, 아프리카, 아시아 등에 산재한 이들 테러조직은 알카에다가 주요 거점으로 작용하면서 서로 연결되는 지구적 네트워크를 구축한 것으로 파악된다.[119] 더욱이 여기에 자발적으로 동조하는 개인이나 각종 점조직, 그리고 국제 범죄조직 등이 연계할 경우 실로 무소불위의 지구적 네트워크가 가능하다.

미국 정부나 서방의 테러 전문가들은 각자 이슬람 종교에 대한 신봉과 서구 문명에 강한 반감을 공통분모로 가진 이들 테러조직이 인터넷이나 다른 통신수단을 이용하여 공식·비공식으로 공모할 가능성에 주의한다.[120] 또한, 이들 조직이나 개인이 알카에다의 직접적인 지령을 받지 않더라도 알카에다의 이념과 목표를 자발적으로 추종하거나 행동에 옮길 가능성 또한 충분하다. 2004년 스페인의 열차 폭탄 테러나 2005년 인도네시아의 발리 휴양지와 영국 런던의 폭발 테러, 그리고 2006년에 시도된 런던발 미국행 비행기 테러 음모 모두가 알카에다와 직접적인 연관이 있거나 이에 동조하는 현지의 이슬람 테러 조직들에 의해 행해진 것으로 드러났다.

9·11 테러는 이슬람 극단주의에 기초한 종교적 테러로서, 중동의 오일 머니와 결탁한 미국에 대한 강력한 경고와 투쟁의 서막이었다.

동시에 9·11 테러는 중세의 종교적 신념을 달성하기 위해 21세기 정보기술을 적극적으로 활용하는 이중적 모습을 보였다. 그 결과 아프가니스탄 산골에 근거를 둔 테러조직이 범지구적 네트워크를 형성하여 세계 최강대국 미국의 심장부를 강타하는 가공할 위력을 보여주었다. 특히 이들의 종교적 성향은 테러행위를 훨씬 더 공격적이고 위협적으로 만들었다. 알카에다와 함께 나타난 극단 테러리즘은 21세기 비국가·비대칭 위협의 전 지구적 부상이라는 탈근대 테러리즘의 등장으로 이해된다.

계속되는 테러와의 전쟁

03

2001년 9·11 테러 이후 미국의 부시 행정부는 알카에다 테러주의자와 그 추종세력을 미국이 직면한 가장 근본적인 위협으로 선언하였다. 이슬람 급진주의에 기초한 테러활동이 미국의 가치와 체제를 근본적으로 부인하고 타도의 대상으로 삼았기 때문이다. 게다가 인터넷으로 상징되는 21세기 정보혁명은 테러조직의 글로벌 네트워크화를 통해 테러범들에게 실로 무한한 새로운 가능성을 열었다. 평소에는 서로 전혀 모르는 사람들이 인터넷을 통해 지하드 성전에 동참했다. 인터넷을 통해 공모되는 지령을 통해 현지의 자원자들이 언제 어디서나 원하는 공격을 개시하는 그야말로 불특정 다수에 의한 범지구적 테러가 가능해진 것이다. 인터넷의 익명성과 무소불위한 특성을 활용한 알카에다 테러조직의 이러한 수법은 이들을 추적하고 범죄를 방지해야 할

관계 당국에 무척 힘든 과제를 안겨주고 있다.

2000년대 초반 미국의 부시 행정부는 글로벌 테러와의 전쟁을 선포하며 냉전 중의 핵억지에 대비되는 선제공격 혹은 예방공격 전략을 채택하였다. 소련의 공산주의 확산을 봉쇄한다는 소극적 전략에서 탈피하여 민주주의를 전 세계에 확산하는 야심 찬 전략을 추진하였다. 특히 종교적 테러의 온상이 된 중동을 근본적으로 변화시켜 서구식 민주주의를 정착시키고자 하는 노력이 이라크를 중심으로 추진되었다.[121] **그러나 미국의 대테러 전쟁은 오히려 더 많은 혼란과 테러를 초래하였다.** 이라크 전쟁 승리 이후 미국의 점령 정책 실패는 중동 정세를 시리아 내전 등 혼란의 소용돌이로 몰아넣었다. 그 과정에서 '이슬람 국가(Islamic State, IS)'라는 더욱 위험한 이슬람 극단주의 무장테러 세력의 확산이 일어났다. 중동의 불안은 유럽지역의 대규모 난민사태로 이어지면서 브렉시트 등 유럽의 분열을 초래하였다.

2011년 빈 라덴 사살에 성공한 미국은 이후 이라크 북부와 시리아 지역의 IS 테러조직을 몰아내었고, 이슬람 극단 테러가 소강상태에 들어가는 모습을 보인다. 급기야 2021년 바이든 대통령은 9·11 20주년을 맞아 아프가니스탄 철군으로 테러와의 전쟁 종식을 선언했다. 그러나 수도 카불로 진격하는 탈레반과 도망치듯 철수하는 미군 수송기를 둘러싼 시민들의 절규는 베트남 전쟁 이후 또다시 추락하는 미국의 위신을 전 세계에 보여주었다. 미국은 아프가니스탄 전쟁에만 2조 달러를 퍼부었다. 베트남 전쟁의 두 배, 한국전쟁의 4배에 해당하는 비용이다. 바이든 대통령은 20년간 매일 3억 달러, 한국 돈으로 하루 평균 4000억 원을 전비에 쏟아부은 것이라고 개탄했다.[122] **그렇다면 과**

그림 1-8 | 전쟁별 미국 국방 지출

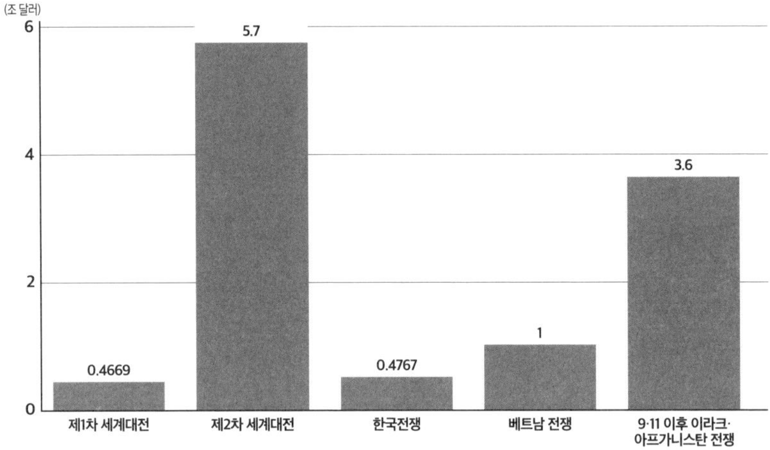

연 21세기 초반 미국과 전 세계를 공포에 떨게 한 테러와의 전쟁은 이제 끝이 난 걸까? 여전히 전문가들은 지하로 스며든 각종 테러분자의 위협이 남아 있다고 생각한다. 인터넷과 대량살상무기, 사이버 공간을 이용한 테러 위협은 오히려 더욱 위험해졌다고도 평가된다.

2001년 9·11 테러로 등장한 급진주의 테러리즘의 가장 큰 특징은 이들의 활동과 그 영향력이 특정 지역이나 국가에 한정되지 않고 전 세계에 걸쳐 확산된 것이다. 인터넷과 같은 21세기 정보혁명을 이용한 전 세계적 네트워크의 구축을 통해서이다. 20세기에 나타난 근대 테러는 동기와 종류에 상관없이 지리적인 측면에서 매우 제한적인 모습을 보였다. 식민 시기 민족주의에 기반한 분리주의나 우파 테러조직의 활동은 자신들이 대항하는 국가를 중심으로 이루어졌다. 냉전 중 좌파 테러의 경우에도 국제적인 연대를 주장하면서도 실제 활동은 자신들의 조직이 설립되거나 위치한 국가나 지역을 중심으로 이루어졌다. 그러나 알카에다와 IS로 대표되는 21세기 테러조직은 극단 이슬람 종교를 기반으로 범세계적 조직과 활동 영역을 구축했다. 특정한 지역이나 국가에 얽매이지 않고 중동과 아프리카는 물론 미국이나 유럽, 아시아의 세계 각국에서 모여든 조직원들이 다양한 지역에서 테러 활동을 벌이고 있다.

한편 최근 유럽이나 미국에서는 국내 정치문제에 불만을 가진 조직이나 개인의 정치 테러가 증가하는 모습을 보인다. 미국 국무부의 테러 보고서는 2015년 이후 이슬람 극단 종교 테러의 움직임보다 일부 국가 내부의 정치·사회적 문제로 인한 정치적 테러가 증가하는 추세라고 분석한다.[123] 미국의 경우 트럼프 대통령을 추종하는 극우주의 자경단이 민주당 소속 정치인들에 대한 테러를 기획하다가 검거된 사건이 발생하였다. 유럽에서도 극우 정당의 등장과 더불어 정치 분열에 의한 테러행위가 발생하고 있다. 19세기와 20세기 유럽에서 나타났던 정치적 이념 갈등에 따른 테러가 부활하는 조짐이다.

동시에 최근에는 종교적 극단주의 테러와 세속적 정치 테러가 결합하는 모습이 나타나기도 한다. 2023년 10월 하마스의 이스라엘 공격은 민간인을 겨냥한 테러행위로 시작되었다. 1500명에 달하는 사망자와 더불어 250여 명이 인질로 납치되었다. 하마스의 테러는 수천 년에 이르는 이슬람과 유대의 종교적 갈등을 배경으로 자신들의 영토와 주권을 억압하는 이스라엘에 대한 저항이라는 정치적 목적을 가진다. 이스라엘은 하마스 테러를 극악한 범죄로 규정하고 가자지구의 하마스에 대한 전면전에 나섰다. 이 과정에서 이스라엘 희생자의 수십 배에 달하는 팔레스타인 민간인이 사망하는 또 다른 비극이 벌어졌다.

이스라엘의 대응이 더 큰 희생자를 양산하며 새로운 보복의 사이클을 예고한다. 동시에 이스라엘 하마스 전쟁은 이란, 레바논, 예멘 등 같은 이슬람 종교의 팔레스타인을 지지하는 주변국들과의 확전으로 이어졌다. 하마스 테러가 이스라엘을 넘어 중동 지역의 전쟁으로 확전된 것이다.

또 한편에서는 IS 이슬람 극단주의 테러의 새로운 활동도 나타나고 있다. 2024년 3월 러시아의 쇼핑몰에서 민간인에 대한 무차별 테러가 발생하여 130명이 넘는 사망자가 발생하였다. 사건 직후 IS는 자신들이 배후에 있다는 성명을 발표하였다. 러시아-우크라이나 전쟁이 한창인 가운데 기습적으로 발생한 테러는 이슬람 극단 종교 테러세력이 여전히 건재한 것을 증명하는 사건이었다. 이들의 테러 배후에는 러시아가 자신들의 반대 이슬람 종파인 시리아와 이란 등의 시아파 정부와 긴밀한 협력 정책을 펴온 것에 대한 반감이 작용한 것으로 분석된다. 러시아 테러 두 달 전인 2024년 1월에는 이란에서 IS에 의한 테러가 발생하기도 하였다. 이슬람을 대표하는 두 종파인 수니파와 시아파는 서로의 정통성을 놓고 수천 년간 대립해왔다. IS 등 수니파 극단주의 단체들은 자신들이 이단으로 간주하는 '시아파 맹주' 이란에 적대적이다. 과거에도 민간인에 대한 테러를 종종 수행한 IS가 마침 이란의 전쟁영웅 솔레이마니 사령관의 추모식에 폭탄 테러를 벌인 것이었다. 80여 명이 사망하고 200명이 넘는 사상자가 발생한 테러 직후 IS는 텔레그램을 통해 발표한 성명에서 IS 대원 두 명이 폭탄을 터트렸다고 밝혔다. 급기야 2025년 새해 첫날 미국의 뉴올리언스에서 신년 행사를 즐기던 군중을 대상으로 트럭과 총기를 사용한 테러가 발생하였다. 15명의 사망자와 수십 명의 사상자가 발생한 이 테러의 범인은 중동계 미국인으로 IS를 신봉한 자발적 테러범으로 밝혀졌다. 극단주의 테러와의 전쟁이 쉽게 끝날 수 없음을 상기시키는 사건이다.

종교적 신앙에 기초한 21세기 극단주의 테러리즘의 특징은 그들이 추구하는 목표와 이념이 근본적인 인간의 문제에 기반한다는 점이다. 근대 테러리즘은 상징적 테러행위를 통해 특정 국가나 사회의 내부 상황과 관련한 세속적이고 국지적인 정치적 목표를 추구하였다. 그에 반해 알카에다 테러는 이슬람 종교에 바탕을 두고 국가를 초월한 범문명 차원의 목표를 추구한다. 빈 라덴이나 IS가 주도한 테러세력은 중동 지역에 이슬람 율법에 따라 통치되는 범이슬람 제국의 건설에 그 궁극적인 목표를 두었다. 전문가들은 알카에다에 의해 시작된 '지구적 지하드 운동(global jihad movement)'이 점차로 다양한 그룹이나 임시조직에 의해 이끌어지고 있으며, 이것의 배경에는 웹에 의해 주도되는 자발적 테러라는 새로운 현상이 있다고 분석한다. 특히 미국의 공세에 알카에다나 IS 조직이 약화되면서 직접적인 테러활동보다 자신들의 취지를 널리 전파하기 위한 이념 선전에 더욱 초점을 두는 것으로 파악된다. 2011년 오사마 빈 라덴의 사망 이후 미국과 서방을 대상으로 한 알카에다와 연관된 극단 종교 조직의 직접적인 테러활동이 급속히 약화된 모습이다. 그러나 이들의 종교적 신념을 추종하는 개인이나 동조세력의 의지는 여전히 손상되지 않은 것으로 파악된다. 평화로운 아침 출근 시간 뉴욕을 강타한 9·11 테러와 같이 상상조차 못 했던 일이 언제 어디서 또다시 일어날지 모른다.

7장

21세기 총성 없는 전쟁?

4차 산업혁명으로 대표되는 과학기술의 진보는 경제나 의료뿐 아니라 군사 분야에도 혁명적인 변화를 가져오고 있다. 기존의 물리적 공간에서의 군사적 충돌이나 경쟁이 가상공간으로 확산하는 양상이다. 인터넷과 컴퓨팅으로 형성된 사이버 공간은 21세기 강대국 간 치열한 경쟁과 보이지 않는 전쟁이 24시간 벌어지는 영역으로 등장하였다. 여기에 국가뿐 아니라 개인 해커나 각종 그룹, 범죄단체와 민간 분야까지 주요 행위자와 분야가 다양화되면서 기존의 전쟁과 전략 개념으로는 다루기 힘든 복합적인 접근과 전략을 요구하고 있다.

사이버 공간은 기존의 육·해·공 공간과 더불어 21세기 새로운 전쟁터가 되고 있다. 겉으로는 평온하지만, 하루에도 수많은 사이버 공격이 주요 강대국 혹은 갈등의 당사자 간에 오간다. 서로의 민감한 정보의 탈취는 물론 각종 센서와 정보통신·의사결정 시스템을 방해·

교란·파괴하려는 공작이 진행되고 있다. 또한, 안보·군사 분야는 물론 행정, 에너지, 전력, 금융, 보건, 의료, 교통관리, 상수도 등 민간 기반시설에 연결된 네트워크가 사이버 공격으로 인해 시스템이 마비되면서 전쟁 상황에 버금가는 대혼란이 야기될 수 있다. 사이버 전쟁은 적이 누구인지 그 경계와 대상이 확실치 않다. 21세기 사이버 위협은 특정한 적대 국가의 군대는 물론 해커와 테러리스트, 범죄자, 그리고 이를 가장한 적국의 사이버 공격에 대비해야 하는 딜레마를 초래한다. 특히 미·중은 사이버 위협을 21세기의 가장 중요한 안보위협으로 정의하고 우위를 차지하기 위한 치열한 경쟁을 벌이고 있다.

미국은 사이버 공간의 가장 큰 기술적 리더이자 수혜자이며, 또한 각종 사이버 공격의 가장 큰 대상이기도 하다. 미국은 정보의 자유로운 소통과 접근, 개인의 의사 표현과 정보 습득 권한 보장, 열린 사이버 공간을 통한 개인·민간·국가 이익의 증진 등을 목표로 내세운다. 이를 위해 사이버 범죄로부터 이들 가치와 원칙을 지키기 위한 국내정책, 국제협력, 국제규범 창출에 노력하고 있다. 그러나 국제적 규범 확립을 위한 노력은 다른 이해관계와 접근을 추구하는 미국과 중국이나 러시아와의 갈등을 일으키기도 한다. **과연 미국과 중국은 사이버 안보를 어떻게 대응하고 있으며 그들의 전략은 무엇인가? 이들의 경쟁이 21세기 국제안보에 미칠 영향은 무엇인가? 이 장에서 사이버 안보에 관한 미·중의 전략과 그 함의에 대해 살펴보기로 한다.**

21세기 사이버 위협과 미국

01

지난 반세기 동안 진행된 정보통신 산업의 엄청난 변화와 발전은 오늘날 현대사회 일상생활의 거의 모든 부분이 정보통신 기술에 의존하며 통합되는 방향으로 전개되었다. 그런데 정보통신 기기들은 기본적으로 상호 의존성이 강하고 따라서 어느 한 부분의 문제가 여타 수많은 연결된 부분에 영향을 미칠 수 있다. 그 영향이 가장 크게 나타나는 영역이 사이버 공간이다. 특히 최근 인공지능의 발전은 기존의 정보통신 기술(Information & Communication Technology, ICT) 및 신기술(Emerging Technology), 사물인터넷(Internet of Things, IoT) 등과 결합하여 전 세계의 초연결성(hyper-connectivity)을 심화시키고 다양한 행위자가 구사하는 사이버 위협을 더욱 파괴적으로 만들고 있다.

미국 정부는 사이버 공간을 "인터넷, 텔레커뮤니케이션 네트워크,

컴퓨터 시스템, 그리고 주요 연관 산업들에 설치된 프로세서와 통제 장치 등을 포함하는 정보통신 인프라의 상호 의존적인 네트워크"로 정의한다. 그러나 일반적으로는 "사람들 사이의 정보와 교류가 행해지는 가상의 환경"으로 이해되기도 한다. 정보통신 기술 개발과 발전, 그리고 그 활용을 주도한 미국은 그 누구보다 사이버 공간의 취약성과 위험에 대해 민감하다. 21세기 미국의 정책 결정자와 전문가들은 정보통신 체계에 대한 사이버 공격의 위험을 누구보다 심각하게 인식하고 이를 보호할 방법에 대해 고민해왔다.

2008년 중동의 한 미군 기지에서 출처가 불분명한 이동식 USB 드라이브를 습득한 병사가 무심코 이를 부대 내 컴퓨터에 사용했다. 여기에는 러시아 정보부가 설치한 공격코드가 들어 있었다. 이 바이러스가 순식간에 국방부의 중동사령부에 접속하여 악성 코드를 심고 미군 전체의 기밀정보를 유출하고 보안 시스템을 교란한 사고가 발생했다. 이를 발견한 미군 당국은 14개월에 걸쳐 '벅샷 양키(Buckshot Yankee)'로 명명된 대규모 작전을 통해 'agent.btz'라는 바이러스를 제거했다. 미군 역사상 최악의 사이버 공격 피해로 기록된 이 사건 이후 미국 정부는 국방부 산하에 사이버사령부를 설치하고 21세기의 새로운 전장으로 떠오른 사이버 공간에서의 위협과 공격에 대비한다.[124]

한편 2014년 10월 김정은 정권을 비꼰 영화를 제작한 소니 영화사에 대한 해킹이 발생하여 내부의 기밀문서가 유출되고 일부 컴퓨터 시스템이 파괴되는 사건이 발생했다. 당시 오바마 대통령이 직접 나서서 이것이 북한 정부기관에 의한 공작이었음을 밝히고 강력한 경고와 함께 북한 기업에 대한 제재 및 북한 컴퓨터에 대한 보복공격을 하였다.[125] 2015년에는 중국 정부기관으로 보이는 조직에 의해 미국 정부 인사관리청의 컴퓨터가 해킹을 당하여 2100만 명이 넘는 정부 업무 관련 인사들의 정보가 유출된 사건이 발생하였다. 이 사건은 그 규모와 내용에서 미국 정부 사상 최악의 정보 유출 사례로 알려졌다. 사건 직후 인사관리청의 책임자가 사임하고 미국 정부는 수개월에 걸쳐 인사관리 파일과 시스템을 보완하는 작업을 벌였다. 동시에 미국 당국은 중국 정부에 대한 대응방안과 수위를 놓고 심각한 딜레마에 봉착한 것으로 알려졌다.[126]

사이버 안보위협은 2016년 미국 대선에서도 뜨거운 문제로 부상하였다. 민주당 경선이 한창이던 6월에 경선을 관리하는 민주당 전국위원회와 민주당 지도부, 힐러리 대선 캠프 측 인사 100여 명의 이메일이 러시아 정부와 연관된 것으로 추정되는 해커집단에 의해 유출되어 공개되었다. 이 과정에서 공정해야 할 민주당 지도부가 힐러리 측에 유리한 경선 구도를 만들기 위해 노력하였다는 점을 암시하는 메일의 내용이 알려지면서 미국 대선이 요동쳤다. 당시 힐러리 진영의 오바마 정부는 2014년 러시아의 크림반도 강제 병합에 대해 강하게 비판하며 제재 정책을 펴고 있었다. 그런데 푸틴에 대해 평소 친근감을 표시한 공화당 트럼프 후보가 선거유세에서 공개적으로 러시아 정부에게 힐러리 후보의 비리 정보를 캐낼 것을 요청한 것이다. 이후 러시아가 자신들에게 우호적인 후보를 돕기 위해 각종 사이버 공작을 펼치고 있다는 강한 의구심과 미국 민주주의의 핵심 과정인 대통령 선거에 적대국이 개입하는 가장 심각한 안보위협이 제기되었다.[127]

실제로 미국 정보기관은 러시아의 이러한 공작 가능성에 대한 사전 정보를 입수하고 대응책을 논의한 것으로 알려졌다. 일부에서는 러시아 정부가 대통령 선거 투표 과정에 개입하여 선거 결과를 조작할 가능성까지 제기되었다. 투표 방식이 주마다 다른 상황에서 종이 용지를 사용하지 않고 컴퓨터 화면 터치 방식만을 사용하는 일부 경합 주의 경우 해커가 이를 조작한다면 실제 어떤 투표가 이루어졌는지 확인할 방법이 없다는 것이다. 실제 초박빙의 투표에서 트럼프 후보가 근소한 차로 주요 선거 지역을 이기면서 모두의 예상을 깨고 당선되었다. 이후 힐러리 후보에 대한 러시아의 이메일 해킹 공작이 대선 결과에 실제로 영향을 미쳤을 가능성도 제기되었다. 적대국의 사이버 공작으로 미국 대통령 선거가 흔들리는 초유의 상황이 벌어진 것이다. 사이버 안보가 단순한 정보 탈취나 금융 범죄에 국한되지 않고 미국 민주주의 자체를 위협하는 이슈로 등장한 계기였다.

사이버 안보란 다양한 "사이버 공격으로부터 정보통신 기술 체계와 그 콘텐츠를 보호하는 것"을 의미한다. 이 경우 **사이버 공격이란 "절취, 교란, 손상, 혹은 다른 불법적 의도에 의해 정보통신 기술 체계에 인가되지 않은 개인이 접속하려는 의도적 행위"로 정의된다.** 그러나 여전히 사이버 안보의 개념은 모호하고 정확한 정의가 어렵다. 미국이 규정하는 사이버 안보위협은 크게 다섯 부류로 나뉜다. 첫째, 절취나 갈취와 같은 범죄를 통해 돈을 벌려는 범법자들, 둘째, 정부나 민간단체의 기밀정보나 정보자산을 훔치는 스파이들, 셋째, 특정 국가의 전략적 목적을 지원하기 위해 사이버 공격능력을 배양하고 감행하는 국가 소속의 사이버 전투원들, 넷째, 비금전적인 이유로 사이버 공격을 수행하는 해커 활동가들, 다섯째, 비국가, 혹은 국가 지원의 형태로 사이버 공격을 자행하는 테러분자들이다.[128] 이러한 사이버 위협이 끼칠 수 있는 대표적 피해는 사이버 절취 혹은 사이버 간첩 활동을 통해 피해자가 종종 알지도 못하는 사이에 금전적·자산적 손실을 겪거나 개인정보가 유용되고 탈취당하는 경우이다. 정당한 사용자의 시스템 접근을 느리게 하거나 방해하는 서비스의 거부(Denial-of-service) 공격도 있다. 산업 통제 시스템에 대한 공격을 통해 발전기나 펌프, 중앙 가속기 등의 장비가 파손되거나 교란되는 피해를 보기도 한다.

특히 **주요한 인프라에 대한 공격은 국가안보나 국가 경제 전체와 개인의 생명과 안전에 심각한 피해를 가져올 수도 있다.** 2021년 5월 8일 미국 북동부 연료 수요의 45%를 담당하는 콜로니얼 석유회사(Colonial Gas)의 파이프라인에 대한 랜섬웨어 공격이 발생한 사건이 대표적이다. 당시 미 남부에서 동부 해안까지 5500마일에 이르는 지역에 휘발유, 디젤류, 제트연료와 기타 석유 제품의 공급이 중단되었다. 또한, 미 전역 평균 휘발유 가격이 갤런당 2달러를 넘어 3달러를 돌파하면서 일부 지역에서는 유류 제품 사재기로 유가가 폭등하였다. FBI는 사이버 공격 배후로 해커집단인 **'다크사이드(Dark Side)'**를 지목하였다. 그런데도 콜로니얼 파이프라인은 에너지 공급망 정상화를 위해 다크사이드에 500만 달러를 지급하고 파이프라인 운영을 제기한 것으로 알려졌다.[129] 각종 보도에 따르면 개인이나 단체가 영리를 목적으로 민간 산업의 정보나 개인정보를 훔쳐 이를 범죄에 사용하는 경우가 2000년대 이후 매년 급증하는 것으로 알려졌다. 2008년 미국의 산업계에 의하면 해킹에 의해 도난당한 데이터로 인한 지식재산권의 손실액이 1조 달러에 육박한다. 2013년 미국 정부에 의하면 최소 3000개의 미국 기업이 해킹을 당함과 동시에, 4000만 명의 개인정보가 도난당했다. 2021년에는 59억 건 이상의 사용자 기록이 도난당하는 신기록이 세워졌으며, 같은 해 IBM 보안 보고서에 따르면, 2020년 기업의 데이터 침해당 평균 비용은 2019년 대비 10% 증가하여 420만 달러로 추정된다.[130] 글로벌 사이버 보안 기업인 체크포인트(Check Point)에 따르면, 전 세계 기업의 네트워크를 목표로 한 사이버 공격은 2022년에 전년 대비 38% 증가했다. 또한, 2022년 상반기에만 전 세계에서 약 28억 건의 악성코드 공격이 탐지(Statista)되었다. 2024년 2월 기준 미국 기업의 52%가 중요 정보를 해킹당했으며 2023년에는 3200건의 데이터 도난이 3억 2500만 명에게 손해를 끼친 것으로 보고되었다.[131]

미국은 2001년 9·11 테러 이후 사이버 테러의 가능성을 심각하게 인지하고 이에 대한 국가 정책을 추진하기 시작한다. 당시 신설된 국토안보부(Department of Homeland Security)의 가장 중요한 임무 중 하나로 사이버 공격에 대비한 포괄적인 정책을 수립하는 것이 지정되었다. 특히 오바마 대통령은 취임 이후 취임 이후 사이버 안보를 중요한 정부 과제로 상정하고 2009년 「사이버 안보전략에 관한 국가 사이버 안보 종합 계획(Comprehensive National Cybersecurity Initiative, CNCI)」을 발표한다. 동시에 「사이버 공간 정책 검토 보고서(Cyberspace Policy Review)」를 발표하여 단기·중기 실행 계획을 제시한다. 이 문서에 의하면 미국 정부가 정의하는 사이버 안보정책은 "사이버 공간과 그 내부의 운영에 대한 보안에 관계된 모든 기준과 정책, 전략을 포괄하며, 지구적 정보통신 인프라의 보안과 안정에 관여된 컴퓨터 네트워크 운영, 정보 보안, 법 집행, 외교, 군사, 첩보 활동 등을 포함하는 모든 범위의 위협 축소, 취약성 감소, 억제, 국제 교류, 사고 대응, 복원력, 복구 정책과 일체의 활동을 포함한다."[132]

오바마 행정부의 사이버 안보정책 지침서인 2009년 「사이버 공간 정책 검토 보고서」의 내용을 구체적으로 살펴보면 먼저 사이버 안보의 중요성을 인식하여 연방정부의 최고 책임자인 대통령과 백악관이 직접 리더십 발휘할 것을 제시한다. 이를 위해 '사이버 안보정책관(Cybersecurity Policy Official)'을 별도로 임명하여 국가의 사이버 안보정책 및 활동을 총괄하고 조정하는 역할을 담당토록 하였다. 사이버 안보정책관은 백악관 '국가안전보장회의(NSC)'와 '국가경제회의(NEC)'의 위원도 겸하도록 규정하고, NSC 내 부처 사이의 사이버 안보 관련 전략과 정책을 조정하기 위한 담당 부서도 설치하였다. 또한, 사이버 안보정책이 중앙정부 차원뿐 아니라 미연방의 50개 주와 각 지방, 그리고 소지역 단위의 행정기관에 자체적인 사이버 안보 리더십과 역할을 개발토록 제시하였다. 이를 위해 주·지방·소지역의 자치정부는 각각 사이버 안보를 담당하는 리더를 지정하여 관할 지역 안의 핵심 기간산업 보호 등에 관한 사이버 안보 협력을 촉진토록 하였다.

특히, 이 보고서는 사이버 안보의 강화를 위해서 중앙과 지방의 협력뿐 아니라 정부와 민간 부분의 긴밀한 협력을 강조하였다. 사이버 안보위협의 원천과 동기, 그리고 대상이 전통안보와 달리 국가 부문에만 국한되지 않고 오히려 민간 분야의 취약성 및 상대적 역할과 참여가 더욱 중요한 경향을 보이기 때문이다. 따라서 기업의 개인정보 보호에 대한 민감성, 기업의 민감 정보 공유 거부 경향 등을 충분히 인식하면서도 기업의 사이버 공격 관련 정보 공유와 협조가 그 어느 분

야보다 중요함을 역설하고 있다.[133]

오바마 이후 들어선 **트럼프 정부도** 2018년 9월 「국가 사이버 전략」을 발표하였다. 이 문서는 '미국의 번영 증진'을 위해 사이버 공간에서의 디지털 경제 활성화와 회복력 강화, 사이버 공간을 통한 지식재산권 침해에 대한 적극적 대응 및 사이버 보안 인력의 경쟁력 우위 확보를 제시하였다. 특히 이 문서는 "미국에 대한 악의적 사이버 활동의 방지·대응·억지를 위해 물리적 및 사이버(both kinetic and cyber) 군사력을 포함한 국가 권력의 모든 수단을 사용할 것"을 천명하였다.[134] 특히 미·중 패권경쟁 속에서 사이버 억지와 공격자의 정체와 책임을 명확히 하여 사이버 공격에 대해 적극 대응할 것을 천명하였다. 또한, 2018년 「사이버 국방 전략」을 통해 미국의 기반시설을 대상으로 한 악의적 사이버 활동을 선제방어(preempt)·격퇴(defeat)·억지(deter)하고 이를 위한 무력 사용(use of force)을 포함하는 선제적 방어(defend forward) 정책을 발표하였다.[135]

바이든 행정부도 2022년 발표된 「국가안보전략」에서 사이버 공간에서의 대응 역량 및 회복력(resilience) 강화를 주요 과제로 천명하였다. 바이든 정부는 사이버 문제에 관한 국제적 관여 정책에 대해 새롭게 점검하고, 동맹국 및 파트너와 더불어 사이버 공간에 관한 기존 규범을 검토하며 필요한 경우 새로운 국제적 규범 창설을 역설하였다.[136] 바이든 정부는 두 번에 걸쳐 「국가 사이버 안보전략 이행 계획(National Cybersecurity Strategy Implementation Plan)」을 발표하고 사이버 안보정책을 더욱 강화했다. 특히, 「사이버 안보 태세 보고서(Report on the Cybersecurity Posture of the U.S.)」에서는 5개의 핵심 과제(pillars)를 제시하였는데 여기에는 ① 핵심 기반시설과 공급망 방어, ② 위협 주체 파괴와 제거, ③ 소프트웨어 보안과 회복력 증진을 위한 시장 동력 구축, ④ 사이버 공간의 회복력을 위한 투자, ⑤ 목표를 공유하는 국가들과 파트너십 형성이 포함되었다. 여기에 나타난 특징을 보면, 기반시설과 공급망 방어, 복원력의 증진과 주요 우방국들과의 공조가 두드러진다.

특히 러시아–우크라이나 전쟁과 이스라엘과 이슬람 국가 사이의 분쟁 이후 미국의 핵심 기반시설(critical infrastructure)이나 공급망(supply chain)에 대한 공격이 두드러지진 것으로 나타난다. 핵심 기반시설은 국민의 생명·재산·경제에 중대한 영향을 끼칠 수 있는 시설로 에너지 관련 발전소, 댐, 송·변전 시설, 원자력 발전소 등이나 통신 관련 주요 전산 시스템, 교통·수송 관련 주요 철도, 공항, 교량, 화물기지, 무역항, 고속·국도, 각종 금융 관련 시설, 의료·보건 관련이나 식·용수 관련 다목적댐, 정수장 등이 포함된다. 미국은 특히 2023년 2024년에 걸쳐 미 전역의 상수도 시스템, 에너지·보건·식품 관련 시설에 대한 이란과 러시아의 집요한 사이버 공격을 받은 것으로 알려졌다.

한편 **사이버 안보는 국방정책 분야에서도 많은 과제를 제시한다.** 미국은 국가 차원의 사이버 안보정책과 더불어 국방 분야의 구체적 사이버 안보정책 수립에도 많은 노력을 기울였다. 실제 미국군은 전군에 1만 5000여 개의 네트워크, 700만여 대의 컴퓨터 기기, 9만 명의 관리 인원을 보유하며 군수, 지휘통제, 정보, 작전 등 모든 분야에서 정보통신 기술의 활용도 및 의존도가 가장 높은 조직이다. 따라서 사이버 공격의 위협으로부터 이 거대한 조직과 시스템을 보호하는 것 자체가 가장 중요한 임무의 하나로 부상하였다. 미국은 사이버 공간을 육·해·공의 전통적 물리적 공간에 준하는 새로운 전장으로 인식한다.

미 국방부에 의하면 사이버 위협은 재래식 군사위협과 다른 세 가지의 특징적 도전을 제시한다. 첫째, 사이버 공격은, 재래식 전쟁에서는 일반적으로 방어자가 유리한 경우가 많은 것에 비해 공격자가 비대칭적 우위를 점하는 특징을 보인다. 사이버 공격의 특성상 방어자가 공격 자체를 인지하지 못하는 특성 때문이다. 따라서 냉전 식의 억제 모델을 적용하기도 불가능하다. 대신 끊임없는 대비책 강구 및 강화를 통해 보복이 아닌 예방에 중점을 두는 접근법이 필요하다. 둘째, 사이버 공격은 전통적인 전쟁에 비해 민-군의 구분이 어렵다. 대신 다양한 행위자와 위협을 통해 기간산업 등의 물리적 파괴는 물론 지식재산권 및 정보 유출 등 하드웨어와 소프트웨어를 통한 공격이 가능하다. 마지막으로, 사이버 공격은 예측이 어려우므로 이를 대비함에서 유연성과 적응성의 극대화가 필요하다. 이러한 특징은 재래식 전쟁 개념에 익숙한 군의 사이버 안보 강화 노력에 다른 차원의 도전을 제시한다.

새로운 사이버 위협에 대비하기 위해 미 국방부는 2009년 독자의 '사이버사령부(US Cyber Command)'를 '전략사령부(US Strategic Command)' 산하에 신설하고 4성 장군을 사령관에 임명하여 그 중요성을 반영하였다.[137] 신설된 사이버사령부에 크게 세 가지의 임무가 부여되었다. 첫째, 사이버 공간에서의 모든 일상적 방어 체계를 구축하고 지원 및 관리할 것, 둘째, 전군에 걸친 사이버전 자원 관리를 위해 단일 지휘계통을 수립(대통령–장관–전략사령관–사이버사령관–전군 각급 부대)하고 각 군의 사이버 훈련 감독관을 신설할 것, 셋째, FBI·국토안보부·법무부의 사이버 안보 관련 주요 부처와 사기업 및 민간단체를 아우르는 대내외 협조체제를 구축할 것이다. 이 세 가지의 주요 임무를 달성하기 위한 구체적 작업으로 먼저 단순 해커와 정보 절도 및 첩보 활동, 정부에 대한 심각한 공격을 구분하여 각각의 사이버 교전수칙을 수립하였다. 동시에 동맹국과 예방 능력 강화 협력, 민간의 주요 방위 관련 분야, 특히 군수산업에 대한 사이버 보호망 확대, 사이버 전투병을 훈육하기 위한 사이버 전투훈련장 설립, 군내 시스템에 신형 하드웨어 및 소프트웨어 도입을 통해 공격자 우위 상쇄, 사이버 보안 관련 인력 양성 등의 과제가 수립되었다.

미 국방부는 2015년 종합적이고 구체적인 사이버 안보 대응전략을 담은 「**국방부 사이버 전략**」을 발표했다. 2015년 사이버 안보전략은 국방부의 **세 가지 임무**를 구체적으로 명시한다. 첫째, 국방부 자체의 네트워크, 시스템과 정보 방어, 둘째, 심각한 결과를 초래할 수 있는 사이버 공격으로부터 미국의 국토와 국익을 수호, 셋째, 필요시 사이버 군사작전과 비상사태 대책을 지원하기 위한 통합적인 사이버 역량 제공이다.[138]

이를 위해 **5대 전략 목표**가 제시되었다. 첫째, 사이버 공간에서 작전 수행 준비태세와 역량을 갖춘 군사력의 건설과 유지를 위한 인력 훈련, 자원 유지, 준비태세 및 장비의 첨단화이다. 둘째, 국방부의 작전 운영과 비상 계획 수립에 필요한 핵심 데이터 기반시설이 공격당한 경우를 대비한 계획과 훈련이다. 더불어 민간과 함께 방위산업 거래

데이터를 보호하고 다른 유관 기관과 협력하여 사이버 공격과 정탐에 대비할 것 등이 제시되었다. 셋째, 정부·민간·동맹국과의 협력을 통해 사전에 악의적 공격을 무력화하기 위한 정보·경보·작전 능력 개발과 적의 역량, 밀거래 시장에 대한 정보 수집이다. 넷째, 실제 사이버 전쟁에 대비하여 분쟁 격화를 통제하고 모든 단계에서 분쟁 환경 형성을 주도할 수 있는 가용한 사이버 작전의 수립과 관리이다. 여기에는 사이버 공격의 긴장 고조 혹은 분명한 적대행위 발생 시 대통령에게 제시할 수 있는 다양한 위기관리 계획, 사이버 작전을 통한 적군의 지휘통제 네트워크 및 군사 역량 교란 계획, 실제 전장에서의 작전과 동조화할 수 있는 사이버 공간에서의 작전 수립, 사이버 가상 적군을 활용한 훈련으로 실제 적에 대한 폭넓은 작전 수행 역량 육성 등이 제시된다. 다섯째, 사이버 작전에서 동맹과 건실한 동반자 관계의 수립과 유지이다.[139]

미국은 사이버 역량에 대한 높은 수요와 상대적 공급 부족인 현실로 인해 미국의 핵심이익이 걸린 분야에 대해서는 동맹국과의 공조 역량 강화가 필요하다고 강조한다. 이를 위해 중동, 아태 지역 및 나토 동맹국 지역에서 공조 능력 강화를 추진하고 새로운 과제 및 기회에 대응하기 위한 혁신적 동반자 관계를 구축할 것이 제시된다. 특히 미국은 유럽의 '나토' 동맹국들과 함께 사이버 안보에 관한 협의체를 설치하고 사이버 안보위협에 전통 군사동맹인 나토가 함께 대응해 나갈 전략과 방안을 모색하였다. 2008년 나토 동맹국은 에스토니아의 탈린에 '나토 사이버 방위 협력 센터(NATO Cooperative Cyber Defence Centre of Excellence, CCDCOE)'를 설립하였다. 이를 통해 사이버 방위에 관한 회원국 간의 정보 교환, 공동 연구, 협력 방안 마련 등을 진행해왔다. 특히 2009년부터 **'탈린 메뉴얼 과정(Tallinn Manuel Process)'**을 시작하여 3년 여에 걸쳐 20명의 국제법 학자들이 기존 전쟁에 관한 국제법에 기초하여 일종의 사이버 전쟁에 관한 국제법 지침서를 발간했다. 미국 해군 대학의 국제법 교수인 마이클 슈미트가 편집 책임을 맡은 이 지침서는 300쪽에 달하는 문건에서 주권 개념, 국가 책임, 전쟁의 시작에 관한 국제법(jus ad bellum), 국제인권법, 중립에 관한 법 등의 핵심적인 국제법과 사이버 전쟁 간의 상관성을 다루었다. 즉 이미 수립된 전통 국제협약이나 관습법이 어떻게 사이버 공간과 사이버 전쟁에 적용될 수 있는지의 문제를 논의한 것이다. 이 지침서에 의하면 사이버 공간에서도 전통의 교전수칙이 적용될 수 있다. 이러한 원칙에 따라 특정 국가나 개인에 대한 사이버 공격도 그에 상응하는 대응과 조치를 기존 전쟁의 교전수칙이나 전쟁법에 따라 취할 수 있다고 제시한다.[140] 그러나 과연 사이버 공간의 대응이 재래식 전쟁과 같은 방식으로 수행될 수 있는지는 여전히 미지수이다. 사이버 공격이 가지는 익명성, 비밀성, 초국경성 등으로 인해 이에 대한 과잉대응이나 과소대응 모두 국가안보에 위험을 초래할 수 있기 때문이다.

사이버 안보와 미·중 경쟁

02

미·중은 서로를 가장 위험한 사이버 위협으로 인식한다. 미국은 중국의 해커들이 중국 정부와 군의 지원으로 미국의 물리적 인프라와 지식정보 자산을 심각하게 침해하고 있다고 판단한다. 특히 2010년대 이후 중국의 해커 공격에 대한 미국의 비난이 본격화되면서 미국과 중국 간의 사이버 갈등이 증폭되기 시작했다.

중국의 가장 대표적 해킹 사례로 2011년의 'Shady RAT' 공격이 있다. 미국의 정부, 국제기구, 기업, 연구소 등 72개 기관에 침투한 중국의 해커를 통해 대량의 자료 복제 및 유출이 이루어졌다. 그 결과 미국 정부의 2011년 「국가 방첩 보고서(National Counterintelligence Executive Report)」는 중국을 '가장 적극적이고 지속적인' 사이버 침투 세력으로 지목한다.[141]

2013년 2월 미국의 컴퓨터 보안 회사인 맨디언트는 76쪽에 걸친 보고서를 통해 그동안 간헐적으로 탐지된 중국군의 사이버 테러와 공격의 실태를 종합적이고 자세하게 보고했다. 중국이 사이버 공격이 정보통신·항공우주·행정·위성·통신·과학연구·컨설팅 분야에 집중하여 지식재산권과 연구개발의 내용을 훔치고 있다는 것이다.[142] 당시 백악관 국가안보보좌관 토머스 도닐런(Thomas Donilon)은 중국에 해킹을 중단하라고 강력 경고하였다.[143] 그러나 이후에도 여전히 중국의 해킹이 지속되자 2014년 5월 미국 법무부는 급기야 그 배후에 있을 것으로 추정되는 중국군 61398부대 장교 5명에 대한 정식 기소를 단행한다. 중국은 이에 즉각 반발하며 미국과의 정부 대화를 중단하는 동시에 중국 시장에 진출한 미국 IT 기업들에 대한 규제의 고삐를 죄는 조치를 한다.[144]

한편 중국은 오히려 자국이 미국으로부터의 사이버 공격에 더 취약하다고 주장한다. 미국 해커에 의한 복제 소프트웨어가 만연한 가운데 매년 미국으로부터 3만 4000건으로 추산되는 사이버 공격이 시도된다고 주장한다. 중국은 세계 전체 인터넷 운영에 필요한 13개의 루트 서버 중 10개가 미국에 있으며, 인터넷 프로토콜 주소를 관리하는 ICANN은 미국 정부의 지침에 따라 설립되었다는 사실을 지적한다. 미국이 사이버 공간에서의 기술 및 자산에서 여전히 절대적인 비대칭적·구조적 우위에 있다는 것이다. 또한, 미국의 개별 해커나 미국 정부의 사이버 공격 및 해킹 능력이 중국에 비교해 우위에 있다고 판단한다.[145]

양국 간의 사이버 공격과 위협에 대한 우려가 심각해지면서

2015년 9월 시진핑 주석과 오바마 대통령의 백악관 정상회담에서 양국은 "어떤 국가의 정부도 무역 비밀을 포함한 지식재산권 등에 대한 사이버 절도를 지원하지 않는다"고 합의했다. 두 정상은 사이버 안보와 관련해 양국이 사이버 범죄 및 관련 문제 등에 대처하기 위한 고위급 공동대화 메커니즘을 설치키로 했다.[146]

또한, 양측은 미·중 '사이버 안보 대책 핫라인 설치'에 합의하며 2015년 일련의 사이버 공격 사건으로 악화한 양국 관계의 회복에 노력한 것으로 보도되었다.[147] 보도에 의하면 미국의 기업과 기관 등에 대한 중국군의 사이버 공격이 2015년 이후 급격히 감소했다고 전해진다. 다만 여전히 중국 정보기관인 국가안전부가 미국 기업 등을 겨냥한 사이버 공격을 계속하고 있는 흔적을 포착되고 있다는 점에서 중국발 해킹 행위가 완전히 중단되지는 않고 있음이 지적된다.[148]

그러나 트럼프 행정부 이후 미·중 경쟁이 심화되면서 중국의 해킹 공격이 다시 본격화되는 움직임도 보인다. 2021년 1월 중국 정부가 후원하는 해킹 조직 하프늄(Hafnium)이 마이크로소프트 이메일 서버를 공격하여 연방정부는 물론 주정부와 지방정부 등 3만 곳 이상이 피해를 보는 사건이 보도되었다. 이후 바이든 행정부의 국가안보보좌관 제이크 설리번은 마이크로소프트 해킹에 가담한 공격자들을 식별하여 책임지도록 할 것이라고 직접 경고하였다.[149]

한편 미·중 간의 사이버 협력 중요성이 강조되기도 한다. 양자 사이의 스파이 전쟁을 넘어서는 국경을 초월한 사이버 범죄의 급속한 증가와 이를 둘러싼 잘못된 오해와 불신의 증폭 가능성 때문이다. 전 세계에서 발생하는 사이버 공격 중 '금전적 갈취' 목적이 정보 탈취

(espionage)의 9배로 압도적이고, 범죄집단의 사이버 공격이 국가 배후의 사이버 공격보다 14배 많다. 전 세계적으로 가장 빈번한 사이버 공격을 받는 분야 1위는 제조업, 2위는 금융·보험, 3위는 전문 서비스로, 이 세 개 분야와 소매업·도매업이 받고 있는 사이버 공격은 나머지 분야인 에너지, 교육, 정부기관, 보건, 통신 등의 국가 기반시설이 받는 공격의 2배에 달한다. 즉 민간 섹터가 공공 분야보다 훨씬 더 많은 위협에 노출되어 있다는 것이다.

그런데 문제는 취약한 민간 섹터를 통해 국가기관이 사이버 공격에 노출될 수 있다는 점이다.[150] 사이버 보안이 세계 1위인 미국의 경우도 민간 섹터의 보안 문제가 최근 더 심각해지고 있으며 이러한 현실은 중국도 마찬가지이다. 따라서 미·중을 포함한 세계의 주요 국가들은 사이버 범죄에 대한 공동의 대응과 협력 필요성을 충분히 공감한다.

그러나 **미·중 및 국제사회의 사이버 안보 관련 협력에는 다음과 같은 도전 요인이 제기된다.**

첫째, 사이버 공간 및 사이버 안보가 가지는 기술적 특수성으로 인한 정부 차원 대응의 어려움에 대한 인식이다. 사이버 공간은 그 익명성으로 인해 다양한 공격의 목적과 행위자 그리고 공격 목표를 가진다. 가장 일반적인 사이버 범죄나 공격의 목적과 행위자가 금전적 이득을 위한 것이 현실이지만, 동시에 단순한 정보의 탈취나 과시성 해킹도 빈번하게 벌어진다. 이 경우 종종 국가에 의한 사이버 공간의 간첩 활동이나 사이버 공격과 구분이 어렵고 경계가 모호한 경우가 많다. 또한, 민간과 정부의 구분이 어렵고, 공격 속도에 비해 훨씬 더

딘 의사결정 과정, 소수의 해커조직이나 한 개인의 일사불란하고 민첩한 공격 대비 분산되고 파편화된 정부 조직, 책임 소재의 불명확성 등은 사이버 안보를 위한 중앙정부 차원의 정책과 전략 마련에 근본적인 도전을 제기한다.

둘째, 사이버 공간에서의 공격의 특수성은 공격보다 이에 대응하는 방어를 더욱 어렵게 만든다. 사이버 공격의 경우는 방어가 우세한 재래식 전쟁과는 반대로 공격자 우위의 성향을 가지며, 이는 방어 대책 마련과 억제의 어려움으로 직결된다. 일반 군대를 동원한 재래식 전쟁에서는 방어가 공격에 비해 보통 3배의 우위를 가진다. 그러나 사이버 공간에서는 공격자 식별의 어려움, 은밀성, 속도의 우위, 기술 진화의 빠른 전개 등에 의해 공격자가 유리하다. 이는 선제공격에 대한 인센티브를 강화하는 결과를 초래한다. 특히 인공지능 기술은 최근 전 세계적으로 사이버 공격이 급증하게 만드는 가장 큰 원인이 되고 있다. 즉 AI를 이용할 경우 공격의 자동화(attack automation)와 가속화(acceleration)를 통해 공격의 규모(scale)·고도화(sophistication)·익명성(anonymity) 차원에서 획기적인 효과를 가져오면서 방어기제를 현격히 떨어뜨린다.

셋째, 전통 안보 개념을 적용하기 어렵다. 전투원과 민간 구분의 어려움, 공격의 출처 식별의 어려움, 현실 세계의 국경과 전장 구분과 달리 그 경계가 존재하지 않는 사이버 공간의 특수성 때문이다. 여기에 북한 해커들의 할리우드 영화사 공격이나 최근의 암호화폐 탈취와 같이 금전적 목적과 국가안보위협의 구분이 애매한 경우도 많다. 또한, 콜로니얼 석유회사 사태와 같은 민간 핵심 기간시설의 사이버 공격에 대한 취약성은 개인이나 소수의 해커 공격으로 수십·수백만이 피해를 입는 공격과 피해의 비대칭성을 보여준다. 즉 일반적으로 방어가 공격에 비해 우세한 재래식 전쟁의 접근법으로는 그 적용이 어렵다는 것이다.

넷째, 따라서 사이버 안보정책은 국방부나 특정 안보 관련 부분만이 아니라 전체 유관 정부 부처 간의 통합적 접근을 물론 민·관·군의 긴밀한 협조와 공동의 대응을 요구한다. 그러나 동시에 현실적으로 그 시행이 가장 어렵다. 예를 들어 사이버 안보를 위한 조치가 개인의 사생활, 기업의 이윤 추구 혹은 소비자 보호 책임을 침해할 수 있다. 사이버 안보정책이 정부와 민간, 시민사회 간에 협력보다 종종 갈등과 논쟁을 불러일으키는 이유이다.

다섯째, 사이버 안보는 국경을 초월하는 개방성과 연결성으로 인해 국내 정책 못지않게 국제적 협력의 중요성도 강조된다. 그러나 국가별로 사이버 안보에 대한 접근 방식과 조직, 능력에 많은 차이를 가지는 것이 현실이다. 이는 국제공조의 어려움을 의미한다. 더욱이 미·중의 경우와 같이 사이버 안보의 근본적인 목적과 원칙에 대한 대조적 접근법은 사이버 안보를 위한 국제 공동 규범의 창출이나 국제 거버넌스 형성을 더욱 어렵게 만든다.

여섯째, 그럼에도 불구하고 사이버 공간에서의 국제규범과 제도, 거버넌스 형성을 위한 지역적·지구적 차원의 노력이 나타나고 있다. 미국은 영국, 일본 등 전통적인 동맹국들과 연합하여 인터넷 공간의 자유로운 정보의 흐름과 개인의 정보 접근의 자유, 표현의 자유 및 지식재산권 등의 보호를 위해 유엔 등에 확립된 전통적 국제규범과 원칙을 토대로 사이버 공간에서 이를 구현할 지역 협력 및 국제 거버넌스 창출을 주도하기 위해 노력하고 있다.

미·중 전략 경쟁의 심화 속에서 사이버 공간이 가지는 익명성과 다양한 행위자, 공격자 우위 특성, 서로에 대한 정보 요구 증가 등으로 양국 간의 사이버 협력은 그 필요성에도 불구하고 현실적으로 매우 어렵다. 또한, 양국 정부가 사이버 안보에 대해 가지는 기본적인 개념과 원칙의 근본적인 견해 차이도 매우 크다.

미국이 추구하는 정보의 자유로운 흐름과 개인의 정보 활동과 의사 표현의 자유, 사생활 보호 등은 중국에는 공산당 독재에 대한 반정부 선동, 정부의 통제 약화, 외부의 불순 사상과 문화의 유입 등 현 체제 자체를 위협하는 행위로 이해된다. 그럼에도 불구하고 **미·중 간 사이버 안보 분야의 대화와 협력은 향후 미·중관계의 안정적 관리뿐 아니라 국제 사이버 안보의 협력을 위해서 중요한 의미를 가진다.** 따라서 향후 협력을 위한 다음의 고려사항이 제시된다.

첫째, 양국은 사이버 공간의 기술적 특성으로 인해 생기는 협력의 어려움을 상호 인식해야 한다. 이는 사이버 공간에서의 정보의 자유에 관해 양국의 정치체제가 가지는 근본적인 접근의 차이를 인식함에서 출발해야 한다. 둘째, 이러한 개념적 차이에 대한 인정을 바탕으로 여전히 양국이 공유하는 사이버 안보 문제에서의 협력 가능성을 모색해야 한다. 즉 제3의 세력에 의한 사이버 범죄나 사이버 테러 활동에 대한 공조를 확대 추구해야 한다. 셋째, 이를 위해 환경이나 기후 분야, 금융, 비확산 등 여타 분야에서 기존 양국 간 다양한 협력 사례를 고려할 필요가 있다. 넷째, 지구적 차원에서 인터넷의 순조로운 기능을 위한 다양한 기술적 규범에 대한 합의와 명문화 노력, 애매한 책임소재 식별에 대처하려는 노력, 양국이 서로 중대한 갈등을 초래할 수 있는 '마지노선'이나 '레드라인'에 대한 최소한의 공유 노력 등을 시도해야 한다. 마지막으로 이러한 논의를 위해 다양하고 책임 있는 당국자 간의 협의 채널을 구축하여 상호 신뢰와 협력을 증진해야 한다.[151]

사이버 안보에 관한 국제규범 논쟁

03

국제협력은 다양한 국내 정책과 더불어 미국 사이버 안보전략의 다른 중요한 축을 이룬다. 무한대로 열리고 연결된 사이버 공간의 특성상 국내와 국외의 구분이 어렵거나 존재하지 않기 때문이다. 미국은 실제 국제 사이버 안보정책을 위한 미국의 역할을 확립하고 국제 파트너십 관련 역량을 강화할 것을 강조한다.

그럼에도 불구하고 국제사회와의 효율적인 사이버 협력이 쉽지 않은 현실이다. 먼저 사이버 범죄나 위협은 국경을 초월하는 반면 이에 대응하는 사이버 범죄의 수사 및 기소, 데이터 보존, 개인정보 보호에 관한 법률이 국가마다 다르기 때문이다. 따라서 국가 간 사이버 범죄나 위협에 대한 관할권 허용 기준, 각 국가의 책임 여부, 국가 무력 사용에 대한 기준 등과 관련하여 공동 대응을 할 수 있는 국제 환경 조성이 필요하다. 이를 위해 미국과 동맹국들은 사이버 안보 관련 공통의 정책 목표를 설정하고 '국제전기통신연합(International Telecommunication Union, ITU)', '국제표준화기구(International Organization for Standardization, ISO)'와 같이 현존하는 사이버 안보 관련 국제기구 및 지역 포럼에서의 중복되는 역할을 조정하며 포괄적 국제 협력체계 구축을 위한 노력을 해나갈 것을 제안한다.[152]

오바마 행정부의 2011년 「사이버 공간의 국제 전략(International Strategy for Cyberspace)」 보고서는 국제 사이버 안보 파트너십 강화를 위한 구체적인 국제협력의 기본 원칙과 전략을 제시한다. **미국이 제시하는 기본 원칙은 크게 3가지이다.** 첫째, 미국이 추구하는 근본적 자유(fundamental freedom) 관련 표현의 자유와 집회·결사의 자유에 관한 사이버 공간의 활동을 지지하되 동시에 아동 포르노나 테러활동 등 이를 악용하는 것에는 관용하지 않는다. 둘째, 사생활 존중을 위해 개인에 대한 정보 노출을 지양하며 개인의 권리를 법률에 의거 일관성 있게 보호한다. 셋째, 혁신과 표현의 자유를 위한 보다 폭넓은 정보의 자유로운 흐름을 위한 각종 국제 사이버 안보 조치와 기준을 수립한다.[153]

미국은 국제사회에 공유되는 책임감 있는 **사이버 규범(norms)**을 통해 국가의 정책을 제시하고, 파트너십을 유지하고, 사이버 공간의 법규를 지지하는 환경을 만들 것을 제시한다. 여기서 미국이 의미하는 사이버 규범이란 사이버 공간의 안정성을 강화하며 국제 행동의 기반을 마련하기 위한 국가 간의 공통된 합의이다. 여기에는 **5가지 원칙**이 있다. 첫째, 오프라인은 물론 온라인에서의 근본적 표현의 자유지향, 둘째, 지재권이나 특허, 저작권 같은 재산권 존중, 셋째, 인터넷 사용에서 국가의 간섭으로부터 사생활 보호, 넷째, 사이버 범죄에 대한 색출과 처벌을 위한 국제협력을 통한 사이버 범죄로부터의 보호, 다섯째, 유엔헌장에 보장된 자위권 원칙에 따라 사이버 공격으로부터 국가의 안보를 지킬 자위의 권리이다.

이를 위해 각 국가는 구체적 행동 강령으로 ① 인터넷 접근에 대한 상호 보장, ② 국제적으로 연결된 인터넷 정보의 자유로운 소통, ③ 개인의 인터넷 접근에 대한 불간섭을 통한 네트워크 안정성 보장, ④ 정부를 넘어선 다양한 이해당사자에 의한 인터넷 거버넌스의 필요성 인식, ⑤ 각자 자국의 정보 인프라와 국가적 정보 시스템을 공격이나 피해로부터 보호할 사이버 공간의 기본 책무 수행이 있다.[154]

미국은 앞서 말한 국제 사이버 규범과 거버넌스 제도의 창출을 위해 그 가치와 이익을 공유하는 기존 동맹국들과 협력하여 다음의 전략을 추구한다. 첫째, 사이버 공간과 인터넷 표현의 자유, 개방, 신뢰 등 기본 원칙이 존중되어야 한다. 둘째, 사이버 공간을 사용하고 있는 개인, 산업계, 시민사회 및 정부기관 등 다양한 구성원들의 의견이 수렴된 국제적 규범을 제정해야 한다. 셋째, 인터넷 및 사이버 공간 규범 설정에서 그 출발은 기존의 국제법을 토대로 하며, 따라서 유엔헌장 등이 사이버 공간을 규율하는 국제규범의 모태가 되어야 한다. 넷째, 사이버 공간에 적용 가능한 국가 간 신뢰 구축 조치(Confidence Building Measures, CBMs)의 이행이 필요하다.[155]

사이버 공간과 사이버 안보에 관한 국제규범과 제도를 만들려는 노력은 아직은 시작 단계에 있다. 미국은 당연히 새로이 형성될 사이버 공간의 국제규범을 주도하고, 이 과정에서 미국이 추구하는 사이버 안보 관련 규범·원칙·가치를 실현코자 한다.

그런데 미국이 주도하는 사이버 공간의 국제규범과 거버넌스에 대해 모두가 동조하지 않는다. **특히 사이버 국제규범과 원칙 설립을 놓고 미국과 영국으로 대표되는 서방 측과 중국과 러시아로 대표되는 비서방 측이 크게 다른 입장을 보인다.** 미국과 서구 국가들은 국경을 초월한 정보 접근과 소통의 자유, 개인의 사생활과 지식재산권의 보호 등을 중시한다.

반면에 러시아와 중국을 위시한 일부 국가들은 사이버 공간에서도 국가 주권이 중요하며 필요하면 정보 통제를 허용해야 한다고 주장한다. 중국 및 러시아 등 권위주의 국가는 자신들 체제에 대해 인터넷 등에서 비판적 정보와 여론이 형성되는 것에 민감하다. 자유로운 정보 소통과 언론의 자유를 주장하는 미국과 서방의 의도를 의심하는 이유이다. 또한, 이들은 기존의 인터넷 체계를 구성하고 주도해온 서방측의 의도대로 사이버 공간을 규율하는 체제를 수립하는 것을 수용할 수 없다는 견해이다. 사이버 공간의 신뢰 구축 조치 수립이나 이행보다는 국가의 인터넷 통제 강화 등을 내용으로 한 국제 정보 보안 행동 수칙에 대한 합의가 시급하다는 입장이다.

미·중·러 간의 사이버 규범에 대한 충돌은 이미 진행 중인 몇 개의 국제 사이버 협약 논의에서 나타나고 있다. **부다페스트 사이버 범죄 협약**은 미국이 그동안 적극적으로 참여해온 국제협약의 하나이다. 2001년에 시작하여 인터넷을 사용한 사이버 범죄행위에 대한 국가 간의 공조와 협력을 통한 대응을 추구하는 대표적인 조약이다. 2024년 현재 서구를 중심으로 미국과 유럽, 일본 등을 포함한 76개국이 가입하고 있다. 미국은 이 조약을 통해 각국이 사이버 범죄에 관한 공통의 규정과 법을 만들고 이를 통해 증거 수집, 범죄인 인도 등에서 공조할 것을 제안한다. 또한, 이 협약이 각국이 사이버 범죄 관련 법률을 만들고 현 법률을 개선하는 데 도움이 될 것으로 기대한다. 그러나 러시아나 중국은 여기에 미온적인 반응을 보이며 가입하지 않고 있다. 한국은 2018년 가입을 추진한 지 5년 만인 2023년 유럽평의회로부터 정식 가입 초청서를 받았다.

한편 러시아도 유엔을 중심으로 국제 사이버 규범 형성을 시도한 사례가 있다. 1998년 러시아는 **'국제안보 관점에서의 정보와 통신 분야의 발전(Developments in the field of information and telecommunications in the context of international security)'**이라는 결의안을 유엔에 제출하여 유엔의 군축 및 국제안보 위원회에서 사이버 안보에 관한 논의를 시작하였다. 그러나 이 결의안에 대해 미국은 처음부터 동조하지 않았고, 이후로도 러시아 주도의 사이버 안보 관련 유엔 논의에 소극적인 모습을 보였다. 이 위원회는 국제안보 차원에서의 사이버 안보 문제를 논의하기 위해 2004년부터 '국제안보 맥락에서의 IT 분야 개발에 관한 유엔 정부 전문가 그룹(Group of Government Experts on Developments in the Field of Information and Telecommunications In the Context of International Security)' 회의를 지속해오고 있다. 사이버 안보 관련 정부 전문가 그룹(GGEs) 회의를 통해 유엔은 러시아는 물론 미국과 중국, 일본 등의 국가 간에 사이버 안보에 관한 국제규범 확립에 대한 공동의 입장을 확인하고 이견을 좁히려고 노력하고 있다.[156]

2015년 7월 미국, 러시아, 중국, 영국, 프랑스, 독일, 브라질 등 20개국은 유엔을 통해 사이버 안보 관련 일련의 합의에 도달했다. 이들이 합의한 내용은 사이버 공간에서 국가들이 지켜야 할 규범·규칙·원칙에 대한 기본 원칙과 신뢰 구축 방안, 사이버 안보 능력 배양에 대한 지지이다. 합의한 원칙을 살펴보면 각 국가는 정보통신 기술을 사용함에서 국제법과 국가 주권, 평화적 방법에 따른 분쟁 해결과 내정 불간섭의 원칙을 지킬 것이며, 동시에 각국이 정보통신 기술을 사용함에서 기본 인권과 근본적인 자유를 존중할 의무를 진다고 규정한다. 또한, 이들은 가짜 프락시를 정보통신 기술 활용에 사용하지 않을 것과 자신들의 영토가 비국가 행위자들의 사이버 범죄행위에 이용되도록 허용하지 않을 것을 합의하였다.[157]

한편, 유엔은 2006년부터 '인터넷 거버넌스 포럼(Internet Governance Forum, IGF)'을 개최하여 인터넷 보안은 물론 지속 가능성, 성장, 개발과 안정성 등 인터넷과 관련된 종합적인 문제를 다루고 있다. 포럼은 정부와 기업, 비정부기구 등 여타 이해당사자들이 모여 인터넷 관련 국제 거버넌스 이슈에 대한 정책적 대화를 나누는 장으로 사용되고 있다.

사이버 안보는 앞에 살펴본 기후변화, 인구절벽과 더불어 대표적인 신흥 안보의 주제이다. 각종 해커에 의해 개인과 기업, 국가의 비밀과 재산이 실시간으로 침해받고 있기 때문이다. 동시에 사이버 공간은 우주와 더불어 미·중 전략 경쟁의 가장 중요한 분야로 떠올랐다. 국경을 넘나드는 사이버 범죄에 관한 공통의 이해에도 불구하고 미·중 협력을 위시한 국제규범의 마련이 어려운 이유이다.

여기에 사이버 공간은 인도-태평양을 둘러싼 미·중의 군사전략에서도 매우 중요한 부분을 차지한다. 중국의 반 접근·지역 거부 전략과 이에 대응하는 미국의 다영역 상쇄전략에 사이버 공간이 핵심적인 작전 영역으로 여겨지기 때문이다. 사이버 안보는 사이버 공간이 가지는 기술적 특성으로 인해 기존의 여타 안보정책과 다른 접근과 함께 많은 과제를 제시한다.

8장

21세기 미·중 우주 패권경쟁?

한반도의 남북한이 20세기 냉전의 핵전쟁 위협에 얽혀 있는 사이 21세기 미·중 신냉전은 새로운 영역에서 펼쳐지고 있다. 우주를 둘러싼 미·중 경쟁이 바로 그것이다. 인류가 개척해야 할 새로운 영역으로 등장하고 있는 우주는 기존과는 또 다른 양상의 안보와 군사적 문제를 일으킨다. 우주는 20세기 미·소 간 냉전에서도 중요한 상징적 경쟁의 장이었다. 소련이 인류 최초로 우주 공간에 사람을 보내자, 미국은 최초의 달 착륙으로 맞섰다. 그러나 우주는 여전히 미지의 영역으로 남았고 1969년 암스트롱의 달 착륙은 최초이자 마지막 인간의 우주 탐사로 기록 중이다.

그러나 21세기 미·중을 중심으로 펼쳐지는 2차 우주 경쟁은 이전과는 다른 차원의 안보와 패권경쟁의 영역으로 등장하고 있다. 우주 공간이 과학자나 정부의 전유물을 넘어 새로운 경제와 군사 활동의 본격적인 기회의 창으로 부상한 것이다. 미·소 냉전이 육지와 바다, 하늘에서의 핵과 재래식 군사력 경쟁으로 펼쳐졌다면 우주는 21세기 미·중 신냉전의 가장 중요한 각축장으로 떠오르고 있다. 트럼프 행정부에서 본격 시작된 미·중 경쟁은 인도–태평양의 지역 패권 경쟁을 넘어 우주 분야로 확대되고 있다. 우주는 21세기 새로운 첨단 기술을 바탕으로 인간의 본격적인 진출이 시작되는 인류의 새로운 도전 영역이다. 아직까지 우주 분야 활동은 미국이 인간을 달에 착륙시킨 이후 지구를 중심으로 한 공간에 머물러 있었다. 그러나 최근 들어 지구 환경의 악화, 자원의 고갈 등으로 인해 지구를 넘어선 우주에 관한 관심이 고조되고 있다. 여기에 이제까지 정부를 중심으로 진행되어온 우주 개발에 민간 사업자가 도전장을 내고 있다. 제프 베이조스(Jeff Bezos)의 아마존, 일론 머스크(Elon Musk)의 테슬라, 리처드 브랜슨(Richard Branson)의 버진항공사 등 세계 초일류 기업이 우주 사업에 뛰어든 것이다.

바야흐로 우주가 21세기 산업과 경제의 새로운 개척지로 등장하고 있다. 이것은 미·중 경쟁의 차원에서도, 날로 고갈되고 병들어가는 지구에 살며 우주를 향하는 인류의 미래에도 중요한 의미를 지닌다. **지구를 넘어 새로운 우주식민지를 건설하겠다는 미국의 야심 찬 계획과 중국몽을 넘어 우주몽을 꿈꾸는 중국의 전략이 어떻게 전개될 것인가? 미국과 중국의 21세기 우주 경쟁은 군사와 경제 부분에서 어떻게 전개되고 있는가? 우주가 21세기 미·중 패권경쟁에 미칠 영향은 무엇인가? 이 장에서는 미국과 중국의 21세기 우주 정책을 살펴보고 그것이 미·중 경쟁에 미치는 영향을 알아본다.**

우주의 상업화와 군사화

01

21세기 우주의 상업화

미국 국방정보국은 "우주는 미국 번영의 기본으로서 커뮤니케이션, 금융 거래, 공공 안전, 날씨, 농업, 항공기 운영에서 우주의 중요성이 점점 커지고 있다"라고 정의한다.[158] 또한, 우주는 앞으로 상업적 기술과 투자에서도 무궁무진한 잠재적인 기회가 존재한다고 판단한다. 우주 산업의 규모는 2024년 기준으로 5960억 달러에 이른다.[159] 21세기 우주 산업에는 5가지 새로운 트렌드가 주목된다. 첫째, 기술 발달로 인한 보다 효율적이고 이윤이 많은 우주 활동의 가능성, 둘째, 우주 분야에 대한 새로운 민간 부분의 투자와 진출의 증대, 셋째, 데이터 의존성이 높아지는 세계 경제가 우주와 시장에 가지는 다양한 효과,

넷째, 인류의 삶에 미치는 우주의 보다 근본적인 역할 가능성에 대한 인식의 증가, 다섯째 우주가 군사·전략 부분에서 가지는 역할과 중요성의 증가이다.[160] 2025년 현재 1만 2000여 개의 위성이 궤도에서 활동하고 있다. 이 중 8000여 개가 통신용이며 나머지는 지상관측이나 과학, 기술, 탐사용 등으로 사용된다. 현재 독자적으로 위성 발사 능력을 가진 국가는 미국을 위시하여 중국, 인도, 이란, 이스라엘, 일본, 러시아, 북한, 한국 등 9개 국가이다. 프랑스와 영국, 독일 등 유럽 국가들은 컨소시엄을 구성하여 위성을 발사하고 있다.

20세기 냉전 시기 우주 공간의 활동이 미국과 소련의 정부 주도로 전개되었다면 21세기 우주 개발은 민간 기업이 이 분야에 적극적으로 진출하면서 급속하게 상업화되는 새로운 모습을 보인다. 상업용 우주 부문은 우주 발사, 통신, 우주 상황 인식, 원격 감지 등이며 심지어 인간의 우주비행 분야까지 진출하고 있다. 민간 우주 회사들은 정부에 제품을 공급할 뿐만 아니라 상업적으로 치열한 경쟁을 벌이고 있다. 현재 우주 분야에 관한 관심은 크게 우주 공간에서의 제조업, 우주여행, 인공위성 발사, 그리고 달과 화성 등으로의 우주 이주의 네 분야를 중심으로 진행되고 있다.

우주 분야의 기술은 내비게이션, 통신, 원격 감지, 과학과 탐사의 크게 네 가지 영역에서 우리의 일상에 중요한 역할을 하고 있다. 첫째, GPS와 같은 우주 기반 '위치 추적, 내비게이션, 시간(Positioning, Navigation, Timing, PNT)' 서비스는 위성 내비게이션을 통해 위치 및 내비게이션 데이터를 제공함으로써 해상, 지상 및 항공 운송에서보다 효율적인 경로를 계획하고 경로 정체를 관리하는 서비스를 제공한다.

이들 체계는 위치나 항법뿐 아니라 정확한 시간 측정을 제공한다. 금융 거래에서 일반인이 사용하는 ATM 및 신용카드 결제, 전력 회사의 효율적인 송전 등에 필수적이다. 군사 영역에서는 PNT 데이터가 무엇보다 적의 화력이나 항공, 육상 및 해상의 목표물에 대한 정확한 타격 능력을 제공한다. 현재 글로벌 차원의 위성항법 체계는 미국과 유럽연합, 러시아에 의해 운용되고 있다. 일본과 인도는 일부 지역 시스템을 운영하는 가운데 최근 중국이 지역은 물론 글로벌 차원의 위성항법 시스템을 자체 개발하여 운영하기 시작하였다.[161]

둘째, 통신은 궤도에 떠 있는 대부분의 위성이 담당하는 가장 중요한 기능이다. 이들은 전 세계 통신을 지원하고 지상 통신 네트워크를 보조하는 기능을 수행한다. 실제 이들이 수행하는 역할은 막대하다. 1998년 미국의 통신위성이 컴퓨터 장애로 마비된 사건이 있었다. 당시 사람들은 주유소를 이용할 수 없었고, 병원 의사들은 진료를 하지 못했으며, 방송국도 방송을 멈추는 상황이 벌어졌다. 군사 부분에서도 통신위성은 전장 상황 파악을 위한 의사소통과 지상 탐지에서 군사작전에 중요한 신속성과 운용성을 제공한다.[162]

셋째, 지구 대기권과 지형이나 지물에 대한 정보를 제공하는 원격 감지 위성은 급변하는 날씨를 포함한 일기 예보에 필수적이다, 또한 광물 자원의 탐사나 시추, 그리고 농업에 주요한 여러 가지 정보를 제공한다. 이 위성들은 또한 군사작전에서 적의 능력을 식별하고 부대의 움직임을 추적하며 잠재적인 목표를 찾을 수 있는 '정보, 감시, 정찰(Intelligence, Surveillance, Reconnaissance, ISR)' 데이터를 제공한다.[163]

마지막으로, 우주 기반 능력은 지구와 우주의 본질에 대한 통찰력을 제공하는 과학적 연구에만 그치지 않는다. 우주 연구 및 우주 탐사 활동 과정에서 알게 된 과학적 지식이나 기술을 통해 새로운 혁신이 전개되고, 이를 이용한 신산업 발전과 기술 개발을 통해 일상생활에도 여러 혜택이 파급되는 효과를 가져온다.[164] 이미 일상에서 사용하는 물질과 용품 중에는 우주 개발 과정에서 상용화된 사례가 수도 없이 많다. 높은 온도에서도 견딜 수 있는 소방복, 제트 엔진 터빈에 필요한 우수한 금속 합금, 태양 전지판, 휴대용 컴퓨터 및 소형 정수 시스템, 물체의 형상을 인식하는 메모리폼, 휴대폰 카메라, 라식 수술, 전자레인지, LED 전구, 적외선 온도측정기, 과일 당도 측정 기계, 포스트잇, 어린이 이유식, 탱 주스 가루 등이 대표적인 사례이다.[165]

우주 공간의 상업화는 4차 산업혁명을 주도하는 미국 회사들이 여기에 뛰어들면서 새로운 전기를 맞이하고 있다. 우주로의 수송비용을 획기적으로 절감하고 화성을 식민지화하겠다는 목표 아래 2002년 설립된 **스페이스 X(Space X)**는 자율주행 전기차 개발을 선도 중인 테슬라의 일론 머스크 회장이 설립한 대표적인 민간 우주항공 회사이다.[166] 설립 이래 스페이스 X는 지구 궤도로 인공위성 등을 쏘아 올리기 위한 팰컨 발사체와 화물 및 인간을 우주로 수송하기 위한 드래곤 우주선 시리즈를 개발하며 우주 산업의 상용화를 선도하고 있다.

이 과정에서 스페이스 X는 민간 항공우주 기업으로서 지금까지 수많은 업적을 거두어왔다. 2008년 세계 최초로 민간 액체 추진 로켓 팰컨을 지구 궤도에 도달시켰다. 2010년에는 드래곤 우주선을 개발하여 민간 최초로 발사와 궤도 비행, 회수에 성공하였다. 2012년에는 드래곤 우주선을 민간 최초로 국제 우주정거장에 도킹하였다.[167] 특히 2015년에는 항공우주 시장에서 가장 수요가 많은 위성 발사 비용 절감을 위해 자신들이 개발한 팰컨 로켓을 세계 최초로 1단 부스터를 역추진해 착륙시키는 데 성공하여 이를 다시 재사용할 수 있는 길을 열었다. 실제 2017년부터 스페이스X는 이 재사용 로켓으로 인공위성 발사에서 저가 경쟁을 펼치던 중국과 러시아의 경쟁사에 비해 비용 면에서 큰 경쟁력을 확보하게 되었다.[168]

저렴한 위성 발사 능력을 활용하여 스페이스X와 머스크 회장은 전 지구적 인터넷 사용이 가능한 거대한 위성 연결망인 '스타링크(Starlink) 프로젝트'를 추진하고 있다. 한 번 발사에 60여 개의 소형 인공위성을 지구 궤도에 올려놓는 신기술로 2019년 이후 매달 1~4번꼴로 인공위성을 쏘아 올리고 있다. 2021년 4월 현재 총 23번의 로켓 발사를 통해 1400여 개의 통신위성을 설치하였다. 궁극적으로 지구 궤도에 1만 2000~4만 개의 위성을 설치하여 전 지구적 인터넷 서비스를 제공하여 수십조의 수익을 창출하겠다는 계획이다.[169]

급기야 미국 정부와 나사(NASA)는 2011년 자신들이 운영하던 유인 우주선 프로젝트인 스페이스 셔틀을 취소하고 그 대신 스페이스X를 상업용 유인 우주선 개발 프로젝트의 대상자로 선정했다. 이후 9년 만인 2020년 6월에 드디어 나사의 우주인 2명을 우주정거장에 운송하는 임무를 수행하게 되었다. 이는 2011년 이후 중단된 미국 우주비행사들의 우주 수송이 처음으로 재개된 것이었다.[170] 스페이스X는 민간인에게 지구 궤도의 우주여행을 제공하는 사업을 기획하여, 2021년에 4명의 민간인이 우주 궤도에서 사흘간 체공한 후 지구로 돌아오는 첫 상업 우주비행을 시행하였다.

일론 머스크 회장은 2024년을 시발로 화성에 탐사단을 보내 궁극적으로 화성에 식민지를 건설하는 계획을 또한 추진하기도 하였다.[171] 한편 아마존 회장 제프 베이조스와 버진 항공사의 리처드 브랜슨 회장과 같은 다른 억만장자 사업가들도 각기 **'블루 오리진(Blue Origin)'**과 **'버진 갤럭틱(Virgin Galactic)'**과 같은 우주 회사를 창립하여 비슷한 우주 사업을 추진하고 있다. 바야흐로 21세기 인류의 미래를 개척할 우주 산업을 놓고 민간 분야의 치열한 경쟁이 이미 시작된 것이다.[172]

지금까지 각국의 우주 개발은 정부 정책과 지원에 의존하는 정부 주도 형식을 띠었다. 그에 비교해 21세기의 우주 개발은 그 주체와 사업 추진이 더욱 다양해지고 분화되고 있다. 이러한 변화는 우주가 국가안보와 과학기술 영역에서뿐 아니라 국가 경제 미래 성장의 중요한 분야로 부상하고 있음을 보여준다. 그 결과 과거 개별 국가 중심, 비밀주의, 군관 중심의 정부 주도, 소량 및 대형 플랫폼, 하향식 접근의 특성을 가지던 우주 개발이 국제 다자, 투명과 개방, 민간 상업에 의한 민관 네트워크 주도, 대량 및 소형 플랫폼, 상향식 접근으로 새롭게 변화되고 있다.[173]

우주 공간의 군사화

우주 공간의 상업화 못지않게 군사적 중요성 또한 날로 증가하고 있다. 앞서 설명한 위치 추적이나 통신위성 등을 통한 미사일 조기 경보 시스템, 지리적 위치 및 내비게이션, 표적 식별 및 적의 활동 추적을 포함한 많은 군사작전에서의 우주 공간 활용이 핵심으로 부상하고 있다. 상대 국가의 민감한 군사실험, 평가 활동, 군사훈련 및 군사작전을 탐지를 위해 정부 및 상업용 원격 감시 위성이 제공하는 군사 및 정보 수집 기능이 더욱 중요해지고 있다. 특히 최근 AI 기술이 적용된 감시 정찰 능력이 획기적으로 증대함에 따라 이를 통한 대규모 데이터 분석이 국가 간 정보 전쟁에서 핵심으로 떠오르고 있다. 더불어 국방에서 대위성 공격 능력과 같은 우주 공간에서의 군사적 작전의 중요성이 부각되고 있다.[174]

우주 관련 군사작전은 다음의 영역에서 중요한 역할을 한다. 첫째, 사이버 공간을 통한 우주 자산을 교란하고 파괴하는 활동이 있다. 사이버 공간은 우주를 포함한 다른 모든 전투 영역에 영향을 미친다. 특히 우주 분야의 많은 기술과 활동들이 사이버 공간에 의존하며 동시에 사이버 분야 역시 우주 분야에 의존하기는 마찬가지이다. 예를 들어 위성통신 및 데이터 분배 네트워크, 우주 시스템 관련 지상 인프라와 이들을 연결하는 링크 등은 사이버 공간을 이용한 공격에 의해 치명적인 손상을 입을 수 있다.

둘째, 역학 키네틱(kinetic) 에너지를 활용한 작전이다. 대표적으로 '위성 공격(Anti-Satellite Weapon, ASAT)' 미사일은 그 시스템을 우주 궤도에 배치하지 않고도 위성을 파괴하도록 설계된 무기이다.[175] 일반적으로 지상에서 고정식 또는 기동식 발사를 통한 미사일 및 역학적 킬 운반체로 구성되며 항공기에서 발사할 수도 있다. 이들 미사일은 발사 후 자체 추적 장치를 사용하여 상대 위성을 파괴하는데, 우주에 많은 파편이 생성되는 문제가 제기된다.

셋째, '지향성 무기(Directed Energy Weapons, DEW)'는 레이저나 고출력 마이크로파, 기타 유형의 무선 주파수를 에너지를 사용하여 적의 장비와 시설을 방해, 손상 또는 파괴한다. 앞서 말한 미사일 역학 에너지 무기에 비해 공격 형태나 그 위치 식별이 어려운 장점이 있다. 1980년대 미국의 레이건 행정부에서 '스타워즈' 구상으로 시작되었으나 당시에는 비현실적인 것으로 여겨졌다. 현재는 기술의 발달로 수백 미터 밖의 로켓이나 드론을 파괴할 수 있는 고에너지 레이저파 공격 등의 실험이 미국과 러시아, 중국 등에서 진행되고 있다.[176]

넷째, '재밍(Jamming)' 및 '스푸핑(Spoofing)' 기술을 사용하여 전자기 스펙트럼을 제어하는 '전자전(Electronic Warfare, EW)' 무기가 있다. 전자전 무기의 경우 공격자의 식별이 어렵고 또 우발적인 사고와도 구분이 어렵다. 재밍에는 우주에 있는 위성을 아래에서부터 교란하여 위성 수신 지역의 모든 사용자에 대한 서비스를 손상시키는 업 링크 재밍이 있다. 반대로 공중의 위성을 사용하여 지상 부대와 같은 지상 사용자를 대상으로 하는 다운 링크 재밍도 있다. 스푸핑은 잘못된 정보가 포함된 가짜 신호를 주입하여 교란을 야기하는 기능이다.[177]

다섯째, 우주 궤도의 위성을 사용하여 상대 위성을 공격하는 궤도 위협(Orbital Threats)이 있다. 이 경우 상대 위성에 대해 일시적 또는 영구적 손상을 주기 위한 다양한 방법이 쓰인다. 여기에는 키네틱 킬 차량, 무선 주파수 '재머(Jammer)', 레이저, 화학 분무기, 고전력 마이크로파 및 로봇 기기와 같은 다양한 수단이 동원된다. 특히 로봇 기기는 위성 서비스, 수리 및 잔해물 제거 등의 평화적 목적과 동시에 군사적

목적으로도 사용되는 이중성을 가진다.[178]

여섯째, '우주 상황 인식(Space Situational Awareness, SSA)' 기능이 있다. SSA는 상대 목표물의 현 위치는 물론 그 궤도 추적을 통해 미래의 위치까지도 추적하고 예측할 수 있는 능력을 지칭한다.[179] SSA는 우주 전에서 상대 목표물의 위치를 파악하고 동시에 공격의 성과를 판단하는 데 중요하다. 이를 위해 망원경, 레이더 및 우주 기반 센서 등을 사용하여 상대 목표물에 대한 감시 및 식별을 수행한다.

최근 우크라이나 전쟁에서는 민간의 우주 산업이 전쟁의 양상에 직접적인 영향을 미치는 극적인 모습이 전개되었다. 전쟁 초기 일론 머스크의 소형 인공위성이 우크라이나의 대러시아 저항에 결정적 역할을 한 것이다. 러시아는 전쟁 시작과 함께 우크라이나의 육상 통신망을 대거 파괴했다. 우크라이나의 통신과 인터넷이 두절된 상태에서, 머스크의 스페이스X는 우크라이나 시민들에게 저궤도 인공위성 네트워크인 스타링크에 접속할 수 있도록 1만 5000개 이상의 단말기를 무료로 제공했다. 일반적으로 인터넷 통신은 기지국이나 매설 케이블을 사용하는데 스타링크는 단말기를 통한 온라인 접속이 가능하기 때문이다. 이러한 스타링크의 활용은 민간인의 인터넷 접속이라는 상업적 용도에 그치지 않았다. 우크라이나군이 스타링크를 이용해서 인터넷 접속이 끊긴 지역에서 군용 통신을 복구할 수 있었다. 그리고 스타링크로 러시아군의 위치를 실시간으로 공유하면서 전장을 유리하게 이끌었다. 민간 기업이 상용화한 스타링크라는 저궤도 위성 기술이 러시아-우크라이나 전쟁에서 새로운 통신수단으로 활용되면서 실제 전장에서 큰 영향을 미친 것이다.

한편 위성과 우주 무기는 미국과 중국이 인도–태평양 지역을 중심으로 경합하는 반 접근·지역 거부(Anti Access Area Denial, A2AD) 전술에서 핵심적인 분야로 떠올랐다. 중국은 독자 위성항법 체계, 양자 위성통신, 위성 요격미사일 등을 통해 미국의 지역 내 군사개입을 방해하고 거부하는 A2AD 전술을 구사하고 있다. 중국이 2015년 국방개혁에서 새로이 창설한 '전략지원부대(Strategic Support Force)'는 미사일을 관할하는 로켓군과 위성 발사기지 및 정찰 풍선을 운용하여 유사시 미군의 지역 투사를 감시하고 방해 저지하는 데 힘쓰고 있다. 미국 역시 중국의 A2AD 전술에 대응하기 위해 우주의 정찰 자산을 적극 활용한다. 미군의 작전 영역에 항공 자산의 전개가 어려울 때 우주로 감시정찰 기능을 전환하는 것이다. 우주 기술을 통해 미군의 접근이 거부된 전장에 침투하여 적을 식별하고 위치를 찾아내어 강력한 재래식 무기가 적을 타격하는 데 지원하는 것이다. 이를 위해 최근 기밀 통신 위성 네트워크 및 적의 재밍에 대응하기 위한 개발 프로젝트를 수행 중이다.[180]

미·중 우주 정책

02

미국의 신우주 전략

미국은 냉전 동안 오늘날 사용되는 많은 우주 안보 관련 프로그램을 개척하며 대부분의 우주 분야에서 기술적 리더 역할을 수행했다. 그 결과 미국은 군 작전에 직접 투입되는 항법위성, 조기경보위성, 통신위성 등과 더불어 반 우주 전력에 대응할 수 있는 여러 운영체계도 갖추고 있다. 미국은 군사작전에서 우주 전력을 운영 및 통합하는 데 있어 세계 최고의 능력과 독보적인 경험을 보유하고 있다. 그런데도 최근 자신들의 우주 자산에 대한 공격 가능성과 이에 대한 대응책 마련과 관련한 새로운 우려가 심각하게 제기된다. 이는 주로 중국과 러시아의 우주 전력 증강에 기인한다.

군사전략에서 우주 공간의 중요성에 대한 인식은 이미 오바마 행정부에서 논의되기 시작하였다. 오바마 행정부는 국방부와 국가정보국 주관으로 향후 미국의 우주 전략에 대한 청사진을 주문하였다.[181] 2010년 우주 개발 보고서를 발간한 게이츠 국방 장관은 우주 공간이 미군의 전투 수행 능력에 필수적인 항해, 정밀타격, 전장 상황 인식 등의 주요 활동에 핵심적인 역할을 한다고 강조하였다. 문제는 여러 다양한 행위자들이 우주 개발에 뛰어들면서 미국의 군사작전 수행에 대한 위협과 방해가 급증하고 있다는 것이었다.[182] 2011년 발간된 「국가 우주 안보전략(National Security Space Strategy) 보고서」에서는 미국의 국가안보에 중요한 우주 인프라 자산에 대한 위협세력의 공격을 방지하고 억제하기 위한 능력과 유사시 이러한 공격을 격퇴할 수 있는 준비태세를 갖출 것이 강조되었다.[183]

미국의 우주에 대한 강조는 트럼프 행정부에서 본격화된다. 트럼프 대통령은 초기부터 우주에 깊은 관심을 보이면서 본격적인 우주 전략이 **'대통령 프로젝트'**로 추진된 것이다. 트럼프 행정부는 2017년 국가안보전략 보고서에서 사이버 공간과 더불어 우주를 국가안보전략의 새로운 중점 영역으로 적시하고 21세기에 미국이 우주 리더로 새로이 부활할 것을 천명하였다.[184] 이어서 대통령 주관의 '우주 정책 행정명령(Space Policy Directive) 1호'를 발휘하며 우주 정책에 새로운 중점을 두기 시작한다. 연이어 2018년 5월 행정명령 2호와 2018년 3월의 「국가 우주 전략(National Space Strategy) 보고서」 등을 통해 우주를 미국 국가안보의 핵심으로 정의하며 새로운 기술 개발에 대한 의지를 천명하였다. 보고서에 제시된 **우주 전략은 4개의 핵심축으로 정리**된다.

① 우주 분야의 탄력성 제고를 위해 우주 방어 체계 향상을 위한 우주 시스템 구축, ② 전쟁 억제와 우주 전쟁 수행 수단의 강화, ③ 우주 상황 인식 향상과 효율적 우주 작전 능력 담보, ④ 규제와 제도, 절차의 간소화를 통한 민간 우주 산업 부분 활성화이다.[185] 이 중 마지막 항목을 제외한 처음 3개 분야가 우주와 군사·국가안보의 연관성에 관한 것임을 알 수 있다.

이를 바탕으로 미국의 우주 전략은 ① 안전하고 안정적이며 지속 가능한 우주 활동 강화, ② 미국과 동맹국, 파트너의 국가안보이익에 대한 적대적인 위협의 억제, ③ 적대세력의 핵심 기술 접근을 차단하고 역량을 제한하는 조치를 포함한 미국의 상업적 이익의 유지, ④ 미국의 우주 탐사 역량 지속 및 우주 지식 확대라는 **4개 항목을 핵심 전략 목표**로 설정하였다. 급기야 2019년 12월, 트럼프 행정부는 **'미국 우주군**(US Space Force, USSF)**' 창설**을 발표하고, 우주 분야의 새로운 군사적 위협에 적극적으로 대응하려는 노력을 구체화한다. 2020년 기존의 육·해·공군에 상응하는 독자 군으로 창설된 우주군은 군사 우주 전문가를 양성하고, 군사 우주 시스템을 습득하고, 우주 패권을 위한 군사 교리를 완성하고 우주군을 조직하는 임무가 설정되었다.[186]

우주군 창설식에서 트럼프 대통령은 "우주는 세계에서 가장 최신의 전쟁 영역이기 때문에 여러 심각한 국가안보위협 가운데 우주에서 미국의 우월성이 절대적으로 중요하다"라고 역설하였다. 그러면서 현재 미국이 선도하고 있지만, 충분하지는 않다고 하면서 우주군이 침략을 억제하고 궁극적인 전략적 고지를 선점하는 데 기여할 것이라고 선언하였다.[187] 마크 밀리(Mark Milley) 합참의장은 우주군 창설에 대해 군사작전에서 우주는 이제 단순히 다른 영역의 전투 작전을 지원하는 영역뿐 아니라 그 자체로도 전투를 수행하는 영역이라 강조했다. 동시에 미국의 적들이 새로운 위협 능력을 구축하고 배치함에 따라 우주 공간에서의 우위를 자신해서는 안 된다고 경고하면서, 우주군의 창설은 오늘날과 미래의 우주 공간의 미국의 국익을 지키기 위해 필수적이고 근본적인 조치라고 평가하였다.[188]

트럼프 행정부는 구체적인 우주 전략을 발전시켜 2020년 6월 「**국방 우주 전략**(Defense Space Strategy Summary)」을 발간한다. 이 보고서는 **중국과 러시아가 미국의 우주 안보에 가장 위협적인 세력이라고 규정하였다.** 동시에 미국의 우주 능력의 우월성을 유지하고, 합동 연합 작전을 지원할 우주 군사력을 제공하며, 동맹국과 우호국과 협력하여 우주의 안정성을 보장할 것을 핵심 과제로 제시하였다. 이어서 8월에는 우주군의 주요 임무와 목표를 정의한 「우주 기본 교리, 우주력: 우주군을 위한 교리(Space Capstone Publication, Spacepower: Doctrine for Space Force)」를 발표하였다.[189] 이 보고서에 따르면 우주군의 주요 임무로 우주 도메인과 우주 작전, 그리고 미 우주 전력의 우주 궤도 내 자유 비행의 권리를 보장하며 이에 대한 제한 요인들에 대비할 것이 제시되었다. 그 주요 과업으로 우주 공간에서 인공위성 등의 '우주 공간 내 행동의 자유 권리(Freedom of Action in the outer space)' 보장, 우주 전의 적법성과 효율성 증대, 우주에서 미국만의 독자적 기능 보유, 우주의 군사적 능력인 '우주 안보(space security)' 지원, 지상으로의 우주력의 투사 지원, 우주 기동과 군수시원 능력 향상 그리고 우주 지휘 및 통제 능력 보장 등을 제시하였다. 이러한 미국의 우주 군사력에 대한 강조는 향후 21세기 안보의 핵심 영역으로 부상하는 우주 공간에서의 군사력과 전략 개발에 중요한 단초가 될 것이다.

이러한 움직임은 우주 공간을 21세기 안보 분야의 새로운 각축장으로 인식하는 미국의 인식을 반영한다. 우주 영역은 통신 및 금융 네트워크, 군사 및 정보 시스템, 기상 모니터링, 내비게이션 등의 영역에 걸쳐 핵심적인 요인으로 작용한다는 것이다. 우주에 대한 의존도가 높아지고 기술이 발달함에 따라 미국 이외의 국가나 민간 부분에서도 점점 더 저렴한 비용으로 위성을 우주에 발사할 수 있는 상황이 전개되고 있다. 이를 통해 이전에는 미국 정부 외에는 불가능했던 정보에 대한 접근을 이미지, 통신 및 지리적 위치 서비스에서 데이터를 통합하여 접근하는 능력들이 다른 행위자에게도 가능해지고 있다. 소위 **'우주 공간의 민주화'**가 진행되고 있다는 것이다.

이는 군사작전에 심오한 영향을 미치면서 미국의 전쟁 지배 능력에 새로운 도전을 제기한다. 실제 많은 국가가 자신들의 전략적 군사 활동을 지원하기 위해 위성을 구매하고 있다. 특히 미·중을 비롯한 각국은 우주 자산을 공격할 수 있는 다양한 범위의 대 위성 공격 무기를 개발하고 있다. 우주 공간의 자유로운 활용과 접근은 미국의 핵심적인 이익으로 여겨진다. 따라서 미국의 우주 자산에 대한 어떠한 형태의 간섭이나 공격은 미국의 안보 이해에 심각한 위협으로 정의된다.

미국의 신 우주 전략은 단순히 군사 분야에만 한정되지 않는다. 21세기 우주 개발의 무한한 가능성을 새로이 인지하고 미국의 전방위적인 지도력을 유지·발전시킬 것을 추구한다. 트럼프 행정부는 집권

초인 2017년부터 **'국가 우주 위원회(National Space Council)'**를 새로이 구성하여 미국의 장기 우주 개발 목표 및 우주 분야의 혁신과 지도력 유지를 위한 전략 개발을 추구하였다. 이를 위해 상업 부분의 규제를 단순화하고 업데이트하여 경쟁력을 강화하고 국가안보 분야에서의 민간과 정부의 협력을 확대하는 것이 논의되었다. 또한, 민간과 정부의 파트너 협력을 통해 태양계에 관한 인간 탐사를 본격적으로 가동함으로써 우주 분야의 새로운 지식과 기회를 선도하는 미국의 역할을 촉진코자 하였다.

당시 우주 위원회 위원장 역할을 맡은 마이크 펜스 부통령은 2019년 3월 앨라배마 헌츠빌의 로켓센터 연설에서 기존 계획보다 3년 빠른 2024년까지 달 표면에 다시 미국 우주인을 착륙시킬 것을 선언하며 새로운 우주 시대 개척을 선언하였다. 이러한 일정 변경은 최근 가파르게 진행되고 있는 중국의 우주 분야 개발에 대해 미국이 본격적인 경쟁을 벌이는 것으로 분석되었다. 원래 우주 분야의 경쟁은 냉전 시대 미·소 경쟁을 상징하는 분야였다. 소련이 1957년과 1961년에 최초의 인공위성(스푸트니크 1호)과 사람을 태운 우주선 유리 가가린 발사에 성공하자 미국은 1969년 7월, 아폴로 11호를 달에 착륙시키면서 본격적인 우주 경쟁을 벌여나갔다. 그러나 1972년 5명의 우주인을 달에 또다시 보내려던 아폴로 17호 계획을 철회하면서 이후 달 착륙은 전무 하였다. 이날 펜스 부통령은 "우리는 1960년대와 마찬가지로 오늘날 치열한 우주 경쟁에 처해 있으며 그 중요성이 훨씬 더 높다"라고 선언했다. 이어서 2019년 1월의 뒷면에 세계 최초로 연착륙을 날성한 중국의 로켓과 로봇 사례를 들며 "미국은 경제와 안보 분야뿐 아니라

우주에서 최우선 순위를 유지해야 한다"라고 강조하였다.[190]

미국이 새로이 우주 분야에 대한 중요성을 강조하는 것은 이 분야에서 중국과 러시아의 추격이 거세게 진행되는 것을 의식한 결과이다. 실제 트럼프 행정부는 중국의 우주 분야 진출에 강한 우려를 표명해왔다. 《워싱턴포스트》에 따르면 펜스 부통령이 '새로운 전장의 영역'으로 지칭한 우주에서 인도가 2019년에 인공위성을 파괴할 수 있는 능력을 과시하였으며 중국은 이미 2007년에 같은 실험을 통해 미 국방 관계자를 긴장시켰다.[191] 트럼프 행정부의 에스퍼 국방 장관과 던퍼드 합참의장도 의회 청문회에서 "중국과 러시아는 미국이 우주에 의존하고 있는 것을 간파하고 새로운 기술, 전략, 전술 및 비대칭 기능 개발을 통해 우주를 새로운 전쟁의 영역으로 만들었다"라고 증언했다. 이를 위해 대 인공위성 레이저 무기, 초음속 미사일 등과 같은 능력을 적극적으로 개발 배치하고 있다는 것이다.[192]

미 국방정보국이 2019년 발표한 「**우주 안보에 대한 도전**」 보고서는[193] 먼저 우주 공간이 미국 생활의 모든 측면에서 핵심요소로 등장하면서 상업용 및 민간 응용 분야에서 우주의 역할이 커지고 있으며 미군이 이를 활용하는 것이 절대적으로 중요하다고 지적했다. 우주를 활용하는 여러 기술이 더욱 저렴해지고 그 기술적 설치 및 배치가 쉬워지고 있다는 것이다. 특히 중국과 러시아는 이러한 기술 발달을 활용하여 미국의 우주 지배력을 빠르게 약화시키고 있다고 분석한다. 러시아와 중국은 매우 공격적인 우주 개발 계획을 운영하면서 "두 나라 모두 강력하고 효과적인 우주 서비스를 개발했으며, 두 나라 모두 최근 자체적인 GPS 위성 네트워크 구축을 통해 지구적인 차원에서 자신들의 군대를 지휘하고 통제할 수 있는 능력을 확보하고 향상된 정보 자산을 통해 미국과 연합군을 감시·추적하고 타격 목표로 삼는 능력을 확보하고 있다"라고 미군 관계자들이 분석한다.[194]

중국의 21세기 우주몽

중국은 2020년 3월, 54번째의 바이두 위성을 쏘아 올렸다. 신화통신은 이제 중국이 미국의 전 지구적 위성항법장치에 상응하는 자체 위성 시스템의 완성 단계에 와 있다고 선언했다.[195] 이제 전 지구적 위치·항해·시간 측정을 독자적으로 수행함으로써 일대일로에 참여하는 국가들에 대한 영향력을 더욱 높이게 되었다고도 분석된다.[196] 중국은 미국의 '글로벌 위치 추적 네트워크(Global Positionaling System, GPS)'가 전 세계에 무료로 제공되는 것과 같이 바이두(Baidu) 네트워크를 무료로 제공하며, 일대일로에 참여하는 국가에 대해 적극적인 사용을 권장하고 있다. 특히 민간 용도뿐 아니라 고정밀도의 군사용 신호에도 접속을 허용하는 정책을 채택하여 2013년부터 파키스탄이 참여하는 등 국제 네트워크 수립에도 힘쓰고 있다.[197] 중국은 바이두의 세계화를 위해 통신 인프라가 부족한 아프리카, 중동 지역 나라들과 연쇄적으로 접촉하며 그 사용을 조건으로 경제·기술·과학 분야 협력을 제안하고 있다. 조사에 따르면 바이두는 이미 전 세계 약 120개국에서 사용되고 있으며 전 세계 위성항법 시스템 시장에서 차지하는 비중은 약 15%로, 중국은 2025년까지 이를 25%로 늘리는 것을 목표로 하고 있다.

중국은 현대전에서 정보 영역을 장악하는 수단의 핵심으로 우주의 중요성을 강조한다. 우주는 특히 미국과 동맹국의 군사적 능력을 감소시키기 위한 주요 대응 수단으로서 여겨진다. 이를 위해 중국은 우주 공간의 정찰 및 정보 위성, 적 위성을 겨냥한 지상 미사일, 위성 신호 송수신 체계 교란을 위한 전자파 무기, 적 우주 무기 체계에 대한 사이버 공격 능력, 키네틱 킬 운반체, 궤도 위협 수단, 대 우주 기반 무기를 포함한 다양한 우주 군사 능력을 개발하고 있다. 중국은 2015년 군사 개혁에서 우주 작전의 중요성을 본격 강조하기 시작했다. 우주, 사이버 공간 및 전자 기능을 통합하기 위해 새로이 '전략 지원군(Strategic Support Force)'을 창설하고 사령부를 독립적으로 출범시켰다.[198] 미국의 트럼프 행정부의 '우주군'보다 먼저 이 분야의 명실상부한 **'우주 사령부'**를 창설함으로써 미·중 간 우주 전략 경쟁의 불을 댕긴 것이다.

중국은 1991년 걸프전에서 미국의 첨단 무기 시스템이 정보와 공중의 우세를 기반으로 보여준 압도적 전투 능력에 주목해왔다. 이를 극복하기 위해 우주 분야의 우월성, 정보 영역을 제어하는 능력 및 적의 '정보화' 전쟁 수행 능력 파괴를 강조하는 새로운 전략을 수립한다. 이후 우주 및 대 우주 작전의 중요성이 중국이 추진하는 국방개혁의 핵심요소로 부상하였다. 특히 중국군은 아시아 지역 내에서 군사 분쟁 시 미국의 개입에 대응하기 위한 주요 수단으로 우주 작전의 중요성을 강조한다. 즉 정찰, 통신, 항법 및 조기 경보 체계의 주요 수단인 적의 위성을 파괴함으로써 미군의 정밀유도무기 사용을 어

그림 1-9 | 중국의 위성 배치 현황 2022년

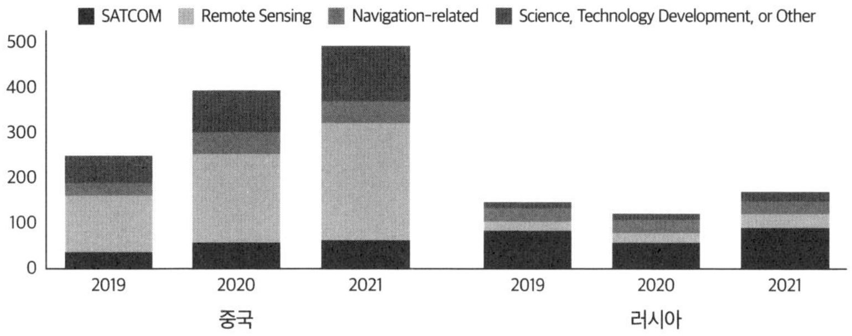

출처: DIA, Challenges to Security in Space, 2022

렵게 한다는 것이다. 이를 통해 중국의 우주 무기는 반 접근·지역 거부(A2AD) 및 회색지대 전술에서 핵심적인 역할을 하는 것으로 분석된다. 그림 1-9에서 보듯이 중국은 2021년 기준 미국에 이어 두 번째로 많은 500여 대의 각종 인공위성을 보유하고 있다.[199] 이 중 정찰위성은 120기 이상으로 절반이 대만과 남중국해, 그리고 한반도를 감시하고 있다. 2022년도에는 사상 최대인 58개의 인공위성을 성공적으로 발사하였고 2019년 이후 해상 이동식 발사대에서 상업 위성을 새로이 발사하는 등 기술적 진전을 꾸준히 이루고 있다.

중국의 우주 개발 노력은 시진핑 정부의 '중국몽' 선언과 더불어 보다 광범위하고 포괄적으로 진행되고 있다. 우주 분야는 앞으로 과학기술은 물론 국제관계와 군사 부분의 전반에 거쳐 민간과 군사 분야의 이익을 증진하는 데 핵심 분야가 될 것으로 판단한다. 시진핑 정부는 "우주와 관련된 모든 분야에서 중국이 선도할 것"을 목표로 '거대한 우주를 탐사하고, 우주항공 기업을 발전시키며, 강력한 항공우주 국가를 건설'하는 **'우주몽(space dream)'**을 추구한다.[200] 구체적으로는 2030년까지 중국이 우주 분야의 주요 선진국으로 도약하고 2045년에는 우주 장비와 기술 면에서 최고의 선진국으로 부상하는 것을 목표로 하고 있다.[201] 이를 위해 중국은 우주 시스템과 우주 관련 기술의 연구개발에 집중하는 정책을 펴고 있다.

중국은 2019년 1월, 달 뒷부분에 로봇을 착륙시켜 탐사를 진행하는 것을 세계 최초로 성공하였다. 나아가 10년 안에 로봇 달 기지와 자체 우주정거장을 건설하고 2030년대 중반까지 달에 인간을 착륙시킬 것을 추진한다. 동시에 화성은 물론 목성과 천왕성에도 탐사선을 보내는 것을 새로운 목표로 삼고 있다. 특히 2019년 중국은 1월의 달 착륙 실험에 이어 연말인 12월에는 역대 최강의 우주로켓 '창정(Changzheng, 長征) 5호(CZ-5)'를 쏘아 올리면서 2020년대의 우주 탐사에 대한 의욕을 보였다. 중국 국가항천국 주도로 남부 하이난섬 원창 우주발사센터에서 발사된 창정 5호는 발사 37분 만에 무게 8톤의 시험 통신위성을 고도 3만 6000km의 정지궤도에 올려놓는 데 성공했다. 중국이 지금까지 개발한 로켓 중 가장 강력한 창정 5호는 높이 57미터로 저궤도엔 최대 25톤, 정지궤도엔 최대 14톤의 위성을 운반할 수 있다. 미국 보잉과 록히드마틴의 합작사인 유나이티드 론치 얼라이언스(ULA)의 델타 4 로켓, 유럽우주국의 아리안 5 로켓과 동급이다.[202]

창정 5호 발사로 중국은 2019년에만 미국의 23회, 러시아의 20회를 훨씬 능가하는 34번의 로켓 발사를 했다. 이 중 두 차례의 실패 발사를 포함해도 중국은 2018년에 이어 2년 연속 세계 최대 로켓 발사국 자리를 지켰다. 동시에 중국은 2019년 3월에 로켓 누적 발사 횟수

300회를 돌파했다. 발사 횟수는 해를 거듭할수록 늘어나 창정 로켓의 첫 100회 발사까지는 37년이 걸렸으나, 이후 100회까진 7.5년, 최근 100회까진 약 4년이 걸렸다. 이에 따라 연간 평균 발사 횟수도 2.7회에서 13.3회, 23.5회로 늘어났다. 2024년 중국은 미국에 이어 연 100회 우주 발사를 달성하였다. 지금까지 창정 로켓은 506개의 중국 및 외국 우주선을 우주로 보냈다. 여기엔 6개의 유인 우주선과 2개의 우주 실험실, 4개의 달 탐사선이 포함돼 있다.

최근 중국의 도약은 2000년대에 들면서 본격화된 우주 개발 노력의 연장선에 있다. 중국은 1999년 첫 우주선 '선저우(神舟) 1호'를 발사했고, 2003년에는 첫 유인 우주선 '선저우 5호' 발사에 성공했다. 2008년엔 선저우 7호를 발사하여 세계에서 3번째로 우주 유영에 성공했다. 또한, 2007년에는 달 탐사 궤도선 창어(嫦娥) 1호를 발사하여 달 전체 화상을 전송했고 표면에 존재하는 화학원소 분포 조사 등을 수행했다. 2011년에는 무인 우주선 선저우 8호와 소형 우주실험실 톈궁(天宮) 1호가 343㎞ 상공의 우주 공간에서 도킹에 성공했다. 총알보다 열 배나 빠른 시속 2만 8800㎞로 움직이는 두 물체를 허용 오차 18㎝ 이내로 우주 공간에서 결합시킨 나라는 당시 미국과 러시아뿐이었다. 당시 중국의 우주 도킹 성공은 '중국판 스푸트니크 쇼크'라는 말이 나올 만큼 충격적인 사건으로 받아들여졌다.[203]

창정 5호 발사를 기반으로 중국은 2020년을 우주굴기의 제2 원년으로 삼고 야심 찬 **3대 우주 탐사 프로젝트**를 진행하였다. 2020년은 1970년 중국이 최초로 독자 개발한 창정 1호로 첫 인공위성 둥펑훙(東方紅) 1호를 발사한 중국 우주 개발 역사의 50주년이 되는 해이다. 첫째, **중국 우주정거장**(China Space Station, CSS) **'톈궁'** 프로젝트의 시작이다. 중국은 옛 소련의 우주정거장 기술과 모델을 기반으로 2011년에 이미 소형 우주실험실을 올린 적이 있다. 중국은 이를 기반으로 장기적으로 우주인이 머물 수 있는 대형 정거장 건설을 추진했다. 2016년에는 톈궁 2호 실험실과 유인 우주선 선저우 11호가 도킹 후 부품 조립에 성공함으로써 본격적인 우주정거장 건설에 나섰다. 이를 위해 필요한 핵심 모듈 '톈허'의 무게가 20톤에 이르며 창정 5호의 성공으로 그것이 가능해졌다. 2021년 4월 실제 톈허 발사로 본격 우주정거장 건설에 나선 중국은 1년 7개월 만인 2022년 11월 세 번째이자 마지막 모듈인 멍톈 연결을 끝으로 톈궁 건설 작업을 마무리했다. 이후 중국은 3명의 중국 우주비행사가 6개월마다 교대로 우주정거장에 머무르며 생명공학 실험 등 각종 임무를 수행하고 있다.[204]

둘째, 중국은 1976년 미국의 달 탐사 이후 최초로 달 표본을 수집해서 돌아올 **달 탐사선 '창어 5호'** 발사를 계획하고 시행하였다. 창어 5호는 원래 2019년 가을 발사할 계획이었으나 창정 5호 제작이 늦어져 연기된 바 있다.[205] 2020년 11월 24일 발사된 창어 5호는 지구를 출발한 지 23일 만에 달 표본을 채취하여 귀환함으로써 중국은 미국, 러시아에 이어 세 번째 달 표본 수집 국가가 되었다.[206] 2024년에는 6번째 달 탐사선 창어 6호를 발사하여 세계 최초로 달 뒷면의 사료를 채취하는 기록을 세웠다. 현재까지 달 뒷면에 착륙한 국가는 중국뿐이다. 지구에서 반대편인 이 뒷면은 지구와의 거리는 물론 평평한 부분이 거의 없고, 거대한 분화구가 가득한 까다로운 지형으로 인해 접근하기 어렵다. 시진핑 주석은 축하 인사에서 "한 단계 더 나아가 우주의 신비를 밝혀 … 인류 및 국가의 발전에 도움이 되길 바란다"라는 말을 전했다. 중국 신화에 나오는 달의 여신 이름을 딴 창어 6호는 53일간 달에 머무르며 드릴과 로봇 팔을 이용해 토양과 암석을 채취했으며, 표면의 사진을 찍고, 중국 국기를 꽂았다. 중국은 2030년까지 달에 우주인을 보내는 것은 물론, 최종적으로는 달 남극점에 기지를 건설한다는 계획이다. 미국 또한 '아르테미스 3' 프로젝트를 내세우며 2026년까지 우주인을 달에 다시 보낸다는 계획을 세우고 있다. 미·중의 달 탐사는 단순히 달에 사람을 보내는 수준을 넘어, 누가 달의 자원을 확보하고, 통제할 수 있는지에 달려 있다고 분석된다.[207]

셋째, 중국은 달 탐사의 성공을 기반으로 더 깊은 우주로 진출을 시도하고 있다. 이를 위해 2020년 7월에 중국 최초의 **화성 탐사선 '훠싱(火星)'** 발사를 시도하였다.[208] 화성 주변을 도는 궤도 탐사선과 지상을 탐사할 로버로 구성된 화성 탐사선은 만약 성공한다면 미국이 1976년에 바이킹 탐사선을 보낸 이후 세계 두 번째의 화성 탐사가 될 것이다. 화성 탐사선을 발사하기 위해서는 지구와 화성 사이의 거리가 가까워지는 시기가 중요하며 2020년 7월을 놓치면 2년을 더 기다려야 했다. 미국항공우주국의 '마스 2020'과 유럽우주국의 '엑소마스'도 2020년 7월 발사를 계획하며 미·중의 화성 탐사 경쟁이 이미 시작된 것이다.[209] 실제 2020년 7월 23일 중국은 궤도선과 착륙선, 탐사 차량으로 구성된 트리플 탐사선 톈원 1호를 발사하였다. 이후 7개월간의 항해 끝에 2021년 설 명절을 앞둔 2월 10일에 화성 궤도에 진입하였고 5월 15일에 톈원 1호에 탑재된 담사 차량인 주룽호(祝融号)가 화싱에 착륙해 탐사 작업을 시작함으로써 미국의 퍼서비어런스 이후 미국과 러시아에 이은 세 번째 화성 착륙 기록을 세웠다.[210] 중국은 2025년 전후로 톈원 2호 발사로 본격 화성 탐사 및 토양 표본 회수를 진행하고, 2030년 전후로 톈원 3호가 발사되어 표본을 지구로 가져오는 임무를 수행할 것이라고 밝혔다. 중국은 이어서 톈원 4호 발사로 목성 및 천왕성에 도달하는 방안을 기획 중으로 알려졌다.[211]

중국은 달과 화성 탐사를 각기 동중국해의 센카쿠와 남중국해의 스프래틀리 군도에 버금가는 주권 문제로 인식하여 이들을 탐사하지 않는 것은 중국의 우주 '주권과 이익' 수호에 실패하는 것이라고 여긴다. 현재 중국은 일본과 동남아 국가들과 두 해양의 주요 섬을 놓고 치열한 주권 논쟁을 벌이고 있다. 중국이 우주 개발을 영토 문제에 못지않은 핵심이익으로 접근하고 있다는 방증이다.[212] 중국의 우주굴기 노력은 국제사회에 자신들의 영향력과 위상을 높이려는 외교적 노력과 함께 진행되고 있다. 2018년 중국의 우주 개발을 주도하는 국방부는 향후 중국이 건설하는 중국 우주정거장을 유엔 회원국들이 과학적 연구를 위한 목적에 사용하는 기회를 제공할 것이라고 발표하였다.[213] 중국의 이러한 움직임은 2024년에 우주정거장에 대한 예산 지원이 끝나는 미국과 대조를 이루면서 우주에서 정치적 위상을 강화하려는 의도를 보여준다.[214]

중국은 민간 분야의 우주 진출에도 힘쓰고 있다. 우주 산업에서는 정부의 지원에 힘입어 최근 급증하고 있는 인공위성 발사 시장을 저가로 장악하려는 민간 기업의 치열한 경쟁이 진행 중이다. 아이스페이스(iSpace)와 같은 중국 민간 기업이 아마존이나 테슬라와 같은 미국 선두 기업의 우주 산업 진출에 새로운 경쟁자로 뛰어들고 있다. 보도에 따르면, 최근 우주 산업에 중국 정부가 승인한 민간 기업의 수가 2018년 30개에서 현재 거의 100개로 급속히 증가하는 모습을 보이고 있다. 이 중에서도 원스페이스(OneSpace), 랜드스페이스(LandSpace), 링크스페이스(LinkSpace) 및 아이스페이스와 같은 선도적인 기업은 2019년 민간 최초로 독자적으로 로켓을 궤도에 성공적으로 발사하기도 하였다. 링크스페이스는 일론 머스크의 스페이스X와 같이 재사용 가능한 로켓 실험을 성공적으로 시행하는 등 높은 기술력과 빠른 성장 가능성을 과시하기도 하였다.[215]

중국의 민간 우주 산업은 아직은 미국이나 유럽에 비해 규모나 기술력에서 많은 제약이 있다. 중국 정부는 2014년에 상업적 우주 회사에 대한 민간 투자를 공식적으로 허용하기 시작했으나, 여전히 엄격한 규제를 적용하고 있다. 그러나 최근 정부가 민간 투자를 장려하면서 정부 시설과 발사 장소에 대한 접근을 제공하고 있다. 이들 신생 기업은 국가적 사업과는 경쟁을 피하면서 주로 초소형 위성, 재사용 가능한 로켓 및 저가 운송 서비스와 같은 효율적이고 저렴한 기술에 사업 중점을 두고 있다. 향후 시장 상황에 따라 이들이 가진 기술적 잠재력과 그 비용적 매력이 점점 주목받을 것으로 기대된다.[216]

미·중 우주 경쟁의 미래

03

최근 트럼프 행정부의 무역 전쟁에 이어 인도–태평양 전략, 화웨이 제재 등 제조업과 5G 기술 전쟁 등으로 이어지는 미국의 정책은 중국의 부상과 이를 견제하려는 미국 사이의 패권경쟁의 전형을 보여준다. 이러한 미·중의 패권경쟁은 향후 21세기 인류 신산업의 미래와 군사기술의 주요 분야로 여겨지는 우주 분야에서도 본격화되는 모습을 보인다. 우주 분야의 진출은 그에 필요한 로켓 제조, 로켓 발사, 우주 탐사, 그리고 인간의 우주여행을 지원할 금속 및 기계공학, 컴퓨터, 바이오, 연료 등 21세기 첨단기술이 복합적으로 응용되어야 한다. 동시에 이를 선점하는 것은 21세기 경제와 안보를 위시한 패권경쟁의 관건으로 인식된다. 우주 공간이 군사기술과 전략에도 새로운 중요성을 가지는 분야로 떠오르고 있기 때문이다. 21세기 패권을 다투는 비중이 우주에 주목하는 이유이다.

냉전 시기 미·소의 우주 경쟁이 주로 군사와 첨단기술을 중심으로 한 국가 간 경쟁의 모습을 보였다면, 21세기 우주는 민간 분야의 상업적 진출이 본격화되는 모습을 보인다. 동시에 미국이 추구하는 3차 상쇄전략의 군사·전략 부분에서도 중요한 각축의 장이 되고 있다. 트럼프 행정부는 우주 분야를 사이버와 더불어 21세기 안보위협의 가장 중요한 분야로 지정하고 우주군을 창설하는 과정에서 중국의 위협을 가장 중요한 이유로 내세웠다. 중국의 시진핑 정부는 이보다 앞선 2015년 중국 로켓군을 독자적인 전략군으로 승격시켰다. 동시에 우주몽을 선포하면서 2050년까지 최고의 우주 기술 선진국이 되는 우주굴기를 추구하고 있다.

앞서 살펴본 미·중의 21세기 우주 경쟁은 다음의 몇 가지 특징을 보인다. 첫째, 우주 분야의 군사적 중요성이 증대하고 있다. 21세기 우주는 군사위성 등을 통해 지상의 전투를 지원하는 보조적인 차원을 넘어서고 있다. 대신 우주 공간에서의 전투 지원과 정보 제공, 상황 인식 등은 오늘날 현대전을 수행하는 데 더 큰 핵심 역할을 한다. 따라서 우주 자산에 대한 파괴와 공격 능력은 물론 우주에서의 군사작전 능력이 더욱 중요해질 것이다. 우주에서의 군사작전이 패권경쟁의 중요한 분야로 등장한 것이다.

둘째, 우주는 군사뿐 아니라 21세기 경제와 산업 발전에도 더욱 중요한 분야로 부상하고 있다. 우주를 기반한 통신은 전 지구적 인터넷과 통신망의 구축을 통해 새로운 경제적 기회와 지배력을 제공한다. 우주여행과 탐사도 더 이상 공상과학이 아닌 새로운 비즈니스의 영역으로 떠오르고 있다. 미국의 최신 민간 기업들이 여기에 엄청난 자본과 인력을 투자하며 뛰어들고 있다. 그리고 중국 기업들도 가세하면서 미·중의 21세기 우주 신산업 패권경쟁도 가열되고 있다.

셋째, 21세기 우주는 단순히 현재 지구상의 군사·경제 패권을 넘어서 인류가 당면한 기후, 환경, 자원 등의 궁극적 문제 해결을 위한 새로운 장을 여는 잠재성이 무한하다. 21세기에는 인류가 지구를 벗어나 새로운 영역과 공간을 개척하는 새 역사가 쓰일 수 있다. 미국과 중국이 앞다투어 달 탐사는 물론 화성 탐사에 나서는 이유이다. 바야흐로 미·중 패권경쟁이 지구를 넘어 우주로 확산한다면 21세기는 국제정치에 이어 우주 정치의 시대가 도래할지도 모른다.

마지막으로, 우주 분야는 지구에서의 패권을 다투는 미·중의 위상경쟁에도 중요한 의미를 지닌다. 우주 분야에서의 기술력과 새로운 분야 개척이 양국의 자부심과 리더십에 큰 영향을 줄 것이다. 미국과 중국의 우주 경쟁이 과거 미·소 간의 자존심 경쟁과 비슷하게 나타나는 현상을 보이고 있다. 중국의 우주 기술력은 아직 미국에 비해 그 역사와 수준에서 뒤처져 있지만, 적극적인 투자와 집중력을 발휘하여 미국이 40년에 이룬 것을 20년에 이루는 식의 무서운 속도로 추격 중이다.[217] 이러한 두 거인 간의 경쟁이 인류의 우주 개척과 기술 개발에 유효한 촉진제가 된다면 미·중의 우주 경쟁이 꼭 우려스러운 것만은 아니다. 과거 미·소 우주인이 우주정거장에 함께 도킹하여 조우하며 협력하는 모습을 미·중이 다시 재현한다면 양국뿐 아니라 인류의 미래도 밝아질 것이다.

9장

터미네이터가 나올까?

4차 산업혁명의 상징으로 여겨지는 인공지능을 포함한 신기술은 군사 분야에도 심오한 영향을 미친다. 세계의 주요 국가는 21세기 산업과 경제 경쟁력의 핵심으로 이들 신기술을 활용할 뿐 아니라 군사력과 안보전략의 게임 체인저로 활용코자 연구와 개발에 심혈을 기울이고 있다. 특히 인공지능을 활용한 자율무기 체계(Autonomous Weapon Systems, AWS)는 전투와 전장에서 적에 대한 우위를 확보할 뿐 아니라 평소 군의 운용에서도 인력·군수·훈련·운영·유지·보수의 모든 측면에서 혁명적 변화를 가져다줄 것으로 기대된다. 그러나 한편에서는 이들 자율무기 체계의 등장으로 전쟁의 가장 근본적 행위인 인명 살상에 관한 심각한 윤리 문제가 제기된다. 자율살상 기능을 갖춘 기계가 주도하는 전쟁에서 전쟁 윤리의 기본 원칙으로 이해되는 전투원과 민간인의 구분, 적절한 인명 살상의 범위와 기준에 대한 비례성의 원칙이 과연 지켜질 수 있는지, 나아가 기계가 인간을 살상한다는 개념 자체가 타당한가의 윤리·철학적인 문제가 제기된다.

'자율살상무기(Lethal Autonomous Weapon)' 혹은 '자율무기 체계'로 불리는 신기술은 사람의 개입 없이 표적을 선택해 교전한다. 사전에 지정한 지역에서 수색 및 사격을 할 수 있는 자율 무장 쿼드콥터를 예로 들 수 있다. 이들 무기는 사람에 의한 직접적인 조종을 받지 않는다는 점에서 기존에 사람이 원격조정을 해서 방아쇠를 당기거나, 방어용 센서가 감지한 표적을 고정된 방어 화기를 통해 사격하는 원격조정 무기와 다르다. 그리고 기술의 발달에 따라 자율무기의 개발과 사용이 급속히 확산되고 있다. **과연 미래에는 로봇 병사, 즉 터미네이터가 전쟁을 대신할까? 로봇이 인간을 살상한다는 것에 대한 윤리적·법적 논란은 무엇인가? 이번 장에서는 21세기 자율무기 개발과 이를 둘러싼 논쟁을 통해 다가올 미래 전쟁에 관하여 살펴본다.**

자율무기 체계와 미래 전쟁

01

4차 산업혁명을 주도하는 사물인터넷, 빅데이터, 로봇, 자율주행, 인공지능 기술 등은 전쟁 수행의 기본 개념과 원리가 근원적으로 변혁되는 군사·국방 부분의 패러다임 전환을 가져올 것으로 예상된다. 4차 산업혁명 신기술을 누가 어떻게 활용하는가에 따라 21세기 군사력의 핵심과 그 주도자가 바뀔 수 있다는 것이다.[218] 4차 산업혁명 기술 중 군사 부분에서 특히 주목할 것은 인공지능과 이를 활용한 로봇과 같은 자율무기의 등장이다.

자율무기 체계는 정찰이나 운송에 활용되는 군용 드론이나 군사 로봇 등의 무인무기 체계부터 직접 전투에 참여하는 자율살상무기나 킬러 로봇 등을 포괄하는 개념이다. 자율무기 체계는 '감지(Sense) → 사고와 판단(Decide) → 행동(Act)' 또는 관측(Observation) → 사고(Orient)

→ 판단(Decide) → 행동(Act)의 OODA 단계에서 **'사고와 판단' 부분에 자율성을 가진 무기 체계의 등장을 의미한다.** 기술의 발달로 인한 각종 센서 등 전자기기와 기계 장치의 진일보한 신흥 군사기술과 인공지능으로 상징되는 자율성의 결합이 장차 미래 전쟁의 양상을 바꿀 새로운 게임 체인저로 등장하고 있다.

자율무기 체계의 **주요 핵심 기술**은 다음의 기능을 포함한다. ① **'이동성(mobility)'** 측면에서 '운항(navigation)', 이착륙, 장애물 회피, 기지로의 귀환 등이 중요한 기능이다. ② **'상태 관리(health management)'** 분야는 시스템의 기능 장애 탐지와 발견, 배터리 등 전원의 관리와 유지, 장비의 수선과 정비 등 무기 시스템 유지 관리 기능 등을 포함한다. ③ **'상호 운용성(inter-operability)'**은 일상 언어를 기반으로 한 인간과 기계 간의 소통은 물론 다수 무인체 간의 상호 통신 기능을 말한다. 특히 자율무기 시대에 주목받고 있는 '스워밍(swarming)' 전략에 중요하다. 무인무기 시스템의 경우 많은 수를 동원하여 전개하는 스워밍 전략이 매우 효과적이다. 많은 수의 소규모 무인비행체를 클러스터링하거나 '똑똑한 먼지(smart dust)'와 같이 수많은 나노급 드론을 전개하여 정보를 수집하는 작전이 그 예이다. ④ **전장 정보**의 수집·분석·처리·활용도 중요한 부수 기능이다. ⑤ **'무력 사용(use of force)'**의 기능은 수색·발견·식별·추적·공격의 고리에서 파괴 혹은 살상의 핵심 기능을 말한다. 이 5가지 기능 중 전장 정보와 무력 사용의 분야에서 자율성 이슈가 논란이 되고 있다. 특히 이 두 가지 중에서도 **무력 사용 시 로봇의 자율성 행사가 핵심적 이슈이다.** 나머지 이동성, 상태 관리, 상호 운용성의 세 가지 기능과 연관된 자율성은 군사작전에서 보완적 기능

표 1-4 | 무기 체계 내 자율 기능의 다섯 범주

일반 기능 분야	자율성 관련 기능	임무
이동성	일정한 환경에서 자신의 동작을 제어하고 지시하는 능력	운항, 이륙과 착륙, 충돌 회피와 방지, 동행 지시, 기지 귀환
상태 관리	스스로 기능과 생존을 관리할 수 있는 능력	결함 탐지, 자가 정비, 에너지원 관리
상호 운용성	다른 기계나 인간과 협업할 수 있는 능력	여러 행위체 간 커뮤니케이션 과정 (스워밍 등) 자연언어 기반 인간-기계 상호작용
전장 정보	전술적·전략적 중요성을 띤 데이터의 수집, 처리 능력	데이터 수집, 데이터 분석
무력 사용	표적을 수색·식별·추적·선별·공격하는 능력	표적 탐지·식별·추적·선정, 화력 통제

출처: 조현석, 2018

을 수행하여 상대적으로 논란이 적다. 그러나 이러한 모든 기능이 제대로 발휘되어야 자율무기 체계가 효과를 얻을 수 있다.[219]

이들 다섯 분야의 기술 발달은 21세기 새로운 미래 전쟁의 형태와 양상을 결정하는 근본적인 변화를 초래할 것이다. 자율·무인무기 체계의 도입은 인공지능에 기반한 군사 로봇 혁명의 본격적 도래를 의미한다. 전쟁에서 무인 체계를 부분적으로 사용한 것은 1차 세계대전까지 거슬러 올라간다. 해상에 설치된 무인기뢰가 대표적이다. 본격적으로는 1980년대에 들어 미국 등 군사 강국들은 전통적인 유인 무기 체계에 무인 체계와 로봇의 도입을 추진해왔다.[220] 특히 **인공지능은 무인 로봇 무기의 등장에 결정적 역할을 하고 있다.** 현재까지 전쟁

행위를 구성하는 주요 기능은 인간의 신체와 사고능력으로 이루어져 왔다. 그런데 이제까지 인간 중심으로 이루어져 왔던 표적의 확인, 위협 대상 판단, 무기의 발사 결정 등 각각의 과업을 인공지능을 내장한 기계가 대신해주는 시대가 도래한 것이다. **그렇다고 해서 군사 로봇이 전장에서 인간 병사를 대체하기는 아직은 어렵다.** 대신 가까운 장래에는 인간-로봇의 혼성 편성이 현실적인 모습이 될 것이다. 정찰 등 지원용이나 전투용 로봇은 '인간 병사의 동료' 역할을 할 것이다. 인간 병사는 전투에 직접 참여하기보다 전투용 로봇을 조종하고 지원하고 관리하는 역할을 더 많이 맡게 될 것이다.[221] 이와 관련하여 오바마 행정부에서 군사혁신을 주도하던 워크 국방 차관은 **군사 분야의 5대 미래 기술**을 다음과 같이 정의하였다. ① 빅데이터 활용과 자율 딥러닝을 통한 조기경보 능력 개선, ② 인공지능과 로봇을 활용한 인간-기계의 협업과 의사결정을 통한 작전 활동과 반응 속도 증진 및 실시간 정보 제공, ③ 인간 지원 활동 향상을 통한 실시간 정보 접근 및 자동화, ④ 유인과 무인 기술을 활용한 인간-기계의 합동 전투 능력 개선과 의사결정 증진, ⑤ 새로운 형태의 네트워크 기반 자율무기를 활용한 전자전과 사이버 환경의 작전 수행 등이다.[222]

즉 군사 로봇이 전투를 벌이는 모습은 아직은 먼 미래의 일이다. **대신 기존의 무기 체계들에 자율 기능을 도입하여 효율성과 효과성을 높이고 있다.** 그 결과 예상되는 주요한 변화는 다음과 같다. 첫째, 군의 병력 소요가 감소한다는 것이다. 2016년 취역한 미 해군의 신형 구축함인 '줌왈트(Zumwalt)호'의 경우 통상 1293명의 승조원이 운영하던 재래식 구축함의 10%에 불과한 141명에 불과한 승조원에 의해 운용된다. 이전에 수십·수백 명이 수행했던 기능들이 자율 체계에 의해 대체되면서, 예를 들어 수십 명이 일하던 엔진실의 경우 2명의 전문 인력이면 충분해진 결과이다. 미 공군의 차세대 전투기 F-35의 경우 기존 2명 전투 조종사의 역할을 1명이 수행한다. 1명의 승무원도 조종 기능을 수행하는 조종사라기보다는 시스템을 관리하는 관리자의 역할을 한다. 적 전투기와의 공중전에서 조종과 사격을 포함한 조종사의 핵심 기능이 많은 부분 인공지능에 의해서 수행되기 때문이다. 따라서 전통적인 병사의 역할도 변화할 것으로 예측된다. 미군의 경우 2025년경에는 로봇이 개입된 자율무기 체계의 수가 인간 병사보다 더 많아질 것이라는 예측도 있다. 이 경우 인간 병사들의 임무는 전투를 직접 수행하기보다 로봇 병사를 관리하고 운용하는 데 초점을 두게 될 것이다. 따라서 전장에 투입되는 인간 병사의 수도 급격히 줄어들 것이다.

둘째, 자율 기능을 갖춘 무인 체계의 등장은 새로운 부대 단위와 편제의 변화를 가져올 것이다. 총과 대포를 직접 발사하기보다 컴퓨터와 디지털 게임 기술을 활용하여 무인기를 원격으로 조종하는 신세대 병사들이 대표적인 예이다. 이들의 새로운 임무를 지원하는 교리, 교범, 지원 인프라, 교육 제도가 필요하게 된다. 한국 육군의 경우 2018년 아군 피해를 줄이면서 단기간 내에 전쟁을 승리로 끝낸다는 '5대 게임 체인저' 전략을 수립하였다. 이 중 하나로 드론봇 전투단의 창설을 계획하고 2018년 9월 '드론봇 전투단'을 거느린 지상정보단을 창설했다. 육군은 공격용 '벌떼 드론'을 운용해 적군의 대규모 병력과 차량을 무력화하고, 원거리 표적을 타격하는 방안도 마련하고 있다.[223]

또 육군은 드론봇 전투단을 운영할 전문 전투 요원인 드론봇 병사들을 양성하기 위해 육군정보학교에 드론 교육센터를 창설해 드론봇 특기병을 전문적으로 교육하기 시작했다. 이러한 로봇 부대의 창설은 미국, 중국, 러시아, 이스라엘 등 많은 국가에서도 시작되고 있다.

셋째, 이러한 변화는 전쟁을 대하는 인간의 근본적인 시각에도 변화를 가져올 것이다. 로봇을 운용하는 병사들의 경우 전쟁을 '게임처럼 생각하게 되는 경향'이 생길 것으로 우려된다. 이는 현대 전쟁의 뚜렷한 경향이라고 할 수 있는 전투의 탈 영웅화, 전사의 탈 영웅화를 가져올 것이다. 인명 피해 극소화와 살상당할 가능성 회피의 심리가 발전하면서 전쟁영웅의 고귀한 희생정신, 영웅적 전사, 전장에서의 명예와 영광을 기리는 심리와 정신이 약화될 것이다. 동시에 소니의 게임기에서 유래한 소위 '플레이스테이션' 심리로 인해 인간의 생명을 경시할 가능성에 대한 우려가 있다. 미군의 무인비행체인 프레데터의 운용자는 작은 사무실 속에 앉아 화면을 통해 지구 반대편에 있는 테러리스트를 확인하고 사살 허가 지시가 떨어지면 미사일 발사 버튼을 눌러 작전을 수행한다. 직접 방아쇠를 당겨 눈앞의 적을 사살하는 것에 비해 죄책감이나 부담감이 상대적으로 적을 수밖에 없다.[224]

마지막으로, 더욱 큰 문제는 인간의 통제를 받지 않고 자율적으로 목표를 색출하여 제거하거나 공격하는 자율살상무기 기술의 등장이다. 실제 기술이 빠르게 발전하면서 완전한 자율무기 시스템 개발이 가능해지고 많은 회사가 이런 목표를 추구하고 있다. 클리어패스 로보틱스(Clearpath Robotics)의 창업자 라이언 개리피는 "아직 공상과학 영역에 속한 다른 AI 기술과 다르게, 자율무기 시스템은 개발을 목전에 두고 있다. 무고한 사람들에게 큰 피해를 초래하고, 전 세계적으로 불안을 일으킬 가능성이 크다. 가상의 시나리오가 아니다. 즉시 '조치'를 취해야 하는 아주 중대한 문제"라고 강조했다. 호주 UTS대학의 매리 윌리엄스 교수는 다음과 같이 경고한다. "무기화된 로봇은 영화 〈쥬라기 공원〉의 벨로키랍토르와 유사하다. 민첩하게 기동하고, 번개 같은 속도로 반응하고, 컴퓨터 네트워크가 전송하는 정보로 강화된 고정밀 센서로 인간을 '사냥'할 것이다."[225]

자율무기와 인공지능 논쟁

02

로봇 무기의 등장은 새로운 교리나 작전 수칙의 수립 문제를 넘어서 전쟁의 윤리적·법적 규범에 관한 근본적 문제를 제기한다. 특히 살상용 자율무기인 킬러 로봇의 개발과 도입은 중대한 윤리적·법적 논쟁을 일으키고 있다.[226] 우선 **첫째, 가장 근본적인 윤리적 질문은 기계가 독립적인 판단으로 사람을 살상하도록 허용될 수 있는가의 문제이다.** 이는 인권과 관련된 근본적인 도덕성의 문제이다. 많은 이가 인간 살상을 로봇에게 맡기는 것은 인간의 기본인권에 대한 심대한 침해이며 인류문명의 윤리적 토대를 붕괴시킬 수 있다고 주장한다. **둘째, 전쟁에 관한 국제법의 가장 기본 원칙인 전투원과 민간인 구분의 문제이다.** 즉 킬러 로봇에게 전투원과 민간인의 구분을 맡길 수 있는지의 문제이다. 실제 그 구분이 어려운 비정규전이나 게릴라전, 그리고 시가전 등의 상황이 제기된다. 이 경우 수많은 복잡한 상황에서 그때그때 자율무기가 어떠한 적절한 판단을 통해 전투원과 민간인을 구분하여 살상 여부를 정할지가 의문시된다. **셋째, 군사적 목적의 전투 수행에서 필요 이상의 민간인 인명 살상이나 재산 피해가 나지 않도록 노력해야 한다는 비례성의 원칙에 관한 문제이다.** 과연 자율무기가 특정한 전투 상황이나 전쟁 상황에서 적을 제압하기 위한 화력 사용이나 파괴행위를 합리적인 기준으로 판단하여 적절하게 조절한다는 것이 인간의 개입 없이 가능할지에 대한 근본적인 회의와 우려가 제기된다. 킬러 로봇의 확산은 탈냉전 이후 내전이나 비정규전, 시가전의 특징을 보이는 전쟁이 증가하는 현실에서 훨씬 더 큰 부정적 영향을 미칠 것으로 분석된다. 탈냉전 이후 군인과 민간인이 혼재되거나 민간인과 민간 전투원의 구분이 힘든 저강도 분쟁이 오히려 증가하는 상황이 지구 곳곳에서 나타나고 있다. 복잡한 저강도 분쟁의 수많은 다양한 맥락을 사전에 프로그램화하여 군사 로봇의 살상과 파괴 기능을 조절할 수 있느냐에 대한 답은 확실치 않다. 21세기 인공지능과 자율무기의 등장은 미래의 전쟁이 어떻게 바뀔지에 대한 여러 근본적인 질문을 제기한다.

2017년 110명의 로봇과 '인공지능' 관련 회사의 대표 및 전문가들은 유엔에 자율살상무기가 초래할 '제3의 전쟁 혁명'의 위험성을 경고하는 공개서한을 발송하였다.[227] 이들은 "일단 개발이 되면, 과거 어느 때보다 규모가 크고 사람이 인식하지 못할 정도로 빠른 무력 분쟁을 야기할 것이다. 자율살상무기가 개발되면 해킹 등에 의해 독재자와 테러리스트가 무고한 사람들에게 사용하는 테러 무기로 악용될 수 있다. 행동할 수 있는 시간이 많이 남지 않았다. 이 판도라 상자가 열린 후에는 다시 닫기 아주 힘들 것이다"라고 경고하였다. 서한은 유엔 소속 자율살상무기에 대한 '정부 부문 전문가 그룹(Group of Government Experts, GGE)'에 참여하고 있는 조약 체결 국가들이 이런 무기의 군비 확장 경쟁을 방지하고, 일반 시민을 오용으로부터 보호하고, 첨단기술이 불안정을 초래하는 것을 막기 위해 노력할 것을 촉구하였다. 이 서한에는 테슬라의 창업자 **일론 머스크**를 비롯해 딥마인드(DeepMind)의 설립자 **무스타파 술레이만(Mustafa Suleyman)** 등 전 세계 최고의 로봇공학 및 인공지능 관련 학계 및 산업계 대표들이 참여하였다.

최근 몇 년간 인공지능의 출현에 따른 미래 인류의 운명에 대한 위험은 각 분야의 전문가들이 지속해서 제기해왔다. **스티븐 호킹** 교수는 2014년의 BBC 인터뷰에서 무절제한 인공지능 성장의 충격파에 대해 경고하면서 "인공지능의 발전이 인간의 멸종을 초래할 수 있다. 완전한 인공지능은 스스로를 구축하고 놀라운 속도로 재구성할 수 있을 것이다. 느린 생물학적 진화의 제한을 받는 인간은 경쟁이 불가능하며 대체될 것이다"라고 말했다. 호킹은 1년 후, 자이트가이스트(Zeitgeist) 콘퍼런스에서 인공지능의 빠른 성장에 대해 "컴퓨터는 향후 100년 이내에 AI를 통해 인간을 따라잡을 것이다. 그렇게 되면 컴퓨터가 인류와 같은 목적을 갖도록 해야 할 것이다"라고 말했다.

'WWW(World Wide Web)'의 설계자인 **팀 버너스-리(Sir Tim Berners-Lee)**는 2017년 4월 런던에서 열린 콘퍼런스에서 인공지능이 스스로 기업을 설립하고 운영함으로써 새로운 '우주의 주인'이 될 수 있는 악몽 같은 시나리오를 경고하기도 했다. 한편 애플의 공동 설립자 **스티브**

워즈니악(Steve Wozniak)은 "우리가 우리 스스로를 위해 이런 장치를 만든다면 결국에는 우리보다 사고가 빨라지고 느린 인간을 몰아내어 기업의 효율성을 제고할 것이며, 인간은 로봇의 애완동물이 될 것이다"라고 주장하기도 하였다. 워즈니악은 이후 2015년 6월 오스틴(Austine)에서 열린 '프리스케일(Freescale) 기술 포럼'에서는 "인공지능이 우리보다 더욱 똑똑해짐에 따라 인류가 필요하다는 사실을 알게 될 것이다"라고 말하며 기존의 부정적인 견해를 바꾸기도 하였다.[228]

빌 게이츠는 BBC와의 인터뷰에서 인공지능으로 인한 잠재적인 위협에 대해 "나는 슈퍼인텔리전스가 걱정된다. 우선 기계가 우리를 위해 많은 일을 하지만 아주 똑똑해서는 안 된다. 하지만 수십 년 후에는 지능이 강화되어 걱정되는 수준에 이를 것이다. 이에 대해서는 일론 머스크 및 다른 사람들과 같은 생각이며 이에 대해 걱정하지 않는 사람들이 이해되지 않는다"라고 말했다.[229] 전기차와 우주 개발로 21세기 산업혁명을 선도해온 일론 머스크는 인공지능을 인류에 대한 현존하는 가장 큰 위협으로 규정하고 국내 및 국제 차원의 규제와 감독이 있어야 한다고 제안한다. 구글의 AI 책임자 **데미스 허사비스**(**Demis Hassabis**)와 일론 머스크 등이 참여한 '생명의 미래 연구소(Future of Life Institute)'는 인간의 개입 없이 표적을 자동으로 선별하여 파괴하는 무기의 개발은 전 세계적으로 새로운 무기 경쟁을 유발할 가능성이 있으며 현재의 AI 연구 상태로 보아 몇 년 안에 그런 일이 일어날 수 있다고 경고한다. 이들은 앞서 보았듯이 2017년 유엔에 공개서한을 보내면서 "군사 AI 무기 경쟁이 인간에게는 도움이 되지 않을 것이다. 인간 통제를 벗어나는 공격적인 자동 작동 무기를 금지하여 예방해야 한다"라고 주장했다.

2017 공개서한에 서명한 일부 전문가들은 서한의 내용보다 더 강력한 조치가 필요하다고 주장한다. 전 세계적으로 사용이 금지된 화학무기와 유사하게 자율무기를 전면 금지할 것을 촉구하는 것이다. '살상 로봇 개발 중지 캠페인(Campaign to Stop Killer Robots)'이라는 단체는 2013년부터 관련 기술 개발을 중지하는 국제조약을 촉구해왔다. 이 그룹은 "늦기 전에 사람의 개입 없이 스스로 작동하는 완전 자율무기의 개발·생산·사용을 금지하는 것이 시급하다"라고 주장한다.[230]

한편 자율살상무기의 이점을 주장하는 의견도 있다. 사우스오스트레일리아대학(University of South Australia, USA) 산하 방위 시스템 연구소(Defence and Systems Institute) 소장인 안토니 핀(Anthony Finn) 교수는 "자율살상무기는 'Fire and Forget(유도 방식)' 무기처럼 신속하고 정밀한 타격을 통해 민간인 피해를 줄일 수 있다. 이 효과를 고려하면 살상 자율 로봇 불법화 주장의 근거가 약화된다"라고 말한다. 그러나 다른 전문가들은 사람으로 구성된 군대를 기계로 대체하면 인명 손실에 대한 양심의 가책을 못 느끼는 기계들이 훨씬 쉽게 전쟁을 선택할 수 있고, 따라서 갈등과 분쟁 발생 확률이 증폭될 수 있다고 반박한다.[231]

당장 실용적인 군사무기 분야에서도 자율무기의 위험성에 대한 지적이 제기된다. 현재 중국, 러시아, 이스라엘, 프랑스, 영국, 미국 등의 국가에서 스텔스 기능을 가지고 적진 깊숙이 침투하여 작전을 벌일 수 있는 드론을 개발 중이다. 여기에는 적의 통신 교란으로 지휘부와의 교신이 불가능할 경우 스스로 직과의 교진 및 공격 임무를 수행할 수 있는 자율살상 기능이 필수로 여겨진다. 그러나 드론이 원래의 필요한 임무만을 수행하는 것을 넘어서 적에 대한 과도한 공격으로 필요 이상의 전쟁을 확전시키는 결과를 초래할 수 있다는 위험성이 지적된다. 특히 적과 혼란스러운 교전 상황에서 인간보다 빠른 인지 능력을 발휘하는 속전속결 능력이 전투의 효과를 극대화할 것으로 기대된다. 그런데 이러한 기능이 인간이 통제하기 불가능한 또 다른 재앙적인 상황으로의 전개로 연결될 수 있다는 문제가 지적된다. 2012년 주식시장에서 알고리듬을 바탕으로 자동적인 주식투자를 하도록 설계된 프로그램들이 동시에 주식을 투매하는 상황이 발생했다. 그 결과 전 세계 주식시장이 대폭락의 사례를 겪었다. 비슷한 일이 전쟁에서 일어나면 그 결과는 훨씬 재앙적일 것이다.

설사 자율살상무기 금지에 대한 광범위한 공감대가 형성된다 해도 실제로 이를 금지하기란 쉽지 않은 것이 현실이다. 예를 들면 화학무기의 비인간적인 살상력에 대한 국제적인 합의를 바탕으로 현재 약 200개 국가가 화학무기 금지 협약에 가입하고 있다. 덕분에 1990년대 초 이후, 알려진 화학무기 재고 93%를 파괴하고, 97개 생산시설을 폐쇄하였으며 실제 이 협약을 통해 화학무기 사용을 크게 줄일 수 있었다. 그러나 2018년 시리아 내전에서 정부가 반군 지역에 대한 화학무기를 사용한 사태에서 볼 수 있듯이 화학무기 사용이 완전히 없어진 것은 아니다. 일부 국가들이 자율살상무기의 긍정적인 효과를 인정하여 조약에 동참하지 않는다면 나머지 국가들의 금지 노력은 실질적인 효과를 가지기가 어렵다. 전문가들은 이들 무기의 위험성에 대한 국가와 사회의 근본적인 성찰이 필요하다고 주장한다. 윌리엄스 교수는 "호주 같은 국가들이 방어용 살상 로봇 개발을 중지했다고 가정하

자. 금지 조약을 무시하고 무기 개발을 진행한 국가보다 취약한 상태가 되어버린다. 살상 로봇 금지만이 유일한 전략이 될 수는 없다. 사회와 국가 단위에서는 살상 로봇 금지보다 더 많은 것이 필요하다"라고 설명했다.

더욱이 소위 4차 미래 산업의 첨병으로 여겨지는 인공지능이나 그에 관련한 기술들에 대한 어타 경제와 과학 분야의 개발과 연구를 전면적으로 금지하기란 사실상 불가능하다. 평시에도 대부분 연구자는 나름의 윤리적 기준을 가지고 연구 활동을 수행한다. 그러나 연구 윤리는 법의 구속을 받지 않는다. 또 각 연구소와 국가별로 연구 윤리의 기준도 다르다. 실제 '윤리적' 연구가 무엇인지에 대한 구체적이고 보편적인 정의를 내리기란 매우 어렵다. 100여 명의 저명한 인공지능과 로봇 분야의 전문가가 지난 2017년 유엔에 보내는 공개서한에 서명했지만, 현실은 여기에 동참하지 않은 전문가가 훨씬 더 많다는 것이다. 실제 첨단 군사기술 개발 업체는 특성상 새로운 기술 개발을 공개하기보다는 비밀로 하는 경우가 많다. 과학계가 위험한 기술을 검토하고 감독하는 게 현실적으로 불가능한 것이다.

그러나 자율살상무기의 금지를 주장하는 이들은 일정 수준의 '약속'이 아무런 일을 하지 않는 것보다는 여전히 필요하다고 주장한다. 앤소니 핀 교수는 "사용이 허용되는 상황을 규정하고, 위반에 대한 책임을 묻는 법적 틀을 개발하는 것이 아주 중요하다"라고 강조한다. 금지할 수 없다면, 늦기 전에 관련된 법적 틀이라도 마련하는 것이 유용하다는 것이다. 호주 멜버른 공대의 제임스 할랜드 교수는 "과거에는 기술이 법이나 문화적 틀보다 더 빨리 발전하면서 상황을 주도했다.

냉전 시대의 핵무기 등장과 상호 확증 파괴 전략, 지뢰의 확산 등을 예로 들 수 있다. 문제는 베트남 등 국가에서 40년 전 설치한 지뢰 때문에 매년 수백 명이 목숨을 잃거나 장애인이 되는 참상을 볼 때 앞으로는 기술에 앞서 법적 틀을 마련해야 사회가 기술을 통제할 수 있다"라고 강조한다.

자율무기에 관한 논쟁은 이제 막 시작이 되어 아직 이를 규제하기 위한 본격적인 국제적인 노력은 미약하다. 현재 자율살상무기에 대한 규제 및 금지 노력은 이 분야의 전문가들에 의해 조직된 소수의 민간 국제단체에 의해 주도되고 있다. 일론 머스크가 참여하고 있는 삶의 미래 연구소(Future of Life)와 함께 킬러 로봇 중지 운동(Campaign to Stop Killer Robots), 로봇 군비통제를 위한 국제 위원회(The International Committee for Robot Arms Control) 등의 전문가와 NGO 활동가로 구성된 조직이 있다. 2013년 시작된 킬러 로봇 중지 운동에는 32개 국가의 76개의 NGO가 참여하고 있으며, 현재까지 4000여 명에 이르는 인공지능과 로봇 전문가들이 자율무기를 금지하는 청원서에 서명하였다.[232] 이들은 주요 국가가 이에 대한 논의를 활성화할 것을 독려하는 한편 유엔을 통한 국제적인 규범 마련에 노력하고 있다. 그 결과 2014년 이후 여섯 차례 넘게 제네바의 유엔에서 개최되는 '재래식 무기 회의(the Convention on Conventional Weapons, CCW)'에서 이 주제에 관한 전문가 그룹 회의가 열렸다.

이후 점차 많은 수의 국가가 자율살상무기의 위험성에 공감을 표시하게 되었다. 최소한 어떤 무기 시스템이든 인간의 감독이 기본적으로 개입되어야 한다는 것에 대부분의 공감대가 형성되고 있다.

2018년 4월에 개최된 회의에서는 대부분의 참가국이 무기 체계에 대한 인간의 통제를 유지할 필요성에 공감하여 이를 위한 새로운 국제법을 논의할 필요성을 제기하였다. 특히 오스트리아, 중국, 콜롬비아, 지부티 등의 국가는 최초로 자율무기의 완전 금지를 제안하였다. 중국의 경우 그 사용의 금지만 찬성하고 개발이나 생산의 금지에 대해서는 유보를 표명하였다. 이에 대해 프랑스, 이스라엘, 러시아, 영국, 미국은 자율살상무기에 관한 완전 금지 국제법 논의에 명시적인 반대를 표명하였다.

이에 **구테흐스 유엔 사무총장은 2018년 5월에 발간된 보고서에서 무력의 사용 시 인간 통제를 강제하는 규정에 대한 지지를 표명하였다.** 이 보고서는 로봇 전문가, 기술기업가, 인권운동가, 시민사회 및 많은 정부가 자율살상무기 시스템이 가지는 위험성에 대해 경종을 울렸다고 설명하고 있다.[233] 이에 앞서 2017년 9월에는 유네스코가 주관한 과학 지식과 기술의 윤리에 관한 세계 위원회에서 '로봇 윤리'에 관한 보고서를 채택하였다. 이 보고서는 군사작전에서 무기 시스템과 무력의 사용 시 항상 인간의 통제가 지켜지는 것을 '강력히' 권고하는 내용이 채택되었다. 지금까지 26개 국가가 자율무기의 금지에 관한 새로운 국제법 제정을 지지하고 있다. 또한, 100여 국이 무기 시스템과 무력의 사용 시 어떠한 형태로든 인간의 통제가 유지되어야 함을 규정하는 새로운 국제규범을 수립할 것을 찬성하고 있다.[234]

자율무기의 위험성에 대한 논란은 민간 영역에서도 불고 있다. 지난 2018년 구글은 미 국방부와의 공동 연구 프로젝트인 '메이븐(Maven)'의 계약을 연장하지 않을 방침이라고 외신들이 일제히 보도했다. '살상용 무기 개발' 논란이 뜨거웠던 메이븐 프로젝트는 인공지능 기술을 기반으로 무인 항공기가 수집한 영상 정보를 자동 분석해 타격 목표의 정밀도를 높이기 위한 시스템 개발 프로젝트이다. 정밀타격이 가능해 테러리스트 등을 향한 공격에 특화됐다고 알려져 왔다. 하지만 구글 직원들은 메이븐 프로젝트가 첨단 무기에 AI 기술을 도입하기 위한 것이라며 해당 기술 제공을 강력히 반대해왔다. 4000명 이상의 구글 직원들이 메이븐 폐지 청원에 나섰다. 이들은 반대 스티커를 제작하는가 하면 일부 직원들은 사표를 제출하는 등 내부 불만이 심화되었다.

이들은 구글이 전쟁 목적의 사업에 참여하지 말아야 하며, 인명 피해로 이어질 수 있는 군사 첩보 활동을 위해 미 정부에 협력하는 것은 옳지 않다는 주장을 폈다.[235] 외부 반발도 거세, 다수의 학계 관계자와 연구원들도 계약 철회를 요청했다. 이에 선다 피차이 구글 CEO는 내부 토론회를 열어 학살 개념이 아닌 빅데이터 기반의 감지 능력에 특화돼 있다는 당위성을 강조하며 사태 진화에 나섰다. 아울러 머신러닝 기술 개발과 활용 지침을 조기에 만들어 주변 우려를 불식하겠다는 정책도 발표했다. 하지만 여전히 안팎의 반발이 수그러들 기미가 보이지 않자 결국 국방부와의 AI 공동 연구 중단을 선언했다. 이는 구글의 AI 기술이 전쟁 프로젝트에 쓰여서는 안 된다는 직원들의 강한 반발을 의식한 것이라고 외신은 전했다. 이로 인해 구글은 최소 수천만 달러에서 2억 5000만 달러에 이르는 국방부와의 계약을 포기한 것으로 알려졌다.[236]

구글 AI 사업을 이끌고 있는 페이페이 리(Fei-Fei Li) 수석과학자는 구글이 군사용 AI 계약을 체결할 경우 통제할 수 없는 혼란을 초래할 것이라고 이미 예견했으나 받아들여지지 않았다고 전했다. 페이페이 리는 아울러 "인간을 위해 AI가 존재하는 것이기 때문에 무기화는 정반대의 길"이라며 "최근의 AI에 대한 열정이 미래 사회에 미칠 악영향에 대한 고민을 막고 있어 우려스럽다"라고 경고했다. 이후 구글은 사회 공익성, 안정성, 인간에 의한 통제 등에 관한 AI 윤리 원칙을 발표하며 명시적으로 인공지능의 군사적 사용을 배제하였다. 구글은 자신들이 '추구하지 않을 AI 응용 분야'로 무기 개발, 감시 기술, 인간에게 해를 끼칠 가능성이 있는 기술, 국제법과 인권 원칙을 위반하는 기술 등을 발표했다. 그런데 2025년 이 윤리 원칙을 개정하면서 인공지능 기술을 무기와 감시 시스템에 적용하지 않겠다는 내용을 공식적으로 삭제하여 다시 논란이 일고 있다.

2023년에 **챗GPT**가 발표되며 전 세계적으로 다시 한번 AI의 위험성에 대한 논쟁이 가열되었다. 구글을 포함한 인공지능 부분의 1000여 명의 과학자와 개발자들은 새로이 시작된 '생성 인공지능(Generative AI)'이 지금까지와는 다른 차원의 자체 인공지능 형성을 통해 언젠가 인간의 통제를 벗어나거나 인간을 지배할 수도 있다는 위험성을 제기하였다.[237] 2023년 5월 구글의 인공지능 연구를 이끌어온 **제프리 힌턴(Jefferey Hinton)** 박사는 자신이 연구한 인공지능이 인간의 통제를 벗어나 인류를 멸망시킬 살상 로봇으로 자체 진화할 가능성을 경고하며 연구총괄 부사장직을 사퇴하였다. 그는 세계 각국에서 경쟁적으로 진행된 인공지능 연구가 핵무기보다 인류에 더 심각한 위협이 되고 있다고 경고했다.[238]

군사 분야에서 인공지능의 발달은 사이버 공간에서의 통제 불가능한 전쟁이나 가짜뉴스의 생성에 의한 무력충돌뿐 아니라 최악의 경우 **핵무기의 의도치 않은 사용까지 이어질 수 있다는 우려가 제기된다.** 현재 미국의 패트리엇 미사일 시스템은 적으로부터 초단시간 공격에 대비하여 인간의 명령 없이도 자체 대응할 수 있는 인공지능이 이미 작동하고 있다. 문제는 이러한 시스템이 핵무기에 적용된다면 냉전 시기에 발생했던 우발적 시스템 에러나 연습 훈련에 대한 오해의 경우에도 인간이 판단을 내리기 전에 인공지능에 의해 대규모 핵 공격이 작동할 위험이 있다는 것이다. 구글의 전 회장 **에릭 슈밋**(Eric Schmidt)과 **헨리 키신저** 전 국무장관은 21세기 불안한 지정학적 위험이 인공지능의 등장으로 더욱 혼란이나 파국으로 치달을 수 있다고 경고하였다. 에릭 회장은 인간의 판단을 넘어서는 속도의 미사일 공격이 있을 경우 자동 대응을 하는 과정에서 이것이 만약 가짜 시그널에 의한 것이라면 누가 그것을 식별하고 책임질 것인지의 질문을 제기하며 군사 기술에서 적용되는 인공지능의 위험성을 제기하였다.[239]

2024년 3월, 유엔총회는 인공지능에 대한 최초의 결의안을 통과시켰다. 결의안은 모든 국가가 혜택을 누리면서, 인권을 존중하며, "안전하고 믿을 수 있으며 신뢰할 수 있는" 강력한 기술을 확보할 노력에 대한 지지를 표명했다. 미국을 비롯한 123국이 공동 발의하여 193개 모든 회원국의 만장일치로 채택되었다. 그러나 여전히 인공지능이 인류의 생존에 미칠 영향에 관한 구체적인 국제적 논의와 합의는 매우 미진하다. 20세기 국제정치의 거장인 **헨리 키신저**와 하버드대학의 **그래함 앨리슨** 교수는 20세기는 미·소 냉전에는 핵전쟁이 가장 큰 위협이었다면, 21세기 미·중 경쟁은 인공지능이 가장 큰 위협이라고 경고한다. 인공지능 개발에 선두인 양국이 핵무기 체계와 인공지능을 결합하면서 재앙적인 충돌의 가능성이 이전과는 다른 양상을 보인다는 것이다. 특히 인공지능은 민간에 의해 주도되고, 그 생성과 전파의 속도가 핵무기와는 근본적으로 다르게 빠르다. 과거 미·소 간의 핵 통제와 협상은 여러 차례 위기와 수십 년의 과정을 겪었다. 현재 미·중 핵 경쟁이 본격화되는 상황에서 인공지능의 결합은 과거와는 다른 차원의 위기를 맞을 수 있다. 두 거장이 **하루빨리 미·중 간에 인공지능에 관한 대화와 통제 노력이 필요하다고 경고**하는 이유이다.[240]

한·중·일 삼국의 자율무기 정책

03

중국은 인공지능과 자율무기의 중요성에 대해 가장 적극적으로 대응하고 있는 국가로 분석된다. 중국 인민해방군은 인공지능이야말로 전쟁의 양상을 현재의 '정보화(informatized)'된 전쟁에서 '지능화(intelligentized)'된 전쟁으로 바꾸는 결정적인 역할을 할 것으로 규정한다. 중국 중앙군사위원회의 과학기술위를 담당하고 있는 리우 구오지 중장에 의하면 인공지능은 군 조직의 프로그램과 운영 형태, 장비 체계, 전투력 제고 분야 등의 변혁을 가져와 심오한 군사혁명을 초래할 것으로 예측한다. 신기술이 등장함에 따라 혼란과 함께 새로운 기회가 창출되고 있으며 동시에 이를 활용하지 못하면 결국은 그 희생양이 된다는 것이다. 현재 중국군은 ① 지능화된 자율 무인체계, ② 인공지능을 활용한 데이터 융합, 정보 처리, 정보 분석, ③ 워 게이밍을 활용한 시뮬레이션과 훈련, ④ 정보전의 방어, 공격과 지휘, ⑤ 지휘 결정 과정 지원 등의 분야에서 인공지능을 적극 활용할 계획으로 알려졌다.[241]

2018년 11월 중국의 시진핑 주석이 중앙군사위원회 위원장 자격으로 중국군의 기술 개발을 책임지고 있는 지도부와 회동하면서 인공지능 분야의 최고 권위자로 알려진 리 더이(Li Deyi) 소장과 악수하는 장면이 미국의 국방 담당자들에게 주목을 받았다. 중국은 다가오는 미국과의 군사충돌 시 미국의 강력한 군사력에 대항하는 **비대칭 전략**의 하나로 자신들이 보유한 육·해·공군의 주요 무기 체계에 인공지능을 결합하는 작업을 진행하고 있다. 2016년 시 주석은 중앙군사위원회 연설을 통해 빅데이터와 클라우드 컴퓨팅, 인공지능 등을 인민해방군이 적극적으로 활용할 것을 주문한 바 있다. 예를 들면 공중에서의 우위를 장악하기 위해서는 자신들이 개발한 J20 최신예 스텔스 전투기에 인공지능을 활용해야 한다는 것이다. 아울러 중국은 무인항공 전투기나 수중 무인전투기기의 활동에 인공지능이 중요한 역할을 할 것으로 기대한다. 더불어 중국이 보유한 대량의 미사일 무기에서도 심화한 인공지능과 자동화 기능의 활용이 강조된다. 인공지능은 또한 중국이 강조하는 사이버 전쟁에서도 중요한 역할을 할 것으로 기대된다.

한편 중국은 극비리에 인공지능을 활용한 각종 신형 무기 체계를 개발하고 있는 것으로 추정된다. 최근 중국은 무인 탱크를 시연하고 벌떼 형태의 드론을 과시하기도 하였다. 이와 관련하여 중국군 전문가의 한 보고서에 따르면 중국의 인공지능 활용은 **'지능적 작전**

(intelligent operations)' **개념**에 의거하여 정보의 중요성, 유비쿼터스한 앱 클라우드, 멀티 도메인의 통합, 인간 두뇌와 기계의 융합, 지능의 자율성, 그리고 무인화된 전투에 초점을 맞추어 개발되고 있다. 특히 전통적인 육·해·공에서의 우세보다는 우주와 사이버 공간에서의 군사적 우위를 추구한다. 즉 사이버 공격으로 적 통신과 네트워크를 장악하여 적이 가진 스텔스 기능의 최첨단 전투기나 전투함, 잠수함과 미사일 등의 무기 체계를 무력화시키기 위한 것이다. 또한, 진짜와 가짜 정보의 구분을 불가능하게 하여 적의 혼란과 사기 저하를 촉진하는 심리전에도 중요하게 활용된다. 빅데이터와 강력한 컴퓨터 알고리즘을 이용한 정보 분석과 전투 계획은 병사와 무인 무기체계가 신속하고 정확한 공격을 할 수 있도록 만들 것이다. 나아가 인간과 기계의 결합은 기존에 인간 병사가 가지는 피로, 기억상실, 감정 등의 약점을 보완해줄 것으로 예상한다. 이는 지휘통제에서도 많은 정보와 혼란스러운 상황에 대한 신속하고 정확한 분석과 결정을 가능케 한다. 인공지능이 병사는 물론 지휘관의 역할을 동시에 해줄 것으로 기대된다.[242]

이러한 중국의 움직임에 대해 미국의 군사 문제 분석 기관인 제인스(Janes)의 보고서에 의하면 중국이 인공지능을 활용하여 전통적인 군사력과 함께 적의 정부와 군에 대한 교란작전과 정보전을 결합한 제5세대 전쟁 계획을 수립하고 있으며 이 분야에서 미국을 앞설 것이라고 경고하였다.[243] 또 다른 보고서는 중국의 인공지능에 대한 무기화가 군사혁명의 전개에 새로운 변수로 등장하고 있으며 미국의 중요한 전략적 도전을 제시한다고 경고하였다.[244] 제임스 매티스(James N. Mattis) 국방부 장관은 청문회에서 미군은 중국의 이러한 도전에 대응하기 위해 자율무기와 인공지능에 투자하고 있으며 미군의 전투준비 태세 강화에 최우선 과제를 두고 있다고 증언했다.[245]

한편 중국은 이미 공중, 수중, 그리고 지상에서의 다양한 형태의 무인무기 체계를 개발하였으며 스텔스, 스워밍, 초음속 능력을 가진 최첨단 무인무기 체계 개발에 매진하고 있는 것으로 알려졌다. 이들 무기는 중국이 장차 남중국해나 동중국해, 대만 혹은 인도와의 국경 문제 등의 해양이나 지상을 둘러싼 영토 분쟁에서 중요한 전략자산으로 활용될 것으로 분석된다. 관련하여 미 국방부는 중국이 인공지능이나 무인비행체 분야에서 미국을 포함한 해외의 주요 국가들의 첨단 기술들을 합법·비합법적인 방법을 망라하여 빼돌리는 것을 국가 목표로 삼고 있다고 의심한다.[246]

일본은 일찌감치 로봇과 인공지능 기술에 국가적 사회적 관심을 기울여왔다. 그러나 일본의 경우 이들 기술에 관한 관심은 군사적 목적보다는 산업이나 고령사회의 인력난 해소, 일본인들의 로봇에 대한 문화적 관심에 기인하는 것으로 분석된다. 미국의 인공지능에 관한 연구나 지원이 주로 군사 분야와 이와 관련된 산업에 의해 이루어진 것에 비교하면 일본은 민간 분야나 대학의 연구소를 중심으로 이루어지는 특징을 지닌다. 동시에 이들은 군사적 목적의 로봇보다는 **사회적·산업적 용도의 로봇 개발**에 많은 관심을 가진다.[247]

일본은 세계에서 두 번째로 국가적 차원의 인공지능 개발 전략을 수립한 선구적 나라이다. 2016년 4월 미래를 위한 관민 대화에서 아베 총리는 인공지능 기술을 위한 전략위원회를 창설하고 인공지능의 산업화 로드맵과 연구개발 목표를 수립할 것을 지시했다. 총 11명으로 구성된 이 위원회에는 도쿄대 총장, 도요타자동차 회장, 과학진흥을 위한 일본 협회 회장 등 학계·산업계·정부를 대표하는 지도자들이 포함되었다. 1년 후인 2017년 3월 이 위원회는 「인공지능 기술 전략」을 발간하고 산업화를 위한 3단계 발전 로드맵을 제시했다.

인공지능을 서비스로 조명하는 3단계 전략은 첫 번째로 분야별로 데이터를 활용하거나 적용하는 인공지능을 개발하고 두 번째로 다양한 영역에 걸쳐 인공지능을 공공 부분에서 활용하고 세 번째로 복수 영역을 연결하는 인공지능 에코 시스템을 개발하는 것으로 설정되었다. 그리고 이를 생산·보건·이동의 세 가지 우선순위 부분에 적용토록 하였다. 그리고 이를 실현하기 위해 연구개발, 인재(Talent), 공공데이터, 그리고 스타트업 부분에 새로운 투자를 촉진할 것을 제시하였다.[248]

한편 군사 부분에서의 인공지능과 자율무기 활용은 최소한 공식적으로는 크게 언급되지 않고 있다. 최근에 개정된 일본의 「방위대강」에 따르면 일본은 새로운 안보위협으로 우주, 사이버 공간, 전자자기장 분야를 언급하며 이 영역에서의 안보위협에 대응할 것을 강조한다. 동시에 일본군이 육·해·공을 넘어 새로운 안보 공간에서의 다중 영역에서 합동작전을 실시할 수 있는 능력 배양을 강조한다. 그러나 중국이나 한국의 국방 정책에서 논의되는 드론이나 인공지능, 자율살상무기 등 4차 산업혁명에 연계된 군사기술의 강조나 미국의 3차 상쇄전략에 대한 언급은 나타나지 않고 있다. 대신 중국의 공세적 군사전략에 대한 미·일동맹의 강화, 북한의 미사일 위협에 대한 미사일 방어의 강조, 섬으로 이루어진 본토 공격에 대비한 해양 방어태세의 강화 등

전통적 안보위협에 대한 보다 적극적인 국방전략이 주로 논의되는 특징을 보인다[249]

한국은 자율무기 체계를 가장 적극적으로 개발 도입하고 있는 국가의 하나로 알려져 있다. 2007년 삼성에서 개발한 SGR-A1가 언론에 소개되면서 거의 **세계 최초로 자동화 무기를 상용화**하여 실전에 배치한 사례로 보고되었다. SGR-A1는 비무장지대로 침투하는 북한 병력을 감시·차단하는 장비이다. 카메라와 레이더를 통한 적외선과 열 감지 센서 및 동작 식별 장치 등을 사용하여 기상 여건과 상관없이 한밤중이나 악천후 시에도 침투하는 북한군을 자동으로 식별하여 이를 경고하는 방송이나 영상을 송출할 수 있다. 또한, 5.5mm 기관총과 40mm 수류탄 투척기가 장착되어 침투하는 적에 대한 공격도 가능하다. 원거리 원격조종을 통해 운영되며 대당 20만 달러를 호가하는 것으로 알려졌다. 2010년부터 실전 배치되어 160마일 비무장지대에 광범위하게 사용되고 있는 것으로 보도되었다.[250]

한편 지난 2018년 2월 카이스트와 방산기업 한화시스템이 '국방인공지능융합연구센터'를 설립하자 전 세계 AI 분야 학자 50여 명이 카이스트와의 학술 협력을 거부하겠다는 성명을 발표하는 등 AI를 활용한 반인륜적 군사무기화에 대한 논란이 있었다. 카이스트는 2018년 2월 20일 한화시스템과 '국방인공지능융합연구센터'를 공동 설립하고 개소식을 열었다. 카이스트는 센터의 설립 목적을 방위 산업 물류 시스템, 무인 항법, 지능형 항공훈련 시스템 등에 대한 알고리즘 개발이라고 밝혔다. 이에 대해 토비 월시(Toby Walsh) 호주 뉴사우스웨일스대학 교수 등 세계 30개 국가 인공지능 및 로봇공학 연구자 50여 명은

"카이스트처럼 명망 있는 기관이 인공지능 무기 개발을 통해 군비경쟁을 가속하는 것처럼 보이는 것은 유감스럽다. 우리는 카이스트 총장이 연구센터가 '의미 있는 인간의 통제가 없는' 자율무기 개발을 하지 않겠다는 확약을 하기 전까지 공식적으로 카이스트의 어떤 부분과도 협력을 보이콧하겠다"라는 내용의 공개 편지를 발표했다. 학자들은 보이콧의 구체적 예로 카이스트를 방문하지 않고, 카이스트에서 방문자를 받지도 않으며, 카이스트와 관련한 연구에 참여하지 않겠다고 밝혔다.[251]

카이스트는 곧바로 "국방 인공지능 융합연구센터는 대량살상무기, 공격무기 등 인간 윤리에 어긋나는 연구는 물론 통제력이 결여된 자율무기를 포함한 인간 존엄성에 어긋나는 연구 활동을 수행하지 않을 것"이라는 내용의 성명을 발표하고 항의 서명한 학자들에게 신성철 카이스트 총장 명의의 서신을 보냈다. 일부 교수는 의혹을 해명해 줘 고맙다는 회신을 보내왔지만, 서명을 주도한 토비 월시 교수는 답신 이메일에서 "서명받은 사람들과(보이콧 철회 등) 어떻게 대응할지 논의하겠다"라고 밝힌 것으로 알려졌다. 두원수 카이스트 홍보실장은 "한화시스템은 토털 IT 솔루션 소프트웨어 업체로, 연구센터의 주요 목적은 공군 조종사들이 모의훈련할 때 사용할 인공지능 기반 프로그램을 개발하는 것이다. 우리나라 무기 개발 시스템에서는 대학이 무기 개발 과정에 참여할 수 없다"라고 말했다. 그럼에도 불구하고 카이스트와 한화의 사례는 한국이 인공지능과 자율살상무기 분야에 안보를 앞세워 가장 공격적인 투자와 연구를 지원하고 있다는 국제적 인식을 심어주었다. 이는 과거 대인지뢰 금지협약에 한국과 미국을 제외한 대부분 전 세계 국가가 참여한 사례에서 드러났듯이 한국이 안보이해를 내세워 **군사무기의 윤리적 문제에 상대적으로 소극적**이라는 국제적 인식을 형성할 우려가 있다. 남북의 군사대치와 불안한 동북아 상황을 대비할 안보이해가 당연히 중요하다. 동시에 글로벌 선도국가로 위상이 높아진 한국으로서는 신무기의 윤리성을 둘러싼 국제 논쟁과 그 책임에도 보다 세심한 주의가 필요하다.

2부

평화

1장

총이냐, 버터냐?

안보는 동서양을 막론하고 국가의 가장 중요한 핵심이익으로 정의된다. 어떻게 하면 국민과 국가의 안보를 보장할 것인가는 국가 지도자의 최고 관심사이자 책무이다. 그러나 평소 일상에서는 일반 시민이나 위정자들은 막연한 안보보다 당장에 먹고사는 문제에 더 관심을 가진다. 미국의 부시(George H. W. Bush) 대통령은 1990년대 초 이라크와의 1차 걸프전을 완벽한 승리로 이끌며 90% 이상의 역대 최고 지지율로 재선을 자신했다. 그러나 1992년 대선에서 "바보야, 경제가 문제야(It is the economy, stupid!)"라고 외치며 혜성같이 등장한 46세의 무명에 가까운 빌 클린턴 주지사에 충격의 패배를 당하였다. 2016년 미국 대선에서는 클린턴 대통령의 영부인이던 힐러리 클린턴과 억만장자 도널드 트럼프가 격돌했다. 힐러리 후보는 1990년대 퍼스트레이디로, 2000년대 상원의원으로, 2010년대 오바마 행정부의 국무장관으로서 화려한 경험과 지식을 가진 외교 안보의 적임자로 여겨지며 대통령 당선이 확실시되었다. 그러나 결과는 부동산 업자이자 리얼리티 TV 쇼 호스트로 미국 백인 중산층의 사회·경제문제를 파고든 트럼프에 충격의 패배를 당했다.

국내외를 막론하고 평상시 대부분 국민에게는 안보 문제보다는 경제문제, 주택, 의료보험, 교육과 각종 사회문제 등 일상의 다른 일이 더욱 중요한 관심사이다. 북한 핵 개발과 같은 안보 문제가 항상 심각한 현안으로 여겨지는 한국도 마찬가지이다. 언제 터질지 모르는 제2의 한국전쟁 위험 속에서도 한국인의 주요 관심사는 경제와 일자리, 교육이나 부동산, 고령화와 사회보장 등이다. "총이냐, 버터냐(Guns vs Butter)"라는 영어 표현은 이러한 현실을 반영한다. 모든 이가 안보가 가장 중요하다고 외치면서도 정작 일상에서는 관심을 기울이지 않는 이중성이 존재한다. 왜 그럴까? 안보의 개념을 제대로 이해하면 이는 자연스러운 현상이다. **안보가 가장 중요하다고 하면서도 평소에는 왜 관심이 적을까? 안보 문제에 대한 현실적인 접근과 논의는 어떻게 시작할까? 올바른 안보정책의 시작은 안보 개념이 가지는 이중성과 딜레마를 정확하게 이해하는 것에서 시작한다.**

수단적·상대적·부정적 안보 가치

01

흔히들 안보는 국가와 국민이 지켜야 하는 가장 중요한 가치로 여겨진다. 그러나 일상의 현실에서는 안보가 가장 중요한 가치로 취급되고 논의되지 않는다. 말로는 국가정책에서 안보가 가장 중요하다고 강조하지만, 실제 그것을 위한 투자나 노력은 우선순위에서 밀리는 경우가 허다하다. **이러한 모순은 왜 발생할까?** 정치인과 위정자가 국민을 속이거나 무능해서일까? 일반인에서부터 정치가, 혹은 전문 학자에 이르기까지 안보가 한 국가의 가장 기본적이고도 최우선으로 추구해야 할 주요 과제라는 데는 이견이 없다. 그러나 정작 안보 과제라는 것이 구체적으로 무엇을 의미하는지는 명쾌한 대답이 어렵다. "국민의 생명과 재산을 외부의 위협으로부터 보호하는 것"이 아마도 모두가 동의할 수 있는 안보의 가장 기본적인 정의가 될 것이다. 그러나 실제 안보의 개념은 그것보다 복잡하고 광범위하다. 지금까지 수많은 정치인이나 지도자가 안보정책을 말하고, 또 수많은 학자가 안보 문제에 관한 이론과 연구 논문을 발표하였다. 그러나 정작 안보의 개념 자체에 대한 체계적이고 근본적인 질문과 논의는 놀랍게도 거의 시도되지 않았다.[252]

안보는 국제정치에서 가장 중요하고 또한 가장 많이 언급되는 주제이다. **미국의 정치학자 데이비드 볼드윈(David A. Baldwin)**은 그러나 안보에 대한 체계적이고 과학적인 개념화와 토론을 학계에서 찾아보기 힘들다고 지적한다. 볼드윈의 관찰이 사실이라면 참으로 아이러니한 현상이다. 힘(power), 자유(liberty), 이익(interest)과 같은 정치학의 다른 핵심개념에 대한 철학적이고 이론적 논의가 무수히 존재하는 것에 비해 안보(security)라는 개념에 대해서는 유사한 논의가 진행되지 않았다는 것이다.[253]

국제정치에서 안보 문제를 가장 핵심으로 취급하는 현실주의의 대표학자인 케네스 왈츠의 경우, 안보를 국가의 가장 주요한 목표라고만 정의할 뿐, 안보의 개념 자체를 논하거나 안보의 대안적 개념들에 대한 반박을 시도한 적이 없다.[254] 그나마 얼마 안 되는 안보에 관한 이론적 연구는 대부분 개별 국가의 안보 현안이나 이를 재정립하기 위한 국제적 요인 및 위협요소의 변화 등에 관한 논의가 대부분이다. **안보가 평소 많은 사람에 의해 가장 많이 강조되는 단어임에도 불구하고 정작 그 정확한 의미에 대해서는 잘 논의되지 않는 가장 모호한 개념으로 남아 있다는 것이다.** 문제는 안보 개념에 대한 정확한 정의나 이해의 부재로 인해 정작 중요한 안보정책의 논의와 시행에 많은 오해와 혼란이 초래된다는 것이다.

볼드윈에 의하면 안보 개념 자체에 대한 최초의 그리고 거의 유일한 논의는 1950년대 초에 발표된 아놀드 울퍼스(Arnold Wolfers) 의 논문에 의해 시도되었다. 울퍼스는 당대 유명한 현실주의 논객이었던 월터 리프만(Walter Lippmann)의 안보에 대한 개념을 인용하여 안보란 "획득된 가치에 대한 위협이 부재한 상태(the absence of threat to acquired values)"라고 정의하였다.[255] 개인이나 사회, 혹은 국가는 각자가 소중히 여기는 나름의 핵심적인 가치(core values)를 가진다. 안보란 그것이 무엇이든 이들이 가장 소중히 여기는 가치가 파괴될 위협을 줄이는 행위라는 것이다. 볼드윈은 이러한 울퍼스의 정의를 좀 더 확장하여 안보란 "획득된 가치에 대한 손상의 가능성이 낮은 상태(the low provability of damage to acquired values)"로 정의한다.[256] 가치에 대한 '위협'은 주로 인간의 행위만을 전제로 한다. 그러나 가치에 대한 '손상'은 인간의 행위 외에도 자연재해와 같은 비인격적 위협요소도 포괄한다. 한 개인이 가장 소중히 여기는 생명이나 재산과 같은 가치는 다른 인간의 위협 행위뿐 아니라 지진이나 태풍 같은 천재지변이나 전염병 등의 자연적 위협에 의해서도 파괴될 수 있기 때문이다.

볼드윈이 제시한 안보의 정의는 흔히 안보가 가장 중요한 가치라는 주장에 대한 3가지 현실적 문제점을 제기한다. **첫째, 안보는 핵심가치(core value)를 보호하기 위한 수단적 가치이다.** 볼드윈의 정의에 따르면 안보는 국가의 구성원이 추구하는 가치에 대한 위협이나 손상의 가능성이 없는 상태를 말한다. 흔히 국가안보는 지도자와 국민이 추구해야 할 가장 중요한 목표로 이야기된다. 그러나 실제 안보는 그 자체가 가치라기보다 다른 핵심가치를 보장하기 위한 수단이라는 것이다. 국가안보란 한 국가가 가장 소중히 여기는 가치 혹은 가치들을 보호하기 위한 목적을 가지고 추구되는 중간제적(혹은 수단적) 가치이지 그것 자체가 국가의 가장 중요한 핵심가치는 아니다. 예컨대 안보가 중요한 이유는 결국 우리에게 가장 소중한 가치인 생명이나 재산, 혹은 우리의 신념이 외부의 적이나 다른 위협요인에 의해 침해되고 파괴되는 것을 막기 위해서이다. 생명이나 재산, 신념이 우리가 지켜야 할 핵심가치이고 안보는 이를 지키기 위한 수단적 가치이다. 물론 핵심가치의 보호를 위한 안보의 중요성을 강조하는 것은 타당하다. 그러나 안보 자체는 핵심가치를 보호하기 위한 수단이지 그 자체가 핵심가치가 될 수는 없다. 무조건 안보를 강조하기에 앞서 우리가 보호할 핵심가치가 무엇인지에 대한 성찰이 중요하다.

둘째, 안보는 상대적인 가치이다. 흔히들 안보는 한 국가가 추구해야 할 최상의 가치로 여겨진다. 종종 정치가나 지도자들은 안보가 국가정책의 최우선 과제라고 주장한다. 따라서 마치 안보는 개인이나 국가를 막론하고 모든 수단과 재원을 총동원하여 최우선으로 추구해야 할 과제로 상정된다.[257] 안보를 위해서는 어떠한 희생이나 대가를 치러도 된다는 논리로 이어지고 여기에 이의를 제기하는 사람은 거의 없다. 실제 외적의 침략이나 국가의 환란 시에 각 개인이 목숨을 걸고 국방의 의무를 지는 것은 당사자들에게는 개인의 가장 큰 가치 중 하나인 목숨을 희생하는 숭고한 행위이다.

이와 같이 안보는 평시에도 많은 이에 의해 주요가치(prime value), 혹은 핵심가치로 여겨지는 경향이 있다. 그 결과 안보는 그 어떤 것보다 앞서서 중요하게 추구되어야 하는 가치로 여겨진다. 그러나 안보도 여타 다른 가치와 마찬가지로 수요·공급의 법칙에 따라 지배된다. 안보 과잉의 경우 그 가치가 차감되는 한계가치(marginal value)의 성격을 갖는다는 것이다.[258]

실제 전시의 비상상황이 아닌 평상시의 현실에서는 안보가 사회의 모든 다른 목표나 가치에 우선한다는 주장은 수사에 그치고 만다. 평시에는 국가나 개인은 경제 상황이나 일자리, 복지, 교육, 혹은 사회적 갈등 등의 문제에 더 많은 관심과 정책 노력을 보인다. 이러한 현실은 앞서 보았듯이 안보는 다른 가치를 추구하기 위한 수단이지 그 자체가 가장 중요한 목표나 가치가 아니라는 사실을 반영한다. 가장 대표적인 증거가 정부의 국방예산이다. 2022년 기준으로 OECD 선진국 35개국의 국방예산 평균은 2.4%로 1960년의 최고치였던 1962년의 6.68% 이후 지속적인 하락을 보였다.[259] 특히 이들 중에서도 국방예산

그림 2-1 | **OECD 회원국별 GDP 대비 방위비**

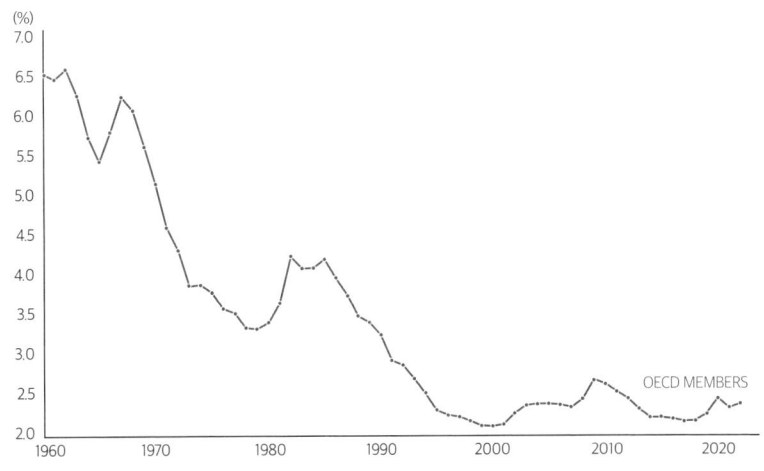

이 실제로 전체 국민총생산(GDP)의 2% 이상을 지출한 국가는 3.5%의 압도적인 군사비로 전체 평균을 높이는 미국과 그 외 영국, 이스라엘, 한국, 그리스, 에스토니아 등을 포함 9개 국가이다. 반면에 OECD 국가의 복지예산은 31.6%의 프랑스를 필두로 평균 20%에 달한다.[260]

대부분의 국가가 사회복지를 위해 국방비의 10배에서 20배가 넘는 비용을 지출하고 있다. 여자까지 의무복무를 규정하여 안보에 최우선의 가치를 부여하는 이스라엘의 경우 4.5%의 국방예산의 3배가 넘는 18.3%의 복지예산을 지출하였다. 세상에서 가장 호전적이고 위험한 나라로 꼽히는 북한과 대적하고 있는 한국의 경우도 이스라엘보다 훨씬 적은 2.7%의 국방예산을 지출했다. 이에 비해 복지예산은 5배가 넘는 15.5%를 지출하고 있다. 한국의 복지예산은 곧 20%에 달할 것으로 예상된다. 평소 국가안보에 대해 모두가 가장 중요한 것처럼 말하지만, 정작 다른 사안에 비해 상대적으로 적은 비용을 지출하는 현실은 어떻게 설명할까? 안보는 절대가치가 아니라 상대적 가치이기 때문이다.

이는 두 가지 요인에 기인한다. 먼저 절대적인 안보를 확보하는 것이 불가능하다. 즉 인간의 어떠한 노력에도 모든 위협요소를 없애고 절대 안보를 보장하는 것은 불가능하다. 개인이나 국가가 가용한 모든 예산을 감수하며 안보를 추구하더라도 어떠한 위협도 없는 완벽한 안보를 가질 수는 없다. 모든 천재지변이나 우연한 사고를 대비할 수 없고, 9·11 테러처럼 어떠한 위협이 언제 어떻게 나타날지 알 수 없는 게 현실이다. 절대적인 안보는 불가능하며, 안보 역시 다른 가치의 추구와 마찬가지로 경우에 따라 적게 혹은 많게 추구될 수 있는 상대적 가치라는 점이다. 예컨대 원시시대 동굴인의 경우 자신의 생명보존, 다시 말해 절대적 안전을 위해서는 맹수들이 날뛰는 야외를 피해 동굴에 머무는 것이 가장 안전한 선택일 것이다. 그러나 동굴에서 마냥 굶어 죽을 수는 없는 노릇이다. 먹고살기 위한 또 다른 욕구와 가치의 추구를 위해 위험한 정글에서 사냥하며 생명보존과 경제활동의 가치 사이에 타협할 수밖에 없다.

다음으로 안보 가치의 상대성은 또한 각 국가의 다양한 정책에 필요한 재원이 무한하지 않다는 현실에 기인한다. 재원이 한정된 상황에서 안보를 추구하기 위해서는 다른 가치의 희생이 필수적이다. 이 세상에 공짜는 없다는 것이다. 국가나 개인이 어떠한 목표를 추구하든 한정된 자원을 가지고 선택을 해야 한다. 현실에서 안보는 제한된 자원을 가지고 다른 가치와 경쟁해야 한다. 안보의 추구가 적절한 선에서 현실적인 타협을 해야 하는 이유이다.

셋째, 안보는 부정적인 가치(negative value)이다.[261] 흔히들 안보가 많을수록 좋은 것으로 생각된다. 그러나 안보는 다른 핵심가치를 파괴할 위협이 적을수록 더욱 보장된다는 점에서 특정 가치의 증가가 아닌 이에 대한 위협의 감소로 평가되는 부정적 가치(negative value)의 속성을 지닌다. 이에 반해 힘이나 국력(power)과 부(wealth) 혹은 자유(freedom)나 정의(justice)와 같은 가치들은 그것이 많을수록 좋다는 측면에서 긍정적 가치(positive value)이다. 즉 안보의 추구는 가치를 생산하기보다 가치를 지키기 위해 재원을 소모하는 성격을 지닌다. 이러한 점에서 안보는 비용이 적게 들면 들수록 가장 성공적이다. 최소 비용으로 최대의 효과를 내는 것이 안보정책의 가장 중요한 속성이 되는 것이다. "싸우지 않고 이기는 것이 최고의 전략이다"라고 설파한 손자의 병법은 이러한 안보정책의 속성을 극명하게 간파하고 있다.

총이냐 버터냐의 비유는 동서고금을 막론하고 안보정책의 이상과 현실을 둘러싼 딜레마를 반영한다. **안보 논쟁**은 예나 지금이나 한국 사회에 항상 존재했다. 역사적으로 가장 유명한 논쟁의 하나가 아마 임진왜란 직전 **이이의 10만 양병설**일 것이다.

당시 유명한 성리학자요 정치가이기도 했던 율곡 이이는 조선이 만약에 있을지도 모르는 왜적의 침략에 대비하여 10만 대군을 준비해야 한다는 보고를 임금께 올렸다고 전해온다.[262] 『조선왕조실록』에 의하면 선조는 1590년 황윤길·김성일·허성 등을 통신사로 파견하여 일본의 동태를 파악하도록 했다. 당시 혼란의 전국 시대를 평정하고 일본 통일을 이룬 도요토미 히데요시는 스스로 천하의 황제가 되기 위해 중국대륙 침략을 계획하고 있었다. 조선반도는 히데요시의 대륙 침략에 중요한 교두보로 여겨졌다. 히데요시는 당시 파견된 조선의 사신들에게 중국 정벌을 위해 조선의 길을 열어줄 것을 요구하며 그렇지 않을 경우 화를 면치 못할 것이라는 경고를 한다.

그러나 당시 파견된 두 명의 사신은 돌아와 각기 정반대의 보고를 올린다. 돌아온 통신사 중 서인인 황윤길은 일본이 많은 병선을 준비하고 있어 멀지 않아 병화가 있을 것이라고 보고하지만, 동인인 김성일은 침입할 조짐을 발견하지 못했다고 보고했다. 당시 조정에서 서인에 비해 우세한 세력을 형성한 동인 계열 대신들은 김성일 쪽으로 의견을 모았다. 그러나 통신사와 함께 온 일본 사신이 "1년 후에 조선의 길을 빌려서 명나라를 칠 것"이라고 통고하자 조선 정부는 크게 놀라 뒤늦게 경상도·전라도 연안의 여러 성을 수축하고 각 진영의 무기를 정비하는 등 대비책을 마련했으나 실효를 거두지 못했다. 그 결과 임진왜란과 정유재란을 통해 조선은 왜군에게 유린당하고 민중은 엄청난 참화를 겪게 된다.

역사는 당시 준비가 필요 없다는 주장이 틀렸음을 증명했다. 그렇다면 당시 선조 임금을 비롯한 조선의 지도층은 왜 잘못된 판단을 한 것일까? 단순히 김성일 한 사람의 주장만 믿고 안이한 판단을 내린 것일까? 아니면 좀 더 복잡한 내부 사정이 있었던 것일까? 실제 이이가 10만 양병을 주장했다는 정확한 기록은 존재하지 않는다.

어찌 됐든 선조 당시 조선의 군사력은 10만 병력이 못된 것으로 추정된다. 조선은 건국 이래 성리학을 숭상하여 국가 재정 수입의 기반인 상업 활동을 억누르고 문인을 우대하는 전통이 강하였다. 강한 군대의 유지를 위해서는 강력한 중앙권력에 의해 운영되는 많은 재정과 인력의 충원이 필수적이다.

그러나 선조 시기 왕실의 통치력은 파벌싸움에 휘말리고 군대는 홀대받았다. 강한 상비군을 위해 필요한 국가의 경제력과 세금 징수 등의 효율적 국가 운영은 중앙과 지방의 각종 부정부패와 비효율에 의해 어려운 상황이었다. 이러한 현실에서 당장 현재 군사력의 두 배가 넘는 10만의 군사력을 추가로 증원한다는 것은 국가 재정에 엄청난 부담이거나 아예 불가능한 것으로 여겨졌을 것이다. 선조 임금을 비롯한 집권세력 입장에서는 엄청난 재정지출이나 급작스러운 인력 차출의 무리수를 두고 싶지 않았기에, 어쩔 수 없는 현실의 선택이었을 수도 있다.

9·11 이후 미국의 가장 시급한 안보 현안으로 여겨지던 테러와의 전쟁도 이러한 안보정책의 속성을 보여 준다. 실체가 불분명한 테러세력의 위협을 막기 위해 부시 행정부는 아프가니스탄과 이라크를 침공하고 중동 민주화를 추구하였다. 이로 인해 많은 논란과 인명 피해는 물론 수조 달러에 달하는 엄청난 전비를 치렀다. 미 브라운(Brown)대학의 왓슨연구소(Watson Institute for International Studies)는 이라크 전쟁은 미국에 2조 달러의 전쟁 비용을 소모하였으며, 이와 연관된 부상자와 전사자 예우, 이자 비용을 합하면 향후 40년간 6조 달러까지의 비용이 들 것으로 예상하였다.[263]

부시 행정부의 이라크 전쟁을 비판하며 등장한 오바마 행정부는 시리아의 아사드 정부가 민간인에 대해 화학 가스 공격을 하자 이를 비난하면서도 군사개입을 끝내 하지 않았다. 대신 미국의 지도력 손상에 대한 비난을 감수하면서도 중동사태 불개입과 이라크 점령군의 철군 정책을 추진하였다. 오바마 행정부의 중동 정책은 안보의 부정적 가치에 대한 현실적 접근의 결과로 이해된다.

앞서 보았듯이 오늘날 대부분의 국가들이 국가안보를 가장 중요한 정책 목표로 제시하면서도 **실제로 안보를 위한 국방비가 전체 국가 GDP의 2%를 넘는 경우는 거의 드물다.** 오히려 선진국일수록 국민의 사회복지, 건강, 교육, 그리고 경제 발전을 위해 훨씬 많은 국가 예산이 사용되는 경우가 대부분이다. 그림 2-2에서 보듯이 트럼프 1기 초반인 2017년 29개 나토 멤버 중 유럽의 주요 국가 중에서는 미국 외에 영국만이 2% 이상의 국방비를 지출했다. 당시 트럼프 대통령은 유럽이 안보를 무임승차하고 있다고 거세게 비난했다.[264]

그림 2-2 | 나토 국가별 방위비

2022년 러시아의 우크라이나 침공 이후 러시아와 접경한 과거 동유럽 국가들을 중심으로 2% 목표를 앞다투어 내세우는 모습이 나타났다. 그러나 독일과 프랑스, 이탈리아, 스페인 등 다수의 나토 국가들은 여전히 급속한 국방비 증가에 어려움을 표했다. 특히 냉전 이후 반 이상으로 줄어든 이들 국가의 군사력이 갑자기 이전 수준으로 돌아가

기를 기대하기는 어렵다. 한편 한국인이 항상 군사 대국화를 꿈꾼다고 의심하는 일본은 1976년 고령화 사회에 진입한 이후 40년이 넘게 1% 이하 국방비 원칙을 고수했다. 최근 일본은 급속한 중국에 부상에 국방비를 증가하는 모습을 보이지만 이전의 두 배에 달하는 2% 달성은 어려워 보인다. 국가안보의 중요성에 대한 정치적 수사와는 달리 다른 정책 목표 혹은 가치를 추구하기 위한 안보정책의 현실적 타협이 항상 이루어지기 때문이다.

볼드윈의 안보정책 7요소

02

올바른 안보정책의 수립을 위해서는 단순히 "안보가 국가의 가장 중요한 책무이다"라는 말로는 충분치 않다. 앞에서 안보는 그 자체가 국가나 사회의 가장 중요한 가치라기보다는 다른 핵심가치를 보호하기 위한 수단적 가치라는 것을 살펴보았다. 그렇다고 해서 안보가 중요하지 않다는 것이 아니다. 안보가 없으면 다른 핵심가치 자체가 위험에 처한다는 점에서 매우 중요한 수단이요 가치이다. 문제는 어느 사회나 각자 원하는 다양한 가치를 추구하지만 이를 위해 필요한 재원은 한정된다는 것이다. 따라서 안보의 추구는 사회의 다양한 다른 가치를 추구하는 과정에서 한정된 재원을 가지고 경쟁해야 하는 것이 현실이다. 더구나 위협을 감소하는 부정적 특성의 가치라는 점에서 최소의 비용으로 최대의 효과를 낼 것이 요구된다. **그렇다면 최소의 자원을**

이용하여 최대의 안보를 확보할 기준과 방안은 무엇인가? 모든 국가가 안보를 최우선 과제로 이야기하면서도 구체적으로 이들이 추구하는 안보정책은 상당히 다르게 나타난다. 그 이유는 무엇이고 어떻게 이해할 수 있을까? 볼드윈은 "획득된 가치에 대한 손상의 가능성이 적은 상태"라는 안보 개념에 근거하여 **안보정책의 과학적 이해와 논의를 위한 7가지 기준을 제시한다.**[265] 먼저 **안보정책의 목표를 구성하는 네 가지 기준**이 있다.

첫째, '누구의 안보(Security for whom)'를 위한 것인가이다. 여기에는 특정 개인이나 사회 혹은 국가, 나아가 국제사회 전체의 각기 다른 주체가 논의될 수 있다. 흔히 한 국가의 안보정책은 그 국가에 속한 국민 전체의 안보를 위해야 한다는 것이 일반적인 상식이다. 대한민국의 안보정책은 대한민국 국민의 안보를 위한 것이어야 한다는 점에 이견을 달 사람은 없을 것이다.

그렇다면 북한은 어떨까? 북한의 안보정책은 북한 전체 주민을 위한 것일까? 북한 정부는 그렇게 주장할 것이다. 그러나 실제 외부의 눈에는 북한의 안보정책은 북한 사회의 절대적 지도자이자 존재인 수령, 즉 현재는 "김정은 위원장과 넓게는 그를 둘러싼 김씨 일가와 일부 지도층을 위한 안보정책이다"라는 주장이 더욱 설득력이 있을 것이다. 이 경우 북한의 안보정책은 북한 주민이나 국가보다는 일부 특정 개인, 혹은 한 지도자 개인의 안보를 위한 정책이라는 특징을 가진다. 북한 안보정책의 핵심인 선군 정책과 핵 개발로 인해 국가 경제와 사회가 고립되고 국제사회의 제재로 인해 일반 국민의 생활이 어려운 것은 잘 알려진 사실이다. 그런데도 북한 정부가 핵 개발을 고집하는 것은 결국 김정은 개인 혹은 그 정권의 생존을 우선시하는 안보정책의 발로이다. 국민보다는 개인을 위한 안보정책은 북한뿐 아니라 흔히 독재국가라 불리는 비민주체제에서 자주 드러난다. 이들 국가의 경우 안보정책은 국민보다는 독재적인 지도자와 그 정권의 생존과 보호를 위해 추구되는 경향을 보인다.

그렇다면 미국의 안보정책은 누구를 위한 것인가? 물론 미국 국민과 사회가 그 대상이 되는 것에 대부분 동의할 것이다. 그러나 미국의 국가안보전략 문서는 미국의 안보와 더불어 국제질서의 안정과 평화, 그리고 동맹의 안보를 안보정책의 중점 목표로 정의한다. 20세기 초 두 번의 세계대전을 거쳐 명실상부한 패권국이자 지도국의 위치로 부상한 미국에게 미국이 주도하는 국제질서의 안정과 유지가 중요한 안보 목표가 되는 것이다. 전 세계의 국가들도 말로는 국제사회의 안정과 평화를 원한다. 그러나 이들의 실질적인 안보정책은 대부분 자국의 안보에만 집중한다. 국제사회의 평화를 추구할 만한 힘도 없거니와 그럴만한 직접적인 이해를 못 느끼기 때문이다.

그에 반해 전 세계 50여 국가에 군대를 파견하거나 동맹 네트워크를 구축한 미국의 안보정책은 국제질서와 세계 평화에 특별한 의미를 부여한다. 현 세계 질서의 유지와 평화는 곧 미국의 패권적 지위를 유지하는 것으로 연결된다. 미국의 안보정책이 미국 국민뿐 아니라 전 세계의 평화 유지에도 진심일 수 있는 이유이다. 물론 무슨 이유에서든 미국이 세계 평화에 관심이 적어질 수도 있다. 자신들의 노력과 희생에 비해 실질적인 이익이 적다고 느낀다면 말이다. 트럼프 대통령의 미국 우선주의와 동맹 경시 정책은 이러한 미국 내의 일부 여론을 반영한다. 이에 대해 바이든 행정부는 다시 세계 질서와 미국의 지도력을 강조한다. 미국의 안보정책이 역사적 변곡점을 맞고 있는 이유이다. 이에 비해 21세기 미국의 경쟁자로 부상한 중국의 경우 아직은 그 안보정책의 주 관심이 중국 공산당과 국민, 그리고 국가 이익이다. 특히 중국은 핵심이익으로 중국의 주권, 영토, 경제 발전을 규정한다.[266] 최근 시진핑 주석은 중국이 세계 평화와 질서 유지에 기여할 것을 자주 언급하고 있다. 중국의 안보정책이 과연 언제 어떻게 아시아나 세계 질서의 유지를 진정한 주요 목표로 논의할지가 중국의 패권 의지를 가늠하는 주요한 척도가 될 것이다.

둘째, '어떠한 가치(Security for which values)'를 지킬 것인지의 문제이다. 누구의 안보인가 다음 질문은 어떤 가치를 지킬 것인가의 문제이다. 즉 안보의 주 대상이자 주체가 가장 소중히 지키고 싶은 가치는 무엇인가의 문제이다.

안보의 주체가 개인일 경우 대다수 사람은 자신의 신체적 안전, 즉 생명을 가장 소중한 가치라 여길 것이다. 또 많은 이가 자신이 가진 재화를 중요한 가치로 여길 수 있다. 이 경우 안보정책의 주 관심은 개인의 생명과 재산이라는 두 핵심가치를 지키는 것이다. 이는 국민 전체를 안보의 주요 주체로 정의할 때도 비슷하게 적용된다. 일반적으로 안보정책의 주요 목표는 국민의 생명과 재산을 보호하는 것이라는 것에 의문을 제기할 사람은 없을 것이다. 이를 위해 국가의 정치적 독립과 영토의 수호가 주요한 목표가 된다. 반대로 북한의 경우는 앞서 보았듯이 김정은 위원장과 그 일가의 생명과 재산이 안보정책의 핵심가치로 해석될 것이다.

그런데 국가나 사회에 따라서는 생명과 재산 못지않게, 혹은 그 이상으로 중요한 다른 가치가 있을 수 있다. 미국인들에게 당신의 가장 소중한 가치가 무엇이냐고 물어보면 대부분 사람들은 서슴없이 '자유(freedom)'라고 대답한다. 물론 이들도 자신의 생명이나 물적 재산을 중요한 가치로 여긴다. 그럼에도 미국인들에게는 자유가 가장 중요한 가치라는 사회적 합의가 존재한다. 극단적으로 표현하면 자유 없는 삶보다는 죽음이 차라리 낫다는 것이다. 미국의 국가안보전략 보고서 역시 미국 안보정책의 핵심 목표는 미국 사회가 가장 중요시하는 자유, 혹은 자유민주주의의 가치를 지키는 것이라고 정의한다.

그렇다면 한국인에게 중요한 가치는 무엇일까? 여전히 국민의 생명과 재산이 소중한 가치임에는 이견이 없을 것이다. 동시에 혹자는 우리 사회 역시 자유라는 가치를 공유한다고 말할 것이다. 1980년대 말, 많은 학생과 시민들이 학업과 생계를 제쳐놓고 거리에서 자유민주주의 직접선거를 요구하며 반정부 시위에 참여하였다. 그중 일부는 자신의 몸에 기름을 붓고 불을 붙이는 분신이라는 극단적인 형태로 독재에 대한 저항과 자유에 대한 갈망을 표출하였다. 자유(민주주의)라는 가치를 위해 자신의 생명이라는 또 다른 가치를 희생하는 가장 극적인 선택을 한 것이다. 이에 앞선 프랑스혁명과 같은 서구의 시민혁명도 결국은 생명이나 재산 못지않게 자유의 가치를 중요하게 추구한 사례로 볼 수 있다. 또한, 일제에 목숨을 바쳐 항거한 독립투사에게는 조국의 독립이라는 가치가 목숨보다 소중하게 여겨졌을 것이다. 반대로 지구촌을 테러의 공포로 몰아넣은 알카에다나 IS의 경우는 자신들이 추종하는 이슬람의 급진 사상을 핵심가치로 삼은 또 다른 사례이다.

9·11 테러를 비롯하여 이들의 가장 대표적인 테러 수법인 자살테러는 자신들이 믿는 종교적 신념(가치)을 위해 자신들의 생명이라는 핵심가치를 희생한 것이다.

안보의 핵심가치는 일차적으로 개인이나 국민의 생명과 재산으로 쉽게 정의될 수 있다. 동시에 인간은 빵만으로 사는 존재는 아니다. 때로는 신념이나 이념이 생명보다 더 중요한 핵심가치로 여겨진다. 이는 각 개인은 물론 사회에 따라서 서로 다른 가치 체계가 있을 수 있다는 현실 인식을 요구한다. 한편, 같은 국가나 사회의 경우도 시대에 따라 다른 핵심가치를 가질 수 있다. 다음 **국기에 대한 맹세**를 통해 본 대한민국의 핵심가치는 시대에 따라 '조국의 **통일**과 번영'에서 '조국과 **민족**의 무궁한 영광'으로, 그리고 2007년 이후 '**자유롭고 정의로운** 대한민국의 무궁한 영광'으로 바뀌었다. 대한민국이 가장 중요하게 지키고 추구해야 할 가치가 **통일, 민족, 자유와 정의**의 순으로 바뀐 것이다. 혹자는 누가 언제 그렇게 합의했냐고 반문할 수도 있다. 사실 이러한 변화를 공식화하기 위해서는 국민투표를 통해 결정하는 것이 이상적일 방법일 것이다. 그러한 실제 이러한 변화는 그 당시 정부 주도로 진행되었고 그나마 이는 한국 사회의 시대적 흐름과 변화를 반영한 것으로 이해된다.

핵심가치로서 통일과 민족, 자유와 정의가 대한민국의 안보정책에 각기 가지는 함의는 매우 다르다. '통일'이 핵심가치일 경우 대북정책 기조는 흡수통일 혹은 북한 체제의 붕괴에 초점이 맞추어져야 할 것이다. '자유'와 '정의'일 경우 이를 공유하는 미국과 같은 우방국과의 국제공조가 더욱 중요해진다. '민족'이 중요하다면 북한과의 대화와 관여가 상대적인 관심을 받을 것이다. 변화하는 대한민국 사회와 국민의 핵심가치에 따라 안보정책 기조가 근본적으로 다를 수 있다는 것이다.

대한민국 '국기에 대한 맹세' 변천사

1968년 초기 맹세문

나는 자랑스런 태극기 앞에 **조국의 통일과 번영을** 위하여 정의와 진실로서 충성을 다할 것을 다짐합니다.

1972년 이후 수정 맹세문

나는 자랑스런 태극기 앞에 **조국과 민족의 무궁한 영광을** 위하여 몸과 마음을 바쳐 충성을 다할 것을 굳게 다짐합니다.

2007년 이후 수정 맹세문

나는 자랑스러운 태극기 앞에 **자유롭고 정의로운 대한민국의 무궁한 영광을** 위하여 충성을 다할 것을 굳게 다짐합니다.

다음 미국의 **국기에 대한 충성의 맹세**에서 보듯이 시대를 초월하여 미국의 가장 중요한 핵심가치는 미 공화국의 '자유(liberty)와 정의(justice)'로 규정되어왔다. 2007년을 기점으로 대한민국의 핵심가치가 자유와 정의로 합의되었다면 한미동맹은 단순히 군사동맹을 넘어선

미국의 '국기에 대한 충성의 맹세' 변천사

'충성의 맹세(Pledge of Allegiance)'는 미국에서 공식의례 등을 거행할 때 성조기에 대하여 충성을 맹세하면서 쓰는 문구이다.

1892년

"I pledge allegiance to my flag and the republic for which it stands: one nation indivisible, with **liberty and justice for all**."

1892년부터 1923년까지

"I pledge allegiance to my flag and to the republic for which it stands: one nation indivisible, with **liberty and justice for all**."

1923년부터 1954년까지

"I pledge allegiance to the flag of the United States of America, and to the republic for which it stands: one nation indivisible, with **liberty and justice for all**."

1954년부터 현재까지

"I pledge allegiance to the flag of the United States of America, and to the republic for which it stands: one nation, under God, indivisible, with **liberty and justice for all**."

(나는 미합중국의 국기에 대해, 그리고 이것이 표상하는, 모든 사람을 위해 자유와 정의가 함께하고 하나님 아래 갈라질 수 없는 하나의 국가인 공화국에 대해 충성을 맹세합니다.)

'하나님 아래(Under God)' 부분은 냉전체제 아래에서 신의 존재를 부정하는 소련에 대항하기 위해 삽입한 구절이나, 현재는 종교의 자유를 위한 국교 금지 조항의 원칙에 어긋난다는 비판을 받고 있다.

'가치동맹'의 경우에 이르게 된 것이다. 이는 한국의 외교안보정책이 한반도를 넘어 지역적·국제적 자유의 수호라는 가치 임무에 적극적으로 개입할 수 있다는 함의를 가진다. 예를 들어 러시아 침공에 대항하는 우크라이나 전쟁에 더욱 적극적인 지원이나 중국의 대만 침공 시 미국의 군사행동에 동참하는 등이다. 그러나 대한민국 국민 중 상당수는 여전히 한국의 안보정책은 한반도 통일이나 평화, 혹은 우리에게 시급한 안보 문제에 중점을 두어야 한다고 생각할 수도 있다. 어떠한 핵심가치를 지킬 것인가에 대한 국가적 합의는 대단히 중요하다. 왜냐하면 누구의 안보를 지킬 것인가의 문제와 더불어 어떠한 핵심가치를 지킬 것인가에 따라 매우 다른 안보정책이 요구되기 때문이다. 사회 구성원들 사이에 핵심가치의 올바른 인식과 공유가 안보정책의 수립과 시행에 우선되어야 하는 이유이다.

셋째, '어떤 위협(From what threat)'인가의 문제이다. 누구의 가치를 지킬 것인가, 그리고 국민이건 개인이건 안보정책의 주체에게 가장 중요한 가치가 무엇인지가 정해지면 여기에 대한 주 위협이 누구 혹은 무엇인지를 파악하는 것이 중요하다. 안보정책의 주체를 국가와 국민으로 상정하고 국민의 생명과 재산이나 정치적 독립, 영토 등을 지켜야 할 핵심가치로 규정하더라도 개별 국가가 처한 상황에 따라 위협의 주체는 매우 다를 수 있다.

대한민국의 경우 한국전쟁 이래 휴전 상태에서 여전히 군사 대치를 하고 있는 북한이 가장 큰 위협의 주체인 것은 명확하다. 일본은 그동안 북한을 명시적 위협으로 규정하다가 2015년 『국방백서』에서 중국을 명시적 위협으로 규정하기 시작하였다.[267] 중국이 한국에게 명시적 위협인지는 논란이 여지가 있겠지만 현재 대한민국의 『국방백서』는 중국을 명시적 위협으로 규정하지 않는다.[268] 미국의 경우는 냉전 시기 최대의 위협이었던 소련에서 9·11 이후 알카에다로 상징되는 비국가 테러조직으로 바뀌었다. 그러나 트럼프 행정부 이후 중국을 미국의 패권을 위협하는 수정주의·전체주의 세력으로 부르며 주 위협으로 규정한다.[269] 프랑스나 영국, 독일과 같은 유럽의 주요 국가는 크림반도를 합병하고 우크라이나를 침공한 러시아를 주 위협으로 규정한다.

이러한 위협의 다양성은 각국의 상이한 안보정책을 초래한다. 그리고 이러한 차이는 동맹 간 안보정책 공조에 긴장과 갈등을 유발한다. 한미동맹의 경우도 9·11 이후 테러와의 전쟁에 중점을 둔 부시 행정부와 여전히 한반도의 재래식 군사위협에 중점을 둔 한국 정부 간 정책 공조에 어려움을 겪었다. 주한미군의 중동 파견 등 전략적 유연성을 강조한 부시 행정부와 대북억제의 한반도 붙박이 역할을 강조한 한국 정부와의 불협화음이 노출되었다. 동시에 핵 테러 위협의 부상으로 북한 핵 위협을 강조한 부시 행정부와 북한과의 화해정책의 추진한 한미 간의 갈등도 또 다른 위협 인식의 차이에서 기인한 것이었다. 부시와 김대중·노무현 정부 간의 대북정책을 둘러싼 갈등을 부시 대통령의 일방주의와 당시 우리 정부의 반미 성향 때문에 생긴 것으로 해석하는 경향이 있었다. 그러나 이러한 갈등이 정부나 지도자의 정치적 성향보다는 양국 위협 인식의 우선순위가 달라진 점이 근본요인으로 작용했다는 점을 주지해야 한다. 트럼프 행정부 이후 본격화한 미·중 전략 경쟁으로 중국을 본격적인 안보위협으로 볼 것인지를 놓고 드러나는 온도 차이나 미·중 경쟁의 다양한 선택지에서 한국 정부가 딜레마에 놓이는 것도 같은 맥락이다.

한편 남태평양의 섬나라인 피지에 가장 큰 안보위협은 특정 국가가 아닌 지구 온난화로 인한 해수면의 상승이다. 실제 일본도 2차 대전 이래 일본 국민의 생명과 재산을 빼앗은 가장 큰 위협은 지진으로 대표되는 천재지변이었다. 지난 2011년 동일본 대지진으로 인해 1만 8000명 이상이 사망·실종되고, 재산피해는 세계은행 추산 2350억 달러에 달한다. 20세기 중반 이후 주요 국가 간 전쟁이 거의 사라지게 되자 많은 국가에서 오히려 자연재해나 대규모 전염병 등에 의한 사상자나 재산피해가 더욱 크게 두드러진 것이다. 기존의 국가 간 전쟁 중심의 전통안보에 대비하여 탈냉전 이후 인간안보나 종합안보 혹은 비전통안보의 개념이 등장하게 된 배경이다. 볼드윈이 안보위협의 주체를 인간의 행위를 넘어서는 획득된 가치에 대한 '위협'이 아닌 '손상'으로 정의하는 것과 연결된다. 한편 미국의 제임스 클래퍼(James Clapper) 전 국가정보국장은 의회 청문회에서 2013년 이후 미국의 가장 큰 안보위협은 사이버 테러라고 증언하였다.[270] 이후 사이버 위협의 심각성은 주요 국가의 안보정책에서 공히 강조되고 있다. 아직 그 실체와 정의가 불분명한 사이버 공간에서의 위협이 미국 국민의 생명과 재산을 위협하는 가장 큰 안보위협으로 정의되는 것은 기술의 발달에 따라 등장하는 새로운 안보위협의 21세기를 예고한다. 바야흐로 복합 안보위협의 시대가 온 것이다.

넷째, 안보 주체, 핵심가치, 위협요인이 정리되면 그다음은 얼마만큼의 안보(How much security)를 추구할 것인가의 문제이다. 앞서 살펴보았듯이 많은 정치가나 안보 담당자들은 절대 안보를 추구하는 경향이 있다. "안보에 타협은 있을 수 없다", "절반의 안보는 안보가 없는 것이다", "국가안보는 우리가 안전한가 아닌가의 선택의 문제이지 중간은 있을 수 없다" 등의 발언을 흔히 주변에서 접하게 된다. 이들에게 국가안보에 정도의 차이가 있다는 현실을 받아들이기란 쉽지 않다. 누구나 "최대의 안보를 추구해야 한다"에 동의할 것이다.

그러나 정작 최대의 안보가 정확히 무엇을 의미하는지는 여전히 모호하다. 결국, 최대 '얼마만큼의' 안보를 추구할 것인지의 질문이 남는다. 실제 각국 정부와 안보정책 담당자들은 한정된 국가의 재원을 가지고 다른 국가 정책 목표들과 끊임없는 경쟁과 타협을 하고 있다. 그런데 '최대의 안보 추구'라는 구호와는 다른 현실을 보여주는 가장 좋은 사례는 국방비이다. 국가안보가 모든 수단을 기울여 최대한 추구해야 할 목표라면 정부 예산의 전체는 아니더라도 최소한 정부 예산 중에서 가장 큰 비중을 차지해야 할 것이다. 그러나 전쟁 중의 국가이거나 북한과 같은 극단적인 경우를 제외하고 평상시 대부분의 국가들의 국방비는 경제·사회복지·교육예산 등에 비해 오히려 적은 비중을 차지한다. 그림 2-3에서 보듯 2024년 대한민국의 정부 예산에서 국방예산은 보건복지·일반행정·교육 부분에 이어 4번째의 우선순위

그림 2-3 | 대한민국 2024년 분야별 예산

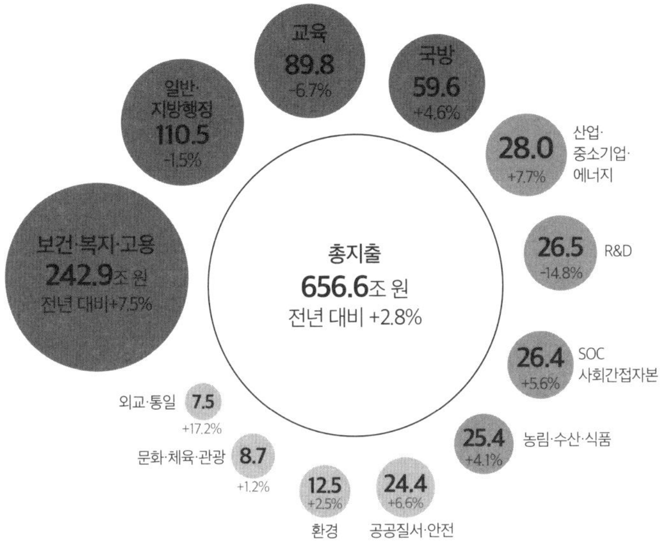

출처: 연합뉴스[271]

를 차지하는 데 그쳤다. 그나마 한국은 북한의 점증하는 핵위협과 중국의 부상에 따른 패권경쟁이 소용돌이치는 21세기 안보위협이 가장 심각한 동북아에 위치하여 있는데도 말이다.

국가별로 얼마의 자원을 국방 안보에 쓸지는 다른 정책 목표들과의 경쟁과 타협에 의해 정해진다. 그 타협의 방정식에 정답은 없다. 대신 국가별로, 시기별로 처한 안보 상황과 국민 정서, 그리고 안보 당국자 혹은 위정자의 판단에 따라 정해진다. 확실한 것은 안보를 위해 모든 자원을 투자하는 것은 불가능하며 현실적이지도 않다는 것이다. 예나 지금이나 최소의 비용으로 최대의 안보 효과를 추구하는 것이 현명한 지도자의 역할일 것이다. 그 판단의 기준은 안보 목표를 어떻게 추구할지에 관한 3가지 요소에 의해 결정된다. **앞서 살펴본 4가지**

기준이 안보 목표의 수립에 관한 것이라면 나머지 3가지 요소는 안보 목표를 달성하기 위한 방법론에 관한 것이다.

다섯째, 먼저 '무슨 수단(By what means)'을 사용할 것인가의 문제이다. 안보정책의 주요 수단으로 군사력의 사용이나 위협, 억제 등이 거론되는 것은 자연스러운 현상이다. 그러나 군사력이나 무력만을 안보정책의 수단으로 고려하는 것은 오히려 혼란과 더 큰 위협을 초래할 수 있다. 부나 힘의 추구와 마찬가지로 안보의 추구에도 여러 다른 수단이 사용될 수 있다. 전쟁이냐 협상이냐는 안보정책의 가장 오래된 논쟁거리이다. 국가 간 분쟁의 경우 대부분 협상과 외교 노력이 우선시되고 무력을 사용하는 전쟁은 최후의 수단으로 여겨지는 것이 현실이다. 대한민국 국민과 국가의 생명과 재산, 민주주의를 위협하는 가장 큰 위협인 북한의 군사적 위협에 대한 대응 수단은 먼저 튼튼한 군사력으로 무장하는 것이다. 그러나 동시에 북한과의 협상이나 대화를 통해 한반도 평화와 안정을 추구하는 외교적 수단의 중요성도 제기된다. 나아가 북한과의 교류와 경제적 보상에 대한 동기부여를 통해 공존과 평화를 추구하는 적극적인 관여정책도 중요한 안보정책의 수단일 수 있다.

여섯째, '어떠한 비용(At what cost)'을 치를 것인가의 문제이다. 안보정책의 추구는 언제나 비용의 문제를 수반한다. 앞서 살펴보았듯이 "어떠한 대가를 치러서라도"라는 식의 안보 논쟁은 무책임하다. 비용 문제는 안보정책 논쟁에서 항상 중요하다. **"이 세상에 공짜 점심은 없다(There is no such thing as free lunch)"라는 원칙은 안보정책에서도 예외 없이 적용된다.** 안보를 위해서는 "어떤 희생을 감수하더라도"라는 식의 접근은 합리적인 정책 논쟁을 지양할 뿐 아니라 때로는 안보라는 명목으로 많은 잘못이 행해지는 결과를 초래하기도 한다. 동서고금을 막론하고 국가의 개인에 대한 많은 탄압이 국가안보라는 명분으로 이루어졌다. 대한민국도 과거 군사정권에 의해 인권이나 자유에 대한 탄압이 이루어진 국가보안법의 어두운 역사가 있다. 미국에서도 9·11 테러 이후 부시 행정부의 '애국법(Patriot Act)'에 대한 논란이 있었다. 테러분자 색출이라는 핑계로 도입된 광범위한 정부의 감시와 감청이 개인 인권과 자유를 침해한다는 우려가 제기되었다. 실제 부시 행정부 당시 테러분자에 심문 과정에서 사용된 물고문(water boarding)이 심각한 인권침해 논쟁을 일으키기도 하였다. 전시와 같은 급박한 상황에서는 국가는 안보를 위해 개인의 재산권이나 자유 등에 많은 제한을 가할 수 있다. 그러나 민주주의 국가는 단순한 물질적 비용의 문제를 넘어 사회가 지향하는 기본가치와 안보정책 사이에 존재할 수 있는 긴장 관계에 대한 세심한 주의가 필요하다.

일곱째, '얼마의 시간을 두고(In what time period?)'의 문제이다. 장기적 수단과 단기적 수단의 안보정책은 매우 다르게 나타날 수 있다. 잠재적인 이웃의 위협에 대해 장벽을 쌓거나 무기를 구매하는 것은 단기적 해결책이 될 수 있다. 그러나 장기적으로는 그 이웃과 친구 관계를 형성하여 안보위협의 근원을 제거하는 방법도 있다. 문제는 장기적 수단과 단기적 수단 사이에 서로 마찰이 생길 수도 있다는 것이다. 단기적으로 자위수단의 무장을 하는 것은 이웃에게 적대감을 자극하여 장기적 평화 관계 설정에 악영향을 미칠 것이다. 자위수단의 국방력 확보가 군비경쟁을 초래하는 안보 딜레마가 작동하는 원리이다. 대북정책에 대한 보수와 진보 진영 간의 해묵은 논쟁은 좋은 사례이다. 북한의 핵 개발 및 군사적 위협에 대해 무기 체계를 강화하고 한미군사훈련을 확대하는 것은 정당한 자위적 노력이다. 그러나 동시에 이러한 노력이 북한의 핵 개발을 강화하고 도발을 자극하여 남북관계가 악화되는 것은 장기적 평화체제 구축 노력에 딜레마를 안겨주는 것도 현실이다. **자주국방의 군사적 수단이나 평화 추구의 외교적 수단 모두 시간이라는 요소를 고려해야 한다.** 만약 대한민국의 군사력이 북한을 압도한다면 미국의 이라크 침공과 같은 전격 전쟁을 통해 북한 위협을 제거하는 단기적 수단을 추구할 수도 있다. 이에 비해 외교적 노력을 통해 북한과의 비핵화·군축 협상 및 평화협정을 추구하는 것은 오랜 시간이 걸리는 과정이다. 그러나 이에 대한 이분법적 접근은 현실성이 떨어질 것이다. 중요한 것은 이들 중 어느 것이 대한민국의 장단기 안보이익에 가장 부합할지 상황에 따른 최적의 조합을 찾는 것이다.

지금까지 살펴본 국가안보정책의 7요소는 안보정책에 관한 과학적 접근과 건전한 정치적 논의를 위해 유용한 기준을 제공한다. 즉 안보정책을 체계적이고 과학적으로 수립하기 위해서는 누구의 가치를 보호할지, 어떠한 가치를 보호할지, 어느 정도의 안보를, 어떠한 종류의 위협으로부터, 어떠한 수단을 사용하여, 얼마의 비용으로, 어느 기간에 걸쳐 추진할지에 대한 구체적인 논의가 필요하다. 그러나 여기에 제시된 7가지 기준을 구체적으로 적시하는 것이 쉬운 일은 아니다. 이 각자의 기준을 개별 안보 현안에 대해 얼마나 구체적으로 논의하면 충분한 대안이 나올지에 대해서 여전히 많은 의문이 제기된다. 볼드윈은 모든 안보 현안에 대해 매번 안보의 7요소를 자세히 구체적으로 적시하는 것은 현실적으로 어려운 일이라고 설명한다.[272] 때로는 그중 일부가 제시될 수도 있고, 때에 따라 매우 포괄적이거나 매우 세밀한 논의가 필요할 것이다. 그럼에도 **안보정책의 논의에서 의미 있는 과학적 소통을 위해서는 누구의 어떠한 가치를 무슨 위협으로부터 얼마나 보호해야 할지에 대한 최소한의 지침이나 공통적인 인식이 매우 중요하다.** 그리고 이를 바탕으로 그 수단과 비용, 기간이라는 기준을 두고 논의하는 것이 건설적인 안보정책 수립에 유용한 틀을 제공할 것이다.

한편, 울퍼스의 안보 개념은 탈냉전 이후 국가 간 전쟁을 중심으로 한 전통안보 개념에서 탈피하여 논의되는 신안보 개념의 등장에도 적용된다고 볼드윈은 주장한다.[273] 냉전 시기 국민의 재산과 생명을 적대 국가의 침략과 전쟁으로부터 수호하는 것으로 대변되는 전통안보 개념에 대비하여 탈냉전 이후 새로운 개념의 안보론이 등장하기 시작했다. 전통안보는 주로 강력한 군대를 가진 국가 간의 전쟁에 초점을 맞추었다. 그런데 탈냉전 시기에는 르완다나 수단, 소말리아 등의 취약국가 내부의 내전으로 수십·수백만 명의 인명 피해가 나는 현상이 벌어졌다. 또한, 28만여 명이 사망한 2004년 인도네시아나 발리 쓰나미 사태, 2만여 명이 희생당한 2011년 동일본 대지진, 2020년 수십만의 생명을 앗아간 코로나 같은 자연재해나 기후변화, 혹은 질병으로 인해 국가 간 전쟁보다 훨씬 많은 인명 피해를 초래했다. 이러한 새로운 위협요인이 주목을 받기 시작했다. 이에 대해 안보학계에서는 전통안보 접근을 넘어선 **포괄안보**(comprehensive security), **인간안보**(human security) 등의 화두와 더불어 21세기 **신안보**(new security) 개념이 대두되었다. 이들의 신안보 개념은 21세기 안보위협이 그 전의 것과 전혀 다른 성격의 것이라는 주장이다. 그렇다면 과연 21세기 안보는 20세기의 안보와 전혀 다른 성격의 새로운 안보 현상인가?

볼드윈은 울퍼스에 의해 반세기 전에 제시된 안보의 개념은 그 주요 객체로 국가뿐 아니라 개인이나 특정 그룹, 혹은 사회 전체가 될 수 있다는 것을 '누구의 안보'인가라는 첫 번째 질문에서 포함하고 있다고 주장한다. 볼드윈은 이를 조금 더 확장하여 위협의 주체 역시 인간의 행위를 넘어서는 포괄적 개념을 적용하고 있다고 본다. 울퍼스와 볼드윈의 안보 개념은 탈냉전 이후 새로이 부각된 포괄적 개념의 인간안보나 종합안보(comprehensive)의 개념과도 충분히 통한다는 것이다.

대한민국의 안보 목표와 정책

03

볼드윈의 7가지 기준은 대한민국의 안보 목표와 정책을 논의하는 데 유용한 출발점을 제시한다. 먼저 안보 목표 설정과 관련하여 누구의, 어떤 핵심가치, 어떤 위협으로부터, 그리고 어느 정도로 안보를 추구할지의 기준이 제시된다. 대한민국의 안보 주체는 당연히 전체 국민이 될 것이다. 다음으로 대한민국 국민이 가장 소중히 여기는 핵심가치로 생명과 재산, 자유 등이 논의될 수 있다. 여기에 통일, 평화, 복지, 민족 등을 추가할 수 있다. 대한민국 국민의 핵심가치에 대한 가장 중요한 위협이 북한이라는 것에 많은 사람이 동의할 것이다. 그 외에도 여타 주변국의 군사정책, 혹은 천재지변이나 코로나 등의 자연재해나 질병 등이 추가될 수 있다. 마지막으로 어느 정도의 안보를 추구할 것인가에 대해서는 역시 대부분이 최대의 안보를 추구한다고 답할 것이다.

국가나 사회가 가장 중요히 여기는 핵심가치는 그 국가의 정체성과 이념, 체제에 따라 상당히 다르게 나타날 수 있다. 수령이나 영도자가 절대적 주권이자 인민의 어버이로 여겨지는 북한과 일반 국민을 가장 중요한 주권자로 여겨지는 남한의 안보 가치와 목표는 상당히 다르다는 것을 쉽게 짐작할 수 있다. 그렇다면 한국의 가장 중요한 동맹국인 미국의 핵심가치와 안보정책은 우리와 얼마나 같을까? 미국 역시 우리와 같은 자유민주주의 국가로 전체 국민의 생명과 재산 보호를 안보의 핵심가치로 삼는다는 것은 자연스러운 일이다. 그럼에도 미국 사회나 국민이 가지는 핵심가치와 우리의 그것 사이에는 미묘하지만 중요한 차이점이 나타난다. 안보의 가장 중요한 책임자로 여겨지는 미국 대통령과 한국 대통령의 취임 선서에서 그 차이점이 드러난다.

우리나라 헌법 제69조에 따라 대한민국 대통령은 취임식에서 다음의 선서를 한다.

"나는 헌법을 준수하고 국가를 보위하며 조국의 평화적 통일과 국민의 자유와 복리의 증진 및 민족문화의 창달에 노력하여 대통령으로서의 직책을 성실히 수행할 것을 국민 앞에 엄숙히 선서합니다."

미국 대통령은 미국 헌법 1조 2항 8절에 의해 다음의 선서를 한다.

“나는 대통령으로서 직무를 성실히 수행하여 나의 모든 능력을 다하여 미국의 헌법을 보존하고, 보호하고, 방어할 것을 엄숙히 선서합니다(I, 〈이름〉, do solemnly swear(or affirm) that I will faithfully execute the Office of President of the United States, and will to the best of my ability, preserve, protect and defend the Constitution of the United States).”

한국 대통령의 가장 큰 안보 책무가 ‘국가’ 보위라면, 미국의 대통령이 보호하고 방어할 것은 ‘헌법’이다. 한국의 가장 중요한 가치가 구체적인 ‘국가’로 정의된다면 미국의 가장 중요한 가치는 추상적인 ‘헌법’으로 나타난다. 그렇다면 미국 헌법이 가지는 가치는 무엇일까? 그 서문에는 미국 헌법이 정의를 수립하고 국내적 안정과 공동방위, 일반복지 증진 등의 다양한 목적과 함께 자유의 축복(the Blessing of Liberty)을 지키기 위한 것임을 명시하고 있다. 미국 헌법도 국기에 대한 맹세에서와 마찬가지로 미국인의 핵심가치가 자유임을 드러낸다. **실제로 미국인들은 남녀노소를 막론하고** 당신에게 가장 소중한 가치가 무엇인지를 물어보면 한결같이 **‘자유(freedom)’**라고 답하는 경향이 있다. **한국인이 핵심가치로 생각하는 생명이나 재산, 민족, 혹은 통일과는 사뭇 다른 가치관**이라고 할 수 있다.

그렇다면 과연 한국이 미국의 동맹국으로서 이러한 정책에 어떻게 상응할 수 있을까? 결론은 우리 사회가 추구하는 가치가 자유라는 미국의 핵심가치를 얼마나 공유하는 가의 문제로 귀결될 것이다. 9·11 이후 미국 정부의 대테러 정책은 자유의 수호라는 구호로 진행되었다. 테러로 인해 미국인들이 가장 중요시하는 자유로운 생활방식이 침해받아서는 안 된다는 것이다. 한국전쟁 발발 당시에도 미국이 수만 명의 자국 병사를 희생하면서 참전한 명분은 '자유 수호 전쟁'이었다. 미국이 전 세계에 광범위한 동맹을 수립하고 막대한 군사비를 지출하는 것도 '자유주의 세계 질서(liberal international order)의 수호'라는 맥락에서 수행되어왔다.

실제 9·11 테러 이후 미국과 비슷한 가치를 공유하는 영국을 비롯한 유럽의 동맹국들은 미국의 아프가니스탄과 이라크 침공에 적극적으로 동참하였다. 한국의 경우 당시 노무현 정부도 미국의 파병 요청을 받았다. 여론은 한국에 실질적인 위협이 되지 않는 테러와의 전쟁에 참전하는 것에 대해 부정적이었다. 고심 끝에 노 대통령은 3만 명 가까이 주둔하고 있는 주한미군 현실을 설명하며 3000명의 비전투병 파병을 결정하였다. 물론 영국 등 여타 유럽 동맹국들의 파병 결정에도 나름 미국과의 동맹관계에 대한 자신들의 손익 계산이 있었을 것이다. 그럼에도 이 과정에서 각국이 정의하는 핵심 안보 가치에 따라 구체적 정책 결정 과정이나 파병 규모에서 상당한 차이를 보인 것이 사실이다. 한국에서는 남의 전쟁에 왜 괜히 우리 병사를 희생해야 하는지 여론이 부정적인 것이 현실이었다. 한국과 미국의 안보상 핵심 가치가 다를 수 있다는 것을 보여준 사례이다.

안보정책의 구체적 방향 설정을 위해서는 일반적인 안보 목표를 넘어서 보다 자세한 우선순위의 설정이 필요하다. 예를 들면 우리 국민에게 소중한 여러 가치 중에서도 그 우선순위에 따라 안보정책의 기본방향과 설정이 달라질 수 있다. 대부분 국민의 생명과 재산을 우선순위가 가장 높은 가치로 꼽을 것이다. 그렇다면 또 다른 가치인 통일이나 민족, 평화, 자유민주주의 중 어느 것이 우선일까? 쉽지 않은 선택이다. 사람에 따라 의견이 달라질 수 있기 때문이다. 예를 들어 평화와 통일은 언뜻 함께하는 가치 같지만, 굳이 선택해야 한다면 이에 따라 나타나는 정책의 방향도 상당한 차이가 날 것이다.

통일을 우선한다면 대북 관련 안보정책은 통일을 하루빨리 유도하는 정책에 중점을 두어야 한다. 평화 공존보다는 북한 체제의 붕괴나 아예 무력을 통해 통일을 이루는 방안이 고려될 수 있다. 그러나 **평화**가 우선된다면 남북 간의 군사적 긴장을 유발할 정책은 되도록 자제할 것이다. 대신 북한이 대화 의지를 보인다면 대북 관여나 남북 대화를 통한 평화 공존 정책이 우선시 될 수 있다. 혹자는 북한 핵 개발을 가장 심각한 안보위협으로 보고 **비핵화**가 가장 중요한 정책 우선 목표가 되어야 한다고 주장할 것이다. 그러나 비핵화는 결국 평화나 통일, 혹은 생존의 가치를 위한 수단이지 그 자체가 안보 가치는 아니라는 점에 유의할 필요가 있다. 비핵화가 한반도 평화를 위해 핵심적인 정책 과제인 것은 당연하다. 다만 비핵화의 추구가 오히려 군사충돌이나 전쟁으로 이어지는 상황은 피해야 할 것이다. 한반도 평화를 위한 비핵화 정책이 평화라는 핵심 안보 가치를 파괴하는 모순적인 결과를 초래할 수 있다. 통일을 위해 북한을 붕괴시키면 비핵화와 평화도 이루어진다는 논리도 가능하다. 문제는 그 과정에서 생길 수 있는 여러 혼란과 군사충돌을 감내하겠다는 국민적 합의가 있어야 한다는 것이다.

21세기에 들어선 한국 국민이 가장 소중히 여기는 가치는 무엇인

가? 국민의 생명과 재산 보호, 통일, 평화, 경제 발전, 자유민주주의 등 다양한 답이 있을 것이다. 평소에는 이들 모두를 중요하다고 말할 수 있지만, 상황에 따라서는 그중에서도 제일 중요한 것이 무엇인지를 선택해야 할 경우도 있다. 그리고 그 선택은 시대정신에 따라, 국민의 의식과 사회 발전에 따라 변화할 것이다. 민주주의의 근본은 국민의 뜻을 따르는 것이다. 위정자와 정부는 자신들을 뽑아준 국민과 사회가 무엇을 가장 소중한 가치로 여기는지를 그때그때 잘 이해하고 살피는 것이 올바른 안보정책의 기본이라는 것을 되새길 필요가 있다.

2장

국가안보전략의 최고 담당자는?

앞서 구체적 안보정책의 수립을 위해서는 볼드윈의 7가지 기준과 더불어 국가의 핵심가치와 위협, 자원 배분 등과 관련한 우선순위의 설정이 필요함을 논의하였다. **국가안보정책, 혹은 국가안보전략은 국가안보를 담보하기 위한 구체적 계획을 설정하고 방향을 제시하는 장기적이고 포괄적인 청사진이다.** 전략, 대전략(Grand Strategy)의 개념과 그 접근법에 대한 논의는 안보정책의 우선순위를 설정하는 과정에 유용한 지침을 제시한다. 국가의 안보를 담보하기 위한 군사전략, 대전략 수립의 쟁점은 우선순위의 설정과 긴밀하게 연관되기 때문이다. 요동치는 21세기 동북아와 세계 정세에 대처하기 위해 한국은 어떠한 안보정책 및 전략을 수립해야 할까? 이 질문에 대한 해답을 얻기 위해서는 먼저 국가안보전략의 실체는 무엇이고 어떻게 수립되는가를 알아야 할 것이다.

이는 전략이 무엇인지에 대한 기본 질문에서 출발한다. 전략은 무엇인가? 전략은 누가 수립하는가? 군사전략과 대전략, 혹은 국가안보전략은 어떻게 다른가? **오늘날 국가안보전략은 누구에 의해, 어떠한 과정을 거쳐 형성되는가? 그 과정에서 군과 민간 정책 결정자의 관계와 상호작용, 그리고 업무 분담과 협업은 어떻게 이루어지는 것이 효과적일까?** 즉 국가안보전략과 정책은 군사 전문가와 정치지도자 간 어떠한 협의와 역할 분담을 통해 수립돼야 할까? 한반도를 둘러싼 주변 강대국의 안보전략은 무엇이고 이는 한국의 안보전략 수립에 어떻게 반영되어야 할까? **이러한 질문들에 답하기 위해서는 전략, 안보전략, 국가전략, 혹은 대전략의 개념과 구성에 대한 정확한 이해와 논의가 필요하다.**

전략, 대전략 및 국가안보전략

01

국가안보전략이란 말 그대로 한 국가의 안보를 담보하기 위한 전략을 말한다. 문제는 이것을 현실 정책으로 구체화하고 체계적으로 수립하기가 쉽지 않다는 것이다. 한 국가 혹은 정부의 안보전략을 평가하는 것 역시 어렵다. 국가안보전략의 정확한 평가를 위해서는 그 정확한 개념에 대한 정의가 먼저 필요하다. 앞장에서 안보의 정의를 다루면서 핵심가치, 가치의 주체, 가치에 대한 위협, 안보 추구의 정도, 기간, 수단 그리고 가용한 재원이 안보정책의 7요소를 구성한다고 정의하였다. **국가안보전략이란 한 국가의 안보 목표를 달성하기 위한 계획이다.** 이를 위해서는 무력의 사용과 전쟁에 관한 전문적인 식견과 이해가 필요하다. 군사 지식과 경험이 안보전략의 중요한 부분이 될 수밖에 없다. 그러나 더욱 중요한 것은 **군사전략은 궁극적으로 정치적 목표를**

위한 정책 수단이라는 점이다. 전쟁을 대비하기 위한 안보정책이나 군사전략의 수립은 국가의 정치 상황과 시대정신에 대한 올바른 이해와 국민이 공유하는 핵심가치와 정치적 요구에 근거해야 한다. 군사적 지식만으로 국가안보전략에 접근해서는 안 되는 이유이다. 올바른 국가안보전략의 수립을 위해서는 전문적 군사 지식과 아울러 국가의 기본정치 가치와 경제·사회적 제반 조건, 그리고 주변 지역이나 세계 정세에 대한 종합적인 이해와 통찰력이 필요하다.

요즘 흔히 분야를 막론하고 쓰이는 '전략'이라는 단어는 장수를 뜻하는 그리스어 'Strategos'에서 유래되었다. 즉 **전략은** 전쟁과 관련된 군사용어에서 비롯되었고, 구체적으로는 전쟁 수행을 위한 장수의 계획을 의미했다. 군사적 의미의 전략은 보다 낮은 차원의 **전술과 구분되는 개념이다.** 전략은 전쟁이 벌어지기 전에 수립되는 것이라면, 전술은 전쟁이 벌어진 현장에서의 전투 계획으로 이해된다. 전술은 실제 전장에서 구체적 전투 수행을 담당하는 현장 지휘관의 전투 기술과 계획에 관한 것이다. 이에 비해 전략은 전쟁의 전반적인 수행을 위해 전쟁의 시작과 진행, 그리고 종결에 이르는 전체 과정에 대한 전반적이고 포괄적인 계획을 의미한다. 전술은 전장에서 전투를 이기기 위한 단기적이고 낮은 수준의 계획과 운용을 의미한다면, 전략은 전쟁을 승리로 이끌기 위한 보다 큰 차원의 전쟁 운용 계획을 의미한다. 클라우제비츠는 "전술(tactics)이 전투(battle)에서 병력(troops)을 활용하는 예술이라면, 전략(strategy)이란 전쟁(war)에서 이기기 위해 전투(battles)를 활용하는 예술"이라고 정의한다.[274] 전략은 "전쟁을 구성하는 각자 다른 전투가 어떻게 싸워야 할지를 제시하면서 동시에 전체적 방향을 투사하는 전쟁의 지도이며 계획"이다. 흔히들 이야기되는 전략적 목표를 위한 전술적 후퇴라는 상황은 이러한 관계를 잘 나타낸다. 큰 전쟁의 승리를 위해서 때로는 일개 전투에서의 패배나 포기가 용납될 수도 있다는 것이다. 따라서 전략 수립의 주체는 현장에서 적을 마주해야 하는 전투 지휘관 수준을 넘어서 후방에서 전쟁을 총괄하는 최고위 장수나 전쟁 지도자의 영역이다. **즉 전술은 전투 현장의 지휘관 몫이라면, 전략은 전쟁을 지휘하는 장군이나 총사령관, 궁극적으로는 국가 지도자의 몫이다.**

그렇다면 **대전략은 무엇인가?** 20세기에 들어오면서 전쟁의 규모와 그 참여 정도가 근본적으로 바뀌는 상황이 전개된다. 근대 유럽의 전쟁은 주로 전문적인 군인들 간의 싸움이었다. 18~19세기 유럽 열강 간의 수많은 전쟁은 전문 직업 군인의 지휘하에 수천·수만의 군사가 인적이 드문 벌판이나 바다에서 싸우는 한판 승부로 결정되었다. 프랑스혁명을 계기로 전 국민이 동원되는 국민병 개념이 등장하고 기술의 발달로 대규모 사상자를 낼 수 있는 기관총과 화학무기와 같은 신무기가 나오면서 전쟁의 양상이 급속히 변화하기 시작하였다. 수십·수백만의 군대가 징집되고 전후방이 따로 없는 총력전의 시대가 도래한 것이다. 전쟁이 군대와 장수들 간의 싸움을 넘어 전 국민이 동원되는 총력전으로 진화하게 되면서 대전략 개념이 등장하였다.

영국의 군사 전문가 **리델 하트(Liddel Hart)**는 대전략이란 최고 수준의 국가정책을 추구함에서 그 목표와 수단을 조화시키는 것이라 정의한다.[275] 하트에 의하면 전략은 여전히 군사 전문가의 영역이다. 따라서 전쟁 계획의 수립과 시행에서 비전문가인 민간인이나 정치지도자의 외부 간섭이 있어서는 안 된다고 주장하였다. 그러나 미국 정치학자 **엘리엇 코헨**(Eliot Cohen)에 의하면 전쟁의 기본 목표 설정과 운영에서 정작 중요한 것은 군사적 전문지식보다 통찰력이다. 특히 획기적인 새로운 무기기술의 등장이나 전장 상황의 변화가 일어나는 시기에는 군인 대 민간인의 구분보다는 시대 상황을 꿰뚫는 통찰력을 누가 발휘하느냐가 가장 중요한 승리 요인이라고 주장한다. 결국, 클라우제비츠가 주장한 것처럼 전쟁의 궁극적 책임은 그 정치적 목표를 가장 잘 이해하는 정치 지도자에게 있다는 것이다.

특히 전쟁의 지도자는 전쟁의 진행 상황과 새로운 기술을 어떻게 활용할지 등의 세부적이고 구체적인 사항들에도 관심을 가져야 한다. 역설적으로 군지휘관들은 자신들이 훈련받은 과정과 과거의 성공 경험을 토대로 전장 상황의 변화와 새로운 기술의 활용을 거부하는 경향이 있기 때문이다. 이 경우 기존의 전략·전술을 고집하다가 새로운 전쟁에서 실패할 가능성이 크다는 것이다. 결국 대전략, 국가안보전략은 군사전략의 영역을 넘어 국가정책의 영역과 겹치게 된다. **현대의 총력전에서는 군사뿐 아니라 정치·경제·기술적 상황을 종합적으로 고려하여 대전략을 수립하고 시행할 수 있는 지도자의 통찰력이 더욱 중요하다.**[276]

혹자는 군사적 전문지식이 없는 정치가가 어떻게 전쟁에서 군사전략을 지휘할 수 있는가의 의문을 제기할 수 있다. 그러나 코헨에 의하면 정치지도자가 전쟁 수행에서 핵심적인 역할을 한 사례는 무수하다. 대표적으로 **미국 남북전쟁**을 승리로 이끈 **링컨 대통령**의 지도력과 통찰력을 들 수 있다. 링컨은 일선 변호사 출신으로 아무런 군사지식이 없는 상태에서 남북전쟁을 치렀다. 전쟁 초기에는 전쟁의 주요 결정을 자신이 이끄는 북부의 장군들에게 일임했다. 그러나 북부군은 이전 미국–멕시코 전쟁을 승리로 이끈 남부연합군의 지휘관 **로버트 리**(Robert E. Lee) 장군의 기민한 전략·전술에 고전을 면치 못했다. 결국, 링컨은 기존의 전략·전술로는 남부군을 이길 수 없다고 판단한다. 대신 북부의 우세한 공업력을 활용한 물량전을 이끌 새 지휘관을 찾는다. 무뚝뚝하며 술고래로 소문난 **율리시스 그랜트**(Ulysses S. Grant) 장군이 일약 총사령관이 된 배경이다. 링컨은 당시 새로 등장한 철도와 전보·통신기술을 활용하여 그랜트와 전장 상황을 긴밀하게 소통하며 남부에 비해 엄청난 수의 병사와 무기를 신속히 전장에 투입하는 전략을 펼친다. 당시 목화와 담배 등 농업에 기반한 남부의 경제력은 북부의 중공업 기반 물량 공세에 결국 압도당하고 남북전쟁은 링컨이 이끈 북부의 승리로 끝난다. 당대 최고의 군사 지휘관으로 꼽히던 리 장군의 화려한 전투 경험도 정치인 링컨의 시대를 꿰뚫는 통찰력에 못 미친 것이다. 전쟁의 최종 목표와 전략은 결국 군사지식을 넘어 시대 상황을 통찰할 수 있는 정치지도자의 안목에 좌우된다.

그런데 **국가안보는 전쟁보다 광범위한 개념이다.** 여기에는 전쟁이라는 특수한 상황뿐 아니라 평화 시에도 국가에 해를 끼칠 모든 위협 가능성에 대한 장기적 준비와 계획이 포함된다. 이를 위해 군사 영역을 넘어서 정치, 경제, 사회, 기술 발달 등의 제 요소에 대한 이해와 평가가 요구된다. 따라서 원래 전쟁과 군사라는 특수한 영역에서 비롯된 전략이라는 단어를 국가안보에 적용하는 것은 적절치 않다는 지적이 있다. 군사 영역을 넘어서는 포괄적 개념인 국가안보를 위한 계획은 군사적 의미의 전략(strategy)이라는 좁은 개념보다는 '정책(policy)'이라는 포괄적 개념을 사용하는 것이 적합하다는 것이다.[277]

오늘날 국가안보정책 혹은 국가안보전략의 수립과 논의는 군사적 의미의 전략 개념과 포괄적 의미의 정책이 혼용되는 모습을 보인다. 영국의 **'대전략'**, 혹은 미국에서 **'국가전략'**으로 사용되기 시작한 '전략' 개념은 좁은 의미의 군사전략을 넘어선 개념이다. **한 국가가 자국의 안보를 보장하기 위해 전시의 군사 분야뿐 아니라 평시의 경제, 사회, 기술 등 전 분야의 역량을 총합적으로 동원하여 장기간에 걸쳐 세우는 계획이라는 뜻을 포괄한다.**[278] 미국은 1986년 골드워터-니콜스(Goldwater-Nichols Act) 의원이 공동 발의한 입법에 따라 각 행정부는 자신들이 구상하는 국가안보에 대한 청사진을 「미국의 국가안보전략(National Security Strategy of the United States)」이라는 제목의 공식 문건으로 발간하고 있다. 매 행정부가 발간하는 이 안보전략 문건은 미국은 물론 전 세계의 모든 정부와 안보 전문가가 가장 주목하는 안보전략 문서이다.

대한민국도 국가안보에 관한 계획 및 구상을 안보전략 혹은 안보정책으로 혼용하는 모습을 보인다. 노무현 참여정부에서 우리나라 최초로 공식 발간한 안보정책서는 '국가안보전략'을 "대내외 안보 정세 속에서 국가안보 목표를 달성하기 위해 국가의 가용 자원과 수단을 동원하는 종합적이고 체계적인 구상"이라고 정의하였다.[279] 동시에 참여정부의 국가안보전략을 상징하는 핵심 구상으로 '평화번영정책'이라는 용어를 공식적으로 사용하였다. 이명박 정부는 영문으로는 'Global Korea', 국문으로는 '성숙한 세계국가'라는 제목의 국가안보전략서를 발간하였다. 박근혜 정부는 '평화통일 기반 구축'을 내세운 국가안보전략서를 발간하였다. 문재인·윤석열 정부는 각기 '평화와 번영의 한반도', '자유, 평화, 번영의 글로벌 중추 국가'라는 주제의 국가안보전략서를 발표하였다.

전략은 군사 분야에서 비롯된 말이지만, 오늘날 군과 정부는 물론 다양한 분야에서 쓰이는 용어이다. 대표적인 예가 비즈니스 분야에서 흔히 쓰는 경영전략이다. 그 외에도 기술 개발 '전략', IT '전략', K-pop '전략' 등 그야말로 모든 분야에서 나름의 비전과 주요 사업을 말하면서 전략이라는 말을 쓴다. 국가안보의 경우도 정책보다는 전략이라는 용어가 더 그럴듯하게 들린다. 비록 안보가 포괄적인 의미를 가지지만 일반적으로 여전히 군사안보의 개념이 국가안보에서 중요한 부분을 차지한다는 점에서 국가안보전략이라는 용어는 국가의 안보 구상을 표현하는 데에도 적실성을 갖는다.

한편 국가안보전략과 국가전략의 구분도 가능하다. 국가전략은 국가 목표를 달성하기 위해 국력의 모든 수단을 통합·조정하여 개발·사용하는 방법을 말한다. 여기에는 위협에 대처하여 국가의 안전을 보장할 뿐만 아니라 기회를 포착하여 국가의 발전과 번영을 추구하는 긍정적인 가치를 추구하는 목표를 내포한다. 국가전략은 국가안보전략을 포함하는 포괄적·적극적 개념이며 앞서 살펴본 안보라는 소극적·방어적 가치에 비해 국가 이익이라는 보다 광범위하고 긍정적 가치를 추구한다.

할 브랜즈와 21세기 미·중 경쟁 대전략

02

앞에서 군사전략을 넘어서는 개념으로 국가안보전략에 대해 알아보았다. 최근에는 미국과 중국 등 패권국의 전략을 지칭하는 개념으로 대전략이라는 용어가 유행하고 있다. 대전략은 전략과 전술의 군사적 범위를 넘어서는 보다 큰 개념으로 이해된다. 일차적으로 대전략은 한 국가의 존망이 걸린 전쟁을 할 것인지 말 것인지를 결정하는 차원에서 적용되는 개념이다. 여기에는 군사 영역을 넘어서는 고도의 정치적 판단이 요구된다. 따라서 그 주체 역시 한 나라의 최고 지도자의 차원으로 높아진다. 이는 클라우제비츠가 정의한 전략 개념의 핵심인 전쟁과 정치의 상관성을 상징적으로 나타낸다. 따라서 **대전략은 끊임없이 변화하는 불확실성의 세계에서 국가정책의 목표를 달성하기 위해 다양한 국가적 차원의 수단을 나누고 이용하는 예술이다.**[280]

또한, 대전략이란 한 행정부에만 그치는 단기적인 전략이 아니라 정당의 이념이나 정권의 속성을 초월하여 국가의 존망을 위협하는 주 위협이 사라질 때까지 지속되는 장기적인 전략을 의미한다. 대전략은 단순히 군사전략을 넘어서는 국가의 정치·외교·경제·문화정책을 망라하여 시행되는 정책을 의미한다. 대전략의 수립에서 일차적으로 중요한 고려요소는 그 국가와 사회의 존망을 위협하는 적대세력의 성격과 위협의 정도이다. 나아가 이러한 위협요인을 어떻게 가장 효과적으로 다룰지에 관해 고민하고 해답을 찾는다. 그 과정에서 한 국가의 지정학, 역사, 정치·경제 체제와 이념, 문화 등의 모든 요소를 광범위하게 반영하게 된다.

대전략의 대표적 사례는 냉전 시기 미국이 소련의 위협에 맞서기 위해 수립한 봉쇄전략이다. 2차 대전에서 나치에 함께 싸운 동맹국 소련은 스탈린의 공산주의 독재를 중심으로 주변의 위성국들을 수립하며 세력을 확장하기 시작한다. 당시 모스크바 미국 대사관에 정무참사로 근무하던 조지 케넌(George Kennan)은 1946년 2월 이러한 소련의 움직임을 경고하는 장문의 전문을 본국에 보낸다. 후일 롱 텔레그램(Long Telegram)으로 알려진 케넌의 경고 직후인 1946년 3월, 미국을 방문한 처칠 전 영국 수상은 트루먼 대통령의 고향을 함께 방문하여 소련에 의한 '철의 장막(Iron Curtain)'을 재차 경고한다. 이듬해인 1947년 케넌은 유력 외교 잡지인 《포린 어페어스(Foreign Affairs)》에 X란 필명으로 글을 발표하며 소련의 위협에 대해 미국이 장기적인 **봉쇄정책(containment)**을 펼 것을 주장한다. 1950년 4월 미국의 국가안보회의는 'NSC-68'이란 문서를 통해 봉쇄정책을 공식 전략으로 채택한다. 같은 해 6월 25일 한국전쟁이 벌어지면서 미·소 간의 냉전이 본격 시작된다. 이후 1990년대 초 소련이 붕괴할 때까지 약 40년간 미국은 장기적인 봉쇄정책을 통해 소련과 공산세력의 위협에 맞서는 대전략을 이어나간다.

냉전 시기 미국의 대소련 봉쇄전략은 역사적 승리로 마감되었다. 냉전 이후 미국은 유일 패권국으로서 압도적 지위와 평화를 누렸다. 그러나 2001년 닥친 9·11 테러의 충격 속에 부시 행정부는 아프가니스탄과 이라크를 침공하며 지구적 테러와의 전쟁(Global War on Terrorism, GWOT)에 나선다. 이 과정에서 미국이 내세운 전략은 공세적인 선제공격과 민주주의 확산 정책이었다. 미국을 위협하는 극단 테러세력에 대한 21세기의 새로운 대전략이 시작된 것이다.

그러나 이라크의 사담 후세인과 같은 독재정권을 무너뜨리고 중동 이슬람 지역에 민주주의를 건설한다는 정책은 오히려 더 큰 혼란과 반감을 불러일으켰다. 현지 반란세력들의 거듭되는 공격에 지친 미국은 마침내 2021년 9월 11일 아프가니스탄 철군을 선언하고 20년간의 테러와의 전쟁을 종식한다. **20세기 냉전이 공산주의 봉쇄 대전략의 성공담이었다면 21세기 테러와의 전쟁은 민주주의 확산 대전략의 쓰라린 실패의 경험이었다.**

미국이 테러와의 전쟁을 서둘러 마친 이유는 더 큰 위협이 나타났기 때문이다. 빠르게 부상하는 중국의 힘이다. 2017년 대중국 무역전쟁을 선포한 트럼프 대통령에 이어 바이든 행정부는 중국을 21세기 미국과 세계 질서에 가장 위협적인 세력으로 정의하고 미·중 전략 경쟁에 돌입한다.

그렇다면 신냉전으로 불리는 미·중 패권경쟁에서 **미국의 새로운 21세기 대전략**은 무엇인가? 미국은 중국을 수정주의 세력으로 비난하며 **중국의 부상**을 강력하게 **견제**(balancing)하기 시작했다. 중국과의 직접적인 충돌은 피하면서도 중국의 경제·기술적 성장을 더 이상 좌시하지 않겠다는 모습이다.

미국은 과연 중국과의 경쟁에서 승리할 것인가? 그 대답은 미지수이다. 미·중 경쟁은 이제 막 시작이다. 그 승부는 짧게는 2030년, 길게는 2050년까지 걸릴 수 있다. 부상하는 **중국은 호기로운 국가전략**을 제시한다. 시진핑 주석은 2050년까지 중국을 미국에 버금가는 최고의 강대국으로 만들겠다는 목표를 제시했다. **중국몽**이 그것이다. 이를 위해 중국 역시 나름의 대전략을 추진하고 있다. 고대의 실크로드를 넘어 세계로 뻗어 나가는 **중국의 일대일로 전략**과 그것을 막으려는 **미국의 인도-태평양 전략**이 펼쳐지고 있다. 바야흐로 미·중 강대국의 대전략이 21세기 국제정치의 전반기를 좌우할 것이다.

대전략의 수립과 시행은 결코 쉽지 않다. 장기간의 미래에 걸친 너무나 많은 변수와 불확실성을 고려해야 하기 때문이다. 대전략이란 무엇이고 그 수립과 도전 요인은 무엇인지 알아보는 것이 유용하다.

대전략의 7가지 특성

존스홉킨스대학의 **할 브랜즈**(Hal Brands)는 대전략에 관한 체계적인 이론을 제시했다. 먼저 대전략의 정의는 본질적으로 "한 국가가 추구하는 국가 이익·가치(national interest)와 그에 대한 위협, 그리고 그 위협들을 대처할 수단을 강구하는 것"이다. 대전략은 "국가의 최고 이익(가치)이 어떻게 세상의 일상사와 상호작용할 것인지에 대한 논리나 이론"이다. 이를 위해서는 그 국가의 가장 본질적인 이익과 그러한 이익에 대한 주요 위협, 그 위협들을 대처하기 위한 가용한 자원의 범위와 한계에 대한 명확한 이해가 필요하다.

결국, 대전략은 한 국가의 핵심이익(가치), 위협, 재원, 그리고 정책에 대한 통합된 개념을 의미한다.[281] 대전략의 수립은 한 국가의 "외교정책에 형태와 구조를 제공하는 지적인 건축"으로 "국가가 복잡하고 위험한 국제질서를 어떻게 잘 헤쳐 나갈지에 관한 논리를 제공하는 작업이다." 이를 위해 "수단과 목적 사이에서 목적을 이루기 위해 수단을 조합하고, 수단에 과부하가 걸리지 않도록 목적을 조정하여 이 둘 사이의 평형을 추구한다." 다시 말해 본질적 목표와 제한된 자원을 동조화시키는 작업이다. 결국, 대전략은 국가가 어디를 향해 나아갈지, 그리고 어떻게 그 목표에 도달할지를 결정하는 것을 도와주는 개념적 틀이다.

문제는 바로 이러한 점 때문에 **대전략을 수립하는 것이 매우 어려운 일이며, 그 전략을 실행하는 것은 더 힘들다는 것이다.**[282] 올바른 대전략의 수립을 위해서는 과연 대전략이 무엇을 의미하는지에 대한 정확한 이해가 필요하다. 브랜즈는 이와 관련하여 대전략의 7가지 특성을 다음과 같이 설명한다.

첫째, 대전략은 외교정책과 구분되는 개념으로 외교정책의 어느 한 부분이나 그 전체와 혼동되어서는 안 된다. 외교정책은 정부의 바

깥세상과의 총괄적인 상호작용으로 외교에서부터 인도적 해외 원조, 군사력의 사용에 이르는 다양한 행위를 통해 나타난다. 이에 반해 대전략은 그러한 정책 수단이 국가의 핵심이익을 극대화하는 방향으로 활용되는 것을 보장하는 개념적 논리를 제공한다. 대전략은 필연적으로 국가 외교정책의 방향을 설정하고 외교정책의 다양한 정책 수단에 영향을 주게 되지만 이 두 개념은 하나가 아니고 같지도 않다.

둘째, 대전략은 국가의 단기적 활동과 중·장기적 목표를 연결하는 주요한 개념적 구상을 제공한다. 앞서 말했듯이, 대전략은 그날그날의 일과성 사안에 대한 단순한 즉각 반응이 아니다. 어느 하나의 위기상황이나 일상의 논쟁을 넘어서는 개념이다. 대전략은 국가의 지속적인 이해관계와 우선순위에 관한 판단을 근거로 한다. 그렇다고 대전략이 단지 중·장기 목표를 수립하는 것만을 의미하는 것도 아니다. 다시 말해, 대전략은 현재의 구상을 내일의 희망하는 목표 상황에 어떻게 맞추어 나갈지를 파악하는 것이다. 즉 현재 자신이 처한 상황에서 궁극적으로 원하는 상황에 어떻게 도달할지를 계획하는 것이다.

셋째, 이를 위해 대전략은 수단과 목표, 능력과 목적 간의 상관관계에 집중한다. 대전략은 국가의 적을 물리치고 주요한 목표를 달성하기 위해 군사, 경제, 이념과 내부 결속을 망라하는 모든 국력의 요소를 총합하는 작업과 연관된다. 문제는 아무리 강대국이라도 모든 위협을 맞서고 모든 가능성을 활용하기에는 국력과 그 능력에 한계가 있다는 것이다. 따라서 대전략에는 냉철하고 가차 없는 우선순위가 요구된다. 지도자는 진정으로 사활적인 이익이 무엇인지, 어떤 위협과 기회가 가장 급선무인지, 그리고 그에 가장 적합한 수단이 무엇인지를 결정해야 한다. 이를 위해 언제 제한된 자원을 최대한 사용할지와 반대로 언제 최대한 비축을 할지에 대한 철저한 계산이 필요하다. 목적을 위해 수단이 활용됨과 동시에 그 수단을 아끼기 위해 목적이 선택적으로 추구되어야 한다는 것이다.

넷째, 대전략은 하나의 원칙임과 동시에 과정으로서의 의미도 중요하다. 대전략의 대표적인 사례는 앞서 말한 냉전 시기 미국의 안보정책을 운영하는 원칙으로 쓰였던 '봉쇄정책'이 있다. 그러나 미국의 저명한 냉전 연구 역사학자인 존 개디스(John Lewis Gaddis)는 봉쇄정책을 45년간 소련의 패권에 대응한 하나의 전략으로 이해해서는 안 된다고 지적한다. 대신 상황에 따라 다양한 형태의 접근을 시도한 몇 개의 특징적인 대전략의 연속으로 보는 것이 타당하다. 상황이 바뀌고 새로운 문제가 생김에 따라 미국의 대전략도 그것에 맞게 진화한 것이다. 세상에 불변하는 것은 없다. 대전략도 항상 변화하는 상황과 조건 속에서 그 전체적인 목표는 일관되게 유지하더라도 외교·군사 분야 등의 다양한 하위 요소는 때에 따라 재평가가 필요하다. 대전략의 수립과 운영에 체계적 사고의 능력뿐 아니라 융통성과 적응력이 요구되는 이유이다.

다섯째, 대전략은 본질적으로 상대가 있고 그 상대와 상호작용하는 작업이다. 클라우제비츠는 전쟁을 "살아 움직이는 군사력이 생명이 없는 집단에 대해 취하는 행동이 아니라, 어떤 경우든지 살아 움직이는 두 군사력 간의 충돌"이라고 정의했다. 대전략도 경쟁과 역동적인 상호작용이 작동하는 국제체제 속에서 상호작용하는 것임을 잊지 말아야 한다. 대전략의 대상이 경쟁자이든 동맹이든 자신들 고유의 이익을 추구하고 상황을 유리하게 이끌려는 상대를 항상 의식해야 한다. 따라서 대전략은 상대에게 영향을 주기도 하지만 상대방의 행동에 영향을 받을 수밖에 없다. 이러한 상호성의 특성은 대전략의 수립과 시행을 복잡하고 어렵게 만든다.

여섯째, 대전략의 수립과 시행은 전쟁을 대비해서만 아니라 평화 시에도 못지않게 중요하다. 물론 전시의 국가 운영 논리와 평시의 그것은 다를 수밖에 없다. 그럼에도 불구하고 장기적 이익을 중·단기의 정책과 연결시키고, 여러 종류의 위협이나 국가 목표들 사이에 우선순위를 정하고, 다양한 측면의 국력을 인지하고 활용해야 한다는 대전략의 기본 전제는 전시에 못지않게 평시에도 중요하다. 실제로 평시의 대전략이 어떻게 운영되느냐에 따라 전시를 대비하는 성공의 가늠자가 종종 결정된다.

일곱째, 대전략의 수립과 시행을 한다고 해서 그것을 공식 연설이나 문서를 통해 선언하거나 규정할 필요는 없다. 대전략의 기준은 그것이 하나의 공식적인 문서를 통해 선포되고 존재하느냐의 여부가 아니다. 그보다는 국가의 주요한 장기적 목표를 달성하기 위한 일관된 사고와 행동이 존재하느냐에 따라 결정된다. 실제로 모든 국가의 지도자와 정부는 국가의 장기적 목표를 설정하고, 위협을 정의하고, 한정된 자원을 어떻게 활용할 것인지에 대해 의식적이든 무의식적이든 항상 고민할 수밖에 없다. 이는 기본적으로 대전략의 수립과 시행에 관련된 것이다. 중요한 점은 이를 얼마나 잘 만들고 실천해 나가느냐이다.[283]

대전략이 중요한 5가지 이유

앞서 보았듯이 대전략의 수립은 절대 쉽지 않다. 그것의 수행은 더욱 어렵다. 그렇다면 과연 모든 나라에 대전략이 필요한가? 모든 국가가 제대로 된 대전략을 가지고 있는 것은 아니다. 때로는 주요 군 지도자나 최고 지도자가 대전략의 필요성에 대한 회의적인 의견을 피력하기도 한다. 그렇다면 대전략이 국가 운영과 안보정책에 굳이 필요한가? 대전략의 수립이 어렵지만 그런데도 이를 위해 노력해야 하는 이유는 다음과 같다.

첫째, 국가의 이익과 이를 추구하는 데 필요한 자원 사이에 존재하는 필연적인 딜레마 때문이다. 외교정책만 보더라도 아무리 큰 국가라도 가진 돈과 병력, 정보력, 시간 그리고 다른 재원으로 그 국가가 처한 모든 위협을 다루고 동시에 모든 기회를 활용하기에는 항상 부족함을 느낀다. 여기에는 강대국도 예외가 없다. 과거 대영제국이나 오늘날의 미국도 자신들에 닥친 수많은 요구에 부응하기 위해 종종 힘겨운 투쟁을 벌였다. 특히 이들에게 과도한 힘의 투사는 가장 빠지기 쉬운 유혹이자 위험이다. 너무나 많은 일을 처리하려다가 정작 가장 중요한 위협이나 국가 이익 추구에 필요한 자원을 낭비하는 경우가 허다하다. 전략적 소진, 노출, 그리고 궁극적인 국가의 쇠퇴를 피하고자 한다면, 국가의 핵심이익에 대한 확고한 이해와 이를 위해 적절하게 자원을 활용할 수 있는 계획이 있어야 한다. 우선순위를 정하는 대전략의 기능이 필수적인 이유이다.

둘째, 설사 한정된 자원의 딜레마가 없는 강대국이라 하더라도,

국가가 가지는 다양한 이해관계로 인해 자만과 방심에 빠지거나 혼란에 처할 위험이 항상 존재한다. 강대국, 특히 초강대국의 경우 종종 지구상의 모든 지역에 특정한 이해관계를 가진다. 매일같이 하루에도 수십 개의 서로 다른 외교 문제를 다루어야 하는 상황에 부닥친다. 이들 개별 사안 하나하나를 다 해결할 수 있다 하더라도 이들 사안 간에 서로 어쩔 수 없는 충돌 가능성이 존재한다. 핵심 목표나 우선순위에 대한 명확한 개념 없이는 위기나 시류에 따라 정책이 표류하게 될 위험이 항상 존재한다. 따라서 복잡하고 서로 경쟁하는 광범한 범위의 요구사항을 정리하여 접근할 수 있는 '개념적 무게중심(conceptual center of gravity)'이 요구된다. 대전략이 바로 이 기능을 수행한다. 군사전략이 일련의 무력 사용에 관한 지침을 제공한다면, 대전략은 광범위한 외교안보정책에 지침과 질서를 제공한다.

셋째, 앞의 두 가지 기능과 밀접하게 대전략은 정책 지도자에게 일상의 외교에 필요한 요구를 해결할 수 있는 '직관적 힘(heuristic power)'을 제공한다. 정책 지도자들은 종종 준비되지 않았거나 생각지 못한 여러 현안을 해결해야 한다. 문제는 그러한 현안일수록 신속한 대응이 필요한 경우가 많다는 것이다. 이 경우 사안의 모든 면을 들여다볼 시간이 주어지진 않는다. 키신저가 토로했듯이 "정책 결정의 비극은 종종 요구되는 정책 수단의 범위가 크면 클수록 그에 대한 지식은 적다는 것이다." 이러한 상황에서 대전략은 정책 결정자에게 위기 상황이나 외교 현안에 대해 준비된 해답을 제시하지는 않는다. 대신 핵심이익이나 위협에 대한 우선순위와 가용한 자원이나 수단의 범위에 대한 균형 잡힌 시각을 제공함으로써 그때그때 사안에 적절하게 대응할 수 있는 기본 배경에 대한 개념을 제공한다.

넷째, 경쟁을 기본으로 하는 국제정치에서 대전략은 결정적으로 중요하다. 세상이 근본적으로 협력적이고 평화적이라면 국가에 대전략이 필요하지 않을 것이다. 그러나 현실은 그렇지 않다. 대부분 국가가, 특히 강대국일수록 자신들을 위협하는 다양한 적들을 가지고 있다. 대전략은 이들 국가가 자신들이 가진 힘을 잘 활용하면서 동시에 상대방의 약점을 잘 이용하여 이들과의 중·장기적 경쟁에서 승리하도록 지속해서 집중할 수 있는 능력을 제공한다. 특히 대전략의 유무는 국가가 결정적인 경쟁상대를 만났을 때 특히 더욱 그 진가를 발휘한다.

다섯째, 대전략이 중요한 가장 큰 이유는 여러 가지 약점과 결함을 보완해줄 수 있기 때문이다. 올바른 대전략이 국가의 모든 문제를 해결해주지는 못한다. 특히 아무리 훌륭한 대전략이라도 이를 현장에서 구체적으로 실행하는 군이나 외교관의 역할이 그에 못지않게 중요하다. 그런데도 잘 만들어진 대전략은 국가가 일상의 군사적·외교적 정책 수행에서 일어날 수 있는 여러 실수를 보완하고 극복할 수 있도록 도와준다. 반대로 외교나 군사정책이 상위수준에서의 판단 없이 진행된다면 아무리 뛰어난 전술적 성과도 결국은 쓸모없는 일이 되어버릴 수 있다.

1차 대전 초기 독일은 뛰어난 잠수함 기술과 전술을 바탕으로 영국에 대해 성공적인 무제한 잠수함 공격을 벌여 항복을 얻고자 하였다. 그 결과는 미국의 개입을 초래하였고 독일에는 재앙이 되었다. 1970년대 소련의 관리들은 미국과의 핵 경쟁에서 우위를 점하였다는 자만심에 빠져 유럽에 SS-20 중장거리 핵미사일을 배치하고 아프가니스탄에 군사개입을 감행했다. 소련의 조치는 그러나 서유럽과 미국의 결속, 아프간 전쟁의 과도한 군비 소요로 이어졌고 소련제국의 붕괴 요인이 되었다. 마찬가지로 미국의 베트남 개입 역시 지정학적으로 무의미한 지역에서 대규모의 장기적인 분쟁에 빠진 전략적 오판의 사례이다. 이들 사례는 목표와 수단, 단기와 장기적 국가정책의 균형을 찾는 대전략의 중요성을 보여준다.[284]

대한민국 안보전략의 책임자

03

대한민국의 올바른 안보전략은 무엇이고, 그에 관한 대전략은 어떻게 수립되어야 할까? 과연 지금까지 대한민국에 제대로 된 안보전략이 있었을까? 대전략이 대한민국의 가장 중요한 장기적 목표를 이루기 위해 중·단기적 여러 안보수단과 외교정책이 그때그때 상황에 따라 적절하게 이루어지는 것을 의미한다면, 과연 한국 정부는 어떻게 대전략을 수립해야 할까? 이 질문과 관련한 기본 질문은 대전략의 설계와 판단은 과연 누구의 몫인가일 것이다. 이와 관련한 해묵은 논쟁이 정치지도자와 전쟁 지휘관 중 **누가 대전략의 적임자인가이다.** 현실의 복잡다단한 상황과 여러 가지 도전 속에서 장기적인 안목을 가지고 국가의 최고 이익에 대한 우선순위를 파악하고 이를 쉽게 이해할 수 있도록 규정하는 임무는 대단히 복합적이고 어려운 것이다. 특히 이러한 판단이 전쟁 상황과 같이 인간이 가장 실수를 하기 쉬운 심각한 시간적 압박과 재원의 압박 속에서 이루어져야 할 경우가 종종 있다.

전쟁은 정치의 연속이라는 클라우제비츠의 명제는 전쟁의 계획과 운영은 물론 국가의 장기적 위협과 이익에 관한 대전략의 운영에 중요한 함의를 지닌다. 전쟁은 누가 수행하는 것이 가장 좋은가? 전쟁은 매우 특별한 사건이며 따라서 이에 대한 전문적인 훈련과 체계적인 지식이 필요하다는 데에는 이견이 없다. 손자도 전쟁의 수행에 정치가가 개입해서는 안 되며 장군에게 맡기는 것이 옳다고 이야기한다. 그렇다면 전쟁의 계획과 수행에 대해 이 일을 전담하는 장군과 군에게 그 전적인 책임을 맡기는 것이 가장 좋을까? 많은 이가 이에 동의할 것이다. 그렇다면 전쟁에 이기고 지는 것도 장군들이 책임을 지면 그만인가? 그러나 이에 대한 답은 간단치 않다.

클라우제비츠의 말대로 전쟁이 정치의 연속 혹은 수단이라면, 전쟁의 시작·진행·종결에 관한 결정은 전쟁을 통해 얻고자 하는 정치적 목표에 따라 정해진다. 이 결정은 궁극적으로 정치지도자의 몫이다. 전쟁의 수행은 군사 전문가인 장군이 해야 하지만 그 최종 판단은 지도자가 해야 한다. 이는 군대의 지휘관이 정치지도자에 의해 임명된다는 현실과도 부합한다. 역사에서 훌륭한 군주가 동시에 전쟁의 지휘관이거나 뛰어난 장군이 위대한 정치지도자가 된 사례가 많다. 로마의 카이사르, 그리스의 알렉산더 대왕, 삼국지의 유비와 조조, 고구려의 광개토대왕, 태조 이성계 등 수많은 사례가 있다. 이들의 공통점은 전쟁의 정치성을 가장 잘 알고 실천했다는 것이다. **정치가냐 군인이냐**

의 이분법이 아닌 전쟁의 정치성을 가장 잘 이해하는 지도자가 전쟁의 최종 책임자가 되어야 한다는 것이다. 그리고 그 지도자는 자신의 배경에 상관없이 정치지도자의 위치에서 전쟁의 지휘관들에 대한 책임을 져야 한다. 이 원칙은 전쟁이 없는 평시는 물론 전시에는 더욱 중요하다. 전쟁의 책임과 결과는 눈앞의 승리보다는 총체적 국익의 관점에서 가장 중요한 핵심이익이 무엇인지에 대한 명확한 이해를 바탕으로 접근해야 한다.

전쟁의 전략을 군사 분야의 최고 전문가요 지휘관인 총사령관이 수립한다는 것은 타당하게 들린다. 문제는 현실에서 전쟁의 수행은 군사전략만으로는 충분치 않다는 것이다. 한국전쟁 당시 태평양 전쟁의 영웅으로 추앙받던 맥아더 총사령관은 1950년 9월 인천상륙작전을 통해 궁지에 몰린 연합군의 전세를 한 번에 뒤집는다. 그리고 그 여세를 몰아 퇴각하는 북한의 인민군을 섬멸하기 위하여 단숨에 압록강 근처 북·중 국경까지 진격한다. 당시 마오쩌둥을 중심으로 한 중국 공산당 수뇌부는 미군의 갑작스러운 진격을 중국에 대한 직접적인 위협으로 간주하고 그해 10월 한국전쟁에 전격 개입한다. 통일을 눈앞에 둔 듯했던 한미연합의 유엔 주력군이 12월 흥남부두를 통해 후퇴하고 이후 분단의 고착화라는 결과를 초래한다.

20세기 가장 유명한 외교전략가인 헨리 키신저는 맥아더 장군의 성급한 북진전략을 전장에서의 일시적인 승리에 도취하여 전체 전쟁의 목표를 상실한 중요한 예로 설명한다. 키신저는 맥아더가 북한군의 완전 섬멸을 목표로 북·중 국경까지 진격하는 대신 국경과 인천의 중간 정도 지점인 원산과 해주 라인 정도에서 정지하여 국경과의 사이에 일시적 완충지대를 형성하는 전략을 제시한다. 이 경우 여전히 한반도의 대부분인 75%에 이르는 지역을 확보하면서도 중국을 자극하지 않을 수 있었다는 것이다. 해주·원산 이북 지역에 대해서는 시간을 두고 중국과 국경에 대한 충분한 협의를 함으로써 일차적으로 중국의 군사개입을 방지했어야 한다는 것이다. 이후 이들 지역에 남아 있던 북한군의 잔당을 처리하면 오히려 전쟁의 더욱 큰 목표인 통일을 이루었을 것이라는 가정을 제시한다.[285]

역사에서 이미 일어난 일을 되돌릴 수는 없다. 설사 키신저의 전략대로 하였더라도 과연 그의 말대로 되었으리란 보장도 없다. 오히려 이승만 대통령과 남한 국민은 그러한 조치를 공산당과의 타협으로 강하게 비난하였을 가능성이 크다. 나아가 완충지대가 오히려 중국이 한반도 문제에 개입하는 정당성을 부여하고 협상을 더욱 지연하는 구실을 제공했을 것이라는 반론도 가능하다. 하지만 당시 맥아더 장군의 북진통일이라는 전략적 판단은 트루먼 대통령의 3차 대전 방지라는 전쟁의 정치적 목표와 정면충돌하는 것이었다. 이후 맥아더 장군이 해임되고 전장에서 사라진 사건은 앞서 한국전쟁의 역사적 사례로 앞서 살펴보았다. 2차 대전의 영웅이자 총사령관 맥아더를 전쟁 중 해임이라는 파격적인 조처를 내린 트루먼 대통령의 판단과 결정은 절대 쉽지 않은 것이었다. 그러나 이제 겨우 2차 대전이 끝난 상태에서 새로운 3차 대전의 확전을 피하고자 했던 트루먼 대통령의 판단은 후세 역사가들에 의해 현명한 결정으로 여겨진다. 이후 미국은 냉전 기간 내내 소련과의 전면적인 핵전쟁을 회피하는 제한전(limited war) 독트린을 수립한다. 여기서 중요한 교훈은 전쟁의 시작과 종결에 관한 정치적 목표와 대전략에 대한 최종 결정은 총사령관을 임명하는 정치지도자의 몫이라는 것이다.

전쟁의 수행은 현장의 사령관이 책임이지만 전쟁의 기본 목표나 그 방향에 관해서는 결국 민간 정치지도자의 판단이 우선해야 한다. 그렇다고 모든 정치지도자가 전쟁에 관해 항상 올바른 판단을 한다는 말은 아니다. 막상 전쟁이 벌어지면 잘못된 판단으로 더 큰 혼란을 부르는 무능한 지도자도 역사에는 허다하다. 종종 현장의 지휘관이 후방의 지도자보다 올바른 현실 판단을 할 수도 있다. 조선의 선조 임금은 임진왜란 직전 일본의 전쟁 의도를 흘려듣고 막상 전쟁이 벌어지자 백성을 버리고 급하게 의주까지 도망갔다. 정작 선조의 명으로 옥고를 치른 이순신은 뛰어난 용병술과 전략으로 왜군을 상대로 연전연승을 거두며 나라를 위해 숭고한 희생을 보였다. 그러나 결국 전쟁의 최종 책임은 최고 지도자의 몫이다. 왕이 전쟁을 이끌던 옛날에는 백성들이 지도자를 잘 만나는 복이 있어야 했고 오늘날 민주주의 사회에서는 국민이 훌륭한 지도자를 잘 선출해야 하는 이유가 여기에 있다.

전쟁의 궁극적 책임이 장군이 아닌 정치지도자에 있다면, 국가안보의 주요 청사진을 그리는 대전략의 수립도 군사적인 지식에만 의존해서는 안 될 것이다. 물론 안보전략에서 군사 부분에 대한 전문적인 지식은 기본적인 고려요소가 될 것이다. 예를 들어 미국 지도자의 대테러 전쟁이나 대중국 전략 수립에는 당연히 반테러 작전이나 중국의 군사전략, 무기 체계 등에 대한 나름의 전문지식이 필요하다. 동시에 테러와의 전쟁이나 중국과의 전략 경쟁은 매우 다른 무기 체계나 대응전략을 요구할 것이다. 테러분자와의 싸움에 외교나 경제적 수단은 중국과 경쟁에 비해 그 비중이나 중요도가 차이가 있을 것이다. 이 두 가지 전략을 종합적으로 판단하여 다른 안보 문제를 포함한 미국의 안보 대전략을 수립하는 데는 종합적인 접근이 필요하다.

현재 **대한민국의 상황**이 이러하다. 당장 눈앞에 북한의 핵 개발과 군사위협이 심각한 상황에서 한반도를 둘러싼 미·중 경쟁이 우리에게 전략적 선택을 강요하고 있다. 역사적으로 한반도를 둘러싼 강대국 경쟁은 종종 전쟁이라는 재앙을 초래했다. 조선 시대 임진왜란과 병자호란, 그리고 구한말의 청일·러일전쟁이 그러하다. 물론 우리에게는 한미동맹이라는 강력한 안보수단이 있다. 그러나 한편으로는 흔들리는 미국의 지위와 미국 우선주의 정책이 불안요인으로 다가온다. 임진왜란 후 류성룡의 『징비록』이 지적한 자주국방이 더욱 필요한 시점이다. 문제는 자주국방에 필요한 국가 재정이 경제성장의 둔화로 그 상승세가 꺾이고 있는 현실이다. 여기에 급속한 노령화로 인한 복지비의 급속한 수요 증가가 재정에 대한 이중압박을 가하고 있다. 더구나 초저출산으로 인한 인구 감소로 2020년경부터 군 입대 자원이 급속하게 감소하는 인구절벽 현상이 나타나고 있다. 노령화와 인구 감소로 인한 경제 둔화, 재정 감소, 복지 수요 증가, 입대 자원 감소라는 이중·삼중의 파고 속에 과연 대한민국의 군사안보 및 장기적 대전략은 어떻게 설정하고 실현해 나갈 것인가?

더구나 오늘날 안보 문제는 기후변화나 전염병은 물론 사이버나 우주, 인공지능까지 전에 없던 새로운 위험요인과 기술 발전까지 고려해야 한다. 세계가 더욱 복잡해지고 기술이 발달할수록 국가의 안보 전략은 군사 부분을 넘어서 복합적인 고려와 접근을 요구한다. 안보

전략의 수립이 이 모든 것을 종합적으로 사고할 수 있는 국가 지도자와 다양한 정부 부처, 그리고 각 분야의 전문 보좌관들에 의해 수립되어야 하는 이유이다. 그 시작은 그 시대 사회와 국민이 지키고자 하는 기본 가치에 대한 명확한 이해를 바탕으로 한다. 여기에 더해 위협요인과 그 본질에 대한 정확한 분석을 통해 한정된 국가의 자원을 효율적으로 활용할 분명한 목적의식이 있어야 한다. 이를 통해 군사지식뿐 아니라 한 국가의 모든 역량을 헤아릴 수 있는 지혜가 각 분야의 전문가들과 함께 모여야 한다. 물론 이 모든 것을 종합적으로 설계하고 가장 결정적인 순간에 어떻게 실행할 것인지를 판단하는 것은 궁극적으로 정치지도자의 몫이다.

3장

세계 최강 미국의 군사전략은?

미국의 군사력은 압도적이다. 흔히 '천조국'이라고 불리는 미국의 국방비는 한때 전 세계 국방비의 절반을 차지하기도 했다. 중국 경제가 미국을 빠르게 추적하여 공식 GDP가 미국의 70%이며, 구매력(Purchasing Power Parity, PPP) 기준으로는 미국을 이미 넘어섰다고도 평가된다. 하지만 군사력에서는 미국에 크게 뒤진다는 것이 정설이다. 미국의 군사력이 강한 이유로 최첨단 무기 체계와 잘 훈련된 최강의 군대를 들 수 있다. 그러나 2차 대전 이후 지난 70여 년간 압도적 군사력을 유지한 비결은 미국의 상쇄전략(offset strategy)이었다. 상쇄전략은 미국에 주요한 적의 군사력을 어떻게 효과적으로 격퇴할 것인가에 관한 군사전략을 의미한다. 그것은 단순히 상대보다 큰 규모나 많은 양의 군사력을 통하지 않는다. 대신 기술혁신을 통해 상대 전력과 다른 종류의 무기와 방식으로 싸우는 전략이다. 즉 적의 재래식 무기에 비대칭적인 방식으로 상대를 가장 효과적으로 압도하는 우위를 달성하는 전략이다.

1950년대 냉전 초기 미국의 아이젠하워 행정부는 대규모 지상군을 중심으로 재래식 무기의 우위를 가진 소련의 군사위협에 직면했다. 미국은 같은 재래식 무기로 대응하는 대신 전략핵무기 개발과 투자에 힘썼다. 소련 재래식 군사력의 우위를 핵이라는 신무기로 '상쇄'한 1차 상쇄전략의 등장이었다. 이에 소련 역시 핵무기를 적극 개발하여 1970년대 냉전 중반에는 미국과 핵 균형을 이루게 되었다. 미국은 다시 1970년대 말 카터 행정부를 시작으로 2차 상쇄전략을 추진한다. 그 해답은 '위성항법장치(GPS)' 등의 신기술을 활용한 정밀타격 유도무기와 스텔스 전폭기 등 신무기 개발에서 나왔다. 핵 균형 상태에서 소련의 대규모 재래식 무기를 제압할 새로운 기술과 전략을 추구한 것이다. 그리고 이러한 신무기들은 1991년 1차 걸프전과 2003년 2차 걸프전쟁에서 구소련제 무기의 대규모 이라크 지상군을 상대로 압도적인 승리를 가져오는 원동력이 된다.

미국의 2차 상쇄전략의 효과를 목격한 러시아와 중국 등의 경쟁국도 2000년대 들어 위성항법장치를 이용한 정밀타격과 스텔스 신무기를 본격 도입하기 시작하였다. 특히 21세기 미국의 전략적 경쟁자로 부상한 중국이 초음속 미사일, 4세대 스텔스 전투기, 전략핵잠수함, 항공모함 등을 개발하며 본격적인 추격전이 벌어진다. **21세기 미국의 압도적 군사력을 유지하기 위한 미국의 새로운 전략은 무엇인가? 미국의 새로운 상쇄전략은 미·중 전략 경쟁에 어떠한 의미를 가지는가? 미국의 상쇄전략은 어떠한 신무기와 군사혁신을 통해 진행되었는가? 이 장에서는 미국 상쇄전략의 역사와 그것이 21세기 미·중 경쟁에서 어떻게 전개되고 있는지를 살펴본다.**

냉전과 1차 상쇄전략: 핵무기와 대량 보복 전략

01

1949년 창설된 유럽의 나토 동맹은 소련과 바르샤바조약기구의 대규모 지상군에 재래식 전력에서 절대 열세였다. 당시 본토를 포함해 26개의 육군 사단으로 구성된 미국에 비해 소련은 175개의 사단으로 구성된 지상군을 유럽 전선에 펼쳐놓았다. 미국은 유럽에서 소련의 대규모 지상군을 효과적으로 상대할 수 있는 새로운 전략이 필요했다. **아이젠하워 행정부는 소련의 유럽 침공에 대비하기 위해 신무기인 핵 보복에 기초한 군사전략을 채택한다. '뉴룩(New Look)' 전략**으로 명명된 아이젠하워의 새로운 군사전략은 기존의 재래식 무기에 의존한 군사전략의 중심을 핵무기로 전환하는 계기로 작용하였다. 유사시 소련의 대규모 지상군에 대해 전술핵무기와 **'대륙간 탄도미사일(Intercontinental ballistic missile, ICBM)', '잠수함 탄도미사일(Submarine-**

launched ballistic missile, SLBM)'을 활용한 대량 보복으로 소련의 거대한 재래식 군사력을 상쇄한다는 전략이었다. 2차 대전 말기 세계 최초로 핵무기를 개발한 미국의 핵 우위를 활용하여 재래식 무기 증강에 필요한 대규모 군사비용을 줄이려는 복합적인 목표를 추구하였다.[286] 2차 대전과 한국전쟁을 거치면서 대규모 군비를 사용한 미국은 국내경제 부양을 위해 군사비 지출을 축소해야 했다. 유지비용이 많이 소요되는 재래식 무기를 감축하는 대신 적은 비용으로 효과를 극대화하기 위해 미국의 우월적 핵무기를 적극 활용한 것이다. 전략적 수단으로서 핵무기의 투발 수단을 확보하기 위해 장거리 미사일 개발 계획 또한 서둘러 추진했다. 소련에 대한 핵 공격 능력을 강화하여 군사도발과 전쟁 억제의 효과를 추구한 것이다.

1953년 한국전쟁을 끝낸 아이젠하워 정부는 핵무기와 전략적 폭격 주체가 되는 공군력 강화에 주력했다. 전략폭격기에 의한 핵무기 투하 능력을 확보하여 소련 대비 우월한 능력을 유지하는 것이 전략의 핵심 내용이었다. 항공 시대를 맞아 미국이 소련의 공격에 대비해 최대한의 파괴력으로 보복할 수 있도록 장거리 폭격기 등 핵무기 투발 수단의 중요성을 인식하고 이에 전략적 운용 능력을 강조한 것이다. **이후 대규모 핵 보복에 기초한 새로운 전략은 소련의 군사 도박과 도발을 억제할 수 있는 가장 강력하고 효과적인 군사전략으로 자리 잡았다.** 이후 핵억지와 보복은 아이젠하워 뉴룩 전략의 핵심요소로 자리 잡았으며, 이를 위해 전략핵무기와 본토 방어가 강조되었다. 전략의 핵심은 적의 사소한 도발 행위에 대해서도 강력한 전략핵무기를 대응 수단으로 삼아 보복하겠다는 것이다. 이는 미국이 핵무기 수와 질적인 측면에서 소련보다 월등하게 우세한 상황에서 효과적으로 사용할 수 있는 전략적 선택이었다. 여기에 유럽의 나토 동맹국들은 1954년부터 1956년까지 미국과의 협의를 통해 미국의 전방 26개 사단이 모두 핵무기를 배치하는 데 동의하였다. 미국과 나토 동맹이 소련에 대한 대량 보복 전략을 그야말로 현시(presence)한 것이다.

이러한 아이젠하워의 전쟁 개념은 공군을 이용한 대규모 핵 보복공격 전략으로 이어지면서 전략폭격기를 중심으로 한 공군력 증강에 새로운 투자와 노력으로 이어졌다. 동시에 전 세계 각지에 미군의 신속한 전개와 전략적 공중전 수행 능력을 확보하기 위해 유럽과 아시아 등 주요 지역과 동맹국에 미군 기지의 확보와 건설 필요성이 제기되었다. 공군과 더불어 해군의 중요성도 더욱 강조되었으며 대신 육군은 상대적으로 덜 중요한 역할을 맡게 되었다. 한국전쟁의 경험에 바탕을 둔 아이젠하워의 뉴룩 전략은 해외에서 제한전이 일어날 경우 동맹국은 미 공군과 파병군이 이용할 군사기지를 제공하고 지상군은 동맹국에 의존하여 전쟁을 수행한다는 내용이다.[287]

소련의 대규모 지상군에 대한 미국의 핵무기 상쇄전략은 그러나 미국과 나토 동맹 사이의 많은 갈등을 드러냈다. 나토의 절대적 재래식 전력 약세에 의한 핵억지 전략은 미국 입장에서는 소련과의 불필요한 핵 긴장과 전면 핵전쟁의 위협을 초래하였다. 이는 미국과 유럽 동맹 간에 재래식 전력에 대한 투자를 둘러싼 동맹비용 갈등으로 전개되었다. 여기에는 단순히 비용의 문제를 넘어서 유럽이 미국의 핵억지 전략에만 의존하는 경향과 핵과 재래식 전략의 복합적인 대응전략으로 핵전쟁 위협을 피하려는 미국의 새로운 군사전략이 충돌하는 모습으로 나타났다.

1957년에 수립된 나토의 기본 전략은 소련이 도발할 경우 그것이 핵을 사용한 것이든 아니든지에 상관없이 (침투나 국지적 적대행위를 제외한) 모든 상황에서 핵무기를 사용하여 대응할 것을 상정하였다.[288] 아이젠하워에 이어 새로 취임한 **케네디 대통령은 이러한 전략이 너무 단순하고 위험하다는 미군 수뇌부의 우려에 주목하였다.** 케네디 대통령은 1961년 창설 12주년을 맞는 나토의 군사위원회 연설에서 유사시 유럽에서 벌어질 군사충돌이나 개전 초기에 처음부터 전면적 핵 사용에 의지하는 전략은 매우 무모하다고 지적하였다. 대신 핵 사용의 기준을 높여 상황 전개에 따라 신중한 핵 옵션을 고려할 시간을 벌어야(pause) 한다고 주장했다. 또한, 핵무기의 사용 없이 제한적인 재래식 전쟁으로 종결될 수 있도록 나토의 재래식 전력 증강이 필요하다고 역설했다.[289]

이러한 미국의 문제 제기는 당시 나토 재래식 전력의 절대적인 약세에 대한 우려를 반영하였다. 당시 미 합참의 분석에 의하면 동독과 폴란드 전선을 중심으로 중부유럽의 나토군 전력은 벨기에, 네덜란드, 프랑스, 독일, 캐나다, 영국, 미국을 모두 합해 22개 전투사단으로 그중 미국이 5개, 독일이 8개 사단을 차지하고 있었다. 더구나 미국과 캐나다의 지상 전력을 제외하면 나머지 유럽 국가들의 지상군은 인력 확보, 전투 장비와 군수물자 등의 전반적인 문제와 더불어 부적합한 전력 배치로 인해 매우 취약한 전투 효율성을 보여준다고 평가하였다. 이에 비해 소련은 동독과 폴란드에만 22개의 전투사단을 배치하고 추가로 서부 러시아에 51개의 전투사단을 배치하였다. 여기에 여타 바르샤바 동맹국의 34개 사단을 더하면 나토와 소련군 지상 전력의 불균형은 매우 심각한 것으로 나타났다. 특히 1961년 베를린 위기로 소련과의 군사충돌 가능성이 현실로 드러나면서 케네디는 미국의 21만 7000명의 병력 증강 계획을 발표하였고 유럽의 나토 국가들도 향후 5년간 이에 상응하는 약 61%의 군비 증강이 필요하다는 주장을 제기하였다.

그러나 유럽의 나토 회원국들은 경제적 어려움과 함께 여러 가지 이유를 들며 미국이 요구한 전력 증강에 부응하지 못하면서 여전히 핵무기를 군사전략의 만병통치약으로 가정하는 경향을 드러냈다. 결국, 약 20여 개 나토 연합군 사단을 40여 개로 늘리려는 미국의 계획은 28개의 사단으로 축소되었다. 이 과정에서 프랑스의 드골 대통령과 독일 아데나워 수상은 재래식 무기 증가 대신 자체 핵무기 개발에 대한 의지를 보이면서 미국과 두 동맹 사이에 핵 개발을 놓고 첨예한 갈등이 드러났다. 케네디 행정부는 나토의 통제하에 독일에 퍼싱-1 전술핵미사일을 배치하는 핵 공유를 통해 독일의 핵 개발 노력을 완화하는 차선책을 택하였다.[290]

미국의 유럽 나토 동맹국에 대한 방위 분담 요구는 존슨 행정부에 들어서 더욱 거세졌다. 베트남에 대한 미국의 대규모 군사개입으로 자체 국방비 수요가 급속히 증가한 이유였다. 맥나마라 국방부 장관은 소련군 전력 대비 미군 사단이 동일한 규모에 2배의 비용과 장비를 쓰고 있다는 점을 들어 나토 동맹국에 군비 투자를 요구하였다. 유럽의 동맹국이 미군과 동일 수준의 장비와 시스템을 사용한 양질의 부대 규모와 조직을 개편한다면 굳이 대규모의 사단 증원 없이도 재래식 전력 균형을 이룰 수 있다는 논리였다.

그러나 유럽 동맹국들은 미국의 요구가 기존의 핵억지에 근거한 유럽 방어전략의 근간을 흔들고, 국가 재정의 파산에 이르는 과도한 방위비 부담을 지울 것이라고 반발하였다. 동시에 미국의 베트남전 확전이 미군의 유럽 주둔군 축소 내지는 철수로 이어질 것을 걱정하였다.[291] 실제 맥나마라 장관은 독일의 방위비 분담 수용 의지가 약한 것을 지적하면서 독일에 배치된 주독 미군 중 3만 5000여 명을 철수(withdrawal)란 용어 대신 재배치(redeploy)란 용어를 사용하여 감축할 것을 제안하였다. 대신 3개의 여단이 6개월 단위로 순환하면서 사단 규모의 기본 작전 능력을 유지할 것이라고 발표하였다.[292]

미국의 이러한 요구는 곧 미국과 나토 동맹국 간의 심각한 동맹 분열을 초래하였다. **결국, 맥나마라 국방부 장관은 상호 확증 파괴라는 핵억지 전략을 채택하여 냉전기 대소련 봉쇄와 군사도발을 억지하는 미국의 1차 상쇄전략을 유지한다.** 한편 이러한 미국의 유럽 동맹에 대한 방위비 부담과 철수 압박은 오히려 유럽의 국가들에게 소련을 위시한 공산권 국가와의 긴장 완화와 평화적 공존의 필요성을 부각시키는 계기가 되었다.

1·2차 걸프전과 2차 상쇄전략: 정밀유도무기와 공지전투

02

핵무기를 통한 미국의 군사전략은 미·소 냉전기 수천 대의 탱크로 무장한 소련군의 대규모 지상군 전력을 상쇄하는 1차 군사혁신의 상징이 되었다. 그러나 **소련 역시 대규모 핵무기를 개발하면서 핵을 앞세운 미국의 1차 상쇄전략이 약화되었다.** 여기에 소련은 대규모 기계화 군단으로 유럽을 위협했다. 미국은 재래식 전력에서 또다시 열세에 놓였다. 1970년대 중반 미국의 **카터 행정부** 주도로 2차 상쇄전략이 나오게 된 배경이다. **헤럴드 브라운(Harold Brown) 당시 미 국방부 장관은 소련 군사력에 새로운 기술로 대응하는 2차 상쇄전략을 제시했다.** 조기경보 통제기, 무인 고공 정찰기, 정찰위성 등 감시정찰 자산을 기존 무기와 연동시켰다. 지상의 소련군 위치를 미 공군에게 신속하게 제공해 정밀타격하는 **공지전(Air-Land Battle) 개념**이 탄생한 것이다. 미국은

2차 상쇄전략으로 소련의 기계화군단으로부터 서유럽을 방어할 수 있게 됐다. 그 결과 1991년 벌어진 1차 걸프 전쟁에서 미국은 소련제 무기를 앞세운 사담 후세인의 대규모 지상군을 단시간에 격멸하는 혁혁한 전과와 승리를 거둔다.

1970년대 중반 미국은 두 가지 심각한 국방 위기를 맞이하였다. 첫째, 베트남 전쟁의 후유증으로 거의 1000억 달러에 이르는 국방비의 감축이 의회를 중심으로 이루어졌다. 둘째, 이에 비해 유럽에서는 소련을 중심으로 꾸준히 군비를 증강한 바르샤바조약 군이 나토군을 재래식 전력에서 3 대 1로 능가하게 된다. 국방비 감축 속에 더욱 큰 적의 지상 전력을 상대해야 하는 이중 위기에 빠진 것이었다. 그 대안은 최소의 비용으로 최대의 효과를 낼 수 있는 제2의 상쇄전략이었다. 카터 행정부의 해럴드 브라운 국방부 장관은 적들이 보유한 수적 우세를 '상쇄'하여 유럽의 전략적 균형과 억제 안정성을 회복하기 위한 대안을 찾게 된다. 그 해답은 새로운 무기 체계의 개발과 적용이라는 기술적 수단으로 모색되었다.

헤럴드 브라운 장관의 2차 상쇄전략은 새로운 정보, 감시 및 정찰(Information, Surveillance, Reconnaissance, ISR), 플랫폼, 정밀유도무기의 개선, 스텔스 기술, 우주 기반 군사 통신 및 항법에 초점이 맞추어졌다. 실무 책임을 맡은 윌리엄 페리 당시 국방부 차관보와 새로운 구상을 주도한 '방위고등연구계획국(Defense Advanced Research Projects Agency, DARPA)'은 신무기 체계의 구성요소 기술 및 시스템에 관한 장기적인 연구 및 개발을 추진하였다. 그 결과 공중전을 운영할 '공중 조기경보기(Airborne Warning and Control System, AWACS)', F−117 스텔스 전투기로 시작된 스텔스 기술, 최신 정밀유도 폭탄, GPS(Global Positioning System) 등이 새로운 무기 체계에 개발 편입되었다. 그러나 유럽의 바르샤바 동맹의 재래식 무기에 대항하여 개발된 이러한 기술들은 정작 냉전 중에는 사용되지 못한 채 냉전이 종식된다.[293]

미국의 2차 상쇄전략은 1990년대 걸프 전쟁 초기 대규모 항공작전에서 진가를 발휘하였다. 1991년 1월 16일에 시작된 이라크와의 1차 걸프 전쟁에서 미국은 개전부터 42일간 밤낮을 가리지 않고 집중적인 공중폭격을 실시한다. 이 기간에 하루 평균 2555회, 총 11만 회에 달하는 출격을 통해 2만 7000여 개에 달하는 이라크의 스커드 미사일, 활주로, 대공 방어시설, 전기발전소, 생화학무기 시설, 군 본부, 정보자산, 통신, 이라크 지상군, 정유시설 등에 대한 타격이 행해졌다.

그러나 정작 이러한 수치는 이전의 주요 전쟁에 비해 매우 적은 것이었다. 표 2-1에서 보듯이 걸프 전쟁에서 사용된 전체 폭탄의 양이나 공중작전 기간은 2차 대전은 물론 한국전쟁이나 베트남 전쟁에 비하면 그 기간이나 전체 양에서 절대적으로 작은 규모와 기간을 보여준다. 실제 비슷한 나라에 대한 이전의 폭격과 비교해도 걸프전에서

표 2-1 | 주요 전쟁의 항공작전 비교

전쟁	폭약량(톤)	기간	월평균 폭탄 투하(톤)
2차 대전	2,150,000	45개월	47,778
한국전쟁	454,000	37개월	12,270
베트남 전쟁	6,162,000	140개월	44,014
걸프 전쟁	60,624	1.5개월	40,416

이라크에 대한 공중폭격은 약 4만 톤으로 2차 대전 중 일본에 대한 54만 톤의 11%, 나치 독일에 대한 161만 톤의 4%, 베트남에 비해서는 1%도 안 되는 적은 양의 폭격을 기록하였다.[294] 그만큼 전쟁이 신속하게 그리고 적은 물량을 소모하여 수행되었다는 것이다. 이는 반대로 최소의 시간과 규모의 공격으로 최대의 효과를 냈다는 것을 의미한다.

이러한 전쟁의 효율성은 걸프전에서 처음으로 사용된 스텔스 기술, 위성항법 기술, 미사일 경보 체계, 향상된 탐지 레이더, 그리고 레이저 유도 정밀유도 폭탄의 활용으로 가능했다. 초기 항공작전은 이러한 기술을 활용하여 적의 후방 깊숙한 목표물을 타격할 수 있는 크루즈 미사일과 최초로 위성항법 기술을 활용하여 적 지형을 자유자재로 정확하게 침투하여 공격할 수 있는 공군과 육군의 공격형 헬기에 의해 시작되었다. 이들은 초기에 이라크의 조기경보 레이더 시설을 제거하였다. 이를 통해 아군의 항공기들이 안전하게 적의 목표물을 공격할 기회를 제공하였다. 또한, F-117 나이트 호크 스텔스 폭격기와 기타 전투기들이 적의 대공 방어시설과 군 시설, 장갑차와 지휘통제부를 차례로 파괴하였다. 그러나 2차 상쇄전략의 대표 무기로 후일 알려진 '통합직격탄(Joint Direct Attack Munitions, JDAM)'은 1990년대 후반에나 사용되고 1차 걸프전에서는 사용되지 않았다.

그럼에도 GPS 기술은 조종사와 항공기들에게 이전과는 다른 차원의 적진에서의 전투 환경에 대한 정보를 제공함으로써 적에 대한 절대적인 우위를 누릴 수 있게 하였다. 특히 이러한 기술은 눈으로 확인할 수 있는 길이나 강, 혹은 산과 같은 특이점이 없는 중동의 평지와 사막 지형에서 매우 유용하게 작동하였다. 또한, 전자 화상 장치를 장착한 매브릭 미사일과 같은 레이저 유도무기의 등장으로 목표에 대한 명중률이 획기적으로 향상되었다. 적의 탱크와 같은 지상의 목표물을 정확히 파괴할 수 있게 된 것이다. 여기에 '통합 정찰 레이더(JSTARS)'와 같은 장치로 밤과 낮의 구분이나 기상 조건에 상관없이 공중에서 적의 지상 목표물을 정확히 파악할 수 있는 기술이 적용되었다. 또한, 걸프전은 하나의 항공기로 여러 개의 목표물을 정확히 타격할 수 있는 능력을 보여주었다. 이는 이전에 융단폭격에 의존하던 항공작전의 개념을 획기적으로 바꾸는 패러다임의 변화를 가져왔다. 즉 이전 작전 개념의 출발이 '하나의 목표물을 제거하기 위해 몇 대의 항공기가 필요한가?'였다면 이제부터는 '한 대의 항공기로 몇 개의 목표를 제거할 수 있는가?'의 개념으로 항공작전이 변환된 것이다.[295]

이라크를 상대로 한 아버지 부시 행정부의 걸프 전쟁은 카터 행정부에서 시작된 상쇄전략의 도입뿐 아니라 레이건 행정부에서 본격화된 **공지전투 개념**이 본격화되는 계기로도 작용하였다. 미국의 대규모 공세 직전까지 세계 언론들은 이라크와의 전쟁은 쉽지 않은 전쟁이 될 것이라고 우려했다. 이라크 군대가 지난 10년간의 이란-이라크 전쟁에서 많은 전투 경험을 가졌고, 생화학무기를 사용할 가능성도 있으며, 소련제 대포와 전차로 무장했다는 점이 이유였다. 하지만 우려와 달리 전쟁은 미국의 본격 공세 42일 만에 일방적인 승리로 끝났다. 미국의 첨단 무기들 앞에서 이라크의 소련제 재래식 무기는 상대가 되지 못했다. 당시 미 공군의 전투기들과 해군의 항공모함 탑재기들은 인공위성의 도움을 받는 정밀유도무기를 앞세워 이라크의 군사 목표를 거의 완벽하게 파괴했다. 마치 컴퓨터 게임이라도 하듯 레이저와 인공위성 등 첨단기술을 사용하는 미국의 토마호크 크루즈 미사일은 목표물을 정확하게 타격하였고, 장애물을 피해 날아가 목표물로 돌진하는 모습이 미사일에 내장된 카메라로 녹화되어 전 세계 사람들이 그 모습을 볼 수 있었다.

초기 40여 일간의 항공작전의 성공을 바탕으로 이어진 약 100시간의 전격적인 지상 작전은 공지전투의 새로운 개념을 증명하는 시험장이 되었다. 1991년 1월 17일 첫 공습에 나선 미국은 먼저 24시간 이내에 하늘을 장악하고 항공전을 통해 이라크 주요 시설을 집중적으로 파괴하였다. 이라크군의 지휘 및 통제 시설, 사담 후세인의 궁전, 바트(Ba'th)당 본부, 발전소, 정보 및 보안시설, 전기발전소, 정유시설, 군사산업단지, 그리고 이라크의 미사일 시설 등의 기능을 상실시키며 다가올 지상전에서 절대적으로 유리한 환경을 조성하였다.

이후 이라크 혁명수비대의 대규모 지상군과 탱크부대를 상대로 미국은 본격적인 지상전을 벌이게 된다. 이 과정에서 항공기의 정밀타격 지원을 기반으로 한 **효과 중심 작전(effects based warfare)의 개념**이 도입되었다. 즉 공군의 정밀타격을 통해 주변 시설이나 민간인에 대한 불필요한 파괴 없이 군사적으로 중요한 목표물만 정확히 집어내어 파괴하고 이를 통해 지상군이 효과적으로 적의 저항을 무력화한다는 개념이 적용된 것이다. 특히 공중으로부터의 정밀유도무기를 통해 적의 지휘통제본부와 전투부대 사이의 통신과 보급선을 차단함으로써 적의 무력을 쉽게 마비시키고 파괴할 수 있게 되었다. 즉 이전의 지상 작전이 주변에서 시작하여 적의 중심으로 들어가는 것이었다면, 이제는

적의 중심을 먼저 타격하여 주변부의 적들을 더욱 쉽게 제압하는 개념이 도입된 것이다.[296]

한편 2월 24일 시작된 지상 작전 이후 약 4일간의 대규모 지상 침투 작전은 쿠웨이트를 통한 남쪽에서의 지상 병력 투입과 함께 이라크 서쪽 내륙 249km의 적 후방에 대한 101공수여단의 기습 침투 작전과 함께 진행되었다. 역사상 가장 깊숙한 후방으로의 적진 투입 작전을 위해 400여 대의 헬기를 이용하여 2000명의 병력과 무기가 이송되었다. 이후 이들 공수여단은 적진으로 100여km를 더 전진하여 적의 보급로와 퇴로를 차단하였고 이 과정에서 수천 명의 적군을 생포하면서 16명의 병사만을 희생하는 전과를 올렸다. 이후 미국을 중심으로 영국과 프랑스의 지상 연합군은 지상 작전 개시 100시간 만에 후퇴하는 적군을 좇아 이라크 수도 바그다드 전방 240km까지 접근하였다.

전쟁 개시 한 달 반인 2월 28일 부시 대통령이 쿠웨이트 해방 및 휴전을 선언하면서 1차 걸프전은 미국의 압도적인 승리로 끝났다. 65만 명의 이라크 정규군과 싸움에서 54만 명의 병력을 동원한 미국은 140여 명의 전사자와 함께 50여 대의 탱크와 장갑차가 손상을 입었다. 반면 이라크군은 최대 5만 명의 전사자가 생겼고, 3300대의 탱크, 2100대의 장갑차, 2200대의 야포, 110대의 전투기가 파괴되었다. 실로 압도적인 승리였다. 이 과정에서 미국의 신무기 기술과 이를 활용한 공지전투 전략이 결정적인 역할을 한 것으로 분석된다.

그로부터 12년이 지난 2003년 미국은 다시 이라크와 전쟁을 치렀다. 이번에도 그 결과는 크게 다르지 않았다. 여전히 이라크군은 낙후된 무기와 형편없는 전술 운용, 그리고 리더십 혼란과 충성심의 이

반 속에 더욱 강화된 첨단 무기를 앞세운 미군에 의해 단시간에 괴멸되었다. 그나마 이라크군에게 유리한 조건은 전장이 1차 걸프전 당시의 평탄한 쿠웨이트 사막 지대가 아니라 이라크 남부에서 바그다드에 이르는 넓은 지역의 불규칙적인 지형으로 바뀌었다는 점이었다. 하지만 10년 전보다 더욱 진보된 미국의 첨단 무기들 앞에서 그러한 지형적 조건은 문제가 되지 않았다. 한층 더 강화된 미국의 최신 전자장비와 위성항법장치를 사용한 정밀유도무기는 어떠한 기상 상황에서도 완벽하게 작동하며 이라크군을 궤멸시켰다. 2차 걸프전에서 개전 15일 만에 미국이 바그다드를 점령하고 후세인 정권을 붕괴시킬 때까지의 양상은 이라크군 격퇴에 40여 일이 걸렸던 1991년의 1차 걸프전 양상과 크게 다른 바 없었다. 단지 이전보다 더 잘 훈련된 지상군과 공중의 전자무기가 더욱 위력을 발휘하였을 뿐이다. **두 번의 이라크군과의 걸프전에서 전쟁 초반 미국의 압도적 승리는 미국의 첨단 군사기술에 바탕을 둔 2차 상쇄전략과 군사혁신의 승리였다.**[297]

21세기 미·중 경쟁과 3차 상쇄전략: 공해전투와 다영역 작전

03

탈냉전 이후 1990년대와 2000년대 중동전쟁에서 눈부신 승리를 거둔 **미국의 상쇄전략은 새로운 도전에 직면한다. 러시아·중국을 필두로 주요 군사 강국들이 미군의 위성항법이나 정밀유도무기 시스템을 도입하기 시작한 것이다.** 특히 중국은 유사시 대만해협이나 남중국해에 파견될 미국의 항모전단을 정밀타격하기 위한 순항미사일이나 초음속 미사일 개발에 박차를 가하며 미국의 군사적 개입을 거부하는 **'반 접근·지역 거부' 전략**(Anti-Access and Area Denial, A2AD)을 추구한다. 중국은 군 현대화를 통해 많은 수의 향상된 중거리 탄도미사일과 순항미사일 배치, 신형 공격 잠수함 개발, 장거리 대공방어 체계 개발, 전자전과 컴퓨터 네트워크 공격 능력, 차세대 전투기, 위성 공격용 대우주 공격 체계 등을 육성하고 있다. 이를 통해 미군을 포함한 가상 적국의 중국본토와 인근 지역에 대한 침투를 막는 반 접근·지역 거부 능력을 크게 향상하고 있는 것으로 분석되었다. 중국의 이러한 추격에 대항하여 미 국방부는 2000년대 이후 제3차 상쇄전략(the 3rd off-set strategy)에 새로운 심혈을 기울이고 있다. **이에 오바마 행정부는** 미국 외교·안보의 중심을 대서양에서 태평양으로 전환하는 '아시아 재균형(Asia Pivot/Rebalancing)' 독트린을 천명하고 군사전략 분야에도 변화를 꾀하였다. 전임 부시 행정부에 이어 오바마 행정부에서도 연임된 게이츠 국방부 장관은 2010년 QDR을 발표하고 군사 재균형 전략을 추구한다.

그 핵심은 중국의 반 접근·지역 거부 전략에 대응하여 미국의 투사 능력과 전쟁 수행 능력 향상을 위한 방안이었다. 먼저 공군과 해군의 능력 보강에 더하여 이들이 합동으로 더욱 효과적인 투사와 작전을 수행하기 위한 **합동 공해전투 개념**(joint air-sea battle concept)을 새로이 제시하였다. 과거 이라크 전쟁이 사막 지형으로 이루어진 지상전투를 주로 했다면, 현재 예상되는 중국과의 군사충돌은 대만해협이나 남중국해와 동중국해에서의 해상전투가 주전장이 될 것이기 때문이다. 공지전투에서 공해전투로의 전환이 자연스럽게 상정된 것이다. 새로운 공해전투 개념은 인도-태평양 지역 미국의 전력 투사에 대항하는 중국 등의 도전에 대응하기 위해 공군과 해군이 모든 작전 영역(공중, 해상, 육상, 우주 및 사이버 공간)에서의 기능을 통합할 것을 제시하였다. 신전략 개념에 따라 향후 해상에서의 전력 투사에 필요한 미래의 능력 개발이 요구되었다.[298]

오바마 행정부는 2011년 국방부 산하 '공해전투실(Air-Sea Battle Office)'을 신설하고 이듬해인 2012년 「합동작전 접근 개념(Joint

Operational Access Concept, JOAC)」을 발간하여 3차 상쇄전략 개념을 보다 구체화했다. 여기에는 항공과 바다뿐 아니라 지상과 우주, 사이버 공간을 아우르는 모든 전투 영역의 작전을 통합하여 수행하는 작전 개념이 제시되었다. 2013년 공해전투실은 「공해전(Air-Sea Battle: Service Collaboration to Address Anti-Access & Area Denial Challenges)」을 발간하고 반 접근·지역 거부 위협에 대응하기 위한 공해전 개념을 소개하였다.[299] 공해전 개념의 핵심은 적군을 교란·파괴·격퇴할 수 있는 심층 공격 능력을 가진 **네트워크화된 통합 전력(networked, integrated forces capable of attack-in depth to disrupt, destroy, defeat, NIA/D3)**을 개발하는 것으로 정의되었다. 즉 해·공군을 네트워크로 통합시킨 전력으로 운용하여 적진 깊숙이 침투하여 작전을 펼치는 것이다. 특히, 적의 반 접근·지역 거부 전략을 무력화하기 위한 **공해전투의 세 가지 핵심 목표(3D)**가 제시되었다. 교란(Disruption), 파괴(Destroy), 격퇴(Defeat)가 그것이다. **교란**은 적의 명령·통제·교신·컴퓨터·정보·감시·정찰(C4ISR)을 방해하여 반 접근·지역 거부 전략을 운용할 수 있는 능력을 제거하거나 약화하는 것이다. **파괴**는 적의 반 접근·지역 거부 플랫폼과 무기 체계를 파괴하여 미 군사력의 자유로운 투사와 접근을 보장한다. **격퇴**는 적의 주요 군사력과 시설을 공격하여 미군의 공간 지배 능력을 회복하는 것이다.

이를 위해 공군과 해군의 새로운 장거리 타격 능력, 해군의 무인 잠수정 개발, 전진배치 미군의 인프라 보강, 우주와 우주 자산에 대한 접근 보장, 주요 ISR 능력의 강화, 적의 탐지와 접근 체제 무력화, 해외 주둔 미군의 대응력 강화 등이 강조되었다. 또한, 대량살상무기의 제거를 위한 합동 제거 본부의 설립이 추진되었다. 마지막으로 사이버 공간(cyber space)에서의 효과적인 작전을 위해 국방부 차원의 종합적인 접근, 사이버 분야 전문가 양성, 사이버 작전 지휘부의 통합, 여타 관계부처와의 협력 강화 등이 제시되었다. **오바마 2기 행정부의 헤이글(Chuck Hagle) 국방부 장관은 2014년 '국방 혁신 구상(defense innovation initiative)'을 통해 3차 상쇄전략을 본격화하였다.**[300]

3차 상쇄전략으로 발전한 합동 공해전투를 위해 미 공군과 해군은 각 영역에서 아래와 같은 상호 지원을 통해 작전을 수행하게 된다.[301] 공군은 우주 작전을 통해 '중국인민해방군(People's Liberation Army, PLA)'의 우주 기반 해양 감시 시스템을 파괴하거나 교란한다. 그 결과 중국군이 미국 항공모함을 포함한 수상함 부대를 표적으로 삼지 못하도록 방지하여 해상에서 미 해군의 자유로운 작전을 돕는다. 이때 해군 역시 공군의 우주 작전을 지원한다. 한편 해군의 이지스함은 공군의 전진 기지와 일본을 방어하기 위해 다른 미사일 방어 자산을 지원한다. 공군은 장거리 타격 작전으로 중국군의 지상 기반 장거리 해상 감시 체계와 대함 및 지상 공격을 포함하는 장거리 탄도미사일 발사대를 파괴한다. 이를 통해 해군의 작전 기동을 확대하고 미군과 동맹국과의 연합 기지 및 시설에 대한 타격을 줄인다. 이때 해군은 중국군의 대공방어 시스템에 대한 타격 지원을 통해 공군의 공격을 지원한다.

오바마 행정부에서 시작된 공해전투와 합동작전 개념은 트럼프 행정부에서 '다영역 전투(Multi-Domain Battle)' 개념으로 계승·발전된다. 트럼프 행정부는 트럼프 대통령의 군사기술이나 전략에 대한 무관심으로 인해 이전과 비교하면 체계적이고 혁신적인 군사전략 변환의 움직임은 보이지 않았다. 대신 오바마 행정부에서 본격 시작된 3차 상쇄 전략이 국방부를 중심으로 지속 발전되는 모습으로 나타났다.[302] **중국과 러시아**는 미국과의 직접적인 군사충돌은 피하면서 대신 자신들의 영토 주변에서 지리적 이점과 수적 우위를 기반으로 미국에 도전하는 **하이브리드 전쟁과 회색지대(gray zone) 전략**을 사용할 것으로 분석되었다.[303] 미국이 개발한 2차 상쇄전략의 기술을 활용하여 사이버 공간과 실제 전장을 결합한 하이브리드전이나 그 과정에서 가짜 정보 유출 등을 통해 전쟁도 아니고 우발적 충돌도 아닌 애매모호한 회색지대 전략을 추구한다는 것이다.

특히 중국은 남중국해를 중심으로 지역 패권 전략을 추구하며 군사적 확장을 도모하는 과정에서 이러한 회색지대 전략을 활용하고 있는 것으로 보인다. 중국은 남중국해를 중심으로 인공섬 확장을 통해 주변국들과 영토 분쟁을 벌이고 있다. 남중국해에서 유사시 미국의 접근을 막기 위해 대규모의 중거리 미사일 전력을 확보하여 미국의 항모 전력이 이 지역에 개입하는 것을 저지한다는 것이다. 중국은 이 지역에서 본토에 배치된 지상군은 물론 전투기, 잠수함, 군함 등의 재래식 전력에서 수적으로 절대적 우위를 가진다. 이러한 중국의 회색지대 전략에 원정군인 미국이 중국의 수적 우위를 상쇄할 수 있는 새로운 군사기술과 전략이 요구된다.[304]

이전 오바마 행정부에서 발전된 공해전 개념에 따르면 미국은 중국과의 군사충돌 시 초기부터 중국 내륙의 지휘통제 체제를 공격하게 되어 있었다. 그 경우 미·중의 지역 분쟁이 곧바로 전면전으로 확전될 가능성이 커진다. 이에 따라 2016년 이후 **미 육군은 새로운 전장 요구**

에 맞게 발전시킨 '다영역 작전 개념(Multi Domain Operation)'을 채택하였다. 미 합참은 이를 다시 전체 합동작전 차원에서 발전시킨 '합동 전영역 작전 개념(Joint All Domain Operation, JADO)'을 채택하여 미군의 전투태세와 배치 등을 변화시켜 나가고 있다. 육군의 다영역 작전 개념에 따르면 미군은 해·공군력으로 인도-태평양 지역에서 공해전 작전만을 수행하는 것이 아니다. 육군의 경우는 중국 주변 동맹 및 파트너 국가 영토로 이동한 지상 전력, 즉 육군과 해병대가 동시에 공중·해상·지상의 적에 공격을 시행하는 작전을 수행하게 되어 있다. 즉 지상 영역에서부터 공중·해상·지상으로의 전력 투사로 '교차 전장 영역 시너지(cross-domain synerg, XDS)'를 발휘코자 하는 것이다.[305]

이를 위해 인도-태평양 지역 내 주둔 미군을 광범위한 지역에 신속하게 배치할 수 있는 형태로 분산시키려는 노력이 진행되고 있다. 이는 ① 중국의 반 접근·지역 거부 전력 발전에 따라 소수 기지에 대규모 전력이 상주하는 것은 위험하며, ② 중국이 지역의 항만, 창고, 정비시설 등의 구입을 통해 인도-태평양 지역 전역에 군사적 거점들을 확보하고 있다는 판단에 근거한다. 따라서 미국 역시 전 영역에 걸쳐 신속한 미군의 파견 능력을 통해 중국을 억제해야 할(특히 회색지대 영역에서의 하이브리드전 대응 능력) 필요성이 증대되고 있다는 것이다.[306] 실제 트럼프 행정부는 중동이나 독일 등 유럽에서 감축된 해외 주둔군의 일부를 인도-태평양 지역으로 분산 재배치하는 것을 고려한 것으로 드러나기도 하였다.[307]

기존 미군의 공해전(Air-Sea Battle) 개념은 전쟁의 초기 단계에서 공군과 해군의 합동작전을 통해 적의 지휘통제 시설을 타격하여 적의 정밀타격 능력을 파괴하는 것을 핵심으로 하였다. 이에 비교해 다영역 작전은 지상·공중·해상·우주·사이버 등의 개별 전장 영역에 배치된 전력과 전투 단위들의 상호 운용성과 통합성을 기반으로 한 지상군의 역할을 강조한다. 다영역 작전 개념은 중국을 비롯한 적들의 반 접근·지역 거부 전력의 향상으로 기존의 공중과 해상에서의 침투 작전이 점점 어려워지는 현실을 반영한 것이다. 즉 공중과 해상을 넘어 육지와 우주, 사이버 등 고도의 상호 운용성을 가진 다영역 전력의 배치를 통해 적의 전략을 무력화시키기 위해 개발되었다고 볼 수 있다.[308] 한편 다영역 작전의 성공적인 수행을 위해서는 미군 내, 그리고 동맹국 및 우방국과 적에 대한 감시 및 정찰 등 정보의 공유와 고도의 상호 운용성이 강조된다.

21세기 미국 군사혁신의 명과 암

04

냉전 이후 미국이 추구한 상쇄전략과 군사혁신은 결과적으로 무기 체계 등 하드웨어 분야에서의 중대한 변화를 가져왔고 1·2차 걸프전에서 인상적인 승리를 가져다주었다. 그러나 동시에 미국이 추구한 군사혁신이 기술혁신에 치우치면서 새로운 안보 환경에 대한 인식의 전환을 이루기에는 한계가 있었다. 1990년대 이후 계속되어 온 미국의 군사혁신은 적대 국가에 대해 신속하고 결정적인 군사적 승리를 달성하기 위한 능력에 집중하였다. 신기술에 입각한 새로운 무기들은 '새로운 미국식 전쟁'이라고 믿었던 전쟁에서 확실히 효과적이었다.[309] 1991년 걸프전 당시 압도적 화력과 기동력 우위에 입각한 속전속결 전쟁의 화려한 전과를 거둔 미국은 2개 전쟁의 동시 승리 독트린을 수립하였다. 두 개의 전쟁 독트린은 9·11 테러 이후 실제로 2001년과

2003년에 각각 아프가니스탄과 이라크 전쟁에 적용되었다. 전쟁이 시작된 지 불과 수개월 만에 미국은 우세한 공중 화력과 정밀유도무기, 속결 전략을 앞세워 두 전쟁에서 탈레반 정권과 후세인 정권을 쉽게 무너뜨렸다. 특히 이라크 정규군과의 두 번의 전면전에서 미국은 우세한 공군력과 정밀유도무기를 앞세워 압도적인 승리를 거두었다. 그것은 명백히 미국의 군사기술력의 승리였다.

1차 걸프전에서 미군의 피해는 매우 작았다. 이라크군 사상자가 2만 명 이상이었던 반면, 미군의 사상자는 382명이었고 그 가운데 실제 교전에서 사망한 병사는 147명에 불과했다.[310] 특히 첨단기술로 무장한 공군의 경우 다국적군 전투기 36대가 격추되기는 했지만 6만 5000회의 출격 횟수를 고려하면 극히 낮은 피격률이었고, 공군 사상자도 0.0006%에 불과했다. 이는 이전의 태평양전, 한국전, 베트남전 등과 비교하면 압도적으로 작은 수치였다.[311] 이어진 2차 걸프전은 신속하고 정확하게 적을 타격하고 아군의 인명 피해를 최소화하는 전쟁의 전형이 되었고, 미국인들뿐만 아니라 세계 여러 나라 군사 지도자들에게 깊은 인상을 가져다주었다.

하지만 첨단기술에 기반한 '새로운 미국식 전쟁'은 이후 아프가니스탄과 이라크의 안정화 정책에는 적합하지 않았다. 공중과 지상의 미국식 첨단 무기들이 정작 산악지역에서 말을 타고 소총과 조악한 급조 폭발물로 게릴라전을 벌인 반군들에게는 큰 효과가 없었다. 기술중심 군사혁신 정책이 간과했던 것은 점령 이후 장기적 안정화 작전이 매우 다른 전쟁이라는 점이었다.[312] 냉전 이후 미국은 신무기와 전쟁 양상의 변화에 집중하는 전쟁의 미래(War of Future) 부분에서는 군사기술혁신을 적극적으로 도입하여 정규군과의 단기적인 전투에서 획기적인 성공을 거두었다. 그러나 미국의 군사혁신이 군사기술과 무기 체계에만 치우치면서 정작 싸워야 할 대상이 정규군에서 게릴라 반군으로 변화하는 전쟁 주체의 변화에 무심했다는 것이다. 그리하여 이라크와 아프가니스탄 모두 이슬람 테러분자 및 반군과의 전쟁으로 전쟁의 행태가 달라지는 미래의 전쟁(Future of War)에서는 새로운 적과의 게릴라 전쟁에서 실패하였다.[313]

한편 미·중 경쟁이 인도-태평양 지역을 중심으로 전개되면서 미국은 공해전과 다영역 작전 개념 실현을 위해 새로운 군사기술을 활용하는 3차 상쇄전략을 추구하고 있다. 이들 중에서도 5G 정보통신 기술과 빅데이터 분석, 인공지능, 자율살상무기, 로봇, 지향성 에너지, 초음속무기와 생명공학, 퀀텀 기술 등이 미래의 전쟁을 결정지을 것으로 분석한다.[314] 그리고 이러한 기술들을 활용하여 전 세계의 어떤 종류의 위협에도 신속히 대응하기 위한 '역동적 군사력 운용(Dynamic Force Employment)' 개념을 추진하고 있다. 역동적 군사력 운용을 위해 '신속 대응 전력(Immediate Response Force)'과 '우발 사태 대응 전력(Contingency Response Force)'의 새로운 개념에 대한 투자가 강조되기도 하였다.[315] 그러나 미국의 국방비는 대부분이 여전히 고가의 탱크나 전투기, 항공모함 등의 구태의연한 기존 전력(legacy platforms)에 집중되어 미래의 우위를 창출할 혁신적 전력과 기술에 충분한 투자를 해오지 못했다는 점이 지적되기도 한다.[316] 즉 개념과 전략에서는 상당한 진전이 이루어지고 있지만 수십 년씩 걸리는 보수적 국방 획득 시스템에 의해 새로운 혁신 기술이 전장에 배치되기에는 아직 많은 시간과 투자가 걸리는 한계를 지닌다는 것이다.

최근에 벌어진 러시아-우크라이나 전쟁에서는 양측의 탱크와 기갑 보병이 값싼 드론의 자살 공격에 취약한 새로운 전쟁의 양상이 나타나고 있다. 그러나 한편 러시아-우크라이나 전쟁은 21세기에도 여전히 재래식 전쟁의 원리가 적용되는 모습을 보여주고 있다. 우크라이나의 광범한 영토에서 벌어진 3년에 걸친 대규모 지상전에서 1·2차 대전과 마찬가지로 포병 중심 대규모 화력전의 중요성이 부각된 것이다. 과연 미국의 3차 상쇄전략이 21세기에도 압도적 우위를 가져올 수 있을지 그 해답은 아직은 미지수이다.

4장

한미동맹은 영원할까?

한국전쟁 이후 미국과의 군사동맹은 한국 외교·안보정책의 근간을 이루어왔다. 1945년 미국은 일본과의 태평양 전쟁의 승리를 통해 일제의 식민 지배를 끝냈을 뿐 아니라 5년 후 북한 김일성의 남침에서 대한민국을 구했다. 한국전쟁이 끝난 지 70여 년 동안 한미동맹은 북한의 각종 군사도발과 핵무기 개발 속에서 한국 안보를 보장하는 가장 중요한 수단이었다. 평화헌법 개정을 추구하는 일본의 우경화와 21세기 중화패권의 부활을 꿈꾸는 중국 사이에서 많은 한국인은 설사 북한의 군사위협이 사라지더라도 한미동맹이 계속 유지되길 바란다.

그러나 세계 10위권의 경제와 5위권의 군사 대국으로 성장한 대한민국 국군이 전쟁 시 주한미군 사령관의 지휘를 받는 현 한미동맹 체제가 과연 21세기 한반도 현실에 적합한 것인지에 대한 문제 제기도 있다. 2000년대 초 노무현 행정부는 협력적 자주국방을 내세우며, 한국전쟁 당시 미군에 이양된 전시작전권(이하 전작권)의 환수 혹은 전환을 추진하였다. 그러나 연이은 북한의 핵 도발에 2014년 박근혜 정부는 전작권 전환을 무기한 연기하였다. 이후 들어선 문재인 정부에 의해 전시작전권 전환이 다시 추진되었지만, 코로나 사태로 추진 일정이 재연기되면서 다시금 미완으로 남게 되었다.

북한의 계속되는 군사위협과 핵 개발은 한미동맹의 중요성을 역설한다. 그러나 한국의 최대 경제 파트너로 부상한 이웃 나라 중국과 동맹국인 미국 간에 전략 경쟁이 가속화되면서 한국은 어려운 선택의 압력을 받고 있다. 북한의 핵미사일 위협에 대한 방어수단으로 주한미군이 요청한 사드 설치를 둘러싼 중국의 압박과 제재는 한미동맹과 한중 전략적 동반자 관계 사이에 한국이 처한 동맹 딜레마의 단적인 예이다.

21세기 한미동맹은 한국에 어떠한 의미가 있는가? 한미동맹은 어떻게 진화해야 할까? 한미동맹이 가지는 이익과 부담을 어떻게 계산해야 할까? 중국의 부상과 한미관계를 어떻게 조화할 것인가? 이 장에서는 동맹 이론을 통해 21세기 한국이 처한 가장 중요한 안보정책의 화두로 등장한 한미동맹에 관련된 질문들을 살펴보기로 한다.

글렌 스나이더와 동맹의 종류

01

대표적 동맹 이론가 **글렌 스나이더**(Glenn H. Snyder)는 **동맹**(alliance)**이란 "특정한 상황에서 자신들의 구성원 밖의 국가에 대항하여 군사력을 사용하기 위해 국가들 간에 맺은 공식적인 연합"이라고 정의했다.**[317] 이를 위해 어떤 특정 상황에서 군사적 협력이 일어날지에 관한 명확한 규정을 근거로 한 공식적인 합의(formal agreement)를 맺게 된다. 이 점에서 동맹은 일반적인 공통의 이해관계를 바탕으로 한 **암묵적 제휴**(coalition)**나 연대**(alignment)와는 구분된다. 또한, 군사적·안보적 목적과 협력을 전제로 한다는 점에서 경제 분야나 여타 다양한 분야의 국제 협력체와 구분된다. 또 비정부기구나 민간을 제외한 국가 간의 협력만을 전제로 한다.

상황에 따라 그때그때의 이해관계, 이념, 상대적 힘의 균형, 세부적 이슈에 따라 변하기 쉬운 연합이나 제휴, 연대 형태의 군사협력도 종종 발생한다. 이에 비해 동맹은 보통 정부 간 조약(treaty)을 통해 공식적이고 명시적인 합의로 형성된다. 이러한 **동맹의 공식성은 비공식적인 제휴에서는 일반적으로 볼 수는 없는 특정성(specificity)과 법적이고 도덕적인 책무(obligation), 그리고 상호성(reciprocity)을 부여한다.** 즉 동맹 계약에는 공동의 잠재적 위협에 대한 합의를 바탕으로 누가 적인지, 적이 어떠한 행동을 취할 때 동맹 조약이 발휘될지, 그리고 그 경우 어떠한 군사적 대응을 할지 등에 대한 구체적 지침과 책임이 명기된다. 한번 동맹이 형성되면 공통의 안보 이해나 국익 외에도 그에 따르는 정치적 기대, 국제적 평판, 신뢰의 문제 등으로 인해 동맹을 바꾸기가 쉽지 않다.

동맹의 내용: 위협, 의무, 기한

동맹의 내용(casus foederis)은 동맹의 구체적인 의무사항에 관한 것으로 다양한 동맹의 성격을 규정한다. 즉 누가 주된 위협 혹은 적이고, 어떠한 경우 동맹의 의무가 요구되고, 그 경우 어떤 구체적 대응이 요구되는가의 문제이다. 그 내용은 동맹의 구체적 협약에 따라 다르게 나타난다. **첫째 동맹의 주 위협을 어떻게 규정할지의 문제이다.** 19세기 동맹의 경우 동맹의 대상이 되는 적국이 구체적으로 명시되었다. 그러나 20세기 들어서는 적국을 구체적으로 명시하는 경우는 드물다. 우리가 흔히 말하는 주적 개념이 명시되지 않는다는 것이다. 한미동맹의 경우 북한이 주적인 것은 누구나 공감하는 것이지만, 동시에 북한이 남북대화와 북·미 협상의 주요 대상임도 부정할 수 없는 사실이다. 미국과 일본 모두 중국의 부상을 가장 중요한 잠재적 위협으로 상정한다. 그러나 양국 모두 정부 문서에 중국을 동맹의 주적으로 명시하지는 않는다. 양국에 중국이 여전히 중요한 경제와 여타 대화의 상대이기 때문이다. 대신 미국과 일본을 포함한 서구의 주요 국가들을 국방백서나 안보 문서에서 '주적(enemy)'이라는 표현을 쓰지 않고 '위협(threat)'이라는 표현을 사용한다.

둘째, 어떠한 상황에서 동맹의 군사행동이 촉발되는가의 문제도 다양한 해석의 여지가 있다. 일반적으로 동맹국이 군사적 공격을 당할 경우 동맹의 군사적 의무가 상정된다. 그러나 이 경우 과연 순수한 방어적 상황인지, 아니면 다른 야심이나 요인에 의한 분쟁의 경우인지 분명치 않을 수 있다. 또한, 그 공격의 범위도 동맹국 본토와 영토에 한정될지, 아니면 그 외의 지역에서 공격이 발생했을 때도 해당하는지 해석의 여지가 남는다. 한편, 군사적 의무도 어느 정도의 군사력을 동원할지의 문제가 남는다. 전체 군사력을 동원할지, 육·해·공군 중 선별적으로, 혹은 전투병과 비전투병 중 일부만 할지, 또 그 일부도 어느 정도의 군사력을 동원할지는 항상 유동적이다.

마지막으로, 동맹의 기한과 관련된 문제이다. 1939년 이전 유럽의 군사동맹은 전형적으로 5년 단위로 맺어지고 갱신되었다. 그러나 냉전 기간의 동맹은 더 긴 기한을 상정하기 시작했다. 나토의 경우는 20년을 기한으로 1949년 시작되어 두 번의 연장을 거쳐 냉전이 끝난 현재 70년 넘게 유지되고 있다. 때에 따라 매우 특정한 상황이나 적을 상정하여 단기간에 걸쳐 일회성으로 맺어지는 동맹도 있다. 1·2차 걸프전에 미국의 대이라크 전쟁에 참여한 중동의 많은 국가가 그 경우이다. 반대로 기한이나 조건에 대한 명시적 제한 없이 회원국이 종결 의사를 밝히지 않는 한 지속하는 동맹도 있다. 1953년 한국전쟁 휴전 직후 맺어져 오늘날까지 지속하고 있는 한미동맹이 그 경우이다.[318]

동맹의 다양한 형태

실제 국제정치에서 동맹은 시대와 지역, 상황에 따라 다양한 형태로 나타난다. **첫째, 회원국의 수에 따라 양자 동맹에서부터 3자·4자나 혹은 그 이상의 다자 동맹으로 나타날 수 있다.** 그러나 역사적으로 대부분의 동맹은 양자 동맹의 형태를 띠었다. 현재 32개 회원국을 가진 나토의 경우는 매우 예외적인 다자 동맹의 형태이다. 물론 이전에도 나폴레옹 전쟁 당시 유럽을 지배하고자 한 프랑스에 대항하는 나머지 유럽 국가 간 다자 동맹 같은 예도 있으나 이들은 특수한 상황에 한시적으로 나타난 연합(coalition)의 성격이 더 크다. 1·2차 세계대전과 1·2차 걸프전 당시 특정 국가에 대항한 연합군의 경우 전쟁이 끝나면서 자연스레 해체되었다.

둘째, 동맹국의 의무에 따라 일방(unilateral) 혹은 상호(reciprocal) 동맹으로 나타난다. 일방 동맹은 한 국가가 상대 국가에 대한 보호를 약속하지만, 상대 국가는 이에 대해 아무런 의무를 지지 않는 것이다. 2차 대전 당시 영국이 폴란드와 여타 동유럽 국가에 대해 일방적으로 군사적 보호 약속을 한 사례가 있다. 비슷한 예로 강력한 국가가 특정 독트린이나 정책을 공포하여 다른 국가들이나 특정 지역의 모든 국가에 대해 특정한 위협으로부터 군사적 방어를 선언하는 예도 있다. 2차 대전 이후 점증하는 공산주의 위협에 대응하여 미국의 트루먼과 아이젠하워 행정부가 유럽과 여타 지역의 자유민주주의 국가들에 대한 보호를 선언한 것이 그 예이다.

셋째, 동맹국 간의 능력에 따라 평등과 불평등 동맹이 있다. 회원국이 서로 비슷한 힘을 가질 때 나타나는 평등 동맹은 상호적이고 대칭적인 의무와 기대사항에 근거한다. 이에 비해 동맹국 상호 간 힘의 불균형이 큰 경우 비대칭적 기대와 의무사항을 가진 불평등 동맹으로 나타난다. 이 경우 동맹은 자신의 영향력이나 통제를 확장하려는 강한 회원국에 지배당하는 경향이 있다.

넷째, 동맹이 추구하는 구체적 목적에 따라 여러 다른 내용의 동맹이 있을 수 있다. 여기에는 먼저 공격적인 동맹 대 방어적인 동맹의 구분이 있다. 물론 현실적으로 공격과 방어의 목적 구분이나 전략 구분이 어려운 경우가 많다. 그러나 일반적으로 1936년 독일과 이탈리아의 '강철 동맹(pact of steel)'처럼 주변국에 대한 침공과 공격을 주목적으로 하는 동맹은 매우 드물다. 대신 방어를 주목적으로 하는 대부분의 동맹은 다양한 동기를 가지고 나타난다. 가장 대표적인 경우는 외부의 공격에 대한 방어의 목적이 있다. 그러나 내부의 안전이나 국내정치적 안정 추구도 주요한 동맹 형성의 동기가 될 수 있다. 많은 동맹의 경우 현 체제에 정당성을 부여하는 경향이 있기 때문이다. 이 경우 동맹이 내부의 저항세력을 저지하는 과정에 도움을 주는 예도 있다. 또 다른 주요한 목적은 상대 동맹국을 다양한 수단을 통해 통제하려는 경우이다. 조지타운대학의 빅터 차 교수는 냉전초기 미국이 유럽에서는 나토라는 다자 동맹을 맺었지만 아시아에서는 한국, 일본, 필리핀 등과 양자 동맹을 맺은 것은 이 나라들을 보다 쉽게 통제하기 위한 것이었다라는 분석을 한다.[319] 이를 위해 동맹 파기에 관한 유무형의 위협이 사용된다. 이외에도 동맹을 이용하여 상대국의 정책 결정에 영향력을 행사할 수도 있다. 미국이 대중국 정책에 한국의 동참을 요구하거나 한국이 동맹국의 지위를 이용하여 미국의 무역정책에서 특혜를 인정받는 경우가 대표적인 예이다. 거꾸로 냉전 시기 소련과 바르샤바조약 국가의 관계처럼 한 강대국이 여타 동맹국에 대한 제국적 지배를 행사하는 예도 있다.

다섯째, 상호 간 적극적인 군사 지원을 배제한 특별한 형태의 동맹이 있다. 각 회원국이 서로에 대한 공격에 가담하지 않을 것을 약속하는 '중립국 협약(neutrality agreement)'이 그것이다. 중립국 협약은 가입국의 의도에 따라 방어적·공격적 성격을 가진다. 1887년 독일과 러시아 간의 재보장 협약(the German-Russian Treaty)에서 양국은 제삼자에 의해 공격을 받았을 경우 중립을 지키기로 한 방어적 의도를 가졌다. 이에 반해 1935년의 프랑스-이탈리아 협약(the Franco-Italian agreement)은 이탈리아가 에티오피아를 공격할 경우 여타 유럽 국가의 견제 시에도 프랑스는 중립을 지키기로 했다는 점에서 이탈리아의 공격적 의도를 지원하기 위한 협약이었다.

그 외에도 '불가침 조약(nonaggression treaty)'은 말 그대로 협약 당사자들 간에 서로 침략을 하지 않을 것을 약속하는 것이다. 이 경우도 방어·공격적 성향의 구분이 있다. 약소국이 강대국과 이 조약을 맺는 경우는 방어적 동기에서 비롯된 것이 명백하다. 반대로 공격적인 의도를 가진 강대국이 제삼자의 묵인이나 반대 동맹을 맺지 않도록 유도하기 위해 조약을 맺는 경우도 있다. 1939년 스탈린이 독일의 히틀러와 불가침 조약을 맺은 것은 한편으로는 독일의 침공을 방지하려는 방어적 의도와 동시에 히틀러의 묵인 아래 동부 폴란드를 점령하려는 공격적인 의도가 함께 적용된 사례이다.

앞에서 살펴본 것을 종합하면 상호방위 동맹, 중립국 조약, 불가침 조약은 서로 중첩되는 측면이 있다. 상호 간 불가침 조약은 제삼자의 침공에도 동참하지 않는 중립의 의무를 전제로 한다. 상호방위 동맹은 중립과 불가침의 전제 모두를 포함하는 개념이다. 반대로 중립과 불가침은 최소한 회원국의 군사력이 자신에게 사용되지 않을 것을 보장한다는 점에서 방위 동맹이 주는 이점의 반 정도는 공유하는 소극적 동맹의 형태라고도 볼 수도 있다. 실제로 이러한 세 가지의 동맹 전략이 하나의 조약에 의해 통합적으로 발휘되는 경우가 19세기 열강의 동맹에서 흔히 사용되었다. 가장 인기가 있었던 '(복싱)링 잡아주기 협약(holding the ring agreement)'의 경우는 회원국들이 한 국가에 의해서만 침략을 받았을 경우는 중립을 지키고, 그러나 한 국가 이상의 여러 국가에 의해 침략을 당한 경우는 군사적 방어의 도움을 주기로 약속한 동맹 협약이었다. 대표적인 예로 1902년의 영일동맹(the Anglo-Japanese alliance)은 러시아와 일본 간 전쟁의 경우 영국은 중립은 지키기로 하고, 그러나 만일 프랑스가 러시아에 동참하여 일본을 공격할 경우 영국이 도와주기로 약속하였다. 이는 동맹국이 적국과 일대일로 싸워

이기게 하려고 다른 적국이 연합하여 동맹국을 공격하지 않도록 일대일 싸움의 링을 잡아주는 것이었다.

한편 동맹의 또 다른 목적은 상대국이 자신의 적국과 동맹을 맺는 것을 방지하는 것도 있다. 앞서 말한 영일동맹에서 영국의 또 다른 의도는 자신이 극동에서 가지는 이익에 손해가 가는 분쟁 해결을 일본이 러시아와 하지 못하도록 방지하는 것이었다. 마찬가지로 독일의 비스마르크가 1879년 오스트리아와 동맹을 맺은 주목적은 오스트리아가 프랑스–러시아, 혹은 프랑스–영국과 동맹을 맺는 것을 막으려는 조치였다.

동맹비용과 딜레마: 연루와 방기

동맹은 공짜가 아니다. 불안정한 국제환경에서 서로를 보호하는 동맹을 형성하는 것은 당연한 것처럼 들린다. 그러나 모든 국가가 동맹을 맺거나 유지하지 않는다. 오히려 전 세계 200여 개 국가 가운데 조약에 근거한 정식 동맹을 맺은 국가를 찾기란 쉽지 않다. 동맹에는 평소 의무와 비용은 물론 유사시 전쟁을 치러야 하는 위험이 따르기 때문이다. 주권 국가는 어떤 의무나 구속 없이 행동의 자유와 권리를 누린다는 근대 국제관계 질서의 규범상 동맹의 의무 조건은 큰 제약이요 부담이다. 즉 동맹은 주권국가의 특권인 자율성을 제약하는 요소가 있다. **안보이익을 위한 동맹 계약은 자율성–안보 교환(autonomy–security trade–off)의 딜레마를 초래한다.** 특히 강한 동맹국의 힘에 의존하는 약소국에는 자율성이 제약이 더욱 클 것이다. 그리고 강대국과 약소국 간의 비대칭 동맹은 단순히 군사·안보적 계약상의 제약을 넘어 강대국이 약소국의 정치, 외교, 경제 등에 영향력을 가지는 후견-피후견(patron-client) 국가 관계의 딜레마를 초래하는 경향이 있다. 따라서 국가가 동맹을 맺기 위해서는 동맹 책임에 따른 행동의 제약을 넘어서는 절박한 안보 필요나 이익에 대한 손익 계산이 있어야 한다. 동맹이 가져다주는 안보 효과와 이익의 추구는 위협에 대한 견제 혹은 강대국에 대한 편승이라는 동맹의 형태로 나타난다. 문제는 그것이 견제이든 편승이든 동맹의 형성과 유지에는 반드시 위험과 비용이 따른다는 것이다.

동맹의 가장 대표적인 위험과 비용은 방기(abandonment)와 연루(entrapment)의 문제이다.[320] 어떤 형태의 구체적인 문서나 약속도 동맹에 대한 절대적 신뢰를 담보할 수 없기 때문이다. 대신 동맹에서 버림받는 방기의 위험이 항상 존재한다. 동맹의 이탈(defection)로 정의되는 방기는 다양한 형태로 나타날 수 있다. 가장 대표적인 사례는 동맹 조약을 파기함으로써 동맹에서 탈퇴하는 경우이다. 동맹을 공식적으로 파기하지 않더라도 정작 위기 상황에서 동맹에 대한 지원을 제공하지 못하면서 동맹 의무를 준수하지 않을 수 있다. 최악의 경우 상대 적국과 새로운 동맹을 맺을 수도 있다. 역사적으로 오늘의 친구가 내일의 적이 되는 합종연횡이 동서고금을 통해 나타났다. 2차 대전 초기 히틀러와 스탈린의 독소불가침 비밀협약은 적과의 동침으로 시작되어 결국은 히틀러의 소련 침공으로 이어졌다. 냉전 시기 유럽의 나토 동맹국은 소련의 유럽 침공 시 과연 미국이 핵전쟁을 불사하고 유럽을 도와 소련과의 전쟁에 나설지에 대한 심각한 우려를 표명하였다.

연루는 방기에 반대되는 동맹비용이다. 자국에 중요한 이해관계가 없거나 불필요한 동맹국의 분쟁에 끌려 들어가는 경우이다. 이는 자신과는 상관없는 동맹국의 이익을 위해 싸우는 비용이 들더라도 동맹 자체를 지키는 가치·이익이 더 크다고 판단될 때 일어난다. 동맹에 대한 의존도가 높을수록, 동맹국에 대한 공약이 강할수록 연루의 위험도 커진다. 또한, 동맹국이 얼마나 무모한지, 공격적인지에 따라서도 연루의 위험이 커질 수 있다. 한미동맹은 만일 대만 사태가 미·중 전쟁으로 확산할 경우 한국에 연루의 위험을 초래한다. 한국의 동맹 의존도가 높은 상태에서 미국이 한국의 군사적 도움을 요청할 경우 거절하기가 쉽지 않을 것이다. 거꾸로 미국은 한반도에서 유사시 상황이 발생하면 이미 배치된 주한미군과 더불어 군사개입이 확실시된다. 미국이 한반도의 군사 위기 시마다 한국의 입장을 지지하면서도 확전 가능성에 매우 민감하게 반응하는 이유이다. 미국에는 한반도 전쟁이 큰 군사적 부담이며 현상 유지가 연루의 부담을 줄이기 때문이다.

동맹비용의 딜레마는 방기와 연루의 위험성이 상반되게 작용하기 때문에 생긴다. 동맹에 대한 강력한 공약과 지지는 방기의 위험성을 줄이는 경향이 있다. 그러나 이는 동시에 위기나 분쟁 시 동맹국의 지나친 과단성을 조장하여 원하지 않는 동맹국 분쟁에 연루되는 위험성을 높일 수 있다. 반대로 동맹에 대해 약하거나 애매한 공약은 동맹국의 절제를 유도하여 연루의 위험을 줄이는 효과가 있다. 하지만 동시에 동맹 충성도에 대한 의심을 초래하여 역으로 방기의 위험을 높인다. 결국, 동맹비용 딜레마의 완전한 해법은 없다. 동맹이 필요하다는 상호 공동의 이해를 바탕으로 방기와 연루의 위험과 비용에 대한 그때그때의 손익 계산을 통해 관리해야 한다.

그 외에도 동맹의 비용과 위험은 다양하게 존재한다. 동맹에 대한 강한 공약은 스스로 상대 동맹국에 대한 견제수단(leverage)을 감소시키는 결과를 초래할 수 있다. 이는 거꾸로 동맹에 대한 공약이 약하거나 애매할수록 상대 동맹국에 대한 협상력이 높아질 수 있다. 강한 공약의 또 다른 부작용은 스스로 동맹 재편의 가능성을 어렵게 한다는 점이다. 이는 각 국가가 국제정치의 유동성과 불확실성에 자신의 선택 가능성을 높이고 협상력을 높이기 위해 되도록 특정 동맹에 대한 공약을 주저하거나 애매하게 남겨놓으려는 성향과 상반되는 딜레마를 낳는다. 마지막으로 동맹에 대한 강한 공약은 대상 적국의 위협인식을 높여 적대국 사이의 동맹을 강화하는 효과를 가질 수 있다. 반대로 약하거나 애매한 공약은 이러한 역효과를 감소시켜 상대 동맹의 결속을 약화하고 분열을 일으킬 수도 있다.

동맹비용이나 딜레마 없이 안보를 보장하는 방법은 없을까? 모든 국가가 전쟁을 불법으로 규정하고 그것을 어기는 국가를 처벌하거나 대항하는 방법이 있다. **집단안보(collective security) 개념이 바로 그것이다. 집단안보는 집단방위(collective defense) 개념에 입각한 동맹의 대안으로 제시되는 개념이다.** 집단안보는 국제사회의 모든 국가가 어떠한 형태의 침략전쟁도 불법임을 합의하고 이를 어기는 국가에 대해 다른 모든 국가가 합심하여 함께 대응하고 처벌할 것을 규정한다. 제1차 세계대전 후 국제연맹(League of Nations) 창설과 제2차 세계대전 이후 국제연합(UN)의 수립은 집단안보의 대표적 사례이다. 이들은 인류 최초로 집단안보 개념을 도입하여 지구상의 전쟁을 방지하고 구성원을 안보를 보장코자 한 국제사회의 노력을 보여준다. 이에 비교해 집단방위는 일부 국가들이 자신들의 안보 이해를 따라 동맹을 결성하고 외부 세력으로부터의 침략에 공동으로 대응하는 전통적 개념이다. 냉전 당시 미국을 중심으로 한 북대서양조약기구(NATO)와 소련을 중심으로 한 바르샤바조약기구(Warsaw Pact)를 대표적인 예로 들 수 있다. 현재의 한미동맹이나 미·일동맹과 같은 양자 동맹도 집단방위의 한 예다.

집단안보는 집단방어 동맹보다 윤리적으로나 이론적으로 진보한 형태의 안전보장 장치이다. **그러나 현실에서는 집단안보가 잘 작동하지 못한다는 것이 결정적인 문제이다.** 1차 대전 직후 미국과 유럽의 주요국을 중심으로 추진되었던 국제연맹은 가장 중요한 회원국인 미국이 국내 의회의 반대로 가입이 취소되자 유명무실해졌다. 국제연합의 경우는 미국을 비롯한 모든 강대국이 참여하여 2차 대전 이후 명실상부한 국제안보의 보루로 여겨졌다. 그러나 가장 핵심기구인 안전보장이사회 상임이사국들의 반목과 다른 회원국들의 다양한 입장으로 인해 실제 집단안보 장치가 작동한 예는 드물다. 1950년의 한국전쟁과 1990년 초 1차 걸프전 당시 침략국인 북한과 이라크에 유엔의 군사적 행동이 이루어진 것이 몇 안 되는 사례이다. 창설한 지 70년이 넘지만, 유엔의 집단안보 장치에 국가안보를 의지하기는 매우 불안한 것이 국제정치의 현실이다. 한국을 포함한 상당수의 국가가 자율성의 제약과 그 외 비용에도 불구하고 집단안보 외에 집단방위의 동맹을 유지하는 이유이다.

왈츠, 월트 및 스웰러와 동맹 형성 이론

02

앞서 동맹은 특정한 상황에서 외부의 국가에 대항하기 위한 여러 국가의 연합이라고 정의했다. 그렇다면 과연 동맹은 어떠한 특정한 상황에서 만들어질까? 왜 국가들은 동맹의 딜레마와 비용에도 불구하고 동맹을 맺을까? 이에 대한 국제정치학의 이론은 대표적으로 세 가지 상황과 이유를 제시한다.

힘의 견제(Balance of Power)

국제정치는 법이나 도덕이 통하지 않는 약육강식의 원리에 기초한다는 인식은 근대 국제정치를 이해하는 가장 기본적인 특성이다. 앞서 전쟁의 원인을 설명하는 현실주의 이론에 의하면 힘의 추구는 이러한 정글의 법칙에서 살아남기 위한 가장 기본적인 동기요 작동원리이다. 아무도 믿을 수 없는 적자생존의 구조에서는 힘을 갖는 것이 최선의 방어수단이라는 것이다. 문제는 서로 방어를 위한 힘의 추구가 서로에게 위협이 되는 안보 딜레마의 모순적인 상황을 초래한다는 것이다. 다시 말해 특정 국가의 힘이 강해지는 현상은 그 의도와 상관없이 주변국에는 위협으로 인식된다. 힘이 강한 당사자가 어떠한 선의를 주장해도 누구도 그 말을 믿지 않으며, 그보다는 그 힘이 가지는 잠재적 위협을 걱정할 수밖에 없다는 것이다. 국제정치에서 힘의 균형과 배분이 전쟁의 원인을 설명하는 중요한 요인이 되는 것과 마찬가지로 국가 간 힘의 역학관계는 동맹의 형성을 설명하는 데에도 중요한 요소로 작용한다. 즉 모든 국가는 상대 국가의 힘을 견제하는 것이 당연한데, 거기에는 두 가지 전략이 있을 수 있다. 첫째는 자기 스스로 힘을 키우는 것이다. 문제는 특정 국가의 힘이 너무 강할 경우 자신의 힘을 키우는 데 한계를 종종 가진다는 것이다. 그 대안인 두 번째 전략은 비슷한 위협을 느끼는 약자끼리 힘을 합하는 것이다. 힘의 연합 혹은 동맹이 형성되는 것이다.

이러한 동맹 형성의 가장 기본적인 논리는 현실주의의 대표적인 이론이다. 즉 **동맹 형성의 가장 기본적인 이유는 힘에 대한 견제이다.** 구조 현실주의자를 대표하는 **케네스 왈츠**(Kenneth Waltz)는 "힘이 셀수록 위협적이다"라고 주장한다. 가장 큰 힘을 가진 국가 주변의 국가들은 약한 국가들끼리 동맹을 형성하게 된다는 것이다. 왜냐하면 이들보다 힘이 강한 국가가 더 위협적이기 때문이다. **여기서 의도는 중요**

치 않다. 힘의 크기 자체가 위협요인이 된다. 특히 힘이 급속히 성장하는 잠재적 패권국이 나타나면 주변의 약소국들은 그 힘이 너무 커져서 자신들이 지배당하는 위험을 느낀다. 그리고 반대 동맹을 형성하여 견제하고자 하는 것이 매우 당연하고 합리적인 현상으로 이해된다. 잠재적 패권국에 대한 약소국의 동맹은 서로 연합하여 힘센 패권국이 공격하지 못할 만큼 충분한 방어나 억제력을 가지는 것을 목표로 한다.[321]

한편, 국가들의 견제행위는 크게 강성견제(hard balancing)와 연성견제(soft balancing)로 나뉜다. **강성견제는 잠재적인 적국의 무력에 상응하는 무력으로 직접 대비하여 균형을 취하는 행위이다.** 여기에는 **내적 견제(internal balancing)과 외적 견제(external balancing)**의 두 가지 방법이 있다. 내적 견제는 상대방의 무력에 자체적인 무력을 키워 대응하는 정책이다. 일반적으로 경제적 자원을 늘리거나 군사력을 증가시켜 자체·독자적으로 위협에 대비하는 것을 의미한다. 직접적으로는 상대방이 군비를 증강하거나 첨단 무기를 도입하는 경우 이에 비등한 무력이나 무장을 하려는 정책으로 나타날 수 있다. 외적 견제는 외부의 세력과 연합하여 상대방의 무력이나 국력에 대응하는 것이다. 패권 국가나 부상하는 강대국에 대항하는 동맹 형성이 대표적이다. 내/외적 균형은 방법에 차이는 있으나 그 대상이나 목표가 상대방의 무력이나 국력을 직접적인 목표로 삼는다는 것에서는 일치한다.

연성견제는 상대방의 무력이나 국력 자체를 견제하기보다 상대방의 정책을 견제하는 것이다. 즉 상대방이나 패권국의 힘 자체에 대한 도전이 아니라 상대방의 특정한 정책을 견제하거나 좌절시키는 간

표 2-2 | 강성견제 vs 연성견제, 내적 견제 vs 외적 견제

강성견제	내적 견제	• 상대방의 무력에 무력으로 대응하는 것 • 자체적인 무력을 키우는 내적 견제와 외부 무력의 도움을 받는 동맹 결성의 외적 견제의 두 가지 방법이 있음
	외적 견제	
연성견제		• 상대방의 무력에 직접 대응하기보다 외교나 경제적 방법으로 상대 정책에 대한 비판이나 비토를 통한 간접 견제

접적인 견제이다. 이는 상대방의 힘을 직접 견제하기에는 무리가 따르거나, 상대방의 힘이나 패권적인 지위 자체는 인정하는 경우에 나타나는 행태이다. 상대와의 힘의 균형을 물리적으로 변화시키기보다 강대국의 일방적인 행동을 손상하거나, 좌절시키거나 그 비용을 높이게 하려는 시도이다. **이를 위해 군사적 수단이 아닌 경제적·외교적·제도적 수단을 복합적으로 활용한다.**[322] 중국이나 러시아가 유엔의 상임이사국 지위를 이용하여 미국의 대이란 제재나 시리아 제재를 비토한 경우, 프랑스나 독일이 미국 부시 행정부의 이라크 침공을 외교적으로 반대했던 경우가 연성견제의 사례이다. 그러나 일부 학자는 연성견제가 비군사적이라는 것 자체가 진정한 의미의 견제라고 볼 수 없으며 결과적으로 비효과적인 견제의 수단이라고 비판한다.[323]

위협의 견제(Balance of Threat)

하버드대학의 국제정치학자 **스티븐 월트**(Stephen Walt)는 **국가가 동맹을**

형성하는 이유는 단순한 힘 자체에 대한 두려움 때문이 아니라 특정한 위협에 대응하기 위해서라고 주장한다.[324] 왈츠의 구조 현실주의에서 주장하듯 국가의 최우선 과제가 안보라는 것만으로는 특정한 국가가 특정한 시기에 특정한 상대와 동맹을 형성하는 원인을 충분히 설명하지 못한다는 것이다. 막연히 무질서와 불안 상태의 국제정치 구조가 동맹의 원인이라면 그 안에 있는 모든 국가는 동맹을 형성해야 한다. 그러나 현실에서 동맹을 맺는 국가는 오히려 일부에 지나지 않는다. 더욱이 특정 국가의 힘이 크다고 해서 나머지 국가들이 그 반대 동맹을 형성하는 것도 아니다. 현재 힘이 가장 큰 패권 국가는 미국이다. 그러나 바로 이웃 국가인 캐나다와 멕시코를 비롯해 미국에 반대하는 동맹을 형성한 나라는 거의 없다. 즉 힘의 변수만으로 설명할 수 없는 동맹 현상이 나타난다. 그 해답은 "무엇에 대한 안보인가(security against what)?"라는 질문으로 시작해야 한다는 것이다.

월트에 의하면 힘 자체는 중립적인 개념이고 상황에 따라 호의적일 수도 혹은 적대적일 수도 있는 양면성을 가진다. 따라서 왈츠의 힘의 균형 이론에서 중시하는 특정 국가의 능력(capabilities)이나 힘 자체가 문제라기보다 그것이 어떻게 위협으로 발현될 수 있는가의 문제가 더 중요하다. 즉 힘 그 자체보다 그 힘이 위협으로 발현될 때가 동맹 형성의 실제 요인이라는 것이다. 동맹 형성의 실제 요인인 잠재적 위협의 정도와 위협 인식은 그 잠재적 위협 국가의 **전체적인 힘(power 혹은 overall capabilities), 지리적 근접성(geographical proximity), 공격적 능력(offensive capability), 침략적 의도(aggressive intentions)와 같은 네 가지 요소에 의해 영향을 받는다.** 이 세상의 많은 국가 중에서도 같은 조건이라면 단순한 힘의 크기 외에도, 지리적으로 더 가까울수록, 공격적 능력이 클수록, 현상 유지보다 침략 의도가 강할수록 상대에게 더 위협적이라는 것이다.

월트에 의하면 각 국가는 **견제**(balancing)**와 편승**(bandwagon)의 두 가지 동기에 의한 동맹 행태를 보이게 된다. 견제는 '가장 강한' 힘이 아닌 '위협적인' 힘을 억제하기 위한 동맹전략이다. 단순히 힘이 큰 것만으로는 이에 대한 견제 동맹이 만들어지지 않는다는 것이다. 중요한 것은 그 큰 힘이 위협적인 것으로 나타날 때 이에 대한 견제와 동맹이 필요하다는 것이다. 한편 큰 위협적인 힘에 대해 대응하는 또 다른 전략으로 편승이 있다. 편승은 강한 힘을 가진 국가에 대해 유화(appease) 정책을 펴거나 그로부터 특정 이득을 얻기 위해 함께하는(align) 동맹의 행태를 의미한다.

그러나 월트에 의하면 편승은 매우 위험한 전략이다. 편승의 경우 지배적인 국가가 약소국으로부터 비대칭적인 양보를 얻어내는 불평등한 거래가 종종 강요된다. 또한, 처음에는 호의적인 관계에서 편승하더라도 이것이 지속된다는 보장이 없다. 만약 강한 상대가 편승한 약소국에 대해 점점 많은 양보를 요구하거나 최악의 경우 공격적인 야욕을 가진다면 편승의 동맹전략은 실패한 것이 된다. 이러한 최악의 상황이 아니더라도 견제 동맹이 편승 동맹보다 약소국에 유리한 이유는 견제 동맹 내에서 더욱 큰 영향력과 중요한 역할을 가지기 때문이다. 그에 비해 패권국과의 편승 동맹은 약소국이 의미 있는 기여를 하거나 결정적인 능력을 갖출 기회가 주어지기 힘들다. 이는 곧 약소국에 행동의 자유와 협상 능력을 제한하는 결과를 초래한다. 편승은 패권국의 영향력에 극히 취약하거나 자신의 힘이 너무 약해 선택의 여지가 없는 국가가 취하는 전략이다. 견제와 비교하면 위험요소가 큰 동맹전략이기 때문이다.

이익의 견제(Balance of Interests)

현실주의 정치학자 **랜달 스웰러(Randall Schweller)**는 왈츠와 월트 모두 위협으로부터 안보를 추구하는 방어적·소극적 욕구만을 국가의 동맹 형성 요인으로 보는 것은 틀렸다고 지적한다. **국가는 방어적 목적뿐 아니라 자신이 추구하는 가치, 혹은 이익의 확장이라는 적극적 욕구를 위해서도 동맹을 형성한다는 것이다.** 동맹 선택은 종종 위험(danger)이나 두려움(fear)뿐 아니라 이익(gain)이나 욕구(appetite)에 의해서도 추구된다.[325] 왈츠와 월트의 동맹 이론은 기본적으로 국가는 안보를 위해 현상 유지를 추구한다는 방어적 현실주의 입장에 기초한다. 스웰러는 공격적 현실주의 시각에서 더욱 큰 힘을 가지고 싶은 야심을 채우기 위해 공세적 행태를 보이는 수정주의(revisionist) 국가들도 존재한다는 점을 지적한다.

이는 초기 현실주의 이론의 창시자인 한스 모겐소(Hans Morgenthau)가 지적하였듯이 약육강식의 국제정치에서 결국 안보를 보장하는 가장 중요한 수단은 힘이며, 모든 국가는 이를 위해 더욱 큰 힘을 추구한다는 고전 현실주의 이론의 연장선에 있다. 자국의 위치와 현실에 만족한 국가는 현상 유지를 목표로 하는 연합이나 동맹을 추구하는 반면, 현재 상황에 불만족하며 안보보다 이득(profit)을 추구하는 국가는 부상하는 수정주의 국가에 편승하여 동맹을 맺는다는 것이다.

왈츠와 월트의 동맹 이론이 각각 '힘의 균형(balance of power)'과 '위협의 균형(balance of threat)'에 기초한다면, 스웰러는 '이익의 균형(balance of interest)' 개념을 통해 견제와 편승 사이의 동맹전략의 차이점을 설명한다. 즉 견제와 편승전략의 선택은 **두 가지 변수**에 의해 결정된다. 첫째, 개별 국가 입장에서 자신의 가치를 지키기 위한 비용과 자신의 가치를 확장하기 위한 비용 사이의 상대적인 변수가 있다. 둘째, 국제 구조 차원에서 현상 유지를 추구하는 국가와 이를 도전하는 국가 간 힘의 차에 관한 상대적 변수가 있다. 중요한 것은 월트가 편승을 상대방에 굴복하여 결국은 희생당할 위험이 큰 동맹전략으로 평가한 것에 비교해 스웰러는 개별 국가가 자신의 이해타산과 상황에 따라 더욱 큰 이익을 찾을 수 있는 동맹전략으로 평가하는 것이다. 자신이 가진 것을 지키려고 현상 유지를 추구하는 국가의 경우 편승이 위험할 수 있다. 하지만 더 이상 잃을 것이 별로 없거나 현실의 국제질서에 불만인 국가의 입상에서는 부상하는 패권에 동조하여 전리품을 챙기는 편승이 충분히 매력적일 수 있다는 것이다.

이러한 상황을 쉽게 설명하기 위해 셰익스피어의 희극에 등장하는 **동물의 비유**가 사용된다. 첫째, **사자(Lions)**에 해당하는 국가의 경우 현재의 패권국으로 현상 유지를 지극히 선호하여 자신이 현재 가지고 있는 위치를 보호하는 데에는 높은 비용을 치를 용의가 있다. 대신 새로운 지위를 추구하는 것에는 큰 관심을 보이지 않거나 혹은 비용을 치를 용의가 거의 없다. 오늘날 미국이 그 경우일 것이다. 둘째, **양**(Lambs)으로 비유되는 약소국가는 자신들이 가진 가치를 지키거나 확장하는 데 큰 비용을 치를 의사나 능력이 없는 처지다. 현재 지구상의 많은 약소국이 이에 해당하며 종종 패권국의 보호에 의지하는 모습을 보인다. 셋째, **늑대**(Wolves)에 비유되는 포식자 국가는 자신들이 가진 것보다 훨씬 더 큰 위치를 탐내는 수정주의 국가이다. 늑대 수정주의 국가는 사자로 표현되는 패권국의 지위를 탐내는 패권 도전국이다. 패권국 미국이 수정주의 위협 국가로 주장하는 중국이나 러시아가 여기에 해당할 수 있다. 넷째, **자칼**(Jackals)에 비유되는 중·소 수정주의 국가는 자신들의 가치를 지키기 위한 비용을 넘어 이를 확장하는 데 더욱 큰 비용을 치를 의지가 있는 경우이다. 중국이나 러시아와 연합하여 미국의 달러 패권에 도전하려는 브릭스 회원국들로 브라질이나 사우디아라비아와 같은 나라들로 비유될 수 있다.[326] 그림 2-4는 스웰러의 4 국가군과 그들의 동맹전략 선호를 보여준다.

그림 2-4 | 스웰러의 4 국가군과 동맹전략 선호

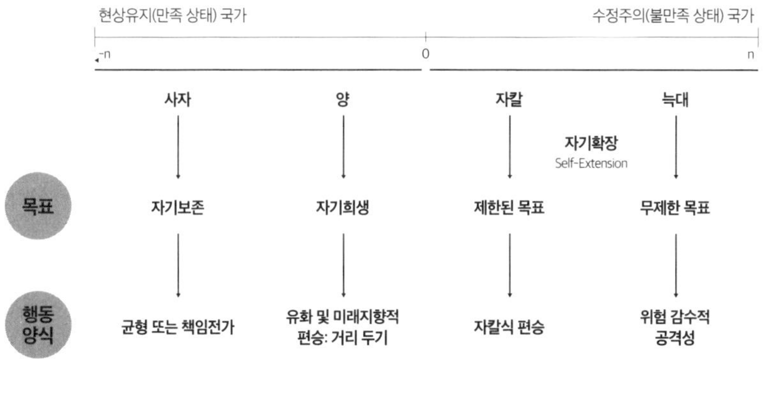

스웰러는 **다양한 편승전략**을 설명한다. '자칼식 편승(jackal bandwagoning)'은 기회주의적 수정주의 국가의 전략이다. 늑대와 함께 잡은 먹이를 나누어 먹으려는 자칼처럼 승리의 전리품을 나누어 이익을 챙기기 위해 강력한 수정주의 대국과 동맹을 맺는 경우이다. '말뚝박기 편승(piling on bandwagoning)'은 처음에는 중립을 지키다가 승리가 확실해진 강대국에 편승하여 그 전리품을 챙기려는 행태이다. '미래의 물결(wave of the future bandwagoning) 편승'은 특정 강대국이 미래 질서를 좌우할 것을 확신하여 동맹을 맺는 전략이다. '전염 혹은 도미노(contagion/domino bandwagoning) 편승'의 경우 주변의 다른 국가들이 강대국에 편승하는 것을 보고 대세에 편승하는 전략이다.[327]

이상 지금까지 살펴본 왈츠, 월트, 스웰러의 동맹 이론을 간단히 표로 정리하여 비교하면 다음과 같다.

표 2-3 | 왈츠, 월트, 스웰러의 동맹 형성 이론

	핵심 동기	동맹전략
왈츠	힘의 균형: 수정주의 패권국의 힘	견제 동맹
월트	위협의 균형: 힘, 근접성, 공격적 능력, 공격적 의도에 의한 위협	견제 동맹
스웰러	이익의 균형: 수정주의 국가와 공유하는 이득	편승 동맹

잠재적 패권에 대한 7가지 대응전략

03

견제와 편승의 동맹은 잠재적 혹은 현재의 위협이나 이익에 의해 국가가 취할 수 있는 대표적인 전략이다. 그러나 실제 국제정치에서 위협이나 이익을 대하는 국가의 구체적 대응전략은 견제와 편승의 이분법을 넘어 다양한 형태로 표출된다. 어느 한 국가 혹은 국가들이 부상하는 국가의 힘이나 위협, 그리고 이익과 관련하여 취할 수 있는 다양한 전략은 아래와 같다.

견제(Balancing)

자신에 비해 힘이 세거나 더욱 위협적인 상대편을 대항하는 것이다.

독자적으로 국력을 동원하거나 공식·비공식 동맹의 형성을 통해 잠재적 위협 국가에 대해 대응하는 전략이다. 견제전략의 성립조건으로는 첫째, 가장 힘이 센 위협적인 국가에 대항하여 독자성을 지키고자 하는 공동의 목표를 가진 국가들이 존재함과 동시에 이들의 종합국력이 그에 상응해야 한다. 둘째, 이들 국가는 항상 국가 간 힘의 균형과 배분의 변화에 주시하며 민감하게 반응하는 모습을 보인다. 셋째, 힘의 변화가 발생할 때 이들이 단호하게 대응할 수 있는 운신의 폭을 가지고 있어야 한다. 넷째, 공동의 적에 대항하기 위한 군사 투사력이 필요하며, 이를 위해 방어적 국방태세만 갖추어서는 안 된다. 다섯째, 전쟁은 최후의 수단이면서도 정당한 국가정책의 수단으로 취급되어야 한다. 여섯째, 이념이나 종교적 분파, 역사적 갈등, 이전의 영토 분쟁 등의 갈등 요소에도 불구하고 현실의 안보이익을 위해 과거의 적과 함께 동맹을 형성할 수 있는 융통성을 발휘해야 한다.

편승(Bandwagoning)

견제에 반대되는 개념으로 편승은 그 강한 국가나 연합에 동조하는 전략이다. 월트에 의하면 편승은 약한 국가가 강력한 위협에 대해 동맹을 형성하기 힘들거나 나머지 국가와 동맹을 하더라도 그 위협을 견제하기 힘든 상황에서 압도적인 국가의 압력에 굴복하는 경우이다. 이 경우 위협국에 비대칭적 양보를 하며 종속적인 역할을 수용하는 것으로 이해된다. 결과적으로 강력한 세력의 부당한 요구나 행동을 지지하거나 수용하는 행태를 나타낸다. 즉 편승은 힘센 국가의 요구나 정책에 양보하거나 항복하는 것으로 해석된다. 현상 유지와 주권 독립을 중시하는 전통 현실주의 국제정치에서 편승전략은 불가피한 상황에서나 선택하는 예외적인 전략으로 이해되었다. 그러나 스웰러에 의하면 기회주의적인 수정주의 국가의 경우 적극적으로 편승전략을 선택할 수 있다. 즉 자신의 이득 추구를 위해 새로운 강자에 편승하여 나중에 전리품을 챙기는 적극적 의미의 편승도 충분히 가능하다.

양다리 걸치기, 선택 회피(Hedging)

헤징(Hedging)은 강대국에 대한 견제와 편승 사이의 중간적 위치 전략이다. 이는 두 강대국 사이에서 선택의 딜레마에 놓인 중·소국들이 양쪽 모두에게서 견제나 편승의 부담을 피하고자 하는 상황에서 흔히 나타난다.[328] 두 개의 강대국과 동시에 군사적 혹은 경제 관계를 맺고 있는 약소국들의 경우 이들 강대국이 서로 경쟁 관계에 놓이게 되면 이들 중 하나를 선택해야 하는 압박을 받게 된다. 즉 두 경쟁하는 강대국은 중간에 있는 국가들에게 자신들의 정책에 편승하여 상대방을 견제할 것을 요구하거나 희망할 것이다. 문제는 이들 두 강대국 중 누가 확실하게 경쟁에서 승리할지 확실치 않거나 이들 모두와 중요한 이해관계를 가지는 경우이다. 중간 국가의 입장에서는 섣부른 선택이 잘못되었을 경우 장래에 보복을 당할 것이 두려울 것이다. 또 당장 어느 한쪽을 선택할 경우 그 반대편의 국가와 맺고 있는 여러 이해관계가 어려워질 수 있다.

이 경우 중간 국가는 선택을 미루거나 회피하여 양자 모두와 좋은 관계를 유지하려 할 것이다. 혹시 모를 최악의 판단을 방지하는 동시에 당장 현실적 이익을 최대한 추구하는 최선의 전략이기 때문이다. 냉전 중 미국과 소련의 양 진영에 참여하기보다 독자 노선을 추구한 비동맹 운동이 여기에 해당한다. 21세기 미·중 경쟁이 과열되면서 이들 사이에 놓인 일부 국가들도 현재 비슷한 전략을 추구하는 경향을 보인다.[329] 미·중 어느 편에 서기를 거부하고 양자 모두와 관계를 유지하려는 동남아 아세안 국가들의 전략이 대표적이다.[330] 한국도 비슷한 딜레마에 처해 있다. 미국은 군사동맹으로 맺어진 가장 중요한 외교안보 파트너이다. 중국은 최대 교역국이자 북한 관련 대북 제재나 비핵화 협상 등 한반도 문제에서 중요한 영향력을 행사한다. 정권의 변화에 따라 정도의 차이는 있지만, 한국의 전략도 미·중 사이 일방적 선택이 아닌 사안에 따른 헤징 전략의 모습을 보인다.

결속(Binding)

상대와의 편입을 통해 힘센 파트너의 행동이나 정책을 제한하고 조절하려는 전략이다. 힘센 위협에 대항하는 대신 그 국가와 호혜적 관계를 맺음으로써 '자제에 대한 서약(a pact of restraint, pacta de contrahendo)'을 통해 위협을 관리하는 경우이다. 위협적인 상대와 오히려 결속함으로써 상대 국가의 정책 결정에 대한 자신의 목소리와 영향력을 증가시켜 적대적 대결이나 지배를 피하려는 전략이다. 이 경우 여러 국가가 함께 하는 다자 동맹이나 다자 협정을 통한 결속이 양자적 결속보다 더욱 강한 효과를 가진다. 그 과정에서 다음과 같은 행태가 나타난다.

첫째, 기존에 존재하는 제도적 장치에 새로이 부상하는 국가를 합류시킴으로써 기득권 세력과 같은 위상과 특권을 부여한다. 둘째, 부상하는 국가의 입장에서는 기존의 제도에 대해 자기 뜻과 목소리를 제시할 기회를 얻음으로써 자신의 위상이 반영된 새로운 국제질서를 형성할 수 있는 특권을 얻게 된다. 기존의 강대국 입장에서는 이러한 합의에 기반한 협력적 변화가 새로운 강대국을 포함한 나머지 국가들의 공통된 입장을 반영하는 정당성을 확보하게 된다. 셋째, 기존 강대국 입장에서는 부상하는 국가가 기존 제도의 거미줄에 얽매이게 됨으로써 독자적인 힘의 사용에 부담을 지우는 효과를 가진다. 물론 부상하는 국가의 입장에서는 이러한 제도권에 편입되는 것이 그렇지 않은 것보다 더 유리하다는 판단이 있어야 할 것이다.

대표적인 사례로 냉전 이후 미국의 대중국 정책을 들 수 있다. 미국은 2001년 중국의 세계무역기구(WTO) 가입을 지지하였다. 중국이 다자적 자유 무역 국제질서에 편입되어 국제규범을 준수하는 정상적인 국가로 행동할 것을 기대한 것이다. 중국 역시 다자 무역 체제 가입이 수출을 통한 자신들의 경제성장에 도움이 될 것으로 판단하였다. 실제 1990년대와 2000년대 초반 중국의 세계 무역 체제 편입은 한국을 비롯한 주변국과 세계 경제의 성장동력으로 작동하였다. 그러나 2008년 미국의 금융 위기와 더불어 중국의 급속한 경제성장이 미국의 경제력을 위협하면서 상황이 바뀌기 시작했다. 2017년 트럼프 행정부는 중국과의 대규모 무역적자를 빌미로 무역 전쟁을 선포하고 본격적인 대중국 견제에 나선다. 이후 바이든 행정부도 트럼프의 정책을 계승하는 모습을 보였다. 미국의 대중국 전략이 결속에서 견제로 바뀐 것이다.

거리 두기(Distancing)

위협적인 국가에 대해 힘을 합쳐 견제하기 어려운 경우 편승과 견제 모두와 거리 두기를 통해 시간을 버는 전략이다. 상대적으로 부상하는 국가의 위협에 덜 노출된 국가 입장에서는 나머지 국가와 대항 동맹을 형성하는 것이 부담스러울 수 있다. 이 경우 직접 위협을 느끼는 국가들과 외교나 군사협력을 거부하며 거리를 둠으로써 부상하는 국가의 심기를 건드리지 않는 것이 나은 선택일 수 있다. 여기에는 지리적 위치가 중요한 요소로 작용한다. 즉 위협 상대와 분쟁이나 경쟁에 휘말리기 쉬운 인접국에 비해 지리적으로 분리되거나 멀리 떨어진 국가들에 유리한 전략이다. 유럽대륙에서 분리된 영국, 대서양과 태평양을 사이에 두고 유럽과 아시아의 강대국으로부터 멀리 떨어진 미국의 경우 전통적으로 고립주의 정책 기조하에 주요 분쟁으로부터 거리 두기 전략을 펼쳤다. 반대로 러시아와 독일 사이에 놓인 프랑스는 거리 두기 전략 선택의 여지가 거의 없었다.

거리 두기를 통해 시간을 버는 것은 다음과 같은 이점을 가진다. 첫째, 위협적인 상대로부터 방어를 위해 군사력을 비축하고 동원할 시간을 가지는 동시에 당장 공격 목표가 될 가능성을 조금이라도 줄일 수 있다. 둘째, 위협 국가가 다른 나라를 먼저 침략할 경우 그 힘이 소진되거나 확장을 위한 욕구가 충족되기를 기대할 수 있다. 셋째, 침략국이 다른 나라를 정복하면서 그 힘이 더욱 커진다면 지금까지 중립을 지키거나 관심이 없던 다른 현상 유지 강대국이 위협을 느끼면서 보다 적극적인 견제에 나설 가능성이 커진다. 넷째, 수정주의 침략국과 그 동맹국들 사이에 전리품과 군사적 부담을 두고 내분이 일어날 수 있다. 다섯째, 한편 침략국의 공격적 확장 정책이 내부의 민중들에게 너무나 큰 희생을 강요하여 민중 봉기로 위험한 지도체제를 교체하는 상황이 일어날 수 있다.

책임 전가(Buckpassing)

자신은 중립적인 위치를 취하면서 다른 국가들이 취하는 견제 노력에 '무임승차(free riding)'하는 전략이다. 겉으로는 거리 두기 정책과 구분이 어렵다. 중요한 차이는 책임 전가 전략의 배경에는 위협에 대항하는 견제 동맹국들의 힘이 침략국만큼 세거나 그 이상이라는 계산이 있다는 것이다. 그리고 이러한 무임승차가 가능하기 위해서는 공공재로서 침략자에 맞서는 효과적인 견제 세력이 존재해야 한다. 즉 책임 전가 전략이 성공하기 위해서는 첫째, 방어적인 견제 동맹국이 충분히 침략자를 격퇴할 수 있는 능력이 있다는 조건과 둘째, 침략국과 이들 간에 소모전이 벌어지는 동안 자신은 안전하게 관객으로 남아서 그 결과를 누리기만 하면 된다는 것을 전제로 한다. 이는 거꾸로 침략국이 방어 동맹을 격퇴하는 경우에는 무임승차 국가가 양측 간의 전쟁 후에 침략국의 위협에 홀로 노출되는 위험을 감수해야 하는 사실이다.

관여(Engagement)

관여전략은 현상 유지를 추구하는 기득권 국가가 이에 불만을 품은 부상하는 패권 국가의 영토 보상 등의 요구를 평화적 재조정을 통해 들어주는 것이다. 대표적인 경우가 '유화정책(appeasement policy)'이다. 협상과 양보를 통해 불만을 만족시켜 국제분쟁을 해결함으로써 무력분쟁을 피하는 정책을 말한다. 2차 대전 직전 히틀러의 체코슬로바키아 주데텐 지역 영토 병합을 영국이 수용한 것이 대표적인 사례이다. 전형적인 유화정책은 변화를 요구하는 국가의 부상하는 힘에 걸맞는 국제적 책임이나 역할, 특권을 재분배하고 영토나 영향력의 범위를 재조정하여 충돌을 피하는 것으로 나타난다.

그러나 **관여는 단순히 유화정책을 넘어서 현실에 불만인 국가가 기존 질서를 수용하도록 사회화하려는 일련의 노력이다.** 그러한 점에서 위협에 대응하는 여타의 다른 전략과 그 목적은 같다. 단지 그 수단으로 처벌이 아닌 보상을 통해 대상 국가의 행동을 바꾸려는 점이 다르다. 관여전략의 주목적은 기존 국제질서의 본질을 타협하지 않으면서도 분쟁을 최소화하고 전쟁을 피하려는 것이다. 정책의 성공 여부는 새로운 힘의 균형을 반영하는 국제질서와 영토 등의 재조정을 통한 양보가 수정주의 위협 국가를 국제체제의 안정을 추구하는 현상 유지 국가로 전환할 수 있는지에 달려 있다.

관여전략은 다음과 같은 유용성을 가진다. 첫째, 수정주의 위협 국가의 요구를 들어주는 과정에서 과연 그 국가가 추구하는 진정한 의도와 야망이 무엇인지에 대한 보다 명확한 이해를 하게 된다. 둘째, 관여에도 불구하고 수정주의 국가가 불만족하고 전쟁이 불가피해질 경우 재무장과 동맹을 결성할 시간을 벌 수 있다. 셋째, 상대가 위험한 동맹을 결성하거나 조직하는 것을 방지하거나 파괴할 수 있다.

관여전략은 성공만 한다면 불만을 가진 국가의 부상을 대처하는 가장 효과적이고 이성적인 정책이 될 수 있다. 문제는 이를 실행하기가 애매하거나 위험한 경우가 많다는 것이다. 특히 이 정책이 성공하기 위해서는 부상하는 국가의 야망이나 목표가 매우 제한적이어야 한다. 동시에 서로 타협할 수 없는 핵심이익이 존재해서는 안 된다. 또한, 현상 유지 국가들에 당근과 채찍의 양보와 그럴듯한 위협을 혼합할 수 있는 충분한 힘과 능력이 있어야 한다. 그렇지 않으면 양보는 연약함으로 해석되어 불만족 국가가 더욱 많은 요구를 하도록 만들 가능성이 크다. 따라서 관여는 견제의 대안이라기보다는 이를 보완하는 것으로 접근해야 한다.

지금까지 살펴본 부상하는 세력의 잠재적 위협에 대한 7개의 전략은 그중 하나만을 선택해야 하거나 서로 배타적인 개념이 아니다. 현실에서 나타나는 국가의 정책은 이들 중 몇 개의 전략적 요소가 복합적으로 상호 혼재되어 나타나는 경우가 많다. 2차 대전 중 스탈린의 소련이 히틀러의 독일과 상호 불가침 협약(the Nazi-Soviet Nonaggression Pact)을 맺은 것이 그 사례이다. 스탈린은 먼저 당시 가장 강력한 군사력을 가진 독일과 연합하여 그 공격을 피함과 동시에 중앙 유럽에서 독일의 승리에 따른 새로운 영토와 영향력을 확보하려는 일거양득의 '편승'전략을 구사하였다. 동시에 스탈린은 독일의 주공격이 프랑스와 영국 등 서부 유럽에 집중토록 유도하는 효과도 기대하였다. 즉 러시아의 전통적인 경쟁국인 이들 국가 간에 서로 국력을 소진케 함으로써 소련에 유리한 상황을 조성하려는 '책임 전가' 전략도 작용하였다. 동시에 자신은 무력을 사용하지 않고 영국과 프랑스 연합군이 소련에 위협인 독일의 힘을 약화하는 무임승차 의도가 분명히 드러난다. 한편 스탈린은 궁극적으로 이를 통해 독일이 소련을 침공할 것을 대비하여 이전의 혁명과 내전으로 소진된 자신의 군사력을 강화하고 영토와 자원을 확보할 시간을 버는 '견제'의 목적도 가지고 있었다.

잠재적 위협에 대응하는 복합 전략은 한반도와 대한민국의 정책에서도 발견된다. 한미동맹은 북한의 직접적 위협과 아울러 중국의 잠재적 위협에 대응하는 견제장치로 여겨진다. 또한, 일본의 재무장에 대한 한국의 비판과 견제는 일본의 잠재적 군사적 위협에 대한 견제임과 동시에 중국과 직접적 경쟁관계에 있는 일본과의 거리 두기의 효과도 가진다. 일본과 중국 간 영토 분쟁의 대상인 동중국해의 센카쿠(중국명: 조어도) 문제에 대해 중일 간 군사충돌 시 미·일동맹 조약에 따른 군사 지원 의사를 밝힌 미국과 달리 한국이 이에 대해 비관여 정책을 견지하는 것도 거리 두기의 또 다른 예이다. 한편 1992년 정식 수교 이후 비약적으로 성장한 무역 관계 속에 한중관계가 단순한 경제 동반자에서 2008년 이명박 정부 이후 '전략적' 협력 동반자 관계로까지 격상된 것은 급속히 부상하는 중국의 힘과 영향력에 부응하여 새로운 기회와 이익을 얻으려는 '편승'전략의 모습을 드러내기도 한다. 이러한 상황에서 **한미동맹이냐 한중협력이냐의 단순한 이분법적 접근은 우리의 현실에 맞지 않는 논쟁이다.** 대신 동맹과 안보전략에 관한 복합적이고 유연한 사고와 접근이 필요하다.

동맹 이론을 통해 본 한미·한일·한중관계

04

미국을 포함한 서구 진영의 동아시아 국제정치 전문가들에게 설명하기 힘든 현상 중 하나가 한국인의 일본과 중국에 대한 위협 인식과 태도이다. 서구인들이 보기에 거의 쌍둥이 형제와 같은 일본을 향해 한국이 가지는 적대감과 위협 인식은 한국의 식민지 경험을 고려하더라도 해방 후 70년이 지난 지금 이해하기 힘든 현상이다. 반대로 일본과 비교하면 경제력은 물론 군사력 면에서도 날로 강대해지고, 더구나 한국의 적대국인 북한과 공식적인 동맹관계를 맺고 있는 중국을 일본보다 덜 적대시하는 한국인의 태도 또한 이해하기 어려운 현상이다. 핵 위협을 일삼는 북한을 한국과 마찬가지로 가장 중요한 안보위협으로 여기는 일본은 한국의 가장 이상적인 군사 동맹 후보이다. 한국의 가장 중요한 동맹국인 미국이 한국과 일본의 관계 개선, 나아가 한·

미·일 군사 공조를 절실히 바라는 이유이다. 프랑스의 경우 2차 대전 중 파리를 짓밟고 점령 통치를 한 독일과 냉전 시기 소련이라는 공동의 위협에 미국과 나토 동맹을 결성하고 70년이 넘게 군사협력을 이어가고 있다. 미국이나 유럽인에게 동아시아의 모범적인 민주국가와 경제 선진국으로 부상한 한국과 일본의 오랜 갈등은 이해하기 어렵다.

한편 2014년 서울을 방문한 중국의 시진핑 주석은 1000년이 넘는 한중의 역사적 유대관계를 강조하였다. 한중은 단순한 이웃이 아닌 피를 나눈 친척이나 형제 관계이며 역사적으로 일본의 침략에 대항하여 함께 싸운 역사적 동맹임을 강조하였다. 이듬해 열린 중국의 70주년 전승 기념식에 미·일은 물론 유럽의 대부분 국가가 불참한 가운데 한국의 박근혜 대통령이 참석하여 시 주석의 방한에 화답했다. 러시아의 푸틴 대통령과 함께 시 주석과 나란히 열병식에 참석한 박 대통령의 모습은 워싱턴에 한국이 중국 쪽에 넘어갔다는 '대중 경사론'이 퍼지는 계기가 되었다. 이후 한국 정부가 내세운 한미 '전략 동맹'과 한중 '전략적 동반자'를 놓고 이들 사이의 차이와 의미가 무엇인지에 대한 조야의 논쟁을 낳았다. 한편 노무현 정부에서 시작된 동맹 재조정은 주한미군 용산기지 이전에 관한 논란과 더불어 전시작전권 전환에 관한 국내적 정치 논쟁으로 이어졌다. 전작권 전환이 한국전쟁 이후 괄목할 만한 경제성장과 더불어 세계 5~6위권의 군사력을 보유한 한국의 시대적 소명과 자주권의 회복이라는 찬성론과 혈맹에 기초하여 최고의 연합작전 능력을 갖춘 한미동맹의 훼손이라는 반대론이 팽팽하게 맞선 것이다.

지금까지 살펴본 동맹에 관한 여러 이론이 한국의 동맹 현안에 가지는 몇 가지 정책적 함의는 다음과 같다. **첫째, 한미동맹의 미래는 어떻게 될까.** 동맹은 역사적으로 다양한 형태와 조건을 가지고 나타났다. 흔히 6·25 전쟁을 통해 혈맹으로 맺어진 한미동맹은 가장 견고하고 이상적인 동맹으로 여겨진다. 대부분의 한국 사람들은 한미동맹이 없는 상황을 상상하기 힘들다. 그러나 실제 정식 군사동맹은 국가 간의 매우 특수한 계약이다. 동맹에 비용이 따르기 때문이다. 국익을 최우선으로 삼는 국제정치에서 동맹은 필요에 따른 선택의 결과이지 필수적이거나 영구한 것이 아니다. 역사적으로 동맹은 일부 국가의 특수한 상황에 따라 한시적으로 맺어진 것이 대부분이다. 오늘날에도 지구상의 많은 국가 중 특정 국가와 공식적인 양자 동맹관계를 맺고 있는 경우는 소수에 불과하다.

한국전쟁 이후 맺어진 한미동맹은 양국의 필요와 이해에 따라 형성되었고 북한의 계속되는 위협 속에 반세기 이상을 이어온 매우 특수한 사례이다. 그러나 "해 아래 영원한 것은 없다"라는 성경의 말처럼 한미동맹도 영원할 수는 없다. 필요에 따라 그 내용이 변화하거나 언젠가는 소멸할 것이다. 한미동맹은 한국의 안보이익을 위한 수단이지 그 자체가 한국의 안보 목표는 아니다. 이는 미국도 마찬가지이다. **양국의 안보이익과 상황 변화에 따라 한미 간의 동맹정책도 언제든 변화할 수 있다.** 그러나 많은 우리 국민이 한미동맹이 어떤 경우에도 지켜져야 한다는 믿음을 굳게 가지고 있다. 지속되는 남북 군사대치, 북한의 핵 개발, 중국의 급속한 부상 등을 고려하면 충분히 공감된다.

그런데 여기에는 우리만 한미동맹을 지키면 미국은 절대 배신하지 않을 것이라는 믿음이 전제되어 있다. 그러나 2016년 모두의 예상을 깨고 당선된 트럼프 대통령은 동맹비용을 더 내지 않으면 한미동맹을 깰 수도 있다고 우리 정부를 협박했다. 여기에는 트럼프 개인의 입장과 더불어 세계의 경찰국가 역할에 지친 미국 국민의 속내가 보인다. 2021년 취임한 바이든 행정부는 한미동맹에 대한 공약을 재확인하며 워싱턴 선언으로 동맹을 더욱 공고히 하였다. 그러나 2025년 트럼프 대통령이 재선되면서 한미동맹에 대한 불안이 또다시 제기된다. 21세기 미·중 경쟁과 더불어 급변하는 세계 정세는 우리가 그토록 믿는 한미동맹도 갑자기 변화할 수 있다는 현실을 새삼 일깨운다.

둘째, 세 가지 동맹 이론을 통해 본 한중관계도 흥미롭다. 먼저 힘이 급상승하는 중국에 대해 인접국인 한국이 위협 인식을 덜 느낀다는 것은 왈츠의 힘의 균형 이론 관점에서는 이해하기 힘든 현상이다. 그러나 월트가 제시한 위협의 균형이라는 관점에서는 중국이 한국에 공식적인 위협을 가하지 않는 한 설명 가능한 현상이기도 하다. 즉 중국의 부상하는 힘이 한국에 직접적인 위협을 가하지 않고 양국이 사이좋게 지낼 수 있다면 굳이 적대적인 균형을 취하지 않아도 된다는 것이다. 미국의 압도적 힘에도 이웃 나라인 캐나다가 위협을 전혀 느끼지 않는 것과 마찬가지이다. 중국의 시진핑 주석은 한중관계에 대해 과거 임진왜란과 일본 제국주의에 항거해 함께 싸운 역사적 동맹 관계를 강조하며 한국과 중국은 단순히 이웃이 아니라 친척 관계라고 설파했다.[331] 그러나 2016년 사드 배치를 둘러싼 한중 갈등과 중국의 한국에 대한 제재와 압박은 중국에 대한 한국민의 인식을 급속히 악화시켰다. 동시에 중국의 부상을 위협으로 보는 한국민의 우려도 커지게 되었다. 한편 여전히 중국과의 무역이 한국 경제에 차지하는 현실도 무시하기 어렵다. 사드 갈등 이전에 중국의 경제적 부상이 한국에 큰 이익이 되면서 한중은 전략적 동반자 관계를 선포하였다. 스웰러의 이익의 균형 이론은 중국의 부상이 구체화 될수록 편승전략도 유효한 한국의 선택지일 가능성을 제시한다.

셋째, 방기와 연루의 동맹 이론에 의하면 한국이 전시작전권 환수를 미루는 것은 미국의 방기 가능성에 대한 두려움 때문이다. 한국전쟁 직전 미국의 아시아 방어선에서 제외되며 김일성의 남침이 이루어진 역사적 사실은 이러한 한국의 정서와 정책을 이해하는 주요 단서이다. 그러나 오늘날 한반도의 현실은 그러한 우려가 상당히 근거 없어 보인다. 중국의 부상과 미·중의 경쟁 구도는 한반도의 전략적 중요성을 미국에 부각시킨다. 한국에 주둔하고 있는 2만 8000명 미군의 1차 임무는 북한의 군사도발을 억지하고 유사시 강력한 지원군 역할을 하는 것이다. 동시에 주한미군은 주일미군과 더불어 대만이나 동중국해 등에서 중국 군사력에 대한 강력한 억제와 견제 효과를 가진다. 더구나 최근 한국은 10조 원을 들여 중국본토와 마주한 평택에 세계 최대 규모의 미군 기지를 제공하고 있다. **미·중 경쟁이 심화할수록 한반도의 전략적 가치와 주한미군의 효용성은 증가할 것이다.** 한국이 먼저 동맹을 파기하지 않는 한 미국이 한국을 쉽게 버리지 못하는 이유이다.

그러나 미·중 경쟁은 한미동맹의 연루 부담도 가중시킨다. 주한미군의 사드 배치와 미국의 동북아 지역 미사일 방어 정책을 둘러싼 한중 간의 갈등이 그 좋은 예이다. 한국에 사드는 북한의 핵 및 미사일 능력에 대한 방어적 조치이다. 그러나 중국에는 자신의 코앞에 대미 핵억지력을 약화하는 방어 체계를 구축하는 것으로 이해된다. 전통적으로 중국은 최소억지 원칙을 고수하며 현재까지 최소한의 전략 핵무기를 보유해왔다. 2000여 개의 압도적인 핵전력을 보유한 미국이 미사일 방어망까지 구축하면 중국은 미국에 대한 최소한의 핵억지력을 잃게 되는 심각한 안보위협을 느낄 수밖에 없다.[332] 우리에게는 대북 방어수단인 사드가 미·중 핵 경쟁과 얽히면서 중국과의 마찰을 가져온 이유이다. 또한, 대만 유사시 한국의 참여도 연루 딜레마를 가중시킨다. 만일 중국이 대만을 침공하고 미국이 개입하면 한반도의 주한미군의 역할과 이에 따른 한국의 대응은 어떻게 될까? 대만 사태에 한국이 참여하면 중국 역시 상응하는 대응을 할 것이다. 그 대응은 사드 사태에 비해 훨씬 심각할 것이다. 한미동맹의 연루 딜레마가 가장 극적으로 펼쳐지게 되는 것이다.

그렇다면 한미동맹은 언제까지 우리에게 유효할까? 21세기 미·중 경쟁의 시대 한미동맹의 장기적 미래는 어떻게 전개될 것인가? 한미동맹은 한국전쟁 이후 북한의 군사위협을 억제하기 위한 공동방위조약에 근거한 동맹이다. 만일 북한이나 그 위협이 근본적으로 사라진다면 한미동맹의 기본 존재 이유는 사라지게 된다. 북한이 미국과의 관계 개선 징표로 주한미군 철수를 끈질기게 요구하는 배경이다. 남북 간 평화협정이나 북·미관계 정상화가 이루어진다면 한미동맹의 존속 여부는 여타 공동 위협의 존재 및 기타 안보 여건에 의해 결정될 것이다. 이 경우 한국이 추구하는 근본 안보이익이 무엇인지에 대한 재조명이 필요하다. 앞서 논의하였듯이 안보이익은 국가와 사회가 근본적으로 가장 소중히 여기는 가치에 의해 결정된다. 대한민국이 추구하는 근본 가치는 통일, 평화, 자유, 민주주의, 시장자본주의, 인권 등으로 망라된다. 이러한 점에서 한국과 미국이 추구하는 기본 가치는 여전히 많은 부분에서 일치한다.

한편, 만일 중국이 시진핑 주석이 꿈꾸는 대로 2050년까지 최강대국으로 부상한다면 한국은 또 다른 고민에 빠질 것이다. 미국에 최소한 버금가는 혹은 동아시아에서는 미국을 앞서는 중국의 패권이 한국의 선택을 더욱 노골적으로 요구할 수 있다. 정묘호란과 병자호란 당시 명나라와의 전통적 우호관계를 파기하고 새로이 부상하는 자신과 새로운 형제 관계를 맺을 것을 요구한 청 태종 홍타이지의 요구에 고심한 조선과 비슷한 상황이 전개되는 것이다. 당시 복잡한 국내 정치 상황과 명·청 관계에 대한 계산속에 조선 지도층은 청나라의 요구를 받아들이지 않았다. 여기에는 30여 년 전 임진왜란 당시 군대를 파견하여 조선을 구한 명나라와의 관계가 중요한 역할을 하였을 것이다. 또한, 유교 사상의 가치를 공유하는 명나라와의 신의를 지키자는 대의명분도 작용하였을 것이다.

한국전쟁 이후 혈맹의 토대 속에 민주주의 기본 가치를 공유하는 미국과 이를 넘어서려는 중국 사이의 선택은 쉽지 않은 사안이다. 동맹은 어디까지나 안보를 위한 수단이지 그 자체가 어떤 희생을 치러서라도 지켜야 할 핵심 가치는 아니다. 한미동맹도 예외는 아니다. 트럼프 2기 행정부의 안보정책 핵심 참모로 알려진 엘브리지 콜비(Albridge Colby) 국방부 정책차관은 한국 언론과의 인터뷰에서 "동맹은 비즈니스다. 트럼프 대통령의 말처럼 미국은 미국의 이익을 우선시하고, 한국도 한국의 이익을 우선시한다. 동맹을 낭만으로만 바라보면 적과의 대결에서 살아남지 못한다. 미국은 한국을 돕는 게 아니다. 한국이 미국 안보에 중요하고, 중국 견제를 위해 중요하기 때문에 역할을 하는 것이다"라고 단언했다.[333] 중국의 부상이 현실로 다가온 대한민국에 앞으로 미·중 패권 경쟁의 향방과 이들의 대외정책, 그리고 남북관계의 미래와 대한민국의 기본 가치에 대한 장기적이고도 신중한 성찰이 요구된다.

5장

한국은 핵무장이 필요한가?

북한의 2024년 최고인민회의에서 김정은 위원장은 북한의 '절대적 힘', 즉 핵무기가 일방적인 무력통일을 위한 선제공격 수단이 아니며, 꼭 필요한 방어적 차원의 '자위권에 속하는 정당방위력'이라는 것을 강조했다. 또한 "적들이 건드리지 않는 이상 결코 일방적으로 전쟁을 결행하지는 않을 것"이며, 이를 '나약성'으로 오판하면 절대로 안 될 것이라고 말했다. 동시에 김정은 유사시 핵 무력을 포함한 모든 물리적 수단과 역량을 사용해서 남조선 영토를 평정할 것이라고도 선언했다. 김정은은 전쟁이 일어나면 대한민국이라는 실체를 끔찍하게 괴멸시키고 끝나게 만들 것이고, 미국에는 상상하지 못한 재앙과 패배를 안길 것이라고도 주장했다.[334]

한편 미국의 도널드 트럼프 대통령이 2024년 재선되면서 북미 간의 새로운 정상외교가 예상되기도 한다. 동시에 북한의 비핵화보다 핵 군축을 추진해야 한다는 현실론이 미국 조야에서 등장하고 있다. **만약 북한의 실질적 핵 지위가 인정되는 핵 합의가 이루어진다면 한국의 대북정책은 어떻게 될 것인가? 미국의 확장억지를 믿어야 할 것인가, 아니면 한국도 독자 핵무장의 길을 가야 할 것인가? 그 경우 한반도는 물론 동북아의 핵 균형은 어떻게 될 것인가?** 특히 한국과 사드 문제로 갈등을 겪은 중국은 어떻게 나올 것인가? 바야흐로 21세기 한반도를 거세게 덮치고 있는 미·중 경쟁의 파고가 동북아의 핵 군비경쟁으로 이어질지 모두가 주목해야 하는 시기가 다가오고 있다. **이 장에서는 냉전기 핵억지와 유럽의 확장억지 논쟁, 핵억지와 미사일 방어의 모순, 사드 배치를 둘러싼 한중 갈등 사례를 통해 한반도 핵무장의 딜레마와 그 의미를 살펴본다.**

냉전기 확장억지 논쟁

01

확장억지 혹은 핵우산이란 핵을 가진 국가가 핵을 가지지 않은 동맹국에 핵을 가진 공동의 적국에 대한 핵억지를 보장해주는 것을 의미한다. 즉 핵을 가진 적국이 핵을 가지지 않은 동맹국에 핵이나 여타 무기를 사용하여 공격하면 자신이 공격당한 것과 같이 군사행동을 취할 것을 보장한다는 것이다. 이는 곧 공격당한 동맹국을 대신하여 핵 공격을 포함한 보복 조치를 약속하는 것이다. 이를 통해 적국이 핵을 보유하지 못한 동맹국에 대한 공격을 쉽게 감행치 못하도록 억지하는 '확장된 핵억지' 효과를 가진다.

그런데 **'확장된 핵억지'를 믿을 수 있느냐의 문제가 제기된다.** 과연 핵보유국이 자신이 직접 공격을 당하지 않은 상태에서 상대와의 핵전쟁 위협을 무릅쓰고 동맹국의 보호를 위해 핵 공격을 감행할지

의구심이 드는 것이다. 냉전 당시 미국과 소련은 '상호 확증 파괴' 개념에 기반하여 수천 발의 핵무기로 공포의 핵 균형과 억지를 유지할 수 있었다.

문제는 소련의 대규모 지상군 위협에 직접 노출된 서유럽 나토 동맹국들의 방어였다. 소련이 서독이나 프랑스 같은 나토 동맹국들에 대규모 전차군단을 동원한 재래식 지상공격을 감행하거나 국지적인 핵 공격을 하는 상황이 제기된 것이다. 미국이 이에 대해 소련과의 핵 전쟁을 무릅쓰고 핵을 포함한 보복이나 지원 공격을 할 것인지에 대해 나토 동맹국들은 의구심을 가지게 된다. 실제 1961년 소련의 베를린 봉쇄로 유럽의 군사 위기가 발생하자 프랑스의 드골 대통령이 케네디 대통령에게 미국이 파리를 위해 뉴욕을 희생할 의지가 있는지의 물어보았다는 일화가 유명하다.

2차 대전 이후 소련의 공산주의와 냉전이 시작되자 서방의 유럽 국가들은 미국과 나토 동맹을 결성하여 대항한다. 그런데 스탈린 체제에서 군사력을 급속히 건설한 소련의 재래식 전력이 나토 군사력을 압도하는 상황이 벌어진다. 가뜩이나 전후 복구에 힘쓰던 유럽의 나토 동맹국은 미국의 군사력에 더욱 의존하게 된다.

냉전 초 대소련 봉쇄전략을 위해 군비 확장을 추구한 트루먼 행정부는 이후 한국전쟁 등을 치르며 과도한 군비 지출을 하게 된다. 새로이 들어선 **아이젠하워 정부는** 당시 어려운 국내 경제를 살리기 위해 군사비 지출을 줄여야 했다. 소련의 대규모 재래식 무기에 핵무기로 응징하겠다는 **뉴룩(New Look) 전략**을 채택한 배경이다. 유럽 최전방의 재래식 무기 열세를 보완하기 위해 1954년부터 유럽에 미국의 전술

핵무기를 본격 배치한다. 1960년대 말까지 2500개에 달하는 전술핵무기가 유럽 지역에 핵 공유(nuclear sharing)의 형태로 전진 배치되었다.[335]

그러나 소련과 나토 동맹국의 재래식 전력 불균형을 핵무기로 보완한다는 전략은 소련과 전면 핵전쟁 가능성을 초래했다. 더불어 미국과 유럽 동맹 간에 재래식 전력에 대한 투자를 놓고 동맹비용 논란을 일으켰다. 유럽 동맹국들이 미국의 핵억지를 핑계로 자신들의 재래식 전력 확충을 소홀히 하는 경향이 나타난 것이다. 1957년에 수립된 나토의 기본전략은 소련이 군사도발할 경우 그것이 핵을 사용한 것이든 아니든지에 상관없이 핵무기로 대응할 것을 상정하였다.[336] 이에 대해 케네디 행정부는 무조건적 핵 대응에서 한발 물러서는 정책을 추구한다.

1961년 새로이 취임한 케네디 대통령은 창설 12주년을 맞는 나토의 군사위원회 연설에서 유사시 유럽에서 벌어질 군사충돌이나 개전 초기에 처음부터 전면적 핵 사용에 의지하는 전략은 매우 무모하다고 선언한다. 대신 핵 사용의 기준을 높여 상황에 따라 시간을 벌고(pause) 실제 핵무기의 사용 없이 제한적인 재래식 전쟁으로 종결될 가능성을 두어야 한다고 제시하였다. 이것은 결국 나토의 재래식 전력 증강 필요하다는 미국의 입장으로 연결되었다.[337] 이후 **케네디 행정부의 맥나마라(Robert McNamara) 국방부 장관**은 나토의 대량 핵 보복에 기초한 억지 전략에 본격적인 의문을 제기하였다. 대신 상황에 따른 유연한 대응을 강조한 핵 **'유연 반응(Flexible Response)' 전략**을 제시하였다. 맥나마라 장관은 비용과 효율성, 신뢰성 면에서 기존 아이젠하워 행정부의 공군 중심 전략폭격기를 이용한 핵무기 체계에 문제를 제기하였다. 맥나마라는 신기술인 장거리 대륙간 탄도탄에 중점을 둔 새로운 핵전략을 추구하였다.

맥나마라는 1962년 쿠바 미사일 위기 사태에서 미·소가 원치 않는 전면 핵전쟁의 위기를 겪은 것에 큰 충격을 받았다. 즉 주변국인 쿠바를 둘러싼 갈등으로 미국과 소련이 전면 핵전쟁에 휩쓸릴 상황이 생긴 것이다. 미국 본토가 핵 공격을 받지 않은 상태에서 일어날 수 있는 핵전쟁을 피하기 위한 보다 유연한 새로운 핵전략이 요구되었다. 이전 아이젠하워의 대량 보복 전략이 적 도발의 형태나 정도와 상관없이 조건 없는 핵 대량 보복을 상정한, 너무 단순하고 현실적이지 못한 전략이라는 것이었다. 대신 맥나마라는 각 상황에 맞는 다양한 재래식 대응과 더불어 핵전쟁의 경우에도 단계적이고 맞춤형 전략이 필요하다고 주장하였다. 그는 나토의 핵억지 전략이 소련의 민간 도시에 대한 대규모 보복공격에만 기초한 것은 재래식 군사 위기나 분쟁이 전면 핵전쟁으로 비화될 수 있는 비이성적 위험을 내포한다고 주장하였다.

맥나마라의 우려는 만일 유럽에서 베를린 봉쇄 같은 군사 위기나 재래식 무력 분쟁이 발생할 경우 유럽에 배치한 미국의 중거리 핵미사일이나 전술핵무기로 대응한다는 나토의 전략이 너무 위험하다는 문제를 직시한 것이었다. 그 경우 소련의 민간 도시에 대한 핵 공격은 소련의 비슷한 핵 보복을 초래할 것이 자명했다. 이는 바로 미국과의 전면적인 핵전쟁으로 연결된다는 것이다. 1962년 아테네에서 열린 나토 국방 장관 회의에서 맥나마라는 **새로운 핵억지 전략 개념**으로 민간인 대신 적군에 대한 비례적 핵 공격을 적용한 **'대군사 타격(counterforce)'**

개념을 제시하였다. 개전 초기에는 민간 '도시'에 대한 핵 사용보다 적의 주요 재래식 군사력이나 적의 핵전력에 대한 제한적인 핵 공격이 효과적이라는 것이다. 초기 적의 공격에 비례하는 보복과 방어를 함으로써 확전을 막고, 이러한 능력과 의지만으로도 적의 군사도발을 억제할 수 있다고 설명하였다.[338] 이는 왈츠가 주장한 비례적 핵 사용의 억지 이론과도 같은 맥락이다.

그러나 맥나마라의 이러한 주장은 소련에 대해 미국의 전면적이고 즉각적인 핵 보복을 기대했던 영국, 프랑스, 독일 등 주요 나토 동맹국들의 강한 불신을 초래했다. 그런데 맥나마라는 나아가 영국과 프랑스가 자위수단으로 개발한 핵무기에 대해서도 문제를 제기하며, 미국과의 통합적인 관리가 필요하다고 주장하였다. 이는 곧 유럽 동맹국의 핵 주권 침해 논란과 더불어 미국의 확장억지 핵전략에 대한 의구심이 더욱 강화되는 갈등을 초래했다. 결국 **맥나마라의 '대군사 타격' 개념에 근거한 핵 유연 반응 전략은 국내외적인 반발에 직면하면서 이후 '확증 파괴(Assured Destruction)' 개념의 핵전략으로 변경되었다.** '확증 파괴'는 이후 '상호 확증 파괴'로 발전하였다. 1967년 맥나마라는 확증 파괴의 개념을 언급하며, 이는 '적국으로부터 기습적인 선제공격을 받은 이후에도 적국이나 다수의 적국들에 대해 감당할 수 없을 정도의 큰 피해를 가할 수 있는 고도의 신뢰할 만한 핵 보복능력을 보유함으로써, 미국이나 동맹에 대한 고의적인 핵 공격을 억제하는 능력'이라고 설명했다.[339]

맥나마라는 확증 파괴를 위한 미국의 핵전력이 충분하다고 보았다. 그는 확증 파괴를 위해 1000여 기의 미니트맨(Minuteman) 대륙간 탄도탄, 656개의 핵미사일을 장전한 41개의 폴라리스(Polaris) 핵잠수함, 600여 기의 핵폭탄을 적재한 장거리 폭격기가 전투 대기 상태에 있다고 밝혔다. 이들 총 2200여 기의 핵무기 중 400기의 핵무기만 목표에 적중하여도 소련 인구의 3분의 1 이상, 소련 산업시설의 절반 이상을 파괴하기에 충분한 것으로 평가되었다. 이러한 맥나마라의 확증파괴 개념은 1962년에 자신이 내세웠던 '도시 공격 제한(no-cities)'의 유연 반응에서 물러난 것으로, 확장억지에 대한 나토 동맹들의 우려를 절충한 결과였다.[340]

1960년대 중반 미국과 소련은 이미 서로를 파괴할 충분한 핵 능력을 가지고 있었다. 소련은 1965년에 7550개, 1967년에 8850개의 핵무기를 보유하기에 이르렀다. 대륙간 탄도탄 역시 미국의 주력 미사일인 미니트맨(Minuteman)에 상응하는 SS-11 500여 기를 포함하여 800여 기의 미사일을 실전 배치하기에 이르렀다. 이로써 미·소 간 이른바 '공포의 균형'에 의한 핵억지, 즉 상호 확증 파괴(MAD)가 성립되었다.

MAD라는 약어로 표현되는 상호 확증 파괴는 군사적 표적 대신에 상대 국가의 민간인을 보복의 대상으로 삼는 '미친' 전략으로 핵 공격에 따르는 위험과 비용을 극대화한 것이었다. 실제로는 '미치지 않는 한' 어느 측도 함부로 공격하지 못할 것이라는 암묵적 합의에 근거한 것이었다. 미·소 간의 상호 확증 파괴는 서로의 핵억지가 안정적으로 자리 잡는 기본조건을 제공했다. 이후 유럽을 중심으로 1980년대 미·소 간의 데탕트와 함께 핵 군축이 진행되면서 미국의 확장억지에 논란은 점차 소멸되었다.

미·중 핵 경쟁이 본격화되는 가운데 북한의 실질적인 핵 능력이 강화되면서 한국의 고민도 깊어지고 있다. 일각에서는 미국의 확장억지에 대한 의구심을 제기하는 목소리가 나온다. 북한이 한국에 대한 핵 공격을 감행할 경우 과연 미국이 자국에 대한 북한 핵 공격의 위협을 무릅쓰고 북한에 핵 보복을 감행할 것인지가 확실치 않다는 것이다. 특히 북한이 미국의 주요 도시를 타격할 수 있는 능력이 있다면, 미국이 수도 워싱턴이나 뉴욕에 대한 공격의 빌미를 제공할 수 있는 보복공격을 실제로 할지 고민할 수 있다는 것이다. 이러한 확장억지의 신뢰성에 대한 의심과 논쟁은 냉전 시기 미국과 나토 동맹국 간의 확장억지 논란과 비슷하다.

다행히 현재 세계 최강의 핵무기 보유국인 미국과의 한미동맹은 견고하다. 미국의 핵과 군사력은 북한의 핵 공격을 억지하기에 충분하다. 현재 한미동맹 체제에서 북한의 남한에 대한 전면적인 무력도발은 주한미군의 자동 개입 조항에 따라 억지되고 있다. 미국의 군사력이 압도적인 상황에서 북한이 한국전쟁과 같은 전면적인 남침을 감행한다는 것은 자살행위이다. 마찬가지로 북한이 핵무기로 공격할 경우 엄청난 규모의 미국의 핵 공격을 감당할 능력은 더욱 미미하다. 북한 핵 공격에 대한 미국의 핵 보복 의지가 확실하다면 북한의 재래식 남침과 마찬가지로 핵 공격에 대한 억지도 충분히 가능하다. 한미동맹의 틀 속에서 미국의 핵무기가 북한 핵을 억지하는 핵우산 혹은 확장억지가 작동하는 것이다. 북한 핵에 대한 억지력이 보장되는 것이다.

실제 미국은 공식적으로 자국은 물론 나토와 아시아의 동맹국에 대한 핵 공격에 대해서 핵 보복을 공개적으로 보장하고 있다. 특히 미국은 필요시 자국은 물론 동맹국에 대한 비핵 공격에 대해서도 핵 선제공격을 배제하지 않는 매우 공세적인 핵전략을 채택하고 있다.[341] 북한이 핵은 물론 전면적인 재래식 도발도 매우 어려운 이유이다. 여기에 한미 양국은 2022년 워싱턴 선언을 통해 미국의 확장억지 공약을 더욱 공고화·구체화하는 조치를 취하였다. 현재 한미동맹의 확장억지는 매우 견고하고 신뢰할 수 있다.

왈츠와 한중 사드 분쟁

02

북한의 핵 위협은 남북 간 군사 균형은 물론 미·중 핵 경쟁에도 영향을 미친다. 그로 인해 한국이 억울한 피해를 당한 사례가 있다. 북핵 위협에 대응한 한미의 사드 미사일 방어를 둘러싼 한중 간의 갈등이 바로 그것이다. 1992년 한중 수교 이후 중국은 한국의 최대 교역국이자 미국보다 큰 무역흑자의 주 수입원이었다. 2000년대 들어 가속화된 경제협력을 발판으로 전략적 협력 동반자 관계를 구가하던 한중관계는 2016년 한국 정부의 **종말 고고도 미사일 방어(Theater High Altitude Air Defense, THAAD, 이하 사드로 통칭)** 체계 배치 결정을 시발로 급속히 악화되었다. 바로 전년인 2015년까지만 해도 한국은 미·일의 반대에도 불구하고 중국이 주도한 아시아 인프라 투자은행(Asian Infrastructure Investment Bank, AIIB)에 가입하였다. 같은 해 9월에는 박근혜 대통령이 미국 동맹국 중 유일하게 중국의 2차 대전 승리 70주년 전승절 행사에 참석하면서 한중 간 밀월관계를 과시하였다. 그러나 2016년 1월 북한이 최초의 수소폭탄이라 주장하는 4차 핵실험을 단행하고 5월 7차 당 대회에서 '핵보유국' 지위를 선언하자 한국 정부는 7월 "사드 미사일 방어 체계를 주한미군에 배치한다"라고 전격 발표했다.

사드는 한국에 배치된 주한미군의 방어를 위해 미국이 이전부터 한국 정부에 요구한 미국의 최신 미사일 방어 체계였다. 미국의 오바마 행정부는 2014년부터 "북한 장거리 미사일과 핵무기는 한반도와 동북아 평화는 물론 미국에도 직접적이고 점증하는 위협"이라 규정하고 미사일 방어의 필요성을 본격적으로 제기하였다. 2015년 미국무부는 "사드가 배치되면 북한 로동·스커드 미사일 위협에 대처하는 '핵심적 역량(critical capabilities)'이 될 것"이라며 배치 필요성을 강조하였다.[342]

미국 당국의 사드 배치 논의에 대해 중국은 초기부터 민감하게 반응했다. 2014년 추궈훙 주한 중국대사는 "사드의 한국 배치는 한중관계에 영향을 미칠 것으로 우려되며 명확히 반대한다"라는 입장을 밝혔다. 2015년 9년 만에 서울에서 열린 한중 국방 장관 회의에서 창완취안 국방부장도 사드 한반도 배치에 우려를 표명하였다. 2016년 북한의 4차 핵실험 이후 한미 간 사드 논의가 가시화되자 왕이 외교부장은 사드 배치를 중국을 겨누는 미국의 칼춤에 비유하기도 하였다. 곧이어 중국은 훙레이 외교부 대변인을 통해 "모두가 알다시피 사드의 적용 범위, 특히 X-밴드 레이더는 한반도의 방어 수요를 훨씬 넘어서 아시아 대륙의 한복판으로 깊이 들어온다"라며 "관련국이 한반도 문제를 이용해 중국의 국가 안전(안보)이익을 훼손하는 데 대해 결연히 반대한다"라고 비판했다.[343] 2016년 6월에는 시진핑 주석이 푸틴 대통령과의 정상회담 뒤 공동성명에서 "중러의 전략이익을 훼손하는 사드 한반도 배치를 반대"한다고 선언하였다.

중국의 거듭된 경고에도 불구하고 한국 정부가 북핵 위협에 대한 방어적 조치라며 사드 배치를 강행하자 중국은 실제로 한국에 대한 경제 보복을 실행하였다. 대표적인 사례가 사드 부지를 제공한 롯데그룹에 대한 제재이다. 중국 정부의 제재로 현지에 진출한 112개 롯데마트 중 87곳이 영업정지 처분을 받으면서 롯데그룹은 전체 사업 철수를 결정하였다. 이어 한국행 단체 관광이 전면 금지되고, 한국 드라마와 연예인들의 중국 진출을 금지하는 한한령이 비공식적으로 실시되었다. 그 외 관광과 식품 수출 금지 등으로 한국이 입은 피해는 2017년에만 한국 국내총생산의 0.5%에 달하는 8조 5000억 원에 이를 것으로 분석되었다.[344]

그렇다면 북한 핵 위협에 대한 방어수단으로 사드 배치를 한 한국의 결정에 대해 왜 중국 당국은 매우 강력한 경고와 비난 그리고 실질적인 제재를 가하였는가? 사드는 미국 육군의 미사일 방어 체계로 북한의 스커드나 '로동' 같은 사거리 350~1500km 사이의 단거리(SRBM), 준중거리(MRBM), 중거리(IRBM) 탄도유도탄을 요격하도록 설계되었다. 록히드마틴이 주도하여 개발한 사드 시스템은 이전의 패트리엇 PAC-2나 PAC-3와는 달리 폭발성 탄두를 이용하지 않고, 순수 타격 충돌 기술(hit-to-kill technology)을 사용하여 현존하는 미사일 방어 체계(MD) 중 가장 요격 성공률이 높은 것으로 평가받고 있다. 한국에 배치된 사드 1개 포대는 6개의 발사대로 구성되며 발사대당 8개의 요격 미사일이 있다. 특히, 날아오는 적 미사일을 탐지하기 위한 고성능의 AN/TPY-2 X-밴드 레이더가 함께 구성된다.[345] 현재 미국은 하와이와 괌에 사드 포대를 운용하고 있으며, 해외로는 이스라엘과 아랍에미리트, 튀르키예 등에 사드 시스템을 배치하고 있다. 중국이 사드에 대해 이렇게 민감한 반응한 한 이유는 자신들의 핵 안보를 위협한다고 믿기 때문이다. **중국의 군사적·안보적 우려**는 다음의 몇 가지로 분석된다.

첫째, 중국은 사드의 주요 구성요소인 고성능 X-밴드 레이더에 민감한 반응을 보인다. 중국은 주한미군이 운영하는 사드의 AN/TPY-2 레이더가 중국 내륙의 미사일 기지를 탐지할 수 있다고 주장한다. DF-5나 DF-31 같은 자국의 대륙간 탄도탄의 초기 요격이 가능해져 그 생존성과 보복공격(second strike) 역량이 급격히 약화되어 대미 핵억지 능력을 크게 손상할 수 있다는 것이다.[346] 중국은 250~350개의 핵탄두와 100여 기의 다양한 사거리와 종류의 핵미사일을 보유하고 있다. 이는 미국과 러시아가 보유한 6000여 발의 핵탄두와 2000여 발의 핵미사일에 비해 매우 적은 수량이다. 중국은 전통적으로 핵 선제 불사용 원칙과 2차 보복능력에 기반한 최소억지(Minimum Deterrence) 원칙을 고수해왔다. 이들 핵무기는 크게 미국과 러시아를 겨냥하여 지역적으로 분산되어 있다. 미국을 겨냥한 전략핵무기는 한반도와 가까운 동북 3성에 주로 배치되어 있다.[347] 중국은 한국에 배치된 사드의 탐지 레이더가 자신들의 미사일 발사에 대한 조기 탐지용으로 사용될 가능성을 우려한다. 최대 2000~3000km 탐지 반경을 가지는 사드 레이더가 한반도에서 중국 전역을 탐지할 수 있다는 것이다.[348] 실제 일본에는 2006년과 2014년 각기 북부 샤리키와 중부 교토의 주일미군 기지에 같은 종류의 X 밴드 레이더가 배치되었다. 일본의 경우도 북한 미사일에 대한 조기 탐지 전용으로 알려졌지만 실제로는 베이징을 포함한 중국의 주요 지역을 커버하는 것으로 알려졌다.

중국의 우려에 대해 한국과 주한미군은 사드 레이더가 대북 미사일에 대응하는 종말 요격용으로만 사용된다고 주장한다. 중국에 영향을 미치지 않는다는 것이다. 그러나 중국은 주한미군이 대북용 사드 레이더를 언제든 '원거리 감시 모드(look mode)'로 재설정하고 회전시켜(rotate) 중국 내부에 '스파이(spy) 행위'를 할 것으로 의심한다.[349] 더욱이 중국은 아시아에 전진 배치되는 사드 탐지 레이더가 가진 또 다른 능력에 주의한다. 즉 중국의 대미 핵억지 2차 보복에서 중요한 요소인 기만탄 사용 시 미국이 이를 구분하는 능력이다. 앞서 보았듯이 중국은 현재 미국에 비해 전략핵무기의 수와 그 운반수단이 절대적인 약세를 보인다. 숫자가 얼마 안 되는 중국의 핵미사일이 2차 보복능력을 높이기 위해 기만탄의 사용이 중요하다. 그런데 한반도에 배치된 사드 레이더는 중국이 '기만탄 전개(decoy-deployment)' 시 개별 미사일의 속도 변화를 감지해 기만탄과 진짜 핵탄두를 식별해 낼 수 있다는 것이다. 이는 중국의 최소억지 핵 균형을 위해 미국이 넘어서는 안 되는 레드라인으로 간주된다. 이 경우 한국에 배치된 사드 레이더는 대중국 탐지 능력에서 일본에 비해서도 훨씬 그 효용이 커질 수 있다.

둘째, 사드는 최근 중국 방어전략의 핵심으로 부상한 반 접근·지역 거부 전략의 주 전력인 중거리 전역 미사일을 무력화시킬 수 있다. 중국은 최근 남중국해와 대만, 동중국해 등에서 무력분쟁 발생 시 미국의 군사개입을 저지하는 지역 방어 전력에 집중투자하고 있다. 1250기에 이르는 지상 배치 탄도미사일이나 순항미사일로 오키나와와 괌의 미 공군 및 해군 시설을 공격함과 동시에 미국 항공모함의 서태평양 진입을 차단하는 전략을 세우고 있는 것으로 알려졌다.[350] 미국은 이에 대해 다영역 작전을 통해 중국의 레이더와 미사일 시스템 및 기지를 파괴한다는 전략으로 맞서고 있다. 이 과정에서 중국의 중거리 미사일 공격을 효과적으로 막을 수 있는 미사일 방어가 중요한 역할을 할 것으로 예상된다. 중국은 동북 3성에 중·단거리 둥펑(DF) 계열 미사일 600여 기를 배치해 유사시 한반도와 동북아 상황에 대처하고 있다. 일본에 배치된 해상의 이지스 방어 체계와 육상의 사드 레이더는 북한의 중·단거리 미사일을 모두 방어할 수 있는 것으로 분석된다. 중국의 전역 미사일은 북한의 중·단거리 미사일과 기능 면에서 거의 같다. 1300~3500km 사거리의 북한 중거리 로동 미사일은 중국이 연안에 집중 배치한 DF-21 시리즈의 중거리 미사일과 사거리와 탄도가 거의 유사하다. 중국의 중거리 미사일 전력을 사용한 A2AD 전략이 한반도의 사드에 의해 큰 타격을 입을 수 있다는 것이다. 만일 사드가 추가로 배치된다면 한국의 사드 레이더와 미사일은 중국의 전략을 더욱 크게 제약할 수 있다.

셋째, 한국의 사드 배치는 결국 미·일이 추구하는 대중국 포위전략이 장기적으로 공고화될 가능성을 제시한다. 주한미군에 배치된 사드로 한국·일본이 미국의 미사일 방어 체계를 공유하게 되어 실질적인 한·미·일 삼각 군사협력 체계가 작동할 가능성이 열린 것이다. 일단 사드가 한국에 배치되면 추가 배치의 문이 열리고, 업그레이드된 미국의 MD 체계가 한반도에 들어올 가능성이 커진다. 미국은 실제 경북 성주에 배치된 사드와 기존 패트리엇 미사일과의 연동, 발사대의 원격조정 등의 성능 개량을 위한 논의를 국방부와 하고 있다는 내용이 보도되기도 하였다. 더 큰 문제는 이러한 무기 체계가 상호 연동됨으로써 사실상 중국이 맞서기 힘든 한·미·일 군사안보 협력의 기반이 만들어질 수 있다. 사드를 통해 한·미·일이 하나의 군사 블록으로 업그레이드될 수 있다는 것이다. 여기에 대만의 사드 배치 가능성까지 제기되면서 한국의 사드 배치는 중국에는 새로운 판도라의 상자를 여는 것으로 인식될 수 있다.

한국은 사드 도입 단계에서부터 이는 어디까지나 "북한에 대해서만 운용될 것이며, 어떠한 제삼국도 지향하지 않는다"라며 중국의 우려를 불식하려 노력하였다. 한국 정부는 사드 배치 다음 해인 2017년 소위 **3불 입장**을 천명하였다. "첫째, 대한민국 정부는 사드 추가 배치를 않는다. 둘째, 미국의 미사일 방어 체계(MD)에 참여하지 않는다. 셋째, 한·미·일 3국 간의 안보 협력이 3국 군사동맹으로 발전하지 않을 것이다"라는 내용이다. 이어 한국 정부는 "사드 문제와 관련한 중국의 입장과 우려를 인식한다"며, "(사드가) 중국의 전략적 안보이익을 해치지 않는다"는 견해를 밝혔다. 이에 대해 중국 정부는 "중국의 국가안보를 지키기 위해 한국에 배치된 사드 체계를 반대한다"는 기존 입장을 재확인했다.[351] 이후 한중은 사드 배치로 악화된 양국 관계를 점진적으로 개선하려 노력하고 있다. 그러나 사드 문제는 현상 유지 차원에서 봉합된 것이며, 양국 간 갈등의 불씨로 남아 있다.

북한 핵과 미사일 위협의 심화로 인한 한국의 미사일 방어 노력은 사드 배치를 기화로 한중 갈등으로 전개되면서 동아시아의 미·중 경쟁과 동북아 군사경쟁의 중요한 이슈로 부상하였다. 한국으로서는 북한의 위협에 대한 순수 방어적 목적의 사드 배치에 대해 중국이 강경한 비난과 제재를 가한 것은 정당한 자위권 침해와 적반하장으로 여겨진다. 실제 사드 보복 이후 한국인의 83%가 중국을 가장 큰 위협으로 꼽으며, 아시아 국가 중 중국에 가장 부정적인 시각을 나타냈다.[352] 혹자는 중국이 미국의 미사일 방어에 가장 협조적인 일본에는 별다른 조치를 취하지 않으면서 왜 한국에만 유독 적대적인지 묻기도 한다. 또 중국이 한반도를 대상으로 수백 개의 미사일을 배치하고 한편으로는 자신들도 사드와 비슷한 러시아제 미사일 방어 체계를 구축한 이중성을 지적하기도 한다.

문제는 한반도 사드를 둘러싼 미사일 방어가 남북이나 한중관계를 넘어 이중·삼중의 복합적인 안보 동학을 가진다는 점이다. 그 기저에는 21세기 들어 격화된 미·중 전략 경쟁이 있다. 흔히 신냉전으로 불리는 미·중 경쟁은 2010년대 이후 격화되면서 정치·경제를 넘어 군사 분야로 본격 확산하고 있다. 미·중 군사경쟁의 격화는 가장 중요한 전략 무기인 핵무기 경쟁이 본격화되는 것을 의미한다. 이와 관련하여 중국 외교부 군비통제 및 군축국의 샤 주캉(Sha Zukang) 대사는 일찍이 미국의 미사일 방어에 대해 네 가지 중국의 우려를 지적했다. 첫째, 탄도미사일 방어로 미국이 창과 방패를 동시에 가지게 되면 중국의 핵억지에 직접적인 위협이다. 둘째, 국제적인 핵군비 통제와 전략 균형을 훼손한다. 셋째, 핵무기 감축을 정지시키고, 미사일 확산을 촉진하며 우주의 군비경쟁을 촉발한다. 넷째, 탄도미사일 방어는 미국의 압도적인 정치·군사적 힘을 구축하여 다른 국가의 안보를 약화시킨다.[353] 실제 미국의 핵무기 전문가들은 2000년대 이후 미국이 최첨단기술력을 바탕으로 핵전쟁에서 선제공격을 통해 러시아나 중국의 핵전력을 2차 보복공격의 기회를 주지 않고 일방적으로 파괴할 수 있다고 주장한다.[354]

이러한 중국의 미국 미사일 방어에 대한 우려는 전략핵 균형에 의한 핵억지 이론의 대가인 **케네스 왈츠가 미사일 방어의 비현실성과 위험성을 비판한 내용과 일치한다.**[355] 왈츠의 핵억지 안정론의 가장 큰 증거는 수많은 위기와 갈등 속에서도 미·소 냉전이 결국 전쟁 없이 끝난 것이다. 그러나 수백·수천만의 무고한 인명을 담보로 한 상호 확증파괴(MAD)의 핵억지는 이론적으로서는 그럴듯하지만, 일반 대중에게는 너무나 위험한 그야말로 미친(mad) 정책으로 느껴진다. 적의 핵 공격을 무력화시켜 핵 공포에서 벗어날 방법은 없는 것일까? 본격적인 핵무기의 개발과 더불어 미·소 양국이 날아오는 핵미사일에 대한 방어수단을 고민한 배경이다. 미국은 1950년대 소련의 핵미사일을 공중에서 대규모 핵폭발로 파괴하는 나이키 대공 핵미사일을 개발하기 시작하였다. 그러나 초기의 미사일 방어는 기술적 문제로 대규모의 핵 공격을 방어하기에는 그 효과가 크게 제한되었다. 소련과의 핵 경쟁이 한창이던 1980년대 레이건 대통령은 국방부와 과학자들에게 미국을 핵 공격으로부터 방어할 수 있는 새로운 수단을 알아보라고 지시한다. 미사일 방어 논의가 본격적으로 시작된 계기이다. 레이건 행정부에서 '별들의 전쟁(star wars)'이란 별칭을 얻으며 추진된 '전략 방어 구상(Strategic Defense Initiative, SDI)'은 지상·해상·우주에서 미사일과 레이저 빔 등을 사용해 미국을 향한 핵 탄도미사일을 격추시키는 야심적인 목표를 가지고 추진되었다. 미사일 방어는 9·11 테러 이후 이란, 북한 같은 불량국가와 테러조직에 의한 핵미사일 공격을 막기 위한 수단으로 또다시 주목을 받았다. 전략적 핵 균형을 깨트린다는 러시아와 중국의 비난에도 불구하고 만일에 있을 핵 공격을 막겠다는 미국의 계획은 매우 합리적이고 정당하게 들린다.

그러나 왈츠는 미사일 방어가 비현실적일 뿐 아니라 핵억지의 균형과 안정을 깨는 위험한 결과를 초래한다고 비판한다. 냉전 시기 레이건 행정부의 야심 찬 미사일 방어 구상에 대해 왈츠는 소련의 대규모 핵 공격으로부터 완벽한 방어 체계를 구축하는 것은 불가능할 뿐 아니라, 위험하다고 비판했다.[356] 왈츠의 미사일 방어에 대한 비판은 핵미사일 방어의 실현이 어렵다는 점에서 출발한다. 비슷한 폭발력의 기존 폭탄에 비해 핵폭탄은 작으며 가볍기 때문에, 이동이 쉬우며 숨기기도 쉽고 또 여러 가지 수단을 통해 사용 가능하다는 것이다. 특히 **핵미사일 방어에 대해 세 가지의 대응 수단이 가능하다.** 첫째, 단순한 공수의 법칙을 적용하여 핵탄두의 수를 늘리는 것이다. 일반적으로 방어를 위해서는 공격자의 3배의 노력이 든다는 것이 상식이다. 즉 1개의 미사일 요격을 위해 평균 3배의 방어 미사일이 필요하다는 것이다. 이는 방어를 위한 비용과 수단의 부담이 커지는 것을 의미한다. 미국이 100개의 미사일을 격추할 수 있는 300개의 방어망을 구축하면 상대는 훨씬 저렴한 비용으로 200개, 300개의 미사일을 추가로 생산하여 배치할 수 있다. 둘째, 핵미사일과 함께 수많은 재래식 미사일이나 가짜 미끼를 함께 발사하여 미사일 방어를 교란할 수 있다. 셋째, 미사일 방어망을 피하는 것이다. 레이더 탐지가 어려운 크루즈 순항 핵미사일을 발사하는 것은 가장 쉬운 군사적 대안이다. 그 외에도 여행 가방에 숨겨 운반하는 방법, 연간 1300만 개의 수화물을 미국으로 운반하는 화물선에 숨겨 항구로 반입하는 등의 여러 가지 다양한 핵 공격이 가능하다. 이 경우 미국의 모든 국경과 영토 안의 움직임을 관리·통제한다는 것은 불가능하다. 적이 마음만 먹으면 미국에 대한 핵 공격을 시행할 방법은 얼마든지 있다는 것이다.[357]

더욱 큰 문제는 미사일 방어가 핵억지의 불균형을 초래하여 불필요한 핵 군비경쟁을 가열시키고 핵 평화의 역설적 순기능을 파괴한다는 것이다. 지금까지 중국은 최소억지 독트린에 입각하여 2차 보복에 필요 충분한 350여 개의 핵무기만을 보유하고 있었다. 2000여 개의 전략핵무기와 6000여 발의 핵탄두를 보유한 미국에 비하면 절대적 열세에 있는 전력이다. 미국의 미사일 방어는 미·중 전략핵 불균형을 더욱 심화한다. 미·중 핵 불균형은 1960년대 쿠바 미사일 위기와 같은 상황이 대만이나 남중국해 등에서 발생 시 미국의 개입과 그 전개에 중요 변수로 작용할 것이다. 이를 극복하기 위해 중국은 자신들의 핵무장 능력을 대폭 강화할 필요를 느낄 수밖에 없다. 실제 중국 당국은 2030년까지 핵탄두를 1000여 개로 늘릴 계획을 추진하는 것으로 보도되고 있다. 여기에 자신들의 대륙간 탄도탄의 생존성을 높이기 위해 고체연료 발사와 이동식 발사대, 그리고 핵미사일의 다탄두화에 박차를 가하기 시작하였다.[358] 또한, 기존에 미비하던 전략핵잠수함과 전략폭격기의 개발에도 본격적인 노력을 기울이고 있다. 왈츠가 우려한 핵무기의 증가와 핵 능력의 수직적 확산을 미국의 미사일 방어가 초래한 것이다. 이에 대응하기 위해 미국은 또다시 더욱 정교하고 광범위한 미사일 방어능력을 구축해야 할 것이다. 동시에 미국의 핵 공격 능력을 증가시킬 필요성도 제기될 것이다. 안보 딜레마의 전형적인 군비경쟁이 21세기 미·중 간 핵무기 경쟁으로 재현되는 것이다. 미·중 양자 관계 역시 보다 대결적 긴장 국면으로 들어서게 될 것이다. **안정적인 핵억지 균형이 불안정한 공격 방어의 안보 딜레마로 바뀌게 되는 것이다.** 왈츠의 눈에는 불행하고 어리석은 정책이다.[359]

미국의 대중 압박이 강해질수록 중국의 핵 균형에 대한 전략적 동기는 더욱 강해질 것이다. 최근 들어 중국 내부에서도 최소억지를 넘어 미국과의 전략적 핵 균형을 맞추어야 한다는 의견이 증가하고 있다. 무역이나 기술 전쟁의 미·중 경쟁이 핵 군비경쟁으로 전이될 가능성이 커진 것이다. 현재 중국은 대륙간 탄도미사일이나 다탄두 기술을 보유하고 있기는 하지만 전략핵무기는 그 숫자와 성능에서 미국에 비하면 절대적 열세에 있다.[360] 중국은 이와 같은 불균형을 해소하기 위해서 핵 보복능력 개발과 동시에 다양한 상쇄전략을 추구하게 될 것이다. 미국은 이를 저지하면서 핵전력에서의 격차를 유지하려고 할 것이다. 최근 남중국해나 대만해협을 둘러싼 미·중의 전략 경쟁이 격화되면서 중국은 무엇보다 핵전력의 취약점을 느낄 수밖에 없다. 특히 미국의 미사일 방어가 중국의 최소억지 능력을 손상하는 가장 결정적인 요소로 부상하게 되었다.

2016년 한국의 사드 도입은 한반도가 미국 미사일 방어 체계에 본격 편입되는 계기로 의심되면서 중국에게 시기적으로나 전략적으로 가장 긴급한 안보 현안으로 다가왔을 것이다. 2000년대 초 일찌감치 미국 미사일 방어에 편입된 일본은 중국이 문제 삼기에는 너무 늦었다는 판단을 하였을 수도 있다. 이것이 한국의 사드 도입에 더욱 민감하게 반응한 이유일지도 모른다. 미·중 전략 경쟁과 아울러 핵 경쟁이 본격화되는 시기에 사드가 한반도에 배치됨으로 인해 그 상징성이 더 크게 주목받았을 수 있다. 즉 중국으로서는 일본에 이어 한국마저 미국 미사일 방어에 편입되는 것만은 막아야 한다는 절박성이 가중될 수 있다. 여기에 일본보다 지리적으로 훨씬 가까운 한국의 전략적 중요성은 중국이 추구하는 접근 거부 전략과 중국 본토 방어에 더욱 심각한 위협으로 여겨질 것이다.

그렇다면 향후 한국의 미사일 방어 정책에서 고려해야 할 점은 무엇인가? 핵억지와 미사일 방어. 북한의 핵탄두 및 핵미사일 개발에 대한 한국 정부의 미사일 방어 노력은 정당하다. 북한이 각종 미사일 능력을 고도화함에 따라 한국의 미사일 방어 중요성이 더욱 강조되는 것은 당연하다. 더구나 현재 북한의 비핵화 전망이 불투명한 가운데 김정은 정권의 핵무기 개발이 가속화되면서 이에 대한 효과적인 억제력과 대응책의 필요성이 절실하다. 그런데 현재 한국의 킬체인 구축과 자체적인 미사일 방어 체계 구축 노력은 아직 기술과 비용 면에서 초보 단계에 이르고 있다. 대신 주한미군과 연합하여 운용하고 있는 패트리엇 미사일과 정찰위성 및 탐지 시스템이 대북 미사일 방어의 주를 이루고 있는 현실이다. 그런데 기존의 패트리엇 미사일만으로는 북한의 로동 미사일과 같이 고속으로 대기권에 돌입하는 중거리 미사일이 핵을 탑재할 경우 이에 대한 방어가 쉽지 않다. 또한, 단거리 미사일의 경우 요격에 성공하더라도 핵폭발로 인해 지상에 미치는 피해가 크다는 점도 지적된다. 2016년 북한의 연이은 핵실험과 미사일 발사 이후 주한미군 방어를 위해 고성능의 사드 방어 체계가 들어온 이유이다.

현재 북한의 핵과 미사일 능력이 지속해서 발전하는 상황에서 한국의 미사일 방어는 어쩔 수 없는 선택이다. 어디까지나 북한 위협에만 국한된다는 처지에서 그러한 방어 체계 구축에 노력해야 한다. 이러한 원칙은 주한미군과의 협력이나 한국과 일본의 개별적인 미사일 방어 체계의 구축 과정에서도 지켜져야 할 것이다. 이는 한미동맹이 미·중 전략 경쟁이나 한반도 이외에서의 미·중 군사충돌에 연계되지 않는다는 보다 큰 전략적 원칙에서 접근되어야 한다. 중국이 우려하는 한미동맹의 미사일 방어 문제 해소를 위해서는 중국 역시 북한 비핵화를 위해 함께 노력해야 한다는 점을 강조해야 한다.

한국의 핵무장 논쟁

03

북한의 핵 개발이 한국에 주는 위협은 크게 두 가지로 정리된다. 첫째, 북한만 핵을 개발하면 남북 간에 근본적인 전력 불균형이 초래되어 한국이 북핵의 볼모로 된다는 것이다. 이는 곧 한미동맹 하에 미국이 제공하는 확장억지에 대한 불신으로 연결된다. 북한이 핵실험을 반복하면서, 북한 핵에 맞서기 위해서는 한국도 핵을 보유해야 한다는 주장이 제기된 것이다. 미국이 한국에 대해 확장억지 원칙을 천명하고, 한국의 핵 개발을 강력하게 반대한다는 사실에도 불구하고 이러한 주장이 제기되었다는 점은 근본적으로 미국의 핵우산을 신뢰할 수 없다는 기본 문제의식에 기인한다. 그러나 한국의 경우 미국의 확장억지에 대한 불신은 냉전 당시의 상황과는 많이 다르다. 냉전 당시 소련의 경우 미국이 동맹을 위해 핵무기를 사용할 경우 미국에 대해

2차 핵 보복공격을 할 능력이 충분했다. 따라서 과연 미국이 이러한 소련의 핵 보복을 무릅쓰고 나토 동맹국을 위해 소련에 대한 핵 공격을 감행할지에 대한 의구심은 타당한 근거를 가졌다.

그러나 미국의 한국에 대한 핵우산과 확장억지에 대한 의구심은 타당하지 않다. 한국에 대한 북한의 핵 공격에 대해 미국이 핵무기로 보복하지 못할 이유는 많지 않다. 북한의 미국에 대한 2차 핵 보복능력이 아직은 충분치 않기 때문이다. 북한이 비록 수차례에 걸쳐 핵실험과 장거리 미사일 시험을 감행했지만, 북한이 미국 본토를 타격할 수 있는 핵미사일 능력을 갖추었다고 보기는 어렵다. 북한의 2016년 5차 핵실험 이후 많은 국내외 전문가들이 북한의 핵 능력을 기정사실로 하면서 미국 본토 공격 가능성을 주장하였다. 그러나 당시 미국 정보조직의 최고 책임자인 제임스 클래퍼(James Clapper) 국가정보국장은 아직 북한이 대륙간 탄도탄을 시험하지 않았기 때문에 미국은 물론 북한 스스로도 미국을 공격하기 위한 KN-08 대륙간 탄도탄이 실제 작동할지는 모른다고 밝혔다.[361] 이후 10여 년이 지난 아직도 여전히 북한이 미국을 타격할 능력을 갖추었는지는 불확실하다.

설사 북한이 장차 이러한 능력을 갖춘다 하더라도 핵억지에 필수인 미국 본토에 대한 실질적인 2차 보복능력을 가지기 위해서는 최소 수십에서 수백 기의 대륙 간 핵미사일과 여타 장거리 핵 공격 능력이 필요하다. 앞서 보았듯이 중국도 아직 그 능력이 부족한 상황에서 북한이 이러한 능력을 갖추기에는 많은 시간과 노력이 필요하다. 최근 북한이 심혈을 기울여 개발하고 있는 것으로 보이는 잠수함 발사 탄도미사일(Sea Launched Ballistic Missile, SLBM)의 경우도 여전히 많은 단계의 기술적 한계를 극복해야 하는 것으로 전문가들은 판단하고 있다.[362] 핵무장론자들은 북한이 핵 개발에 박차를 가하여 수년에서 십년 안에 명실상부한 핵보유국으로 부상할 것을 우려한다. 한국도 하루빨리 핵무장을 시작해야 너무 늦지 않게 자체적인 핵억지 수단을 가질 수 있다고 주장한다. 그러나 북한이 미국에 대한 2차 핵 보복능력을 가진다는 것은 전혀 다른 차원의 문제이며 여전히 현실적으로 그 가능성은 요원하다. 따라서 북한에 대한 자체 억지 차원의 핵무장이 필요하다는 주장은 그럴듯하지만, 확장억지의 불안 때문에 핵무장이 필요하다는 주장은 현실에 대한 이해가 잘못되었거나 호도하는 것이다.

둘째, 북한의 호전적이고 공격적인 핵정책에 기존 핵억지가 통하지 않는다는 것이다. 비슷한 염려의 목소리가 냉전 시기 소련의 핵 위협에도 제기되었다. 과거 소련이 방어적인 핵억지 개념을 거부하고 공세적인 군사전략을 내세우기 때문에 핵억지가 작동하기 어렵다는 주장이 있었다. 그러나 이는 소련 체제의 현실을 이해하지 못하는 것으로 지적된다. 비민주적이고 군사적인 소련의 지도자들일수록 자신들의 권력과 지위를 지키려는 모습을 보인다. 이미 절대 권력을 누리고 있는 이들이 핵 보복을 무릅쓰고 군사도발을 하기는 어렵다. 자신들의 체제를 스스로 파괴하는 행동이기 때문이다.

재래식 무기에 비해 핵무기는 체제의 성격이나 본질과 상관없이 2차 보복능력이 누구에게나 쉽게 인식되어 억지 효과가 절대적이다. 실제 1962년 쿠바 미사일 위기나 여타 냉전 시기 동안 소련의 지도자들이 공격적인 언행과는 달리 미국의 핵억지에 전면적인 도전을 한 적은 없다. 대신 미국의 봉쇄정책 속에 소련은 1990년대 초 스스로 붕괴의 길을 걸었다. 소련 체제의 호전성이나 독재성에도 불구하고 냉전이 열전으로 이어지지 않은 데는 핵무기를 통한 전쟁억지가 중요한 역할을 하였다.

소련이 치열한 핵 군비경쟁을 통해 군사적 우위를 추구하였다지만 냉전 중 소련은 미국에 대해 군사력의 우위를 달성하지 못하였다. 소련의 공세적인 핵무기 증강 노력에도 불구하고 미·소 핵 경쟁에서 미국은 줄곧 우세를 유지하였다. 더구나 소련은 미국뿐 아니라 영국, 프랑스, 중국 등 다른 핵 국가의 견제대상이었다. 종국에는 소련이 미국보다 더 많은 핵무기를 보유했지만, 핵억지는 여전히 작동했다. 소련이 미국의 2차 보복능력을 완전히 제거할 수 있는 능력을 보유하는 것은 불가능했기 때문이다. 소련의 공세적 핵 확장 정책에도 불구하고 미국이 소련에 대한 강력한 핵억지를 가졌던 것을 부정하는 이는 없었다. 냉전 중 미국의 많은 군사 전문가들과 정책 결정자들도 소련의 핵 확장에 우려의 목소리를 냈다. 그러나 경제와 군사를 비롯한 체제 경쟁은 물론 실질적인 핵 전력에서도 미국이 앞서고 있었다는 점이 냉전의 현실이었다.

냉전 시기 소련의 사례는 현재 북한의 경우와 매우 비슷하다. 북한의 호전적인 언사에도 불구하고 현실적으로 북한이 6·25와 같은 남침을 시도하는 것은 불가능하다. 남북한 체제 경쟁에서 북한이 정치, 경제, 사회 등 모든 면에서 뒤처진 것은 자명하다. 수적으로는 우세인 재래식 무기도 그 질적인 면과 전투 체계 등에서 남한이 크게 앞서는 것은 공공연한 사실이다. 군사력 평가 기관인 글로벌 파이어파

위(Global FirePower, GFP)에 의하면 2017년 한국은 세계 군사력 11위로 북한 23위에 비해 높이 평가되었다. 2020년에는 한국은 6위, 북한은 25위로 벌어지더니 2024년에는 한국은 5위, 북한은 36위로 격차가 점점 커지고 있다.[363] 더구나 6·25 직전 한반도에서 대부분의 미군이 철수한 상황과 반대로 지금은 굳건한 한미동맹이 있다.

왈츠는 북한의 지도자를 히틀러나 스탈린에 비유하는 것이 한편 타당하지만, 당시의 독일이나 소련과 비교하면 북한의 군사력과 국력은 형편없이 모자란다고 지적하였다. **북한이 핵을 개발하려는 것은 공세적 군사전략을 위해서라기보다는 북한 체제가 스스로 약하고, 고립되고 위협을 받고 있다고 느끼기 때문이라는 것이다.**[364] 약하고 불안감에 핵을 개발하는 국가는 핵억지에 더욱 신중하고 조심스럽게 행동한다.

냉전 시기 소련이나 중국은 핵을 가진 대표적인 불량국가였다. 하지만 소련과 중국은 미국에 직접 도발 등의 무모한 행위를 하지 않았다. 냉전은 이들 불량국가에도 핵억지가 작동하는 것을 증명하였다. 오늘날 대표적 불량국가인 북한에도 핵억지는 여전히 유효하다. 북한이 종종 예측불허의 불안하고 불량한 모습을 보이지만 무모하지는 않기 때문이다. 많은 안보 전문가들은 북한이 핵실험과 미사일 발사 등 잇따른 도발을 하는 배경에는 생존을 위한 이성적인 사고가 자리 잡고 있다고 분석한다. 냉전 이후 고립된 북한의 핵 개발은 힘이 약한 국가가 안보 불안 속에서 체제를 유지하기 위한 이성적인 선택으로 이해된다. 미국의 이라크 침공과 리비아 독재자 카다피의 몰락은 북한 지도부가 핵을 더욱 절박한 생존수단으로 삼는 계기가 되었다고 분석

된다.[365]

북한이 설사 실질적인 핵을 보유하더라도 한미동맹이 지속하는 한 북한의 군사력은 절대적으로 열세이며, 핵무기에서도 미국의 핵 능력을 결코 넘어설 수 없다. 미국의 확장억지가 여전히 유효한 억지의 수단으로 작동하는 이유이다. 북한의 핵 공격은 미국의 압도적인 핵 능력을 포함하는 한미동맹의 무자비한 보복을 초래하는 자살행위가 될 것이다. 북한 지도부의 호전적인 언사에도 불구하고 자살행위를 할 징후를 발견하기는 어렵다. 남한을 비롯한 주변 국가들의 신중한 접근이 필요한 이유이다. 현재 한미는 강력한 한미동맹과 미국의 핵우산을 통해 북한의 핵 개발에 대응하고 있다. 한미동맹이 건재하는 한 한국이 독자적 핵 개발을 할 필요는 없다. 미국의 확장억지가 한반도의 북핵에 충분히 작동하기 때문이다. 한국도 핵 개발을 서둘러야 할 것인지의 국내적 논쟁이 벌어지기도 한다.

그러나 **북한의 핵무장에 핵무장으로 대응하기에는 여러 가지 어려운 문제가 많다.** 첫째, 남한의 핵 개발은 북한의 핵을 인정하지 않고 비핵화를 추구하는 대한민국의 정책에 상반된다. 다시 말해 북한의 핵 개발을 인정하고 더욱 부추기는 것은 물론 남북 간 새로운 군비경쟁을 유발할 것이다. 둘째, 남북의 핵 경쟁은 중국은 물론 일본을 위시한 동북아의 새로운 핵 개발과 경쟁으로 이어질 수 있다. 셋째, 이러한 한반도와 동북아의 핵확산은 미국과 국제사회의 비핵화 정책과 정면으로 대치된다. 미국을 위시한 전 세계적인 비난과 국제사회의 제재를 초래할 것이다. 한미동맹의 위기는 물론 한국도 북한과 마찬가지로 국제적인 고립과 홀로서기의 길에 들어서게 될 것이다. 북한과 달리 전 세계와의 교역으로 먹고사는 대한민국에는 상상하기 어려운 시나리오이다.

트럼프 2기 행정부의 대북정책과 확장억지에 대한 불확실성이 제기되기도 한다. 그러나 여전히 한국의 핵무장은 더욱 많은 불확실성과 위험부담을 가진다. 북한의 비핵화가 쉽지 않고 시간이 걸리더라도 끈기와 인내를 가지고 한반도 비핵화의 대화와 협상을 시도해야 한다. 이것이 21세기 한반도의 평화와 안보를 위한 협상 주도권을 대한민국이 잡게 되는 시작이다.

6장

대북 제재냐 당근이냐?

한국전쟁 이래 남북관계는 긴장과 위기의 연속이었다. 1953년 종전 이후 양측은 여전히 평화가 아닌 휴전상태에서 크고 작은 군사도발과 충돌을 지속해오고 있다. 1960년대 북한군 특수부대 청와대 기습 사건과 미 정보함 푸에블로호 납북 사건, 1970년대 북한의 판문점 도끼 만행 사건, 1980년대 북한 공작원의 KAL기 폭파 테러와 미얀마 아웅산 묘지 참배 테러 사건을 거쳐 1990년대와 2000년대 서해상의 도발, 그리고 2011년의 천안함 폭침과 연평도 포격 사건 등에서 보았듯이 한반도에 전면적 군사충돌이 일어날 가능성은 항상 존재한다. 유사시 북한의 군사도발에 대한 1차 목표는 이로 인한 인명 피해를 최소화하고 국민의 생명과 재산을 안전히 지키는 것이다. 이 과정에서 북한의 도발을 응징하여 또다시 그러한 도발을 하지 못하는 교훈을 주는 것 또한 중요하다.

동시에 그에 못지않게 중요한 것은 필요 이상의 확전을 방지하여 한반도가 제2 한국전쟁의 비극을 겪지 않도록 하는 것이다. 북한이 전면전을 일으키면 한국은 당연히 자위적인 차원에서 방어를 위한 군사력을 사용할 것이다. 그 경우 한미연합군은 북한의 군사력을 격퇴할 충분한 군사력을 보유하고 있다. 문제는 한국이 최종적인 승리를 하더라도 그 과정에서 북한은 물론 남한도 막대한 인명과 재산 피해를 볼 가능성이 크다는 점이다. 또한, 한미연합군에 의한 북한과의 전면전은 중국의 군사적 개입을 초래하거나 미·중 간의 전면적인 대결로 이어질 수도 있다.

1962년 소련이 쿠바에 중거리 핵미사일을 배치하면서 시작된 쿠바 미사일 위기는 미·소 양측이 전면적인 핵전쟁의 직전까지 가는 군사 위기 상황으로 치달았다. 케네디 행정부는 당시 엄청난 국내외적 압박과 군사적 불확실성 속에서 단호한 군사 압박과 적절한 외교 협상을 조합한 강압 외교를 통해 소련 핵의 철수와 함께 전면 핵전쟁을 피하는 극적인 위기관리 능력을 보여주었다. 대한민국의 정치·경제·사회의 핵심인 수도 서울이 수천 발에 이르는 북한의 장사정포와 각종 미사일 사거리 안에 있는 상황은 전쟁 방지를 위한 강압 외교의 중요성을 일깨운다. 강압 외교는 유사시 발생할 위기관리의 중요한 정책 수단이다.

한편, 북한의 핵 개발에 대해 한국의 비롯한 국제사회는 대화를 통한 평화적 비핵화를 추구해왔다. 비록 원칙적으로는 선제타격을 비롯한 모든 방안이 포함되지만, 외교가 대북 협상의 주요 수단인 것은 변함이 없다. 문제는 북한이 대화를 통한 평화적 해결 노력에 대한 성의를 보이지 않는다는 것이다. 그동안 다양한 대북 제재와 압박을 통한 강압 외교는 북핵 협상의 주요 수단이 되어왔다. **그렇다면 과연 강압 외교는 북한의 핵 포기를 끌어낼 수 있을까? 효과적인 압박의 조건은 무엇인가? 압박과 아울러 적절한 보상이 필요한가? 강압 외교 이론은 한반도의 위기관리와 한국을 비롯한 국제사회의 대북 비핵화 노력을 올바르게 이해하고 수립하는 데 중요한 단서를 제공한다.**

알렉산더 조지와 강압 외교

01

전쟁 말고 설득하기

강압 외교는 앞서 살펴본 무력의 4가지 사용 중 강제의 기능을 사용한 외교적 노력이다. **강압 외교는 "상대로부터 행동의 변화나 특정한 양보를 얻어내기 위하여 무력의 행사를 위협하거나 실제 제한된 형태의 무력을 사용하는 것(the actual use of limited force)"이다.**[366] 미국 스탠퍼드대학의 정치학자 조지(Alexander George)에 의하면 상대방이 미래에 행동을 취하지 못하도록 미리 방지하는 억지와는 달리 강압 외교는 상대방이 이미 취하고 있는 정책이나 행위를 중지하거나 되돌리는 데 목적을 둔다. 이를 위해 "상대방에게 치러야 할 비용의 범위가 막대하다는 것을 깨닫게 함으로써 지금 취하고 있는 행동을 유지하는 동기를 감소시키는 것이 중요한 과제이다."[367] 이 경우 무력의 사용은 신속하고 결정적인 군사적 목표를 달성하기 위한 수단이라기보다 유연하면서도 정제된 심리적 정책 수단으로 여겨진다.[368]

강압 외교는 상대방이 우리의 의지에 반하여 취한 행위나 정책을 되돌리려 한다는 점에서 방어적 형태의 강제이다. 이는 상대방이 소중히 여기는 특정 가치를 저항 없이 포기토록 강요하기 위해 공세적 위협을 추구하는 공갈 협박 전략(blackmail strategy)과 비교된다. 강압 외교는 4가지 무력의 사용 중 강제의 범주에 포함되지만, 그 강제적 위협의 사용이 방어적인 성격을 띤다는 점에서 공세적 위협과 방어적 위협의 구분이 없는 강제에 비해 보다 세밀한 기능을 가진다. 즉 일반적으로 적의 행위를 바꾸려는 강제가 매우 배타적이고 심각한 강제적 위협을 의미하는 반면, **강압 외교는 강제적 위협과 더불어 비강제적 설득이나 보상을 협상 수단으로 포함하면서 더욱 유연한 외교의 가능성을 제공한다.**

강압 외교의 주목적은 상대방을 처벌하는 것이 아니라 설득이다. 따라서 무력을 사용하더라도 단순히 무자비한 징벌이 아니라 상대방이 우리의 요구를 들어주지 않을 경우에 대한 본보기를 목적으로 매우 제한된 형태의 무력을 사용하게 된다. 이 경우 무력의 사용은 만약 필요하다면 우리가 심각한 무력을 사용할 의지가 있다는 점을 상대에 확신시켜 주기에 충분한 정도의 적절한 무력시위를 의미한다. 강압 외교가 반드시 무력의 사용을 전제로 하는 것은 아니며, 무력시위 없이 만족스러운 위기 해결이 될 수도 있다. 반대로 상황에 따라서는 무력시위를 거치는 과정 없이 전면전으로 바로 돌입하기 위해 강압 외교를 포기할 수도 있다.

강압 외교의 장점은 전형적인 무력의 사용에 비해 원치 않는 확전의 위험을 줄일 수 있다는 것이다. 즉 상대적으로 적은 정치·심리적 비용과 최소의 무력 사용을 통해 효과적으로 위기 상황을 극복하고 원하는 해결책을 얻고자 하는 목적을 가진다. 그렇다고 강압 외교가 쉬운 해결책은 아니다. 그런데도 군사적으로 우세한 국가가 적은 비용과 낮은 위험부담으로 약한 국가를 위협하여 자신들의 목적을 쉽게 달성할 수 있다는 과신을 하게 하는 경향이 있다. 실제는 상대방이 의외로 강하게 저항하면 원래의 의도와는 달리 심각한 위기 상황이 발생할 위험도 있다. 그 결과 자칫 의도하지 않았던 무력충돌로 이어질 수 있다. 또한, 복잡한 국제정치의 속성상 아무리 잘 계획된 강압 외교 전략도 여러 제약이나 불확실성 등에 의해 위험에 처할 가능성도 유념해야 한다.

4가지 강압 외교 전략

강압 외교를 계획하고 수행하는 과정에서 고려해야 할 주요 사항은 다음과 같다. 첫째, 상대방에 무엇을 요구할 것인가? 둘째, 그 요구사항에 대한 시한을 설정할 것인가, 설정한다면 어떻게 설정할 것인가? 셋째, 상대가 요구사항을 거부할 때 그에 대한 보복 조치를 취할 것인가, 그 경우 어떠한 보복 조치를 취할 것인가? 넷째, 상대의 거부 반응에 보복 조치만을 예시할 것인가, 아니면 보다 긍정적인 반응을 유도하기 위한 유인책을 함께 제시할 것인가? 이 사항을 어떻게 조합하는가에 따라 다음의 네 가지 다른 강압 외교 전략이 사용될 수 있다.[369]

첫째, 강압 외교의 가장 공세적 접근으로 최후통첩(ultimatum) 전략이 있다. 여기에는 전면적 최후통첩(a full–fledged ultimatum)과 암묵적 최후통첩(a 'tacit' ultimatum)의 두 가지가 있다. 먼저 **전면적 최후통첩**은 ① 상대에게 제시하는 요구사항, ② 요구가 수용되어야 할 기한, ③ 지정된 기한 안에 제시된 요구사항이 이루어지지 않는 경우 그 응징과 처벌이 명확하게 제시된다. 이 전략의 강점은 상대에게 우리의 요구사항과 시한, 그리고 처벌 내용을 구체적으로 제시함으로써 우리의 요구와 의지를 가장 확실하게 전달할 수 있다는 점이다. 그렇다고 성공을 보장하지는 않는다. 오히려 상대방을 궁지로 내몰거나 굴욕감을 줌으로써 필요 이상의 반발을 초래하여 상황을 더욱 악화시킬 위험성이 크다. **암묵적 최후통첩** 전략도 전자와 마찬가지로 상대방에게 명확한 요구사항을 전달하면서 그것이 되도록 빨리 수용되어야 한다는 점을 제시한다. 하지만 특정한 시한을 명시하지 않는다는 점에서 전면적 최후통첩과 차별된다. 이 전략 역시 처벌의 내용과 조건을 명시적으로 제시할 수 있다. 하지만 상황에 따라 처벌을 명시하는 대신 특정한 군사적 움직임이나 행동을 통해 사태의 심각성을 표시하는 경우도 있다. 즉 전면적인 최후통첩의 부담을 피하면서 동시에 그 심각성을 전달하기 위해 특정한 군사적 조치와 강력한 경고를 조합하는 방법으로 추구될 수 있다.

둘째, 시행과 관망(try–and–see) 전략이다. 앞서 논의한 최후통첩과 비슷하게 우리의 요구사항을 명시하는 것은 같지만 특정한 시한이나 수용의 긴급성을 강요하지는 않는다. 불수용에 대한 압박이나 위협도 처음부터 강도 높은 것을 취하기보다 매우 제한적이거나 상징적인 조치를 취한다. 이후 일단 상대방의 반응을 보면서 그 결과가 만족스럽지 못하면 더욱 심각한 위협이나 다음 단계의 조치를 취할지 관망하는 전략이다.

셋째, 점진적 조이기(gradual turning of the screw) **전략이다.** 최후통첩에 비해 덜 강압적인 전략이지만, 시행과 관망 전략의 일회성 압박보다는 강도가 센 전략이다. 즉 압박을 점차로 높여 나갈 것을 처음부터 밝히고 실제로 압박의 수위를 점차로 높여가는 전략이다. 최후통첩과 비교하면 요구사항에 대한 시한의 긴박성은 여전히 약한 모습을 보인다. 또한, 상대방의 불수용에 대해서도 대규모의 강력하고 단호한 처벌을 취하기보다는 점진적인 강압 수단을 쓴다는 차이가 있다. 만일 정책 결정자가 일관적인 행동을 보이지 않고 그때그때 흔들린다면 시행과 관망 전략과 혼동될 여지가 있다.

앞의 세 가지 강압 외교 전략은 갈등이나 위기 상황의 단계에 따라 취사 선택된다. 최후통첩은 시행 관망이나 점진적 조이기 전략에 비해 더욱 강력한 의사전달과 압박의 수단을 내포한다. 그러나 실제 위기 상황에서 전면적이든 암묵적이든 최후통첩 전략은 종종 국내 정치적·외교적·군사적 측면에서 너무 위험하거나 비현실적인 경우가 많다. 대신 시행 관망이나 점진적 조이기 전략이 선호되는 경우가 많다. 역사적으로는 한 종류의 강압 외교 전략을 고수하기보다 상황의 변화에 따라 종종 다른 강압 외교 전략으로 갈아타는 사례가 많다. 이들 중 어느 전략이 더 효과적이고 성공할지 미리 판단하기 어려운 이유이다.

강압 외교의 네 번째 전략인 당근과 채찍(carrots and sticks) 전략은 앞의 세 전략과 다른 중요한 차이를 가진다. 상대방에게 처벌과 압박만을 제시하는 것이 아니라 **긍정적인 유인책과 보상을 함께 제시한다는 것이다. 이 경우 전략의 융통성과 적용성이 획기적으로 향상된다.** 상대가 협상과 타결에 더욱 적극적으로 나설 수 있는 큰 이점이 있다. 물론 강압 외교 전략에서 처벌의 위협과 압박만 사용할지, 조건부의 긍정적인 유인책도 함께 제시할지의 판단은 정책 담당자의 몫이다. 또한, 어느 정도의 유인책을 제시할지도 중요하다. 즉 상대의 체면을 살려줄 정도의 최소한의 유인책을 제공할지, 아니면 실질적인 우리 쪽의 양보를 함께 제시하여 현 위기 상황의 근본적인 해결을 위한 대등한 주고받기를 시도할지도 정책 결정자의 판단 사항이다. 현실에서는 처벌의 위협만으로는 상대방의 양보를 얻어내기 힘든 경우가 많다. 따라서 유인책을 함께 제시하는 '당근과 채찍' 전략이 종종 유용하게 사용된다. 이 경우 처벌의 위협이 신빙성을 가져야 하는 것처럼 유인책에 대한 보장 역시 상대방이 신뢰할 만한 것이어야 함은 물론이다. 다음의 표 2-4는 강압 외교의 네 가지 전략을 요약한 것이다.

상황에 따라 어떠한 종류의 강압 외교 전략을 사용할지는 그 성공을 위해 중요한 사안이다. 그러나 강압 외교 전략의 성공 여부는 그 자체 전략의 특성 말고도 다른 요인들에 의해 결정되는 경우가 더욱 많다. **조지에 의하면 강압 외교 성공의 중요한 변수는 상대방에게 어떻게 우리의 요구와 의지를 확실하게 전달할 것인가에 달려 있다.** 의사전달의 수단은 말과 행동 두 가지이다. 그런데 위기 상황에서는 상

표 2-4 | 강압 외교 4 전략

	요구사항, 시한, 보복	고려사항
(암묵적) 최후통첩	• 요구사항과 시한, 보복 내용을 명시하여 상대에게 사태의 심각성을 최대한 전달	• 우리 측 요구와 의지를 가장 극명하게 전달 • 상대방의 강한 반발을 초래하여 위기상황을 오히려 악화시킬 가능성 • 암묵적 최후통첩은 시한이나 보복의 내용은 긴박하게 명시하지 않음
점진적 조이기	• 요구사항은 적시하면서도 시한은 명시하지 않고, 처벌의 강도도 서서히 높여가며 상대방의 설득을 유도	• 최후통첩에 비해 시한이나 처벌의 심각성은 적시하지 않음
시행과 관망	• 요구사항은 적시하지만 시한과 보복은 적시하지 않음. 대신 제한적인 압박 조치를 취하면서 상대방의 반응을 관찰	• 시한이나 보복에 대한 긴급성과 심각성을 언급하지 않고 시간의 여유를 두고 상대방의 반응에 따라 다양한 설득과 압박 시도
당근과 채찍	• 요구사항에 처벌과 압박을 제시함과 동시에 긍정적인 유인책과 보상도 함께 제시하여 상대방의 설득을 유도	• 처벌과 압박만을 제시하는 나머지 전략에 비해 상대에 대한 융통성과 적응성이 획기적으로 향상됨 • 처벌에 대한 의지 못지않게 유인책에 대한 신뢰성 보장 필요

호 간 잘못된 의사전달이나 오판의 소지가 커지는 경향이 있다. 말과 행동의 조화로운 일치와 효과적인 의사소통이 적과의 위기관리를 위한 가상 중요한 전제조건인 것은 두말할 나위가 없다. 그러나 현실에서는 우리의 말과 이를 뒷받침하기 위한 행동이 상대방에게는 오히려 반대의 메시지를 전달하거나 상호 모순 혹은 혼란스러운 모습을 보이는 경우가 종종 있다. 즉 말과 행동이라는 두 차원의 의사소통이 항상 성공적으로 전달된다는 보장이 없다는 점이다. 따라서 강압 외교를 실제 적용하는 것은 매우 애매하며, 문제가 많고 또한 매우 위험할 수 있다는 현실을 항상 유념해야 한다.

말과 행동을 통해 우리의 의사를 명확히 전달하는 것은 강압 외교의 필수조건이지만 그 자체가 성공을 담보하지는 않는다. **강압 외교의 성공 여부를 가늠하는 또 다른 중요한 요인은 우리가 무엇을 요구할지와 상대방이 그것을 어떻게 받아들이는가의 문제이다.** 우리가 요구하는 내용이 사소한 것이라면 상대가 받아들이기 쉬울 것이고, 반대로 너무 많은 것을 요구하면 당연히 어려울 것이다. 이 경우 요구의 내용은 단지 물질적 비용뿐 아니라 이것을 수용하기 위한 심리적 혹은 정치적 비용까지 고려해야 한다. 우리의 요구가 상대방에게는 그 대가와 비용이 훨씬 크게 느껴질 수 있다는 점을 간과해서는 안 된다. 결국, 우리의 요구와 이에 대해 상대가 느끼는 부담은 마치 동전의 양면처럼 밀접히 연관되어 있다. 핵심은 서로가 느끼는 상대적 기회비용과 그 동기의 균형이 항상 상호작용하는 현실에서 그 접점을 어떻게 찾아낼 것인가로 귀결된다.[370]

상대에게 무엇을 요구할지에 관한 중요한 원칙은 다른 여러 사안보다 가장 핵심적인 사안을 요구해야 그 성공 가능성이 커진다는 것이다. 우리에게 가장 핵심적인 문제일수록 상대에게는 우리에게 중요한 이해관계의 비대칭성을 강화한다. 상대가 우리 요구의 심각성을 이해하고 이를 수용할 동기가 더 커지게 된다는 것이다. 우리에게는 절체절명의 중요한 핵심 문제일수록 상대에게는 그만큼 절실한 문제는 아닐 가능성이 커진다. 상대가 우리의 요구를 수용할 여지와 동기가 더 커지는 것이다.

강압 외교의 대표적인 성공 사례로 쿠바 미사일 위기를 들 수 있다. 1962년 가을 미국 정보당국은 소련이 비밀리에 쿠바에 중거리 핵미사일을 실전 배치한 것을 발견한다. 미국의 코앞에 소련이 핵미사일을 배치한 것은 미국의 안보를 직접적으로 위협하는 가장 심각한 상황으로 받아들여졌다. 당장 케네디 행정부는 긴급 국가안보회의를 소집하고 대책 마련에 돌입한다. 이후 13일간 미국과 소련 간에는 전면적인 핵전쟁 직전까지 가는 냉전 사상 가장 긴급한 위기 상황이 발생한다. 이 과정에서 케네디 행정부는 전군에 대한 최고의 경계령을 내리는 한편, 소련에 대해서는 배치된 핵미사일을 즉각 철수할 것을 요구한다. 동시에 쿠바해역 주변에 대한 해상 봉쇄 조치를 취한다. 양측이 그 결과를 알 수 없는 절체절명의 상황에서 결국 소련 정부의 양보를 얻어낸 것은 케네디 행정부의 신중하고도 단호한 강압 외교 전략이었다. 후일 밝혀졌듯이 압박과 함께 양보안을 동시에 제안한 밀실협상이 중요한 역할을 한 결과였다. 쿠바 미사일 위기는 이후 강압 외교의 가장 극적이고 성공적인 사례의 하나로 여겨진다. 그 성공 요인은 다음과 같다.

첫째, 미국에게 소련 핵무기의 쿠바 배치는 절체절명의 위협으로 여겨졌다. 미국은 전면전을 통해서라도 이를 수용할 수 없다는 의지가 확고하게 드러났다. 이에 비해 소련에게는 이를 두고 미국과 전면전을 감수할 만큼의 중대 사안은 아니었다. 둘째, 미국은 소련에게 핵무기 철수라는 확고한 요구를 제시하였다. 동시에 이전에 추진하던 반미 지도자 카스트로의 제거나 소련·쿠바와의 관계 절연과 같은 부차적인 요구를 하지 않았다. 셋째, 동시에 미국은 소련이 제기한 터키의 주피터 중거리 핵미사일 철수와 카스트로 정권에 대한 안전보장 등 소련의 요구를 일부 수용하는 유연성을 보여주었다. 넷째, 양측 모두가 이성적이고 합리적 판단과 협상을 추구하면서 내부 강경론을 제한하였다.

다섯째, 결정적인 순간에 케네디 대통령의 의사전달을 자기 동생이자 정권의 실세로 인정받은 로버트 케네디 법무부 장관을 소련 대사관에 보내 직접 담판하는 방식으로 했다. 상대측의 신뢰를 얻고 효과적인 의사소통이 가능했다. 여섯째, 전면전을 원치 않는 양측 수뇌부의 의도에도 불구하고 쿠바를 중심으로 양국 군이 대치하던 현장에서 우발적인 상황에 의해 확전과 전면전으로 갈 수 있는 위기 상황이 여러 번 있었다. 결국, 쿠바 위기의 해결에 천운이 함께 따라준 것으로 이 사건의 당사자들은 회고한다.[371]

쿠바 사태에서 케네디 행정부가 소련에게 요구한 것은 쿠바에 몰래 배치한 핵무기 철수였다. 자국의 뒷마당으로 여겨지던 쿠바에 핵이 배치된 것은 미국에는 타협의 여지가 없는 절체절명의 안보위협으로 간주되었다. 이에 비해 소련에게는 카스트로 체제 전복을 꾀하던 미국으로부터 동맹국 쿠바를 보호하기 위한 조치의 일환으로 전개된 성격이 컸다. 따라서 쿠바 핵의 철수는 미국이 쿠바 정부에 대한 안전보장만 인정하면 소련의 입장에서는 받아들이기가 상대적으로 쉬운 협상 조건을 제공하였다. 여전히 이 경우에도 미국의 단호한 요구와 의지를 소련이 어떻게 인식하였을까의 문제가 남는다. 쿠바의 경우 케네디 정부의 요구와 의지가 결국은 소련의 지도자 흐루쇼프에게 잘 전달되어 위기가 평화적으로 종결될 수 있었다. 그러나 **현실은 우리가 아무리 의사를 명확히 하더라도 오해와 오판의 가능성은 항상 존재한다는 것이다.** 그에 따라 전혀 다른 결과가 초래되기도 한다는 사실을 잊어서는 안 된다.

브루스 젠틀슨과 강압 외교 성공 요건

02

미국 듀크대학의 정치학자 **젠틀슨(Bruce Jentleson)은 강압 외교의 세 가지 성공 조건과 상대방 요인에 대한 포괄적 분석을 시도하였다. 2003년 리비아 카다피 정부의 핵무기 프로그램 포기**를 끌어낸 미국의 강압 외교가 좋은 사례이다. 1970년대부터 핵을 개발해온 리비아의 카다피 정권은 2003년 12월 19일 핵무기를 비롯한 모든 대량살상무기와 장거리 미사일 프로그램의 폐기와 더불어 국제기구의 사찰을 허용하겠다고 발표했다. 영국을 통해 2003년 초 미국에 핵 포기 의사를 전한 뒤 미국과 리비아가 본격적인 비밀협상을 한 결과였다. 리비아는 1단계 조치로 2004년 1월 '포괄적 핵실험 금지 조약(CTBT)'에 가입하고, 2단계로 '국제원자력기구(IAEA)'와 '화학무기금지기구(OPCW)'의 사찰을 허용하는 한편 스커드 미사일 등 핵·미사일 장비를 미국으로 이송했다. 미국은 보상 조치로 2004년 4월 경제 제재 해제를 발표하고, 6월 리비아에 연락사무소를 설치해 24년 만에 외교관계를 회복했다. 이어 대량살상무기 완전 폐기라는 3단계 조치가 이뤄지자, 미 국무부는 2005년 10월 리비아 내 핵 프로그램 활동의 중단을 발표했다. 미국은 2006년 5월 연락사무소를 대사관으로 승격하고, 6월엔 리비아를 25년 만에 테러 지원국 명단에서 삭제했다.

리비아의 핵 포기 협상은 절대 쉽지 않았다. 리비아는 1969년 카다피가 쿠데타로 친미 성향의 이드리스 왕정을 전복하고 중동에서 반미정책을 펴며 대표적인 불량국가로 떠올랐다. 카다피 정부는 정권 초기부터 핵무기 프로그램을 적극적으로 추진했다. 1970년대 중국, 파키스탄, 인도 등으로부터 핵무기 이전을 타진하다 실패하자 소련의 도움 아래 자체 무기 제작을 위한 원자로를 건설하고 우라늄 농축을 통한 핵무기 제조에 매진했다. 더불어 신경가스를 포함한 대규모의 생화학무기와 장거리 탄도미사일 제조에도 힘을 기울였다.

카다피 정부는 대표적인 테러 후원 국가로도 악명 높았다. 서구와 미 패권주의에 대항하는 아랍 세계의 맹주를 자처하며 팔레스타인해방기구, 아일랜드 IRA와 일본 적군파 등의 무장 테러활동을 지원하였다. 1972년 독일 뮌헨 올림픽 이스라엘 선수촌 테러, 1973년 수단 주재 미국대사 암살을 시발로 유럽과 중동, 아프리카 등에서 각종 테러활동에 적극적으로 관여하였다. 미국은 닉슨과 카터 행정부 시절 국교 단절과 함께 다양한 제재를 부과하기 시작하였다. 1980년대 레이건 행정부는 리비아를 가장 악명 높은 테러 지원 국가로 지정하고 리비아에 대한 무력 대응을 전개하였다. 급기야 1986년 카다피의 개인 별장에 폭격을 가해 그의 암살을 시도하였다. 가까스로 목숨은 건졌지만, 부상에 자식까지 잃은 카다피는 1988년 12월 미국의 팬암 민간항공기를 스코틀랜드 상공에서 폭파하는 희대의 테러를 일으킨다. 259명 탑승객 전원이 사망한 여객기에는 크리스마스 연휴에 영국에서 미국으로 돌아가던 다수의 유학생을 포함한 189명의 미국인이 있었다. 이 사건은 미국과 영국은 물론 전 세계의 공분을 일으켰고 카다피는 미국의 공적 1호가 되었다.

그렇다면 핵을 개발하며 최악의 테러 국가로 미국에 대항하던 리비아가 갑자기 핵 포기와 국교 정상화에 합의하게 된 비결은 무엇인가? 젠틀슨은 1980년대 레이건, 1990년대 부시 및 클린턴, 그리고 2000년 초 아들 부시 행정부의 세 시기에 걸쳐 진행된 미국과 리비아의 핵 포기 협상을 분석한다. 리비아의 핵 포기 사례에 비추어 조지 교수가 제시한 **강압 외교 전략의 성공 조건을 세 가지**로 나누어 제시한다. 비례성(proportionality), 상호성(reciprocity), 강압의 신뢰성(coercive credibility)이 그것이다.[372] 강압 외교 전략에서 이 세 가지 원칙의 적절한 조화가 중요하다는 결론이다.

첫째, 비례성(proportionality)은 강압 외교를 사용하는 행위자의 목표에 따라 그 수단이 적절하게 잘 조화를 이루고 있는지를 의미한다. 즉 목표의 경중에 따라 상대방에 적용할 강압의 강약도 함께 비례해야 한다는 것이다. 여기서 기본 원칙은 어떤 상황에서도 무력의 위협이나 사용이 전면전으로 비화하지 않도록 제한적으로 사용되어야 한다는 점이다. 만일 그 수단과 과정이 실제 전면적 무력 사용이나 전쟁으로 확산한다면 강압 외교 자체가 실패한 것이 된다. 이를 통해 설사 목적을 달성하더라도 이는 전쟁에 의한 것이지 강압 외교에 의한 것이 아니다. 이러한 수단의 제한성은 달성하려는 목적 자체도 제한적이어야 한다는 것을 내포한다. 강압 외교의 목표는 어디까지나 상대방의 특정한 정책이나 행위를 바꾸려는 것이어야지, 상대방의 본질 자체를 바꾸는 것, 즉 **체제 변화(Regime Change)를 추구해서는 안 된다는 점이 강조된다.**[373]

레이건 행정부의 공세적 적대 정책에 비해 부시(아버지)-클린턴-부시(아들)로 이어지는 1990년 미국의 대리비아 정책은 카다피 정권 교체에서 테러 및 핵 정책 변화로의 전환이 이루어졌다. 특히 1990년대 말 클린턴 정부는 영국과의 긴밀한 협조하에 팬암 테러 사건 범인의 처벌 및 희생자에 대한 보상이 이루어진다면 카다피 정권의 책임을 묻지 않을 것임을 분명히 하였다. 이어진 아들 부시 정부도 리비아 정부의 핵 프로그램 포기가 목표이지, 카다피 정권을 부정하거나 체제 전복을 추구하지 않음을 명확히 하였다. 미국의 대리비아 강압 외교가 체제 변화가 아닌 정책 변화로의 비례성을 명확히 하면서 협상의 토대가 마련된 것이다.

둘째, 상호성(reciprocity)이란 상대방이 양보하였을 경우 그에 상응하는 보상과 대가가 있다는 것을 명확하게 혹은 최소한 암묵적으로 제시하는 것이다. 여기서 중요한 점은 상대방에게 보상을 너무 늦게 혹은 너무 적게 제공하거나, 반대로 너무 일찍 혹은 너무 많은 것을 제시하는 양쪽 모두를 조심해야 한다는 것이다. 즉 상대가 협상에 임할 동기를 충분히 제공하되 제대로 된 양보를 얻어내지 못하는 상황 사이의 균형을 잘 찾아야 한다. 리비아의 경우 1990년대 말 리비아가 테러범 인도에 타협 의사를 보이면서 영국과 유럽, 미국 등에 의해 내려진 외교적·경제적 제재가 점차로 해소되었다. 특히 부시 행정부는 테러범 인도 협상 이후 본격화된 핵 협상에서 카다피 정부와의 외교관계 정상화를 비롯한 경제 제재 해제를 단계별로 분명하게 제시하였다.

셋째, 신뢰성(credibility)은 상대가 요구에 응하지 않거나 협조를 하지 않으면 그에 상응하는 손해와 대가를 치러야 한다는 것을 확실히 인식시키는 것이다. 이를 위해 무력시위를 비롯한 여타 강압적 수단을 동원하여 비협조의 대가가 커질 수밖에 없다는 것을 상대에게 확실히 인식시킬 수 있어야 한다.[374] 2002년 부시 행정부는 9·11 테러 이후 아프가니스탄을 침공한 이후 이라크에 대한 전격적인 침공을 감행하고 사담 후세인 체제를 전복시켰다. 사담 후세인이 유엔과 미국이 요구한 핵무기 프로그램 사찰과 핵 포기를 거부한다는 것이 가장 큰 이유였다. 이는 곧 카다피 정부에게 미국의 요구를 거부할 경우 어떠한 대가를 치를지 분명한 경고의 메시지로 작용했다. 부시 행정부의 위협에 명확한 신뢰성이 제시된 것이다. 이 세 가지 원칙을 정리하면 다음 표 2-5와 같다.

젠틀슨은 그러나 강압 외교의 성공을 위해 우리 측의 효과적인 전략 수립과 시행만으로는 부족하다고 주장한다. 모든 외교는 상대가 있는 법이다. **상대방의 전략이나 국내 정치·경제적 여건 등이 얼마나 외교적 압박에 취약한 조건을 가졌는지가 강압 외교에도 중요하다.** 즉 우리의 요구 내용과 조건이 자신의 정권 유지에 어떠한 실질적 손해나 이익을 가질지의 계산에 따라 상대의 수용 태도가 달라진다는 것이다. **여기에도 역시 세 가지의 변수가 작용한다.**

표 2-5 | 강압 외교의 3원칙

3원칙	내용
비례성	• 목표와 강압 수단의 적절성 • 상대방의 완전한 제압이나 무조건적 항복을 받아내기 위한 것이 아닌 한 전면적인 전쟁으로 발전하지 않도록 필요 이상의 무력 사용과 확전의 가능성을 최대한 방지해야 됨 • 강압 외교의 목적이 상대의 체제 변화가 아닌 정책 변화를 추구하며 상대방과의 타협을 통한 제한적 목표 설정
상호성	• 상대방에게 일방적 양보를 요구하기보다 타협에 상응하는 보상의 여지를 제공함으로써 상대가 우리의 요구에 응하도록 유도 • 상대방에게 너무 빨리 너무 많은 것을 양보하거나 상대방의 요구에 너무 늦게 혹은 너무 적게 응하는 것 모두 우리의 목표 달성에 반하는 결과를 초래할 수 있음
신뢰성	• 우리의 요구가 정말로 중요한 사안이며 상대방에 이에 불응할 경우 실제 이에 상응하는 무력 사용의 의지가 충분히 있음을 상대방에게 확실히 인지시켜야 함

첫째, 상대방의 국내적인 정치 지지기반과 체제 안전이 우리의 요구를 거부함으로써 더욱 공고해질지, 아니면 요구를 수용하여 관계를 개선함으로써 정치적 이익을 얻을지의 함수관계이다. 외부의 요구를 거부할 경우 그에 따른 제재와 압박에 의한 비용이 초래될 것이다. 그러나 외부로부터의 위협이 국내적 정당성을 오히려 높이고 체제결속을 강화할 수 있다. 강압 외교의 제재가 목적을 달성하기 어려운 경우가 많은 이유이다. 일반적으로 강압 외교의 대상이 되는 체제가 국내적으로 강한 지지기반을 가지고 있다면 그렇지 않은 경우에 비해 압박과 제재로 파생된 국내 정치적 비용이 상대적으로 적게 느껴지고 요구를 수용할 가능성도 작아진다. 따라서 강압 외교의 대상이 국내적으로 얼마나 강력한 지지기반을 가졌는지가 중요한 변수로 작용한다.

둘째, 강압 외교의 군사적 혹은 여타 경제 제재와 고립이 가지는

경제적 비용 대비 제시된 각종 경제적 보상이 가지는 이익 사이의 함수관계이다. 이 경우는 제재 대상 국가의 국내 경제가 가지는 재정 건전성이나 압박 조치에 대한 대응의 유연성, 여타 무역 다각화 등 경제적 취약성을 최소화할 수 있는 능력이 주요한 변수로 작용한다. 설사 외부로부터의 제재와 압박에 의한 경제적 비용을 중화시킬 수 있는 능력이 있더라도 여전히 무역이나 투자의 기회비용 상실이 크다면 강압 외교의 효과가 높아질 것이다. 반대로 아무리 경제가 취약하더라도 원래부터 외부 경제와의 고립으로 인해 그 실질적 여파가 크지 않다면 강압 외교의 제재와 압박이 큰 변수로 작용하지 않을 것이다.

셋째, 제재 대상 국가 내의 정치·사회적 지도층을 포함한 지도 엘리트의 역할이다. 북한이나 리비아, 시리아 등의 전체주의 독재체제에서도 의사결정 과정에서 그 체제를 지탱하는 엘리트의 역할은 여전히 중요하다. 만약 강압 외교의 요구를 수용하는 것이 자신들의 이해에 위협이 된다면 이들 엘리트는 협상 타결을 막는 '차단기(circuit breakers)' 역할을 할 가능성이 크다. 반대로 요구 수용이 자신들의 이해에 도움이 된다면 협상 타결을 촉진하는 전송 벨트(transmission belts) 역할을 할 수 있다.[375] 강압 외교 전략의 성공을 위한 상대 국가의 3가지 국내 변수를 요약하면 다음 표 2-6과 같다.

부시 행정부가 2003년 리비아 카다피 정권의 핵 포기 협상을 성공적으로 이끌어낸 것에는 위의 세 가지 국내 변수도 유리하게 작용했다고 젠틀슨은 분석한다. 먼저 미국과 유엔을 중심으로 국제사회의 경제 제재가 축적되면서 석유 수출에 의존하던 리비아의 경제난이 심화되면서 국내 여론이 악화되기 시작한 것이다. 이는 카다피 정부의

표 2-6 | 대상 국가의 3가지 국내 변수

국내 변수	내용
정치 상황	• 집권세력이 얼마나 국내정치에 강한 장악력을 가지는지, 혹은 얼마나 국민의 지지를 받는지 • 외부의 압력이 오히려 국내의 결속을 강화하는 수단으로 활용될 가능성
경제적 취약성	• 경제가 외부로부터의 제재에 얼마나 취약한지 • 외부 경제와의 연결성, 고립도
지도부	• 집권층을 지지하는 엘리트 집단이 우리의 요구에 대해 가지는 자신들의 이해관계 • 엘리트가 어떻게 협상 차단 혹은 협상 촉진의 역할을 할지

국내 지지기반을 약화시키고 내부 엘리트 간의 불안을 조성했다. 둘째, 특히 미국에 의한 제재는 대부분 미국 기술과 자본에 의존하던 리비아의 석유산업을 한계 상황으로 내몰았다. 미국의 제재를 피해 제한적으로 수출하던 석유산업의 경우 미국 부품들이 오랜 제재로 고갈되고 대체가 불가능해지는 상황에 이르렀다. 제재가 실질적인 심각한 경제 압박 효과를 나타낸 것이다. 셋째, 이러한 국내 정치·경제적 어려움으로 인해 국내 엘리트 내부에서 미국과의 타협을 지지하던 '실용주의자'들의 목소리가 '강경파'에 비해 점점 설득력을 얻게 되었다. 특히 이들 실용주의 엘리트들은 리비아의 주요 경제활동인 석유산업에 깊게 연관되어 있었고 이들은 미국의 제재 철회를 통해 석유산업의 활성화와 리비아 경제의 정상화를 강력히 요구하게 되었다는 것이다. **결국 젠틀슨은 리비아의 핵 포기가 가능했던 것은 미국을 위시한 국제사회의 적절한 강압 외교 노력도 중요했지만, 이것을 수용할 수 있는 리비아의 국내적 조건이 성숙했던 요인도 주요했다고 분석한다.**

한반도 위기관리와 대북 강압 외교

03

1990년대 초 김영삼 정부 시절 1차 북핵 위기가 시작된 후 지금까지 북한의 핵 개발은 여전히 진행형이다. 2011년 28세 약관의 나이에 권력을 세습한 김정은 위원장은 그 후 최고 지도자로서 위치를 확고히 안착시켰다. 그러나 여전한 경제난과 국제적 고립 속에 핵 카드를 병행한 군사도발을 활용하여 한미동맹과 한국의 안보에 도전하고 있다. 지난 30년간 한국과 미국은 양국 지도부의 교체 속에서도 갖은 압박과 회유로 비핵화를 시도하였지만, 그 성과는 미미하였다. 오히려 그 기간 북한의 핵 능력은 양과 질 면에서 날로 발전하는 모습을 보여왔다.

특히 트럼프 대통령과의 하노이 정상회담 핵 합의 실패 이후 북한은 미사일 시험을 위시한 군사적 긴장과 도발을 다시 강화하였다. 북·미 협상 전망이 불투명한 상황에서 북한의 또 다른 남한 때리기,

즉 군사적 도발이 일어날 가능성이 상존한다. 따라서 한반도 상황과 남북관계는 대단히 불안정한 단계에 놓여 있다. 한국 정부로서는 그 어느 때보다 북한의 도발에 대한 위기관리 대응능력과 알맞은 전략의 수립이 필요하다. 여기에는 군사적 억지와 더불어 위기를 효과적으로 대응·관리할 수 있는 외교전략이 수반되어야 한다.

북한 핵 개발과 강압 외교

강압 외교 이론을 북한과의 핵 협상 외교에 적용하면 어떨까. 결론부터 말하자면 **북한 핵 개발을 되돌리기 위한 한국과 국제사회의 강압 외교는 쉽지 않다.** 지금까지 한국과 미국을 중심으로 한 국제사회는 북한이 핵 개발을 포기하여 한반도의 비핵화를 이루기 위한 여러 강압 외교 전략을 펼쳐왔다. 점진적 압박, 시행과 관망, 그리고 당근과 채찍 등 최후통첩을 제외한 여러 종류의 강압 외교 전략이 시도되었다. 그러나 1990년대 초 1차 북핵 위기가 발생한 이래 지금까지 북한은 6차례의 핵실험을 강행하면서 자신들의 핵 능력을 지속해서 강화해오고 있다.

북한에 대한 여러 강압 외교가 실패한 원인은 앞서 살펴본 변수와 조건들을 적용하여 분석할 수 있다. **첫째, 조지가 강조한 누가 더 절박한 이해관계를 가지는지와 관련하여 북한에게는 핵 포기가 훨씬 어렵다는 점이다.** 북한 핵 개발이 한국이나 미국에 매우 심각한 안보 위협인 것은 사실이다. 문제는 북의 김정은 정권에게 핵 개발은 정권과 체제의 생존 자체를 위한 가장 핵심적인 사안이다. 핵무기는 날로 격차가 벌어지는 한국과 미국의 재래식 군사력에 대한 북한의 열세를 보완할 수 있는 유일한 수단이다.

동시에 핵무기는 김일성 사후 북한 정권의 핵심 사업으로 정치적 정당성의 핵심 수단이자 상징으로 자리 잡았다. 핵 개발이 북한 정권에게는 외부로부터의 안보위협에 대한 핵심 억지 수단임과 동시에 국내 정치적 정당성 확보의 가장 중요한 상징으로 자리 잡은 것이다. 핵을 포기하는 것은 곧 정권의 대내외적 정당성을 포기하는 것과 같다. 따라서 외부의 어떤 위협이나 보상으로도 이를 설득하기 어려운 현실이다.

둘째, 외부의 압박에 대한 북한 내부의 정치·경제적 상황이다. 한국이나 미국의 압박과 제재는 오히려 북한 정권에게 체제를 결속하고 통제를 강화하는 유용한 정치 수단으로 작용한다. 김정은 정권은 한국전쟁 이래 미 제국주의의 침략 야욕과 적대시 정책이 체제의 가장 근본적인 위협이라고 주장한다. 그리고 미국 주도의 경제 제재는 매년 시행되는 한미군사훈련과 더불어 이러한 적대시 정책의 가장 구체적인 사례로 지적된다.

수십 년간 고질화한 북한 경제의 비효율과 침체도 외부의 탓으로 돌리면서 자신의 실정을 가리고 있다. 북한 주민들은 미국을 향한 핵미사일 열병식을 펼치는 김정은 위원장에게 눈물로 열광적인 지지를 보낸다. 이들의 지지가 얼마나 진심인지는 모르지만, 경제 고통에 대한 불만의 화살이 김정은 정권이 아니라 미국으로 돌아오는 현상이 나타나는 것이다.

셋째, 북한의 고립되고 폐쇄적인 경제는 외부의 경제 제재가 제한적인 효과밖에 가지지 못하는 요인이다. 경제 침체와 인민 생활의 어려움 속에서도 정권의 안위와 핵 개발을 추진하기 위한 자금 마련에는 큰 문제가 없어 보인다. 더욱이 북한의 가장 큰 경제적 후원자인 중국의 존재는 국제사회의 경제 제재 효과를 근본적으로 제한하는 요인으로 작용한다.

중국은 겉으로는 북한의 핵 개발에 대한 유엔 제재를 지지하는 모양새를 취한다. 동시에 북한에 대한 전면적인 경제 제재가 체제 불안정과 붕괴로 이어질 것을 우려한다. 중국이 북한 체제 유지에 필수적인 에너지와 식량 지원을 지속하는 이유이다. 중국은 북한의 석탄과 광물 수입 등 주요 무역의 80% 이상을 차지하며 정권 유지에 중요한 외화 수입원의 공급처 역할을 계속하고 있다.

넷째, 정권 내부의 엘리트 중 절대적 권력을 누리고 있는 김정은에 대해 핵 포기나 타협을 충고할 영향력을 기대하기 어렵다. 리비아의 경우처럼 강경파나 실용주의파의 구분이 북한의 절대 지도자 체제에서는 허용되기 어렵다. 김정은은 지금까지 어느 권위주의나 독재체제보다 강력한 절대 권력을 구축했다. 북한의 1인 영도 체제에서 지도자가 추구하는 정책에 반하는 의견이나 정책을 추구할 수 있는 세력은 존재하지 않는다. 오히려 김정은의 무자비한 숙청은 지도자의 정책에 대해 누구도 이견이나 조언을 할 수 없는 분위기를 형성한 것으로 분석된다.

김정은은 정권 초기 실세 2인자로서 중국의 지지를 받으며 김정은의 후견인 역할을 했던 외삼촌 장성택을 전격 처형했다. 북한 내부에 김정은이 추구하는 핵무기 개발을 포기하고 국제사회와의 협상을 조언하는 엘리트의 '전송 벨트' 역할이 쉽지 않음을 예상하는 대목이다. 김정은에 가장 가깝다고 여겨지는 여동생 김여정이 때마다 가장 강경한 발언을 쏟아내며 정권을 옹호하는 대변인의 역할을 하고 있다. 체제의 유일한 결정권은 김정은 개인에게 있는 현실이다.

강압 외교의 성공을 위해 우리 측의 변수뿐 아니라 **상대방의 내부 상황도 중요하다는 젠틀슨의 분석은 북한에 특히 중요하다.** 우리 측이 제시하는 압박과 보상책을 합리적으로 판단하여 신뢰할 수 있는 북한 내부의 권력 지형과 동학, 주요 정책 결정자, 그리고 내부 경제 조건 등이 대북 강압 외교의 중요한 변수로 작용할 것이다.

이러한 점에서 현재 북한 내부의 여건은 과거 리비아 사례보다 더욱 큰 어려움과 도전 요인을 가진다. 김정은에 신뢰를 가지고 외부의 상황을 전할 수 있는 지도부나 측근의 부재, 오래된 고립으로 인해 외부의 압력과 제재에 상대적으로 덜 취약한 경제구조, 북한과 상대방 사이에 서로 믿을 수 있는 정직한 중간자의 부재 등은 대북 강압 외교의 근본적인 제약으로 작용한다. 더욱이 리비아의 지도자 카다피가 미국과의 비핵화 합의 이후 중동 민주화 사태로 실각하여 처형당한 사실은 김정은이 핵 포기를 더욱 어렵게 만드는 중요한 교훈으로 작용할 것이다. 2003년 핵을 포기한 카다피는 8년 후인 2011년 '아랍의 봄'의 소용돌이 속에서 서방의 공습과 미국이 지원한 반군에 의해 살해됐다. 당시 서방의 리비아 공습에 대해 북한 외무성 대변인은 "'리비아 핵 포기 방식'이란 바로 안전담보와 관계 개선이라는 사탕발림으로 상대를 얼려넘겨 무장해제를 성사시킨 다음 군사적으로 덮치

는 침략 방식"이라고 비판했다. **북한의 비핵화에 환상을 가져서는 안 된다.**[376]

북한 군사도발과 역 강압 외교

한국전쟁 이후 남북 간에는 수많은 군사적 긴장과 충돌이 이어져 왔다. 가장 최근에는 천안함 폭침에 이은 연평도 포격으로 한반도가 군사적 위기에 휩싸이기도 하였다. 이후에도 북한은 무인기 침투, 오물 풍선 등의 대남 도발을 지속하고 있다. 그러나 북한의 도발은 전면전을 위한 군사공격이라기보다 특정한 정치·군사적 목적 달성을 위한 제한적 무력의 사용으로 분석된다. **남북 사이의 이러한 군사적 대결과 충돌은 결국 무력을 사용한 강압 외교가 전개되는 것으로 이해된다.** 문제는 이러한 강압 외교가 본래 목적과는 달리 심각한 무력충돌로 확전될 가능성이 존재한다는 것이다. **확전을 막고 북한의 강압 외교에 효과적으로 대응할 전략은 무엇일까?**

북한의 도발에 대한 대응전략을 수립함에서 중요한 점은 한국이 원하는 목표가 무엇이고, 또 북한의 목적이 무엇인가를 정확히 파악하는 것이다. 남한의 경우는 무엇보다 한반도에서의 전쟁을 막고 남북관계를 안정적으로 관리하는 것이 기본 목표가 될 것이다. 북한도 역시 6·25와 같이 무모한 남침이나 전면전을 원하지는 않을 것이다. 전면전이 일어나면 서울을 포함한 남쪽에 심각한 피해가 나겠지만 현재의 주한미군을 포함한 남북 군사력의 격차를 고려할 때 북한군의 패배가 거의 확실시된다. 그 경우 북한 정권의 종말로 끝날 가능성이 크다.

따라서 비록 그 원인과 의도는 다르더라도 남북한 모두 전면전은 피하려는 것에는 그 이해가 같다. 이러한 맥락에서 북한의 일련의 군사도발은 자신들의 특정한 정치적 목적을 달성하기 위해 무력을 사용한 강압 외교의 한 형태로 이해된다.

북한은 과거 북핵을 둘러싼 북·미, 남북협상 과정에서 종종 자신들의 입지를 강화하기 위한 벼랑 끝 외교를 사용하였다. 자신들의 의지를 과시하기 위해 '서울 불바다'로 상징되는 다양한 무력 사용을 위협하였음은 물론 실제 미사일 발사, 핵실험, 서해상에서의 도발 등 다양한 무력시위를 펼쳤다. 이와 같은 북한의 벼랑 끝 외교는 전형적인 강압 외교의 연장이다. 연평도 폭침의 경우 매년 실시되는 한미합동군사훈련을 비난하고 이의 중지를 요구해온 북한의 공식 입장과 더불어 장기적으로는 한미동맹을 와해시키려는 맥락에서 이해된다.

더불어 북한이 지속해서 제기해온 서해 북방한계선을 무효로 하려는 의지도 반영되었다고 볼 수 있다. 또한, 북한의 군사도발은 내부적으로 체제결속을 다지면서, 자신들의 핵 개발에 대한 비타협적 원칙을 견지하고 있는 한국 정부를 처벌하여 대북정책의 양보를 얻어내려는 의도도 보인다. 동시에 협상에 소극적인 미국 정부의 주의를 끌려는 다양한 정치·외교적 목적이 있는 것으로 분석된다.[377] 한마디로 북한은 한국에 대해 나름의 다양한 강압 외교 전략을 펼쳐왔다. 젠틀슨의 강압 외교 성공의 세 가지 요소는 **한국의 역 강압 외교 대응전략**, 즉 북한의 군사도발에 효과적으로 대처하는 정책 수립에 중요한 원칙과 시사점을 제시한다.

첫째, '강압의 신뢰성' 원칙은 북한의 도발에 대해 우리가 확실한 응징을 통해 그 대가가 크다는 것을 확실하게 인식시켜야 한다는 것이다. 북한의 군사도발 시 그들의 피해가 크면 당장 도발을 감행한 담당 부대의 사기 저하와 해당 지휘관의 문책 등 책임론이 따를 것이다. 나아가 이를 지시한 지도부로서도 대 주민 신뢰성의 상실 등 도발의 이익보다는 그 군사적·정치적 대가가 크다는 것을 일깨워 주는 계기가 될 것이다. 이는 향후 또 다른 도발을 시도할 때도 더욱 신중한 자세를 취하게 할 것이다.

천안함의 경우 불의의 기습에 의해 이루어졌다는 점에서 이러한 대응이 어려운 것은 사실이다. 그러나 연평도 포격의 경우 비록 확전 방지라는 중요한 정치적 목표는 달성했지만, 당시 우리 군의 충분한 대응이 이루어지지 않아 도발에 대한 대가의 신뢰성 차원에서는 아쉬운 점이 남는다. 향후 북한의 도발에 대해서는 정당방위의 전제하에 확실하고 적극적인 대응을 함으로써 북한의 강압 도발에 강압 대응으로 맞서는 적극적 방어가 요구된다. 한편 이러한 목적을 달성하기 위해서는 기본적으로 북한의 대남 도발에 의한 아군의 피해를 최소화하여 그 효과를 거부(denial)하는 노력이 전제되어야 한다.[378]

둘째, 이러한 적극적 방어는 그러나 비례성의 원칙 아래에서 이루어져야 한다. 이 경우 비례성의 원칙은 북한의 군사도발 시 우리의 대응 역시 북한의 도발에 비례하는 수준에서 이루어져야 한다는 것이다. 이는 한반도에서 또 다른 전면전을 방지코자 하는 우리의 기본 목표에 부합한다. 그러나 연평도 포격 도발 이후 군에서 도입한 적극 억제 전략은 도발 원점뿐 아니라 그 이외 북한의 군사시설이나 주요 목표를 설정함으로써 필요 이상의 보복과 확전을 자극할 가능성이 있다는 점에서 비례성의 원칙을 벗어난 모습을 보인다. 실제로 강화된 교전수칙이 적용될 경우 치열한 상호 교전 과정에서 그 자체가 확전될 가능성을 충분히 예상할 수 있다. 비례성의 원칙에 맞는 교전수칙을 어떻게 세밀하게 수립하고 또 이것이 현장의 지휘관과 최고 지도자 사이에 유기적인 의사소통을 통해 유연하게 적용되는 장치를 수립하는 것이 가장 중요하고 시급한 정책 과제라 하겠다.[379]

보다 중·장기적으로는 우리가 북한에 원하는 것이 군사도발의 재발 방지 등 대결적 정책의 전환이지 체제 자체의 변화나 전복을 추구하는 것이 아니라는 점을 명시하는 것이 중요하다. 북한은 일관되게 우리의 의도와는 상관없이 현 정부가 자신들의 체제 전복을 시도한다고 주장하고 우리의 방어적 군사훈련도 공세적인 것으로 치부한다. 이것이 선전·선동 전술의 일환이든 진정한 우려이든 북한에 이러한 빌미를 제공하지 않으려는 노력이 필요하다.

향후 북한 내의 경제나 여타 정치 상황 등이 불안정해질수록 북한 지도부의 불안감과 조바심은 가중될 것이며, 과격한 반응이 나올 수 있다. 따라서 정부나 최고위 차원에서 이루어지는 흡수통일 논의나 급변사태 및 북한 수뇌부에 대한 참수 작전 등의 자극적인 언급은 더욱 신중하게 이루어져야 한다.

마지막으로, 상호성의 원칙은 대결 및 경색 국면을 전환하여 남북관계를 정상화하기 위한 노력을 의미한다. 어느 정부에서도 남북관계의 긴장 고조는 바람직하지 않다. 일각에서 주장하는 북한에 대한 강경 정책이 과거의 퍼주기 논란을 없애는 긍정적인 결과를 가져오기도 하였다. 그럼에도 북한 핵 개발은 오히려 지속 혹은 가속화되는 현상을 초래하고 있으며, 한반도의 불안정을 가중시키는 결과를 가져온 것도 사실이다. 그 속에서 북한의 대중국 및 러시아 경도는 우리에게 북한은 물론 한반도 상황을 관리할 수 있는 정책 수단의 부재를 절감케 하고 있다. 장차 남북관계는 물론 북한 내부의 상황 변화에 능동적으로 대처하기 위해서는 남북관계의 복원을 통한 대북정책 수단의 확보가 필요하다. 북한의 도발에 대해서는 강력한 경고와 응징이 필요하다. 동시에 북한의 전향적인 정책 변화를 가져오기 위해 부단하게 긍정적 동기부여를 함께 해야 한다.

지구상의 그 어느 곳보다 군사력이 집중된 한반도는 세계 안보의 손꼽히는 화약고이다. 한반도를 둘러싼 중·일·러 강대국과 미국의 이해관계는 한반도 군사 문제를 지역 문제를 넘어 21세기 국제정치의 핵심 사안으로 부각시켰다. 최근 중국의 부상으로 인한 세력 전이와 중·일, 미·중, 미·러 간의 패권경쟁은 이러한 상황을 더욱 심화시킨다. 남북한 위기관리가 한반도뿐 아니라 글로벌 안보의 관심사가 된 이유이다.

한반도 위기관리의 핵심은 남북 간 지속하는 군사 긴장과 충돌 가능성이다. 양측 모두 파국을 원하지 않는다면, **우발적·의도적 군사 도발이나 사건이 전면전으로 확산하는 것을 막는 것이 위기관리의 핵심 목표이다.** 북핵과 북한의 군사도발로 발생하는 위기를 다루는 외교적 해법으로 올바른 강압 외교 전략이 중요하다. 젠틀슨이 제시하는 비례성·신뢰성·상호성의 원칙은 남북 간 위기관리에도 시사하는 바가 크다.

문제는 이 세 가지 원칙을 어떻게 적절하게 시행하는가이다. 특히 강압 외교의 전제조건으로 상대방 체제 자체를 부정하거나 전복하는 것을 목표로 삼지 말아야 하며, 이를 상대방에 분명히 전달하는 것이 중요하다. 문제는 남한의 대북정책이 자유 통일과 민주주의라는 대의명분하에 북한의 존재 자체를 인정하지 않는 듯한 모습을 종종 보인다는 것이다. 그러나 강압 외교의 성공을 위해서는 상대를 인정하며 압박과 더불어 반대급부를 함께 제시하는 것이 성공 가능성과 정책 유연성을 높인다는 점을 되새길 필요가 있다.

7장

21세기 한국의 새로운 안보위협은?

탈냉전과 탈근대로 상징되는 21세기 국제정치·안보는 그 위협의 종류와 분쟁의 성격이 이전과는 근본적으로 달라지는 변화가 나타나고 있다. 2004년 12월 인도네시아의 휴양지 수마트라 근처에서 발생한 지진은 30만여 명의 사망·실종자와 500만 명의 이재민을 낳았다. 2011년 발생한 후쿠시마의 동일본 대지진은 2만여 명의 사망자와 10만 명의 이재민을 초래했다. 2020년 발생한 코로나 전염병은 미국에서만 100만 명 이상의 사망자를 초래했다. 이는 1·2차 세계대전을 포함하여 한국전쟁, 베트남 전쟁, 1·2차 걸프 전쟁과 아프가니스탄 전쟁 등 미국이 20세기 이후 참전한 모든 전쟁에서 사망한 병사보다 많은 숫자였다.

이외에도 지구상 곳곳에서 자연재해와 이상기후로 수많은 인명과 재산을 손실하는 사례가 발생하자 각국의 안보당국도 전쟁보다 더 많은 사상자를 발생시키는 주범으로 21세기 자연재해를 주목하고 있다. 특히 인간의 활동으로 인해 생긴 온실가스와 지구 온난화는 향후 상상하지 못했던 기후변화와 여러 재앙을 가져올 수도 있는 것으로 여겨진다. 한편 급속한 인구 폭발이나 급속한 노령화·저출산은 국제안보의 새로운 불안 요인으로 떠오르고 있다. 흔히 비전통안보, 신안보로 규정되는 21세기 새로운 안보위협은 특정 국가의 영역을 벗어난 형태와 양상을 보이면서 새로운 접근을 요구한다. **그렇다면 21세기에 나타나고 있는 새로운 안보위협은 어떻게 정의해야 할까? 기후위기나 급격한 인구변화가 초래하는 안보위협은 무엇인가?** 동북아는 미·중 경쟁과 북한의 핵 개발, 한·중·일 간의 영토 갈등 등 여전히 전통 군사위협이 가장 큰 안보 현안으로 남아 있다. **이 장에서는 21세기 동북아와 대한민국에 새로이 등장한 기후와 인구의 급격한 변화로 인한 안보위협에 대해 살펴본다.**

배리 부잔과
안보 개념의 확장

01

1·2차 세계대전으로 시작한 20세기는 미·소 간 냉전으로 이어지면서 핵전쟁의 공포 속에 이들이 연관된 국가들 사이의 분쟁이나 전쟁이 주요 안보 의제로 논의되었다. 1990년대 초 냉전의 종식되자 세계는 평화의 시기를 기대하였다. 그러나 현실은 그렇지 않았다. 그동안 미·소 중심의 진영 대결에 억눌려 있던 많은 분쟁과 갈등이 세계 곳곳에서 터져 나오기 시작한 것이다. 특히 과거 서구의 식민지에서 독립하였으나 국내적으로 취약한 정부와 내부 갈등이 잠재된 곳에서 내전이나 각종 분쟁이 발생하면서 많은 무고한 양민이 대량으로 학살되는 상황이 벌어지기 시작하였다. 여기에 아프리카, 중남미 등지의 취약 국가들에서 기근이나 홍수, 지진과 같은 천재지변으로 인한 식량난과 대규모 난민 사태 같은 인도적 위기가 발생하여 수많은 민간인이

사망하는 비극이 벌어지기도 하였다. 국가 간 전쟁으로 인한 사망자보다 훨씬 많은 수의 사망자가 지구촌 곳곳에서 다른 이유로 발생하기 시작했다.

이러한 상황은 군대를 동원한 국가 간 전쟁 중심의 기존 안보 연구가 현실의 위협과 위기를 제대로 대처하지 못한다는 지적과 문제의식으로 이어졌다. 1985년 덴마크의 코펜하겐에 설립된 '코펜하겐 분쟁 및 평화 연구소(Copenhagen Peace Research Institute, COPRI)'를 중심으로 일련의 학자들은 냉전 시대 국가 중심의 접근을 넘어서는 새로운 안보 이론의 필요성을 제기하기 시작하였다. **'코펜하겐 학파'**로 불린 이들 학자는 국가 간 전쟁을 중심으로 군사력 사용에만 치중하던 좁은 의미의 안보 연구를 벗어나 탈냉전 시대의 현실에 부합하는 포괄적인 안보 개념을 새로이 제시하고자 노력하였다. 대표적 연구자인 배리 부잔(Barry Buzan)은 전통적 안보 개념과 대비되는 새로운 안보 개념으로 두 가지 요소를 강조한다.[380]

첫째, 안보 대상(referent objects)의 다양화이다. 냉전 시기와 같은 과거에는 국가가 안보의 유일한 주체이자 주 대상으로 여겨졌다. 그러나 탈냉전 이후 개인이나 사회집단과 같은 국가의 하부 단위체나 유럽연합과 같은 초국가적 단위체를 모두 포괄하는 다양한 대상들도 안보 연구에 포함되어야 한다는 것이다. 여기에는 탈냉전 이후 유럽의 발칸반도나 아프리카, 중동 등의 지역에서 내전이나 종족 혹은 종교 갈등으로 수많은 민간인이 희생되는 상황이 발생한 배경이 있다. 국가 간 전쟁이나 분쟁이 아니라 불안정한 국가 내의 영토에서 다양한 집단 간의 갈등이 파괴와 살상으로 이어지면서 전쟁 못지않은 안보 문제가 발생한 것이다. 대표적으로 정권을 차지한 특정 집단이 국가의 무력을 사용하여 사신들을 반대하는 자국민에 대한 대량학살을 자행하는 상황이 나타났다. 서로 다른 부족 갈등이 백만 명 이상의 대량학살로 이어진 아프리카의 르완다와 수단이 대표적인 사례이다. 냉전 시기 미국이나 소련의 지원에 연명하던 취약한 국가들이 탈냉전으로 이들의 지원이 끊기면서 국가 자체가 붕괴하는 상황도 벌어졌다. 무질서와 무정부의 혼란 상황에서 다양한 이익집단 간의 충돌과 살상, 여기에 기아나 천재지변이 겹치면서 수십, 수백만이 희생되는 사례가 소말리아나 아이티와 같은 취약 국가에서 나타났다. 자국민을 보호해야 할 국가가 오히려 가해자로 둔갑하거나 국가 자체가 보호 기능을 상실하는 상황이 전개된 것이다. 국가안보보다 개인이나 집단의 안보가 현실적인 문제로 떠오르게 되었다.

둘째, 안보 영역(sectors)의 확대이다. 이제까지 주로 군사 영역이 안보논의의 중심이었다면 그 영역이 더욱 확대되어야 한다는 것이다. 부잔은 안보 문제에 전통 안보 영역인 군사에 더하여 정치·경제·사회·환경의 네 가지 비군사 영역이 추가로 고려되어야 한다고 주장한다. 인간의 삶과 안전을 지키고자 하는 것이 안보의 근본 관심이라면 군사적 측면에만 초점을 맞추는 안보 논의나 정책은 지극히 편협하고 현실에 맞지 않는다는 것이다. 여기에는 두 가지의 요인이 있다. 먼저 **철학적 요인**으로 안보가 개인이나 사회가 소중히 여기는 특정 '가치'를 지키기 위한 것이라면, 그 가치에는 단순히 생물학적 '생존'의 가치 외에도 다양한 정치·경제·사회·환경적 가치가 포함되어야 한다는 것이다. 즉 사회나 개인에 따라 정치적 민주주의 가치나 경제적 부의 가치,

특정 사회적 규범이나 전통, 혹은 환경 보존의 가치 역시 '생존' 못지않은 매우 소중한 가치로 여겨질 수 있다는 것이다. 다음은 **현실 요인**으로 이러한 다양한 분야의 위협이 결국은 '생존'의 문제로 연결된다는 것이다. 민주주의 가치와 제도의 손상은 사회의 분열과 갈등을 유발할 것이다. 바이든 대통령 당선을 부정한 트럼프 대통령의 선동에 자극된 군중이 의회에 난입하여 경찰관을 포함한 여러 인명을 희생시킨 것은 미국 민주주의 역사상 가장 심각한 위기로 여겨진다. 미국 민주주의의 극심한 분열이 제2의 남북전쟁과 같은 내전으로 이어질 것이라는 우려도 있다. 경제 위기나 환경 위기 역시 결국은 전쟁 못지않게 한 사회나 국가 개개인의 삶을 위협할 수 있다. 1997년 한국을 덮친 금융 위기 당시 수많은 가정의 경제생활이 파탄 나면서 자살을 선택하는 개인이 늘기도 하였다. 기후변화로 인한 자연재해나 해수면 상승이 태평양의 여러 섬나라 국가에는 국가 자체의 존립을 위협하는 가장 심각한 안보위협으로 인식되기도 한다.

안보 영역의 확대는 기존에는 안보 문제로 여겨지지 않던 여러 문제가 새로운 안보 문제로 여겨지는 **안보화**(Securitization)**의 과정**으로 정의되기도 한다. 개인이나 각 사회가 처한 상황에 따라 가장 중요한 가치가 위협받는 요인이 다르게 나타날 수 있다. 여러 다양한 영역과 문제가 안보 문제가 될 수 있다는 것이다. 사회, 경제, 환경, 기술 등의 모든 영역에서 평등, 인권, 식량, 기후, 물, 기술, 에너지, 자원 문제 등이 안보 문제화되는 것이다. 남녀 혹은 인종 간 차별 문제가 일방에 대한 폭력의 형태로 나타나거나, 여러 국가가 공유하는 수자원의 활용에 대한 물 전쟁, 혹은 유럽의 러시아 천연가스와 석유에 대한 의존과 나토 동맹국의 러시아 우크라이나 전쟁과의 작용, 4차 산업 관련 자원 및 기술을 둘러싼 미·중 간의 경제 안보 경쟁 등이 그 예이다. 결과적으로 이러한 모든 영역이 안보라는 단어를 결합하면서 새로운 안보 문제로 취급되는 경향이 나타난다. 그리고 이러한 안보화는 그 영역의 중요성이 대중과 지도층, 혹은 국가에 더욱 부각되고 많은 예산과 정책 논의의 중심이 되는 정치화의 과정으로 이해되기도 한다.

한편 새로운 기술 발전으로 이전에는 존재하지 않던 새로운 안보 문제가 나타나기도 한다. 인터넷과 정보기술의 발달로 인한 **사이버 안보**가 대표적이다. 개인, 기업, 사회 및 국가가 정보혁명으로 긴밀하게 연결되고 이러한 연결이 사이버 공간을 통해 이루어지면서 여기에 많은 위협이 도사리게 된 것이다. 수많은 개인의 사적 정보나 재화는 물론 기업 비밀과 첨단기술 정보, 혹은 각종 정부기관이나 국방을 담당하는 조직에 대한 보안과 보호가 첨예한 안보 문제로 여겨지고 있다. 2013년 미국의 제임스 클래퍼(James Clapper) 정보국장은 의회 청문회에서 사이버 안보가 9·11 테러보다 더욱 심각한 미국의 가장 큰 안보위협으로 부상했다고 증언했다.[381] 이러한 새로운 안보 문제의 등장은 비전통 안보 문제의 안보화와 더불어 **신흥 안보**(new security)의 등장으로 이해되기도 한다.[382] 다음에서는 21세기 인류가 최초로 겪는 지구적 이상 현상인 기후변화와 인구변화에 연관된 신흥 안보 문제를 다루기로 한다.

기후변화와 21세기 환경안보

02

2021년 조 바이든 대통령은 국가안보전략서를 발표하며 미국이 당면한 **가장 큰 안보위협의 하나로 지구 온난화**(Global Warming)를 명시하였다. 2021년 여름 유엔 산하의 '기후변화에 대한 정부 간 협의체(Intergovernmental Panel on Climate Change, IPCC)'는 7년마다 발간되는 기후변화 평가 보고서를 발간하였다. IPCC는 1988년 '세계기상기구(WMO)'와 '유엔환경계획(UNEP)'이 공동으로 설립한 유엔 산하 국제협의체이며 한국을 포함한 195개국이 회원국이다. 보고서에 따르면 먼저 지구 온난화로 인해 전 세계 여러 지역에서 폭염(extreme heat), 홍수(flooding)와 가뭄(drought)과 같은 자연재해가 이전에 비해 빠르고 광범위하게 나타나고 있다.

예를 들면 과거 여름 동안에 **폭염** 가능성이 1% 정도였는데 최근

약 20%로 증가하였다. 특히 태평양 북서 지역과 캐나다 서부 연안에 심각한 폭염 현상이 나타나고 있다. 그 결과 폭염에 따른 사망자가 약 37% 증가하는 추세를 보이면서 유럽에서만 약 7만 명 사망자가 발생하였다. 또한, 미국도 폭염으로 인한 사망자가 약 1만 2000명에 달하였다. 특히 폭염은 대륙 국가의 오지에 거주하는 노인과 어린이 그리고 빈곤층이 거주하는 지역에 상상을 초월하는 영향을 줄 것으로 전망된다. 아프리카와 중남미에서 폭염에 의한 사망자 발생은 유럽이나 미국에 비해 훨씬 더 심각할 것으로 예상된다. 이러한 폭염의 확산은 2020년 시베리아에서도 일부 지역이 섭씨 38도까지 기록되는 이상 현상을 보이기도 하였다. 또한, 폭염은 인간에게 심혈관 장애, 호흡기 장애와 당뇨 관련 질병의 원인이 되고, 장기 만성으로 진행될 가능성이 크다. 그리고 과학자들은 인간만이 아닌, 야생동물 보호 중요성도 강조한다.[383]

홍수로 인한 피해도 심각하다. 최근 독일, 영국, 일본, 스웨덴과 중국 등에서 예상치 못한 폭우가 일상화되면서 산악지대에 거주하는 주민들은 불안에 떨며 이주를 결심해야 하는 상황으로 악화되고 있다.

한편 가뭄은 인류의 일상생활까지 영향을 주는 부작용을 나타내고 있다. 최근에는 열대 지역인 아프리카, 인도와 호주 등에서의 문제만이 아닌, 미국에서도 가뭄이 심각한 문제로 나타나고 있다. 이는 세계 최대 농산물 생산국인 미국의 밀과 과일 등 생산에 영향을 주어 미국 경제에 심각한 피해는 물론 세계 공급 구도에도 영향을 주고 있다. 세계 체리(cherry)의 약 50~70%를 생산하는 미 태평양 북서부 지역은 가뭄으로 체리 생산량이 반이 줄어 가격이 상승했고 체리를 주 재료로 하는 식당업에 심각한 영향을 주고 있다. 또한, **가뭄**이 캘리포니아와 호주에서의 대형 산불로 이어져 막대한 재산과 인명 피해로 나타나고 있으며 이에 따라 대규모 주민의 이동이 나타나고 있다. 2025년 초에 발생한 LA 산불은 고급 주택가를 포함한 광범위한 지역에서 발생하여 히로시마 원폭에 비유되는 화재로 1만 2000채 이상의 집이 불에 타고, 20만 명이 긴급 대피했으며, 최소 25명이 사망했다. 그리고 73조 원에 육박하는 재산 피해를 입혔다.

세계기상연구(World Weather Attribution)에서 발표한 보고서에 따르면 지난 20년간 발생한 가장 치명적인 10건의 극단적 기상 재해가 화석연료 사용으로 인해 더 심각해진 것으로 나타났다. 2004년 이후 이러한 재난들로 전 세계에서 50만 명 이상의 사람들이 목숨을 잃었다는 것이다. 유럽에서는 2015년, 2022년, 2023년에 폭염이 발생해 약 9만 4000명의 사망자가 발생했다. 또 다른 보고서에 따르면 2022년 유럽에서 발생한 폭염으로 인해 6만 8000명이 사망했으며, 이 중 절반 이상이 인간이 초래한 기후변화 때문이었다.

한편 유럽과 동남아시아의 경우 지구 온난화가 양식 수산업에 영향을 주어 그동안 값싸게 먹던 각종 해산물 공급이 어려워지고 있다. 그 결과 자영업자가 물량 확보 어려움, 가격 상승 그리고 종국적으로 영업이익 감소로 인해 폐업하고 있다. 가난한 국가들은 극단적 기후로 인해 더 큰 피해를 입고 있다. 소말리아에서는 2011년 고온으로 인한 가뭄 악화로 25만 8000명의 사망자가 발생했다. 미얀마에서는 2008년 사이클론 나르기스가 더 따뜻해진 해상에서 형성되어 더 높

은 풍속과 더 강한 강수량을 동반했으며, 13만 8000명이 사망했다.[384]

그런데 더 심각한 문제는 이러한 폭염, 홍수와 가뭄을 예측하기가 갈수록 더욱 어려워지고 있다는 것이다. 폭염, 홍수와 가뭄 현상이 세계 주요 국가의 기상예보 체계를 움직이는 슈퍼컴퓨터의 예상 지역과 시기를 넘어 획일적 현상(linear fashion)이 아닌, 산발적 이상 현상으로 확산하고 있다. 예를 들면 최근 폭염 피해를 경험한 호주, 브라질, 캐나다, 콜롬비아, 핀란드, 프랑스, 이란, 이탈리아, 멕시코, 남아프리카, 태국, 미국 중 어느 국가도 폭염 가능성을 정확히 예측하지 못하였다.

2024년 한·중·일 3국도 역사상 가장 긴 여름 폭염을 겪었다. 그 결과 2024년 한국이 당면한 가장 큰 안보위협에 관한 여론조사에서 응답자의 51.2%가 '기후변화와 환경 문제'라고 답했다. 이는 '북한의 핵·미사일 위협'이라는 응답 51.1%보다도 높은 수치였다. 기후위기에 따른 폭염이 북핵보다 무서울 만큼 한국인의 안보위협 인식을 바꾼 것이다.[385]

유엔을 비롯한 미국과 세계 주요 국가들은 지구 온난화를 줄이는 방안뿐 아니라 각종 지구 이상 현상을 조기에 경보하는 체계를 구축하고, 전원 공급 체계가 폭염에 따라 순차적으로 대응할 수 있도록 탄력적 그리드 체계를 갖출 것을 강조하고 있다. 미국의 바이든 행정부는 기후위기를 미국의 핵심 정책 과제로 선정하였다. 바이든 대통령은 취임 첫날 트럼프 행정부에서 탈퇴한 **'파리기후협약(Paris Agreement)'** 재가입을 선언하고 전 국무장관 존 케리(John Kerry)를 '대통령 특사(The Special Presidential Envoy for Climate)'로 임명하여 기후변화 국제협력을 주도하였다. 국내적으로는 2022년 8월 **'인플레이션 감축법(Inflation Reduction Act, IRA)'**을 초당적으로 발효하여 탄소 배출 감축을 위한 과감한 조치를 취하였다. 향후 10년간 재생에너지, 전기차, 수소 등 그린 산업 부양에 3690억 달러를 투자하는 것이 핵심이다. IRA가 과거 그린 산업 지원책과 다른 점은 미국 내의 관련 생산 체제를 갖추는 데 집중한다는 것이다.

특히 미국 경제의 재건과 일자리 창출과 연계한 탄소 중립과 에너지 전환은 바이든 행정부의 막대한 인프라 투자 계획의 핵심에 놓여 있다. 바이든 정부는 2조 2500억 달러(약 2500조 원) 규모의 인프라 투자 계획 중 상당 부분을 그린 인프라 관련 사업에 투자할 것임을 확정하였고, 2035년까지 발전 분야에서의 탄소 중립, 그리고 2050년까지 국가적 탄소 중립(Net-Zero)이라는 장기 목표를 제시하였다. 더불어 2030년 온실가스 배출을 2005년 수준 대비 절반으로 감축하겠다는 목표를 재확인하면서 이전 녹색 경제(Green Economy)를 주창했던 오바마 정부보다도 훨씬 강력한 기후변화 대응 정책 기조들을 공식화하였다.

나아가 **바이든 행정부는** 여느 국가와 달리 처음으로 '기후변화(climate change)'가 아닌 '기후위기(climate crisis)'라는 단어를 공식적으로 사용하며 **기후변화 대응을 국가안보 차원의 의제로 상정하였다.** 기후변화의 공식적인 국가안보 의제화는 곧 기후변화 이슈들을 미국의 외교 및 안보정책들과 직접적으로 연계시키는 것을 의미하며, 바이든 행정부는 이를 행정명령을 통해 공식화했다.[386] 2021년 4월 바이든 대통령은 40개 주요국 정상들이 참여한 '기후 정상 회의(Leaders Summit on

Climate)' 개최하여 미국의 기후변화 리더십을 부각시켰다. 과거 환경과 에너지, 그리고 일부 관련 산업 분야의 과제였던 기후변화 이슈를 국가의 존망을 다루는 국정 중심 과제로 다룬다는 점에서 미국의 변화한 상황 인식을 엿볼 수 있다. 그러나 2025년 등장한 트럼프 행정부는 다시금 파리기후협약을 탈퇴하며 바이든 행정부와는 정반대 입장을 취하였다. 그러나 트럼프 정부의 화석연료에 대한 옹호는 전 세계의 기후위기를 더욱 심화시킬 뿐 아니라 미국도 그 피해를 벗어나지 못할 것으로 대부분의 과학자들은 우려하고 있다.

초저출산·초고령화와 21세기 인구안보

03

인구안보(demographic security)는 "인구의 규모와 연령 구조, 지리적 분포, 혹은 인종 구성 등이 가지는 안보적 함의와 이민이나 인구 증가, 연령 구조의 변화나 특정 인종이나 종교적 그룹의 지리적 이동 등에 의해 초래되는 여러 안보 문제"를 의미한다.[387] 미 의회 외교안보위원회의 존 티어니 의원에 따르면 지구상에서 벌어진 모든 분쟁의 80%가 인구의 60% 이상이 30세 이하로 구성된 지역에서 나타나고 있다. 이들 젊은 인구 국가의 90%가 취약한 정부를 가지고 있어 매우 불안한 국내 정치·안보 상황을 초래한다.[388] 그런데 **21세기 지구 곳곳에서 내전이나 인종 갈등, 심각한 사회불안 등 각종 형태로 나타나는 안보 문제의 배경에는 인류 최초로 겪고 있는 인구 구조의 변화가 있다.** 지금까지의 짧은 인생 주기와 대가족제도에 근거한 전통적인 인구 구성에서 20세기 이후 의학으로 발달로 인해 늘어난 수명과 사회적으로는 소가족제도로 변화하는 '인구 전환(demographic transition)'이 바로 그것이다.

'유엔개발계획(**UN Development Program**)'은 1987년 7월 11일 세계 인구 50억 명 돌파를 기념해 2년 뒤인 1989년에 '세계 인구의 날'을 제정하였다. 이후 전 세계 인구는 선진국과 개도국을 중심으로 한 경제 성장과 의료 기술의 보급에 따른 유아 사망률 감소 등에 힘입어 급속도로 증가하는 모습을 보이며 약 20년 만에 20억 명이 늘어나 2011년 70억 명을 돌파하였다. 또한, 2025년에는 80억 명을 돌파할 것으로 예상된다. 그러나 인구 증가는 그러나 1980년 이후 24억이 늘어난 것에 비하면 전체적으로 21세기 들어서 둔화되는 모습이다. 유엔과 전문기관에 따르면 전 세계 인구는 2070~2100년 사이에 90억~100억 명으로 정점을 찍은 후 인류 역사상 처음으로 감소세로 돌아설 것으로 예측된다.[389]

흥미로운 점은 인구 변화의 상반되는 모습이 지구촌에서 동시에 나타나고 있다는 것이다. 한쪽에서는 **급속한 인구 증가**가 주로 빈곤국과 취약계층을 중심으로 발생하면서 저소득·실업으로 인한 사회적 불만 세력 폭증과 정국 불안 등 각종 안보 문제를 발생시키는 원인이 되고 있다. 그러나 유럽을 위시한 선진국과 아시아의 주요 개도국을 중심으로 한 지역에서는 **급속한 인구 감소와 노령화**가 심각하다. 이들 국가는 노동인구 부족, 내수시장 축소로 인한 저성장 기조와 급속한 사회보장 비용 증가 속에 경제 불안과 정치적 혼란이 나타나고 있다. 인류가 이전에 겪지 못한 급속한 인구 분화(demographic divergence) 혹은

'인구 양극화'의 시대에 들어선 것이다. 향후 인구 증가의 90% 이상이 아시아와 아프리카 지역에서 일어날 것으로 예상되지만 유럽과 미국, 일본, 호주와 뉴질랜드를 포함한 서구의 인구 증가는 3%에 그칠 것으로 예측된다. 그나마 서구 선진국 중에서는 미국, 캐나다, 호주 등 적극적인 이민정책을 채택한 극히 일부 국가들만 인구 증가가 있을 것으로 보인다.[390]

개도국의 인구 폭발과 안보 불안

21세기 인구의 양극화가 초래하는 다양한 형태의 안보 문제 가운데 먼저 **개도국을 중심으로 유소년 인구의 폭발적 증가로 인한 혼란과 분쟁이 있다.** 남미의 안데스 지역을 시발로 사하라 이남의 아프리카, 중동을 거쳐 코카서스와 남아시아의 북부에 이르는 광범위한 지역은 유년 인구의 폭발적 증가로 지구상에 거대한 '불안정의 아크(arc of instability)'를 형성한다. 젊은 인구의 증가는 체계적 교육 체제, 훈련된 노동력과 투자 친화적인 환경을 제공할 수 있는 일부 국가에는 새로운 경제성장의 동력으로 작용하기도 한다. 그러나 이러한 환경을 갖추지 못한 많은 개도국에는 정치 불안과 분쟁의 요인으로 작용한다. 이 지역에 위치한 많은 국가들이 약한 정부와 재정 불안, 사회적 불안정과 만성적인 저성장, 취약한 경제 상황 등을 겪고 있다. 급속하게 증가하는 청소년층이 정상적인 교육을 받지 못하고 빈곤과 취업난에 시달리면서 급진주의나 반정부주의에 빠져 사회적 불만 세력을 양산한다.

연구에 따르면 인구의 증가 자체가 국가 간 전쟁을 일으키지는 않는다. 대신 다음과 같은 조건에서 **내전이나 종족 간 분쟁의 가능성이 커지는 것으로 나타났다.** 인구 증가가 급속한 노동인구의 증가와 저성장 경제와 결합되는 경우, 상류층으로의 진입 기회가 적은 상태에서 이를 희망하는 교육받은 젊은 인구가 급속히 증가하는 경우, 한 국가나 사회 내 여러 종족 간에 인구 성장 불균형이 심화하는 경우, 고용성장률을 넘어서는 급속한 도시화가 전개되는 경우, 대규모 이주로 인해 지역 내 종족 간 균형에 갑작스러운 변화가 생기는 경우 등이다.[391] 아프가니스탄, 콩고, 에티오피아, 나이지리아, 파키스탄, 예멘 같은 경우는 급속한 인구 증가가 위와 같은 상황과 연결되면서 정치적 폭력과 내전의 악순환이 지속되는 대표적인 사례이다.

일부 지역의 폭발적 인구 증가는 **급속한 도시화, 인종·종파 간 급속한 불균형, 그리고 대규모 이민**이라는 또 다른 사회문제와 결부되어 다양한 안보 불안을 일으킨다. 먼저, 급속한 청년 인구 증가는 이들이 보다 나은 삶과 경제적 기회를 찾아 도시로 몰려들면서 유례가 없는 도시화를 초래하고 있다. 오늘날 이미 전 세계 인구의 50%가 도시에 살고 있는 가운데, 2025년도에는 그 비율이 57%로 증가할 것으로 예상된다. 그 결과 현재 지구상에 존재하는 19개의 초거대 도시에 8개의 새로운 도시가 추가될 것으로 보인다. 그중 7개의 새로운 초거대 도시가 아시아와 사하라 사막 이남 지역의 아프리카에 생길 것이다. 문제는 이들 새로운 도시가 이미 인프라와 생활 여건이 취약한 기존의 소도시가 급속히 팽창하는 형태로 전개됨에 따라 그 지역의 사회·정치적 불안이 가중될 것이라는 점이다.[392]

한편 일부 지역에서는 인구의 급속한 증가가 서로 다른 인종과 종파적 집단 간의 급속한 인구 불균형을 초래하여 또 다른 안보 불안 요인으로 작용한다. 이미 서로 다른 인종·종파 간 첨예한 갈등을 겪고 있는 이스라엘의 경우가 대표적인 사례이다. 현재 이스라엘과 팔레스타인 전쟁 배경에는 900만 이스라엘 인구 중 지난 10년 사이 20~25%로 폭증한 아랍 인구의 증가가 자리 잡고 있다. 여기에 이스라엘 내 유대인 중 극우 보수 경향의 전통 유대교 인구가 두 배로 급증하면서 이스라엘 내 양극단 세력 간 갈등이 심화되었다. 아랍계 인구는 이스라엘 내부뿐 아니라 이스라엘과 팔레스타인 갈등의 근본 원인이 되고 있는 '가자(Gaza) 지구'와 '서안 지역(the West Bank)'에서도 각기 60%, 40%씩 증가했다. 얼마 전까지 400만이던 인구가 2025년에는 600만까지 늘어난 것이다. 이로 인해 이 지역 주민에 대한 식수나 식량 공급 및 기본 공공재 부족이 이미 포화 상태에서 더욱 심각한 생활고를 초래하였다. 2023년 10월 하마스의 급진 테러 공격이 이스라엘과 전면전으로 이어진 배경이다.[393]

도시화, 인종·종파 간 불균형 심화와 더불어 대규모 이민은 폭발적 인구 증가 지역의 안보 불안이 지구상의 다른 지역으로 전이되는 새로운 안보 문제를 야기한다. 서유럽의 경우 2000년대 이후 매년 100만 명의 이민자가 유입되고 있는 가운데 3500만 명에 달하는 비유럽 출신 거주자의 다수가 북아프리카·중동·서남아시아 출신의 무슬림 인구로 구성돼 있다. 통계에 의하면, 2025년 기준 프랑스에 670만, 독일에 460만여 명의 무슬림 인구가 살고 있으며 그 뒤로 영국 390만, 이탈리아 290만 명, 그리고 불가리아와 스페인에 각기 100만 명에 달하는 무슬림이 있는 것으로 나타난다. 그 외 그리스, 오스트리아, 덴마크, 스웨덴, 네덜란드 등에도 30만~70만 명의 무슬림 인구가 있으며, 그 외의 다양한 서유럽 국가들에 무슬림 인구가 분포되어 있다.[394] 이들 유럽의 무슬림 인구는 꾸준히 증가하면서 1990년 전체 유럽 인구의 4%에서 2010년 6%로 늘어났다. 2030년에는 8%에 이를 것으로 예상된다. 동시에 평균 연령은 32세로 유럽 전체 평균 40세에 비해 8년이나 어린 젊은 인구 특징을 가진다.[395]

한편 유럽의 경제성장이 둔화하면서 빠르게 증가하는 젊은 무슬림 인구는 유럽 사회의 새로운 불안 요소로 작용하고 있다. 대다수의 무슬림 이주민들이 일자리를 찾아 도시로 모여들고 있다. 그런데 유럽의 낮은 경제성장으로 인한 일자리의 감소, 엄격한 노동 조건과 취업 차별, 불리한 교육 여건 등으로 인해 이들이 저임금·저소득·하위 계층으로 전락하는 현상이 발생하고 있다. 서유럽의 노동 계층을 주로 담당하는 무슬림 인구가 정치·경제·사회적 소외계층을 형성하면서, 이들의 전통적인 종교관, 가치관, 생활방식 등이 자신들이 속한 서구의 그것과 충돌하는 경향이 나타난다. 그 결과 무슬림 인구와 기존 유럽 시민 사이에 정치·사회·종교적 갈등이 표출되고 있다. 나아가 유럽 전체에 극우적 정치집단의 등장하고 서유럽 복지국가의 근간이 된 좌파 연합이 붕괴하면서 지난 반세기 동안 유럽연합을 중심으로 진행되어 온 동서유럽의 통합과 안정 기조가 흔들리는 모습을 보인다.

더욱이 최근 시리아를 중심으로 중동 지역의 정치 불안과 내전이 격화되면서, 많은 수의 난민이 유럽으로 몰려들면서 서유럽 각국은 무슬림 이민 문제로 골머리를 앓고 있다. 여기에 시리아뿐 아니라 아프가니스탄, 이라크, 파키스탄, 나이지리아, 이란 등에서 수백만 넘는 난민들이 각종 루트를 통해 유럽으로 몰려들었다.[396] 2016년 당시 백만이 넘는 난민이 유입된 독일을 비롯하여 헝가리, 오스트리아, 프랑스, 이탈리아, 스웨덴, 핀란드, 노르웨이, 영국, 스위스 등 유럽의 모든 지역에 난민이 정치적 망명을 신청하며 몰려들었다.[397] 이러한 상황에서 9·11 이후 프랑스와 독일, 벨기에 등 유럽 곳곳에서 발생한 테러는 중동 지역 무슬림 인구의 폭발적 증가로 인한 안보 불안이 여러 복합 요인을 거쳐 서구로 전파된 안보위협의 가장 극적인 사례를 보여준다. 프랑스와 벨기에, 독일 등에서 평소 소외감을 느낀 무슬림계 젊은이들이 알카에다나 ISIS의 반서구 선전에 동조하여 자발적 테러를 일으키는 사건이 벌어지면서 심각한 안보 문제로 등장한 것이다.[398]

선진국의 저출산·고령화와 '인구절벽'

개도국이 갈 곳 없는 젊은 인구의 폭발적 증가로 인한 '불안정의 아크'를 형성하고 있는 반면, **서구 유럽과 아시아의 선진 산업국들은 유례없는 인구 감소와 고령화를 겪고 있다.** 21세기 들어 선진국의 경우 미국과 같은 극히 일부 국가를 제외하고는 대부분이 저출산·고령화로 인한 '인구 임계점'에 도달한 것으로 분석된다. 즉 현재 대부분의 선진국이 전체 인구의 약 70%가 생산 가능 인구(15~64세)에 포함되는데 이 비율이 역대 최고이며 앞으로는 줄어들 수밖에 없다는 것이다. 그 결과 거의 모든 국가에서 2010~2020년 사이에 65세 이상 노령층과 생산 가능 인구 비율의 급속한 저하가 나타난 것으로 분석된다.

일본의 경우 이러한 문제가 가장 심각하게 진행되고 있는 경우이다. 일본은 1990년대 중반부터 생산 가능 인구가 감소하기 시작하여 2005년부터는 전체 인구 자체가 감소세로 들어섰다. 그 결과 2025년이면 노령 인구 대비 생산 인구 비율이 1 대 2에 이를 것으로 전망된다. 그나마 일본에 비해 출산율이 높은 유럽의 경우도 현재의 생산 가능 인구 수준을 유지하기 위해서는 현재보다 2~3배 많은 수의 이민자를 받아들여야 한다.[399] 앞서 살펴보았듯이 2025년까지 유럽 인구 가운데 비유럽 출신 소수 인종의 비율은 15%까지 증가할 것으로 예측된다. 문제는 이들 소수 인종이 원래의 유럽 인구에 비해 훨씬 젊은 인구 구성을 가지면서 이들과 유럽 현지인들 사이의 긴장 관계가 증폭되고 있다는 것이다. 한편 일본은 유럽과 같은 대규모 이민자 문제는 없지만 급속한 고령화로 인한 경제 문제가 날로 심화하는 형편이다. 1990년대 잃어버린 10년 이후 경제성장이 제로 상태에 이르고 동시에 가파르게 증가하는 연금이나 의료비 보조 등으로 인해 국방과 같은 다른 분야의 지출이 압박을 받거나 축소되는 현상이 나타나고 있다.

선진국의 인구 고령화와 저출산이 21세기 심각한 경제 위기의 근본 요인이 된다는 분석도 있다. 21세기 전 세계 주요 경제가 인구절벽(demographic cliff)을 겪으면서 심각한 저성장과 불황의 위기에 빠질 가능성이 제기된다. **'인구절벽'**이란 생산 가능한 인구인 15~64세의 비율이 급속도로 줄어드는 현상을 일컫는다. 인구 전문가 덴트는 인구 구조 변동과 소비지출 흐름이라는 두 지표를 중심으로 부동산·주식·일반상품 시장의 장래 가격 동향을 예측한다. 인구절벽이란 소비지출이 정점에 이르는 45~49세 연령대가 줄어들면서 소비가 급속히 하강한다는 것이다.[400] 그런데 최근 인구 변화 추세를 보면 대부분의 선진국에서 역사상 처음으로 앞선 세대보다 인구수가 더 적은 세대가 뒤를 따르고 있다. 그 결과 필연적으로 소비가 저조해지고 경제가 침체하게 된다고 예측한다. 즉 인구절벽은 경제활동의 '소비절벽'으로 이어지고, 이는 다시 장기적 '소득절벽'으로 이어져 전반적인 경제 침체를 초래한다는 것이다. 1989년 이래 일본의 장기 불황과 미국이 진원지가 된 2008년 금융 위기도 인구절벽에 따른 소비지출 추락이 중요한 요인이라는 것이다. 21세기 선진국에서 나타나고 있는 급속한 노령화가 경제 전반과 정치·사회에 걸쳐 중요한 변화의 변수로 작용할 것이라는 데에는 이론의 여지가 없다.

최근까지 제1의 인구 대국이었던 **중국**도 과거 정부에서 추진한 1자녀 정책으로 인해 저출산과 고령화가 급속히 진행되고 있다. 2001년에 인구의 7%가 65세 이상인 고령화 사회에 접어든 중국은 저출산으로 인해 2015년부터 생산 가능 인구가 감소하기 시작하였다. 은퇴 노동자들의 숫자가 증가하면서 노동력 부족과 노령층에 대한 사회보장 수요의 급증으로 경제와 정부 재정에 심각한 압박이 가해질 것으로 예상된다. 한편, 인도의 경우 전체적으로는 2.8의 비교적 높은 출생률로 인해 2023년 중국을 넘어 최다 인구 대국이 되었다. 그러나 내부적으로는 남부와 북부 간의 격차로 인한 심각한 양극화 문제가 예상된다. 교육 수준과 생활 수준이 높은 뭄바이·델리·콜카타를 중심으로 남부에서는 점차 저출산이 확대되는 경향을 보인다. 이에 비해 여전히 빈곤과 문맹에 시달리는 북부의 높은 출산율로 인한 인구 증가가 남부와 북부의 사회·경제적 양극화를 더욱 심화시킬 것으로 예상된다. 인구가 꾸준히 증가하는 인도 북부의 힌두어권 젊은 층의 경우 낮은 교육 수준과 비숙련 노동에 의지하며 일자리를 찾아 부유한 남부의 도시로 몰려들고 있다. 이에 따라 남부 대도시의 인구 폭증으로 인한 각종 불만과 양극화가 심화되면서 힌두 민족주의자들의 인도 내 소수 종교인 이슬람이나 여타 종교를 믿는 인구에 대한 폭력과 탄압이 빈발하고 있다. 모디 총리가 힌두 민족주의를 내세우며 이웃 나라인 파키스탄이나 중국과 군사충돌을 벌이는 것도 내부 갈등을 외부로 전가하려는 움직임과 무관하지 않다는 분석이다.[401]

인구 변화는 인류와 지구상 곳곳에 심각한 변화를 초래한다. 한 가지 분명한 사실은 인구 증가로 인해 지구 환경이 몸살을 앓고 있다는 점이다. 21세기 들어 급격히 증가한 환경 문제는 20세기 동안 폭발적으로 증가한 인구 변화에 기인한다. 대표적으로 인구 증가와 함께 증가한 온실가스 배출로 인한 기후변화이다. 지구 온난화로 인한 극단적인 날씨는 식량 공급을 불안정하게 위협하고 있는 반면 인구 증가로 인한 세계 식량 수요는 증가하고 있다. 요컨대 인구 과잉은 점점 더 부족한 자원에 대한 더 많은 갈등으로 이어질 수 있다. 나아가 세계 곳곳에서 더 많은 실업뿐만 아니라 불안정한 젊은 인구의 불만과 폭동, 농촌 지역에서 도시로의 불균형한 이주, 주택 부족과 같은 사회·정치 문제로 이어진다.

한편 선진국을 중심으로 나타나는 인구 고령화는 또 다른 사회·경제·정치적 문제를 야기한다. 일반적으로 노인들은 다른 연령대보다 훨씬 더 많은 국가 비용의 지출을 필요로 한다. 노인들은 질병에 걸리기 쉽고 더 많은 공적 연금에 의존하고 결국에는 돌봄이 필요하다. 이 모든 것은 젊은 납세자, 근로자 및 가족 구성원의 시스템에 의존할 수밖에 없다. 이러한 현상은 미국을 비롯한 많은 국가에서 이미 빠르게 나타나고 있다. 미국은 장기 요양 종사자가 심각하게 부족하고 서비스를 감당할 수 없는 사람들이 늘어나고 있다. 가장 고령화가 심각한 일본에서는 돌볼 사람이 없어 집에서 혼자 죽어가는 노인의 수가 증가하면서 정부의 고민이 심각해지고 있다. 세계에서 가장 출산율이 낮고 일본 다음으로 고령화가 빠른 한국의 경우 문제는 더욱 심각할 수 있다. 전문가들에 의하면 출산율이 1.5 이하로 저하된 국가의 경우 이를 되돌리는 것은 매우 어렵다고 한다.

한국의 '인구절벽'과 국방

04

한국은 전 세계에서 가장 빠르게 인구 감소와 노령화가 진행되고 있다. 한국의 합계출산율은 1960년 6.0명에서 1976년 3.0명, 1983년 2.06명, 2017년 1.05명, 2018년 1.0명을 기록한 후 2021년에는 0.81명까지 내려왔다. 2023년 한국의 합계출산율은 0.72명으로 역대 최저를 기록했다. 다른 선진국의 합계출산율은 우리나라보다 완만한 하락세다. 2020년의 합계출산율을 보면 미국은 1.64명, 영국은 1.56명, 노르웨이는 1.48명, 일본은 1.33명이다.[402] 출산율이 '경제협력개발기구(OECD)' 38개 회원국 가운데 꼴찌인 가운데, **실제 2021년 우리나라 총인구는 정부 수립 이래 처음으로 감소했다.** 통계청에 의하면 2021년 국내 총인구는 5173만 명으로 전년 대비 9만 1000명 줄었다. OECD 38개 회원국 중 합계출산율이 1명에 못 미치는 나라는 한국이 유일하다. 데이비드 콜먼 영국 옥스퍼드대학 명예교수가 OECD 국가 중에서 '인구 소멸 국가' 제1호로 한국을 지목한 이유이다. 일론 머스크 테슬라 최고경영자도 한국은 3세대 안에 인구가 붕괴돼 지도에서 사라질 것이라고 가세했다. 임현진 서울대 사회학과 명예교수는 한국의 출산율은 전쟁이나 기아 같은 재난 시기에나 나타나는 것으로 이러한 추세가 이어진다면 한국 인구는 2100년에는 반 토막이 되고 2300년에는 0이 된다고 경고한다.[403]

그림 2-5 | 2020년 OECD 합계출산율 순위

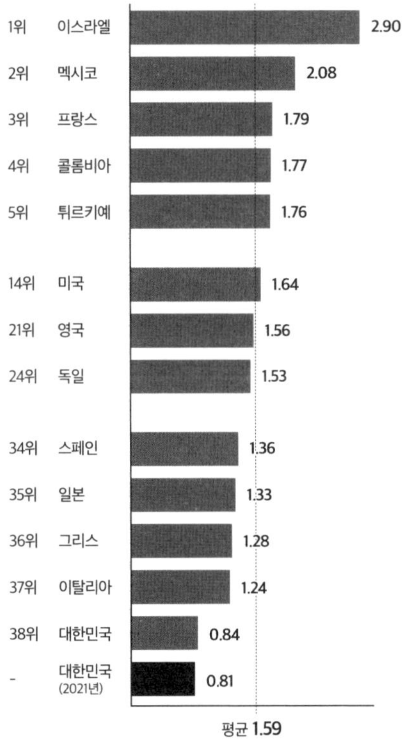

출처: OECD Family Database

한편 한국은 전 세계에서 가장 빠른 인구 노령화를 겪고 있다. 유엔 기준으로 65세 이상의 인구가 전체 인구의 7% 이상을 고령화 사회, 14% 이상은 고령 사회, 21% 이상은 초고령 사회로 정의된다. 한국은 2001년 고령화 사회로 진입한 이래 2019년 고령 사회가 되었다. 일본이 고령화 사회에서 고령 사회로 넘어가는 데 24년이 걸렸다면, 한국은 불과 18년 걸렸다. 독일은 77년, 미국은 88년, 프랑스는 115년이 걸렸다. 한국은 2025~2026년 사이 초고령 사회에 도달할 것으로 예상된다. 이는 일본이 1971년 고령 사회에서 2006년 초고령 사회로 가는 데 걸린 35년을 뛰어넘는 것으로 세계기록이 될 것이다. 65세 이상 인구 비중은 2022년 17.5%에서 2070년 46.4%로 증가할 예정이다. 같은 기간 생산 가능 인구 구성비는 71.0%에서 46.1%로 줄어든다. 50년 후에는 국민 두 사람 중 한 명이 고령자다. 청년 1명이 노인 1명을 부양하는 시대가 열린다는 뜻이다.

한국의 인구 감소와 고령화는 사회 전반에 큰 영향을 미칠 것이다. 한국의 생산 가능 인구는 2017년 감소하기 시작해 **인구 오너스** 시대에 접어들었다. 생산 가능 인구는 앞으로 30년 안에 절반으로 줄어들 것이다. 생산 가능 인구 감소는 잠재성장률을 계속 떨어뜨릴 것이다. '노인 국가' 한국은 일본의 잃어버린 30년처럼 만성적 저성장의 늪에 빠질 수 있다. 동시에 국가 재정에 엄청난 부담을 가중시킬 것이다. 기획재정부에 의하면 정부의 총지출 639조 원 가운데 54%인 342조 원이 4대 공적 연금과 건강보험 등이 포함된 **의무 지출**이다. 의무 지출은 지급 의무가 법적으로 명시된 예산이라 줄이기 힘들다. 의무 지출 가운데 복지 분야의 국민연금·공무원연금·사학연금·군인연금 등

4대 **연금 지출**이 총 67조 7000억 원으로 가장 많다. **건강보험 지출**은 12조 원이다.[404]

고령화 가속화에 따른 연금 지출 확대 등으로 의무 지출 비중이 날로 커지는 현실이다. 한편 경제성장 둔화에 따른 세수 감소와 세출 증가는 정부의 **재정적자** 악화로 이어진다. 복지, 교육, 국방, 산업 등 세출 수요는 늘어나게 돼 있지만 지금의 조세 체계로는 이를 감당하기 어렵다. 한국은 OECD 회원국 중에서 매우 낮은 12.8%의 사회복지 관련 지출을 하고 있다. 38개 회원국 중 35위다. 그러나 지난 10여 년간 복지비 증가율은 연평균 7.4%로 가장 가파르다. 그러나 경제성장이 정체되면서 조세 수입의 자연 증가분이 크지 않아 늘어나는 사회복지 수요를 감당하기 어렵다. 임현진 교수는 한국의 인구절벽이 성장절벽, 재정절벽 그리고 궁극적인 국가절벽으로 이어질 수 있다고 경고한다.

복지비용이 늘어난다는 건 다른 부분에 사용할 돈이 줄어든다는 것이다. 미래 세대를 위한 교육이나 국가 인프라 건설은 물론 국방비도 압박을 받을 것이다. 특히 한국은 미·중 경쟁의 심화로 동북아 정세가 더욱 불안정해지고 북한의 핵 개발로 안보 위기가 가중되는 양상이다. 여기에 한미동맹도 미국의 자국 우선주의로 한국 방위의 한국화라는 장기적 추세 전환이 이루어지고 있다. 국내외적인 국방 책임과 이에 따른 국방비의 증가가 필수적이다. **그런데 초저출산과 노령화로 인한 사회복지비용의 증가가 국방 수요와 정면충돌하는 양상이 나타나고 있다.** 먼저 초저출산으로 인한 인구 감소는 현재 한국군의 기조인 징집제의 근본적인 변화를 요구한다. 이전의 징집 대상 인구가 가능하지 않게 되어 장기적인 군 인력의 축소와 이에 따른 모병제로의 전환이 요구된다. 한국군은 한국전쟁 이후 70만 명의 상비군으로 시작하여 1961년 60만 명으로 감축된 후 1980년대 중반 다시 65만 명으로 증가하였다가 2020년까지 62만여 명으로 유지됐다.

그러나 급격한 인구 감소로 더는 60만 명 이상의 상비 병력 유지가 불가능하게 되었다. 2019년 국방부는 상비 병력을 2022년까지 50만 명으로 단계적으로 감축하는 계획을 발표하였다. '한국국방연구원(KIDA)'에 의하면 우리 군의 병력 규모는 2035년 46만 5000명까지 서서히 줄다가 2039년 40만 명을 못 채우고 2043년에는 최저 33만 명선 안팎까지 추락할 전망이다. 이를 보존하기 위해서는 여군 장교, 장기부사관 비율 확대와 현역장병 **'유급지원병제도'**로 복무기간의 장기화 유도 등 다양한 방안이 나오고 있다. 이들 모두 지금보다 막대한 인건비 증액이 요구된다.[405] 여기에 남북 간의 군사 상황 속에 동맹 부담 증가 요구와 미·중 패권경쟁, 북한 핵 개발이 가중된 동북아의 안보 환경은 한국에 더욱 큰 국방비 증가를 요구한다. 그러나 동시에 노령화로 인한 사회복지비용의 증가는 국방비 예산의 증액을 더욱 어렵게 만들 것이다. 21세기 인구절벽이 한국의 안보에 근본적인 제약으로 작동하면서 한국이 새로운 인구 폭탄을 맞고 있다.

8장

한국 국방의 미래는?

4차 산업혁명의 시기에는 무인 자율, 3D 프린팅, 로봇공학, 인공지능, 신소재, 사물인터넷, 빅데이터, 합성생물학, 유전자편집 등 물리학과 디지털 및 생물학 분야의 모든 과학기술과 지식정보 분야의 혁신이 급속도로 진행되면서 지금까지의 제도 및 가치, 그리고 생활의 틀을 근본적으로 바꿀 것으로 예상된다.

4차 산업혁명으로 인한 신기술은 전쟁과 안보, 국방 분야에도 심대한 영향을 미칠 것이다. 드론과 자율무기는 인공지능과 결합되어 전쟁과 전략의 새로운 변화를 가져올 것이다. 웨어러블 기기나 외골격 기기가 인간의 전투력을 획기적으로 향상시키고, 나노 기술을 활용한 초경량 이동식 무기와 더욱 스마트하고 정밀한 첨단 무기가 등장할 것이다. 또한, 무인기의 새로운 위협에 대응하는 사물인터넷 기술과 드론 방어 체계가 필요할 것이다.

한편 3D 프린팅 기술을 활용한 다수의 무인기 제작이 전장에서 가능해지면서 모의장비와 실장비를 혼합해 동시에 투입하는 기만전략이 제시되기도 한다. 또한, 필요시 무기 장비 부품을 전투 현장에서 직접 제조하여 사용할 수 있게 됨으로써 군수 및 조달 분야의 혁명을 가져올 수 있다.

육군의 경우 헬멧과 소총에 카메라와 안테나를 부착하여 전투 실시간 정보 수집을 통해 현장과 지휘소 간 실시간 전투 상황 파악, 분석 및 지휘가 가능해지고 있다. 또한, 부상자 구조를 위한 무인 구난 로봇은 물론 인공지능을 활용한 로봇 병사의 출현도 가능하다. 4차 산업혁명 기술의 등장으로 전쟁 및 전장의 개념과 양상이 바뀌고 전혀 생각지 못한 신무기와 기술이 21세기 군사혁신의 기회와 도전을 동시에 제공한다.

그런데 군사혁신은 쉽지 않다. 전쟁은 새로운 무기, 새로운 전술을 통해 끊임없이 변화한다. 이에 따라 막연하게 어떤 방향성을 점치는 것은 가능하다. 그러나 그런 예측을 현실에서 구체화시키고 실전에서 활용하고 대응하는 것은 매우 어려운 일이다. 특히, 새로운 군사기술의 적용과 도입은 기존의 군사조직에 종종 큰 위협과 도전으로 여겨진다.

새로운 기술에 대한 저항은 그 기득권이 클수록 강하다. 기존의 강한 군대일수록 오히려 군사혁신이 어려운 역설이 나타난다. 게다가 기술적 측면의 군사혁신에 성공한다고 해서 과연 이것이 새로이 변하는 전쟁의 양상과 위협에 적합할지는 또 다른 문제이다. **군사혁신은 군사기술의 변화에 따른 새로운 전쟁 수행의 미래뿐 아니라 새로운 위**

협과 전쟁 형태가 나타나는 미래의 전쟁에도 대비해야 한다. 현재 한국은 4차 산업혁명으로 인한 군사기술의 전환과 함께 한반도를 위시한 동북아의 안보 환경이 동시에 변화하는 이중의 도전에 직면하고 있다. 어떻게 이러한 변화에 성공적으로 대비하고 준비해야 할까? 이 장에서는 과거 주요국의 20세기 군사혁신 사례가 21세기 한국의 군사혁신에 제시하는 도전과 과제를 살펴본다.

군사혁신

01

오늘날 세계는 20세기 말 정보통신 기술의 등장에 따른 3차 산업혁명 이후 4차 산업혁명에 따른 인간 생활의 근본적인 변화가 예측된다.[406] 이는 군사기술에서도 또 다른 혁명적 변화를 가져올 것으로 예측된다. **4차 산업혁명의 상징으로 여겨지는 인공지능, 빅데이터, 3차원 프린터, 드론, 로봇 등을 포함한 신기술은 군사 분야에도 심오한 영향을 미친다.** 세계의 주요 국가는 21세기 산업과 경제 경쟁력의 핵심으로 이들 신기술을 활용할 뿐 아니라 군사력과 안보전략의 게임 체인저로 활용코자 연구와 개발에 심혈을 기울이고 있다. 이들 신기술을 활용한 새로운 무기 체계는 전투와 전장에서 적에 대한 우위를 확보할 뿐 아니라 평소 군의 운용과 관련한 인력·군수·훈련·운영·유지·보수의 모든 측면에서 혁명적 변화와 이점을 가져다줄 것으로 기대된다.

군사혁신은 역사적으로 다양한 요인에 의해 진행되었다. 그중에서도 기술 발전에 따른 신형 무기, 즉 신 군사기술에 의한 혁신은 시대를 막론하고 군사변혁의 주요한 요인으로 작용하였다. 19세기 말과 20세기에 이루어진 군사혁신이 대표적이다. 1차 세계대전에서 본격적으로 사용된 철도 운송 체계와 철조망, 화학무기, 기관총은 기존에 수천·수만 명 규모의 제한된 전쟁의 양상을 수십만·수백만 명의 대규모 소모전으로 바꾸는 중요한 계기가 되었다. 1920~1930년대에 본격화된 탱크와 항공기의 발전은 2차 세계대전 중에 빠른 기동력을 특징으로 하는 전격전(Blitzkrieg)이라는 독일의 새로운 군사혁신 전략으로 나타났다. 또한, 1930~1940년대 강력한 내연기관과 항공기술, 레이더 및 조선술의 발전은 구축함 위주의 해전에서 잠수함과 항공모함이 새로운 전략 무기로 등장하는 계기가 되었다. 그리고 1940~1950년대에 등장한 핵무기는 우주 공간을 통과하는 대륙간 탄도미사일과 결합하여 기존의 재래식 무기와는 질적으로 다른 공포의 상호 확증 보복에 의한 핵억지가 냉전 시대 미·소 양국의 핵심 군사전략으로 자리 잡게 하였다.[407]

그러나 새로운 무기기술의 등장만이 군사혁신을 불러일으키는 것은 아니다. **정치적·사회적·문화적 측면에서의 변화 역시 군사혁신의 중요한 계기가 되기도 한다.** 18세기 말의 프랑스 대혁명은 국민주권과 민족주의 결합으로 국가 인적자원의 동원을 획기적으로 변화시키는 대규모 국민군대의 등장으로 이어졌다. 프랑스의 혁명 지도자들이 외국의 반혁명 세력들의 군사적 위협에 맞선다는 명분으로 1792년 국민 총동원령(levee en masse)을 선포한 것이다. 불과 1년 만에 프랑스 병력은 3배로 증강되었고 나폴레옹 전쟁 초기 50만 명에서 수백만 명으로 불어난 프랑스 군대는 국가를 위해 기꺼이 희생할 각오로 뭉친 국민군대가 되었다. 프랑스의 주인은 왕이 아닌 국민이라는 민족주의로 무장한 프랑스의 대규모 국민군대는 천하무적이었다. 당시 귀족을 중심으로 한 소수 정예의 엘리트 기병을 중심으로 한 프로이센과 오스트리아, 러시아 등 기존 유럽대륙의 군사 강국들은 압도적인 수의 프랑스군을 상대하기에는 역부족이었다. 이후 나폴레옹이 이끄는 프랑스군이 유럽대륙을 제패한 비결이었다.[408]

군사혁신은 또한 새로운 기술이나 무기의 등장과 상관없이 기존에 관행으로 내려오던 전술과 교리의 혁신으로 나타나기도 한다. 18세기 미국의 독립전쟁 당시에 대규모 영국의 정규군을 상대하던 미국군은 병력 및 무기 체계의 열세를 극복하기 위해 새로운 전술을 사용한다. 당시 유럽의 전통적 전투는 드넓은 평원에서 병사들이 일렬로 대형을 갖추고 마주 보고 서서 전진하며 총과 포를 쏘며 싸웠다. 숫자나 무장에서 절대적으로 열세이던 미군은 직립으로 전진해오는 대규모 영국군에 맞서 후방에 엎드리거나 바위나 나무 뒤에 숨어 은폐하면서 맞섰다. 당시로는 비신사적인 일종의 게릴라 전술을 사용한 것이다. 지금은 당연한 것처럼 여겨지는 이와 같은 미군의 전술 변화는 같은 무기 체계를 사용하면서도 지상 전투에서 혁명적인 변화를 가져왔다.[409]

전쟁의 승패를 바꾼 혁신은 전장의 무기 기술이 아닌 산업 분야의 새로운 기술에 의해 초래되기도 하였다. 1830~1850년에 유럽과 미국에서 본격적으로 사용되기 시작한 철도와 증기기관차의 등장이 좋은 예이다. 철도는 전쟁에서 대규모의 병력과 물자를 신속히 이동시킴으로써 전략적 기동에서 혁명적 변화를 가져왔다. 1859년 오스트리아와 전쟁을 준비하기 위해 프랑스는 최초로 철도를 이용하여 25만 명에 이르는 대규모 병력을 북부 이탈리아 지역으로 신속히 이동시키는 혁신적인 전략을 사용하였다. 이러한 철도의 유용성은 이후 1860년대에 벌어진 미국의 남북전쟁에서도 결정적인 역할을 하였다. 처음에는 전쟁 경험이 전혀 없는 시골 법률가 출신의 링컨 대통령이 이끄는 북부가 남부의 노련한 지휘관인 리 장군의 우세한 기병 전술에 고전을 면치 못하였다. 이후 북부군은 우세한 공업 생산 능력과 철도를 활용하여 대규모의 병사와 물자를 전선에 투입하는 물량 공세를 통해 전쟁에서 승리한다. 이어서 1870년대의 보불전쟁에서도 비스마르크가 이끄는 프로이센군이 철도를 활용하는 전략으로 프랑스군을 대패하고 독일 통합을 여는 계기를 마련했다.[410]

그중에서도 새로운 군사기술이나 무기의 등장은 여전히 군사혁신의 주요인으로 작용해왔다. 특히 18세기 영국의 1차 산업혁명 이후 과학기술의 진보가 인류의 삶 전반에 획기적 변화를 가져오면서, 이에 따른 새로운 군사기술이 전쟁에 미치는 영향력도 더욱 커지고 있다. 지난 반세기 넘도록 미군의 군사혁신을 주도한 전 국방부 총괄평가국장(Office of Net Assessment, ONA) **앤드류 마샬(Andrew Marshall)**은 **군사혁신이란** "새로운 기술의 획기적 적용으로 전쟁 양상의 성격이 본질적인 변화를 이루는 것으로서, 군사 독트린과 군사작전 및 군사조직 개념에서의 변화를 수반하여 **군사적 활동의 성격과 실제 행위 자체를 근본적으로 변화시키는 것**"이라고 정의한다.[411] 이외에도 "군사작전의 성격과 실행에서 당대의 가장 강력한 군대나 국가의 기존 핵심 무력을 무

의미하게 만들거나 새로운 전쟁의 핵심 무력을 창조하는 군사 패러다임의 변환"으로 정의되기도 한다.[412]

이러한 개념은 주로 새로운 군사기술의 등장에 따른 군사혁신에 초점을 맞춘 것이다. 군사기술혁신이 작전 운용 개념과 조직 편성의 혁신과 함께 이루어져서 군사 분야의 혁명으로 나타난다는 것이다. 냉전 이후 미 국방부가 주장한 **'군사혁명(Revolution of Military Affairs, RMA)'**이 바로 그것이다. 앤드류 마샬과 함께 미 국방부의 군사혁신에 깊이 관여해온 **앤드류 크레피네비치(Andrew F. Krepinevich)**는 군사혁명을 ① 새롭게 등장한 기술(emerging technologies)을 이용하여 ② 새로운 군사 체계(evolving military system)를 개발하고 ③ 그에 상응하는 작전 운용의 혁신(operational innovation)과 이를 위한 조직의 혁신과 적응(organizational adaptation)을 조화롭게 추구하여, 전투 효과(combat effectiveness)를 극적으로 증폭시키는 것으로 정의한다.[413] 즉 군사기술의 혁신은 군사 교리 및 작전 운용, 지휘 구조 및 조직 편성, 리더십 및 교육훈련, 군수지원 등 군의 전반 분야에 근본적인 변화를 초래할 수밖에 없다. 따라서 이러한 모든 요소를 상호 조화롭게 연결·결합해야 군의 전투력이 혁명적으로 발전할 수 있다는 것이다. 그림 2-6은 신군사기술로 인한 군사혁신이 군사작전과 교리의 개혁 및 군 조직의 개혁과 함께 이루어져야 한다는 사실을 나타낸다.

그림 2-6 | 군사기술에 의한 군사혁신

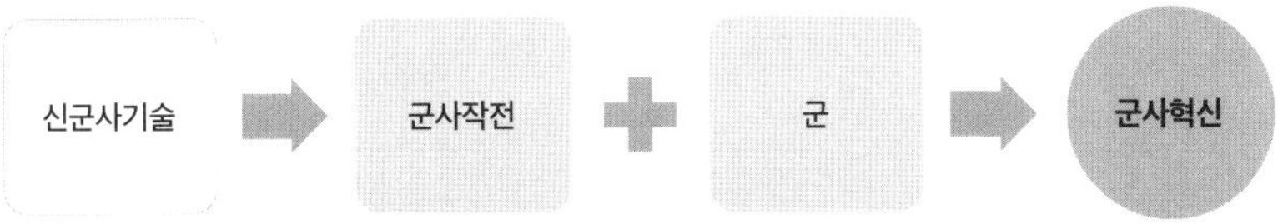

20세기 군사혁신의 성공과 실패

02

그렇다면 새로운 기술과 무기 체계를 잘 활용하여 군사혁신에 성공한 비결은 무엇인가? 반대로 이에 실패한 요인은 무엇일까? **군사기술혁신의 역사적 사례를 보면 정작 신무기나 새로운 군사기술을 최초로 개발한 국가나 군대보다 의외의 다른 곳에서 그 기술을 활용한 군사혁신이 이루어진 경우가 많다는 것을 알 수 있다.** 화약을 세계 최초로 발명한 것은 중국이지만, 정작 이 기술을 가장 적극적으로 활용하여 세계를 제패한 것은 서구 열강이었다.[414] 아래 사례는 군사기술을 활용한 군사혁신의 성공과 실패 요인을 보여준다.

1차 대전과 기관총: 미국, 영국, 독일

오늘날 전쟁에서 사용되는 **기관총의 가장 근대적 모델은 미국의 남북 전쟁을 전후로 개틀링(Richard Gatling)과 맥심(Hiram Maxim) 두 사람의 미국인 발명가에 의해 개발되었다.** 개틀링이 1861년 개발한 기관총은 분당 400발 사격이 가능했다. 기관총 한정으로 몇 개 대대가 소총으로 사격하는 화력에 버금가는 위력을 가지게 된 것이다. 실제 이들 기관총은 영국군이 19세기 말 아프리카의 식민지 반란군을 진압할 때 위력을 발휘한다. 수만 명의 원주민 반란군을 단 몇 정의 기관총으로 단숨에 제압한 것이다. **그런데 정작 미 육군은 실전에서 이들 기관총 사용을 꺼렸다.** 당시 미군은 "총이 너무 무겁다", "고장이 잘 난다" 또는 "실탄 소모가 너무 많아 감당할 수 없다" 등의 이유로 기관총 사용을 기피했다. 일견 타당해 보이지만 그 배경에는 낯선 무기에 대한 막연한 거부감이 중요한 이유로 작용했다.

첫 개발 이후 20년이 넘은 1885년에 이르러 실전에 사용할 기관총의 개발이 완성되고 일부 회사들이 본격적으로 제조·판매에 나섰다. 그러나 여전히 영국을 제외한 대부분 국가에는 이 무기를 전투에서 효과적으로 사용하기 위한 개념이 전혀 성립되지 않았다. 예를 들어 프랑스는 육군의 주력 무기인 대포를 운반하는 차량에 간접 지원 무기로 기관총을 장착하여 1870년의 보불전쟁에 사용하였다. 그런데 정작 이 기관총들의 사정거리가 상대의 포병 진지에 못 미쳐 실전에서는 사용 불가능했다. 대신 프로이센군의 포사격으로 무용지물이 되는 상황이 초래되었다.[415]

영국은 미국이나 여타 유럽 국가보다 기관총의 위력과 파괴력을 일찌감치 알게 되었다. 영국이 아프리카의 식민지 확장과 지배를 유지하는 과정에서 이에 맞서는 반란군과의 전투에서 기관총을 효과적으로 활용한 것이다. 영국군은 1879년 남아프리카의 '울룬디(Ulundi)' 전투에서 당시 1만여 명의 원주민 줄루(Zulus)군과 전투를 벌이게 되었다. 그리고 4000여 명의 영국군이 2개의 미국제 개틀링 기관총을 사용하여 단시간에 일방적인 전과를 올린다.[416] 이후 영국군은 1884년 수단의 '아부 클레(Abu Klea)' 전투에서 자신들의 열 배가 넘는 1만 3000여 명의 이슬람계 원주민에게 기관총을 활용하여 대승을 거둔다.[417] 이어서 1898년에는 수단의 '옴더만(Omdurman)' 전투에서 5만 2000여 명의 메흐디 이슬람군에 맞서 8000명의 영국군이 역시 6개의 맥심 기관총을 사용하여 50명이 채 안 되는 아군 희생으로 1만 2000명의 적군을 사살하는 대승을 거둔다.[418]

그런데도 영국군은 이후 유럽 전선에서 전투에는 기관총을 잘 활용하지 않았다. 당시 명예를 중시하는 영국군의 '장교와 신사들'의 문화에서는 소수의 인원으로 적들을 무자비하게 살상하는 기관총이 야만적인 살상무기로 여겨졌다. 기관총은 '식민지 원정군이 원주민 살육에 사용하는 것으로, 정상적인 전투 상황인 유럽의 전투에서는 완전히 비합리적인 것'으로 치부되었다. 그리하여 1차 대전 이전까지 영국 육군은 기관총 활용에 필요한 작전 교리와 군 조직을 발전시키지 않았다.[419]

정작 기관총의 효용이 본격적으로 알려진 것은 발명 후 50년가량 지난 1904~1905년 러일전쟁에서 러시아와 일본이 기관총을 보병 사

격수들의 지원 무기로 사용하면서이다. 당시 전쟁을 관찰한 독일의 군사 전문가들은 기관총이 보병에 대한 지원을 위해 개활지에서 상대 보병의 대량살상이 가능하다는 점에 착안한다. 이후 독일군은 1차 대전 초기 1914년 9월 '엔(Asine)강' 전투에서 영국과 프랑스 연합군의 진격을 격퇴하는 데 기관총을 효과적으로 사용한다.[420]

남북전쟁 당시 미국에서 개발된 근대식 기관총은 그 전투의 효과성을 인식하지 못한 미국과 유럽의 대부분 국가에서 반세기가 넘도록 무용지물로 여겨졌다. 아프리카 식민 전쟁에서 입증된 효과성에도 불구하고 야만성을 이유로 사용을 꺼린 영국의 사례는 보수적인 군사 문화에서 신무기를 수용하기가 쉽지 않다는 교훈을 준다. 이에 비교해 독일은 후발 군사 강국이 혁신적인 접근으로 기관총의 잠재력을 1차 대전에서 효과적으로 활용하는 사례를 보여준다.

2차 대전의 전차와 전격전: 영국, 프랑스, 독일

2차 대전 당시 독일은 전차를 활용한 전격전 전략을 사용하면서 프랑스·러시아와의 초기 전쟁에서 압도적인 승리를 거둔다. **그런데 정작 전차를 처음 개발한 나라는 독일이 아닌 영국이었다.** 원래 프랑스와 영국은 제1차와 2차 세계대전 사이에 유럽에서 가장 강력한 보병과 포병 전력을 가지고 있었다. 특히 영국은 1차 대전 당시 최초로 전차를 개발하여 독일과의 대규모 지상전이 벌어진 1916년 9월의 '소므(Somme)' 전투에 투입하고 1917년 11월에는 '캉브레(Cambrai)' 전투에도 사용한다. 이후 영국 육군은 1920년대 후반과 1930년대 초반 전차를 활용한 기계화된 전력을 전장에 투입하는 혁신적인 실험을 시행하였다.

이에 대해 당시 풀러(J.F.C Fuller)와 리델 하트(B.H. Liddel Hart) 같은 영국의 군사전략가들은 장차 지상전에서 획기적인 역할을 할 전차의 잠재력에 주목하였다. 이들은 전차를 적극적으로 개발하여 보병과 포병 중심의 영국 육군을 전차부대가 중심이 되는 새로운 군 구조로 개편할 것을 주장하였다. 그러나 풀러와 하트의 주장에 당시 대부분의 육군 관계자들이 오히려 반발하였다. 자신들의 존재 기반인 보병과 포병의 기본 조직과 구조를 근본적으로 위협하는 과격한 제안으로 여긴 것이다. 결국 **1차 대전에서 2차 대전에 이르는 20년간 영국 육군은 전차를 활용한 기계화 전쟁에 대한 교리나 기갑사단의 전력 구조를 발전시키지 못한다.** 자신들이 개발한 신무기기술의 군사혁신 기회를 놓친 것이다.[421]

한편, 유럽대륙의 가장 강력한 육군력을 자랑했던 프랑스 육군도 영국과는 다른 이유로 전차전의 중요성을 간과하였다. 영국의 실패가 기존 조직의 반대에 기인했다면, 프랑스의 경우는 1차 대전 이후 채택한 방어적 대전략 개념 때문이었다. 1차 대전에서 새로이 등장한 철조망과 기관총, 독가스 등의 신무기는 전쟁에서 방어가 절대적으로 유리한 새로운 모습을 보여주었다. 참호를 활용한 대규모 진지전에서 엄청난 공격 측면의 사상자가 발생한 것이다. 이후 프랑스 육군 지휘부는 적의 어떠한 공세 작전도 방어에 초점을 둔 전략에 무력할 것으로 믿게 된다. 독일의 전차군단에 무너진 프랑스의 '마지노선

(The Maginot Line)' 방어전략이 탄생한 배경이다. 이후 프랑스는 1929년에서 1938년에 이르는 10년에 걸쳐 마지노 전쟁 장관의 이름을 딴 거대한 콘크리트 방어 요새와 벙커를 독일과의 국경 수백 km에 구축하였다.[422]

한편 독일은 영국과 프랑스의 강력한 육군에 대항하여 전차를 활용한 전격전 개념을 발전시켰다. 1926년 영국 육군은 '솔즈베리(Salisbury)' 평원에서 전차를 이용한 기동전 시범 훈련을 시행하였다. 여기에는 독일군에서 파견한 대표단이 참관하고 있었다. 이들은 영국 전차가 적 후방에서 보인 작전성과 잠재력을 눈여겨보았다. 당시 유럽의 신흥 강국으로 부상하던 독일 육군에는 상대적으로 미래 지향적인 핵심 엘리트들이 포진하고 있었다. 이들은 전차전이 가지는 잠재력에 관한 글들을 발표하면서 신형 전차의 개발과 그 활용 방안에 대한 교리를 발전시킨다. 그 결과는 2차 대전 초기 프랑스의 주 방어 진지를 우회하여 진격하는 독일의 전격전 앞에 수백 km에 걸친 프랑스의 방어 전선이 6주 만에 무너지는 사태로 나타났다.[423]

전차 기술의 군사혁신 성공과 실패는 몇 가지 요인으로 설명된다. 첫째, 영국이 최초의 전차 개발자임에도 그 활용에 미진한 것은 이 기술을 활용을 위해 필요한 변화에 대한 저항 때문이었다. 기존 보병과 포병 중심 군 구조에 대한 변화가 너무 근본적이거나 과도하게 여겨지면서 기존 조직과 구성원의 반발을 초래한 것이다. 더욱 그 조직이 오랜 기간 권위와 명성을 쌓을수록 더욱 큰 저항심을 가질 수밖에 없다는 현실이다. 둘째, 프랑스가 전차전의 공세적 잠재력을 인식하지 못한 것은 1차 대전의 경험이 독이 된 것이었다. 1차 대전에서 참호전의 방어 효과를 교훈으로 구축한 수백 km 콘크리트 방어선이 전차를 사용한 독일의 우회 돌파 작전에 무용지물이 되었다. 이와 달리 독일 장교들은 영국의 기동 시험을 관찰하면서 전차의 잠재력을 포착하였고 혁신적인 고위 지휘관들이 전차전 전략을 수립할 수 있었다.[424]

2차 대전의 항공모함: 영국, 미국, 일본

항공모함을 이용한 군사작전 개념을 최초로 시도한 것은 1차 대전 당시 가장 강한 해군력을 보유했던 영국이었다. 1914년 12월 영국은 급조한 3대의 초기 항공모함을 이용해 독일에 대한 공습을 시도한다. 기존의 구축함에 수상비행기를 실어서 공격 목표 인근 해상에 도달한 후 기중기로 바다에 내린 7대의 수상비행기가 공습을 감행한 것이다. 첫 항공모함 전략의 탄생이었다. 이후 영국은 1918년 오늘날 항공모함의 모태가 된 최초의 평행갑판 항공모함 아거스(Argus)를 개발하면서 항공모함 기술과 이를 통한 군사혁신의 선구가 되었다.

그러나 정작 2차 대전 당시 항공모함을 이용한 해상전이 미국과 일본을 중심으로 치열하게 전개되는 동안 영국은 항공모함 전투와 발전 추세에 뒤처지게 된다. 이유는 비교적 **사소한 기술적 접근의 차이**에서 발생했다. 영국 항공모함의 기본 설계는 모든 항공기의 탑재, 연료 보급, 재무장 과정을 갑판 아래층의 격납고에서 수행토록 고안되었다. 이에 비교해 미국과 일본의 항공모함은 격납고는 물론 상부 갑판의 넓은 공간을 동시에 활용하여 비행기를 탑재토록 고안되었다.

그 결과 미국과 일본의 항공모함이 80~100대의 전투기를 탑재한 반면 영국은 24~30대의 전투기만을 탑재하는 결정적 차이를 가지게 되었다.[425]

이것은 항공모함 전력의 핵심인 전투기 공격능력에 결정적 차이를 가져왔다. 즉 첫 공격 시 출격할 수 있는 항공기의 수와 이후 얼마나 신속하고 성공적으로 재출격할 수 있느냐의 능력 면에서 절대적인 차이를 가지게 된 것이다. 함재기를 3배 이상 많이 탑재한 미국과 일본의 항공모함은 초기 출격뿐 아니라 더 많은 횟수의 재출격으로 공격을 더욱 빠르고 신속한 주기로 할 수 있었다. 영국은 2차 대전 이전까지 워싱턴 해군 협정을 통해 영국:미국:일본의 해군력을 5:5:3의 비율로 정하면서 선두자리를 과시했다. 그러나 항공모함 전력을 활용한 군사혁신이 본격적으로 진행되면서 미국과 일본에 크게 뒤떨어지게 되었다. 영국 해군이 항공모함 신무기 개발의 선구였음에도 불구하고 2차 대전 이후 해상전투와 해외 투사의 핵심전력으로 부상한 이 분야의 군사혁신에서 뒤처진 것이다. 신무기 체계의 단순한 설계 차이가 작전 개념과 운용에서 결정적인 차이를 초래하면서 군사혁신에 실패한 사례이다.

20세기 군사혁신의 교훈

20세기 신군사기술과 군사혁신의 실패와 성공 사례들을 통해 다음의 몇 가지 시사점이 발견된다. 첫째, 군사혁신이 반드시 그 당시의 가장 강력한 군대나 국가에 의해 이루어지지 않는다. 1차 대전 때 전차와 항공모함을 개발한 영국의 육군이나 해군은 당시에 가장 강력한 군으로 알려졌다. 그러나 이들은 다양한 이유로 자신들이 개발한 신무기를 활용한 군사혁신에 성공하지 못하였다.

둘째, 군사혁신은 종종 신기술이나 무기를 개발한 국가보다 그것을 최초로 수용하고 보완시킨 나라가 주로 발전시켰다. 기관총을 발명한 미국보다 영국이 이를 아프리카 식민지에서 활용하였고, 나아가 본격적으로 1차 대전에서 활용한 나라는 이 무기의 잠재성을 먼저 파악한 독일이었다. 전차의 잠재력을 활용한 국가도 최초 발명 국가 영국이 아니라 독일이었다. 항공모함의 경우도 최초 개발자인 영국보다 미국과 일본에 의해 그 진가가 발휘된다.

셋째, 군사혁신을 최초로 실전에서 활용한 국가는 종종 실제 군사작전에서 절대적인 이점을 누렸다. 수만 명의 아프리카 반군을 기관총으로 격멸한 영국, 최초로 전차의 기동력을 활용하여 초기 전투에서 전격전을 수행한 독일, 항공모함의 전투기를 활용하여 초기 태평양 전쟁의 열세를 극복한 미드웨이 해전의 극적인 승리를 거둔 미국이 그 좋은 예이다.

넷째, 군사기술에 의한 군사혁신은 하나의 기술로만 이루어지기보다 다른 기술들과 결합하여 진행된다. 기술 주도의 군사혁신은 관련 기술들이 결합한 무기 체계와 체제에 의해 만들어진다. 독일의 전격전은 우수한 전차의 개발뿐 아니라 송수신 무선무전기에 의한 전차 간의 긴밀한 통신 기술, 그리고 이들 전차를 공중에서 지원하는 급강하 강습기와 폭탄 기술의 발전이 결합한 결과였다. 냉전 시기 대륙 간 핵미사일의 등장은 장거리 탄도미사일과 더불어 핵폭탄의 소형화, 그리고 미사일을 목표지점까지 정확히 유도할 수 있는 정밀 관성 유도장치의 탄생이 조합된 결과이다.

다섯째, 군사혁신이 성공하기 위해서는 기술의 개발뿐 아니라 이를 실전에 활용하고 실현하기 위한 새로운 작전 개념과 교리, 그리고 이에 따른 군 조직의 혁신이 필요하다. 독일군의 전격전은 전차와 항공 지원을 이용한 고도의 기동전략 수행을 위한 새로운 작전 개념과 전투 교리의 개발로 가능했다. 그리고 이 작전을 수행할 전차를 중심으로 새롭게 편제된 특수기동사단 조직의 편성으로 완성되었다. 항공모함의 경우도 전투함 중심의 해상전투 개념에서 탈피하여 전투기를 활용하여 적의 구축함이나 항공모함을 공격하는 새로운 작전 개념의 등장이 필수였다. 그리고 이를 수행할 수 있도록 공군과 해군의 결합은 물론 항공모함을 지원하는 여러 종류의 배들로 구성된 항모전단이라는 새로운 구조의 해군전력 탄생으로 이어졌다.[426]

여섯째, 이러한 신기술의 적용과 활용이 쉽게 이루어지는 것은 아니다. 오히려 신기술의 등장에 따른 교리나 조직의 변화에 대해 군 스스로가 회의적인 시각을 보이거나 저항하는 경우가 많았다. 영국과 프랑스의 장군들은 독일군이 1차 대전에서 기관총을 사용할 때까지 이 신무기에 대한 편견과 의심을 드러냈다.[427] 독일의 전격전 전략도 영국과 프랑스군 지휘부는 물론 독일의 지도층과 일부 군 수뇌부도 의구심을 가졌다. 이들은 전쟁 초기인 1940년 5월 구데리안(Heinz Guderian) 장군이 이끄는 독일 전차가 실전에 투입되어 프랑스의 마지노선을 돌파하고 영국해협에 도달할 당시까지도 여전히 의심의 눈초리를 보이며 회의적인 발언을 하였다.[428] 항공모함을 활용한 해상작전에도 대다수의 미군 해군 제독들은 초기에는 부정적이었다. 이들의 시각을 바꾼 것은 태평양 전쟁의 분수령이 된 미드웨이 해전을 통해서였다. 1942년 6월 엔터프라이즈·요크타운·호넷 3척의 항공모함에서 발진한 200여 대의 전투기가 3일간의 전투에서 당시 3배의 전력을 가진 일본 해군 주력부대를 적 항공모함 4대를 포함하여 궤멸시킨 것이다.[429]

일곱째, 군사혁신이 성공하기에는 종종 많은 시간이 필요하다. 미 해군은 1910년부터 항공기를 이용한 전략 개념을 실험하기 시작했다. 그러나 이것이 실제 전투에서 증명된 것은 30년이 지난 1942년 미드웨이 해전에서였다. 독일 육군이 영국 전차 관람 이후 1920년대 다양한 논쟁과 시험을 통해 전격전을 완성하기까지는 약 20년이 걸렸다. 기관총과 같은 단순한 무기 체계도 그 주요 기술이 개발된 1860년에서 독일이 1차 대전의 신무기로 활용하기까지 약 40년이 넘게 걸린 셈이다. 40여 년간 미 국방부의 총괄평가국장으로 봉직하며 현대 미국 군사혁신의 전설로 통하는 앤드류 마샬은 군사혁신은 필연적으로 장기적인 과정이라고 설명한다.

"혁명적 군사혁신이라는 용어는 변화가 신속해야 한다는 것을 의미하진 않는다. 실제로 과거 혁명은 수십 년에 걸쳐 전개되었다. 단 중요한 것은 그러한 혁명으로 인해 심오한 변화가 일어나고 그 새로운 전쟁의 수단들이 이전의 것보다 훨씬 강력하다는 것이다. 기술혁신은 군사 분야의 혁명을 가능케하였지만, 군사혁명 그 자체는 새로운 작전의 새로운 개념이 개발되고 또한 많은 경우 새로운 군사조직이 뒷받침

되었을 때 가능했다. 이러한 조직과 작전 교리의 변화를 창출하는 것은 장기적인 과정이다."[430]

앞에서 살펴본 군사혁신의 사례와 특성을 종합하여 미 랜드연구소의 **군사혁신 보고서는 기술 주도의 군사혁신이 다음의 과정을 통해 일어난다고 정의한다.** 즉 군사혁신은 새로운 기술의 등장, 새로운 무기나 장치의 개발, 이들을 조합한 새로운 무기 체계의 개발, 이를 수용할 새로운 작전 개념과 교리의 수립, 이를 뒷받침할 새로운 조직의 편성, 그리고 궁극적으로 새로운 전쟁과 전투의 수행이라는 단계를 거치게 된다고 제시한다. 중요한 것은 이러한 일련의 과정이 전체적으로 조화롭게 이루어져야 비로소 제대로 된 군사혁신이 이루어질 수 있다는 것이다. 다음 그림 2-7은 군사혁신의 주요 단계를 나타낸 것이다.

한편 현실은 이 과정의 각 단계에서 나타나는 저항과 장애물로 인해 조화로운 군사혁신이 절대 쉽지 않음을 보여준다. 기술 주도의 군사혁신이 성공하기 위해서는 기술과 아울러 교리 및 조직의 변화가 동시에 이루어져야 한다. 이 중에서 어느 하나라도 미흡하거나 미완성된 군대는 군사혁신을 놓치게 된다. **성공적인 군사혁신을 위해 필요한**

그림 2-7 | 현대 군사혁신의 단계

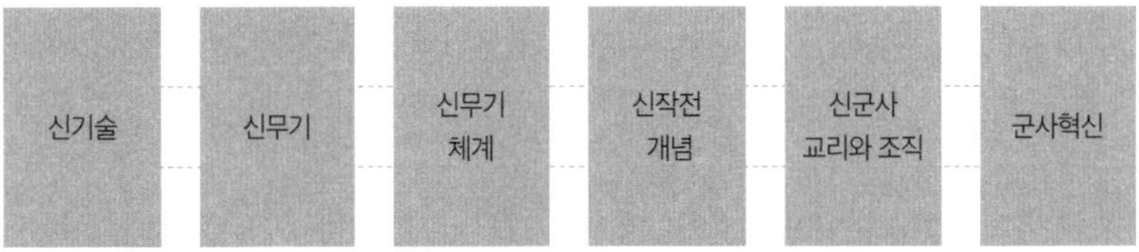

몇 가지 조건은 아래와 같다. 첫째, 군 조직이 미래의 전쟁이 어떤 형태로 전개될지에 대한 비전을 개발하려는 의도가 있어야 한다. 그렇지 못한 군 조직은 군사혁신을 추진할 능력이 없다. 둘째, 현직 군 고위 지휘관이나 관료 조직 중 최소한 몇몇 또는 일부의 부서만이라도 새로운 아이디어와 구상을 수용하는 자세가 필요하다. 셋째, 각 군이 현존하는 전투기법에 집착하는 한 민간이나 외부인이 미래 전쟁의 새로운 비전을 군대에 접목할 가능성은 극히 제한적이다. 넷째, 미래 전쟁의 개념을 탐구하고, 시험하며, 그것을 보완하는 일련의 제도적 장치와 과정, 즉 꾸준한 실험과 그 결과를 평가하는 작업이 필수적이다.[431]

21세기 한국의 군사혁신

03

현재 한국군은 두 가지 거대한 변화에 직면하고 있다. **하나는 신기술의 등장으로 전쟁의 형태와 양상이 바뀌는 전쟁의 미래 부분이다.** 인공지능과 자율무기, 드론과 3차원 프린터, 로봇과 사물인터넷, 빅데이터 등 신기술의 등장은 21세기 인간의 삶 전반에 혁명적인 변화를 가져올 것으로 예상된다. 이러한 신기술이 새로운 전쟁 양상과 군사 부분에 가져올 혁명적 변화에 세계의 주요 국가들이 주목하고 선두경쟁을 벌이는 이유이다. 20세기 말 걸프전에서 정밀유도무기의 등장으로 시작된 군사혁명이 21세기 들어와서는 무인기와 인공지능으로 상징되는 또 다른 차원의 군사혁신을 주도하고 있다. 흔히 4차 산업혁명으로 불리는 새로운 기술의 등장에 따른 신흥 무기 체계는 미래 전쟁의 양상을 바꿀 것으로 예상된다. 미국과 러시아·중국을 위시한 강대국들은 새로운 국방개혁과 군사혁신에 매진하고 있다. 특히 강력한 군사패권을 지키려는 미국과 이에 도전하는 중국·러시아의 군사경쟁과 혁신 노력은 최근 들어 더욱 가속화되는 모습을 보인다. 이들 간의 새로운 군사경쟁과 새로운 군사기술의 발현은 바야흐로 이제까지와는 전혀 다른 양상의 전쟁의 미래에 대한 논쟁을 낳고 있다.[432] 우리의 경우 당장 최근 우크라이나 전쟁에서 드러났듯이 북한과의 정규전뿐 아니라 사이버 전쟁이나 드론 등을 활용한 비대칭 전략에도 대비해야 한다.

다른 하나는 전쟁 위협의 주체와 성격이 바뀌는 미래의 전쟁 부분이다. 21세기 안보위협으로 북한만을 주 위협으로 상정해서는 안 된다. 동북아의 급변하는 지정학과 세력경쟁을 대비하는 노력이 필요하다. 북한과의 평화협정이나 군비 통제가 공고화돼는 미래를 상정하여 한반도 주변의 다른 안보위협, 중국과 일본과의 장기적 군사경쟁이나 마찰에 대비하는 새로운 노력도 필요하다. 이는 우리 군이 현재 상정하는 군사작전이나 임무의 범위를 훨씬 넘어서는 보다 포괄적인 전략과 작전 개념의 수립이 필요함을 의미한다. 그리고 이를 위해 현재 대규모 지상군 위주의 육·해·공 연합 방위태세를 어떻게 조정해 나갈 것인지에 대한 고민이 필요하다.

현재 한국군이 처하고 있는 국방 현실은 그 어느 때보다 군사혁신의 필요성을 강하게 요구한다. 드론, 인공지능, 자율살상무기, 3D 프린터 등으로 상징되는 4차 산업혁명과 21세기 군사기술 혁명이 각국의 신무기 개발과 경쟁을 가속화하고 있다. 여기에 최근 핵 개발로 급변하는 남북 군사 균형 속에 한국의 독자 핵무장론이 고개를 들고 있다. 동시에 한반도를 둘러싼 미·중 경쟁이 격화되고 중국의 공세적 외교와 일본의 우경화와 재무장 강화로 동북아를 중심으로 한·미·일과 북·중·러의 신냉전 가능성도 제기된다. 한편 급격한 인구 감소로 대규모 병력 충원이 힘들어지면서 북한의 대규모 지상군을 주적으로 상정한 한국군의 전략·전술 개념의 변화와 이에 따른 군 조직의 변화와 국방개혁의 필요성이 강하게 제기되고 있다. 여기에 2000년대 이후 진행되고 있는 전시작전권 전환과 독자적 작전계획의 수립은 지금까지 한미연합방위를 중심으로 한 한국의 국방계획과 준비태세에 대한 근본적인 사고의 전환을 요구한다. 대규모 육군을 중심으로 한 지상군 위주의 군 구조에서 한반도 주변 해상과 공중에서의 기동전력 보강을 통한 합동작전의 강화라는 변화가 요구된다. 이는 결국 해·공군 대 육군의 비중 변화를 수반한 중대한 변화를 예고한다.

한편 국내 인구 구조의 변화로 인한 병력 충원의 문제는 우리 군에 또 다른 중대한 도전을 제시한다. 전 세계 최고의 고령화와 저출산으로 인해 한국 사회는 인구절벽 현상을 겪고 있다. 산업 생산 인구의 감소와 함께 과거 60만 대군의 군병력 충원은 이제 옛이야기가 되었다. 현재 군은 2022년 현재 50만으로 감축되어 운영 중이다. 특히 병력 감축은 육군에 집중되어 과거 56만에서 36.5만여 명으로 줄어들었다. 부대 수로는 과거 46~47개의 사단 수가 현재 30여 개로 줄어들고 병력은 2000년도에 비해 40%가 줄어드는 그야말로 혁명적인 변화를 겪고 있다. 거기에 더해 과거 36개월까지 되었던 복무기간도 2018년부터 그 절반인 18개월로 줄어들었다.[433]

현재 한국군은 지금까지의 기존의 사고와 조직, 문화를 모두 근본적으로 바꾸어야 할 정도의 근본적인 혁신 요구에 당면하고 있다. 이러한 시대적 요구에 부응하기 위해서는 현재 진행되는 군사기술 변화를 적극적으로 수용하여 한국 실정에 맞는 군사혁신을 추구하려는 노력이 필요하다. 미국 **랜드연구소의 군사혁신 보고서는 새로운 기술 주도의 군사혁신에 유용한 요건들을 다음과 같이 제시한다.**[434]

첫째, 기술 중심의 군사혁신 성공을 위해서는 이를 수행할 수 있는 풍부한 기술력이 있어야 한다. 특히 새로운 기술일수록 그와 연관된 다른 기술과 함께 개발하는 것이 중요하다. 현재 한국군이 맞이한 4차 산업혁명과 그 연관 기술은 좋은 예이다. 인공지능, 드론, 3차원 프린터, 사물인터넷 등의 모든 기술이 새로운 기술을 대표한다. 이러한 분야에서 미국을 비롯한 중국, 러시아, 일본, 유럽 등 선진국과의 치열한 경쟁이 진행 중이다. 동시에 한국의 기술력 역시 이들 분야에서 상당한 선진국으로 인정받고 있다. 특히 이전 군사혁신을 주도했던 항공모함이나 핵무기 등의 시대에 비교하면 한국은 현재 신기술 분야의 많은 비교우위를 가지고 있다. 따라서 아직은 미지의 21세기 신기술을 이용한 군사혁신을 잘 이루어낸다면 한국군은 새로운 도약을 할 수 있는 계기로 삼을 수도 있다.

둘째, 군사혁신에 필요한 창의성의 발휘되기 위해 전혀 예상 못한 새로운 군사적 도전에 직면해야 한다. 필요는 발명의 어머니이다. 오늘날 한국군의 군사혁신이 필요한 이유는 새로운 위협에 대응해야 하는 절박한 현실이다. 한국전쟁 이후 한국 안보의 주 위협대상으로 여겨진 북한과의 대규모 정규전이 아직도 주요 임무인 것은 여전하다. 동시에 북한의 핵 개발과 사이버 공격, 드론 등을 이용한 침투 공작은 우리 군의 새로운 대응을 요구한다. 여기에 장차 미래에 등장할 수 있는 한반도 주변 강대국과의 군사적 긴장이나 마찰은 북한군과는 또 다른 차원의 위협으로 다가온다. 지금까지 북한의 대규모 지상군 위협에 맞추어진 한국군의 방어태세가 더욱 다양화·다각화되고 이를 위해 새로운 분야의 신기술과 신무기 체계가 필요해진 것이다. 여기에 새로운 작전 개념과 교리, 조직 개편이 함께 이루어져야 함은 물론이다. 이러한 새로운 위협은 한국군에게 중요한 도전임과 동시에 혁신을 위한 촉매제로 작용한다.

셋째, 여러 신기술을 효과적으로 조합하여 최대의 효과를 낼 수 있도록 그 용도와 방향성에 대한 고민과 실험이 필요하다. 미국의 항공모함 무기 체계는 약 20년간의 다양한 기술과 무기 체계에 대한 복합적인 고민과 시험 끝에 탄생하였다. 바다의 함정과 하늘의 항공기를 결합하는 항공모함의 탄생을 위해 가장 이질적인 두 영역의 전투와 무기 체계를 결합하는 노력이 필요했다. 그 과정에서 많은 시간과 시행착오를 거쳤다. 현재 진행 중인 인공지능, 빅데이터, 드론, 3차원 프린터, 사물인터넷 등도 여러 분야의 다양한 기술을 접목하는 시간과 새로운 도전을 요구한다. 어떠한 전투 목적을 위해 어떠한 무기 체계와 전술을 효과적으로 조합할지에 대한 고민과 노력이 필요하다.

넷째, 군사혁신 노력과 결과를 수용할 수 있는 조직의 분위기가 필요하다. 앞서 사례에서 보았듯이 신기술의 개발자나 시대를 앞서가는 군 조직이 오히려 군사혁신의 주도자가 되지 못한 경우가 대부분이다. 그 주된 이유는 군 조직이나 문화가 기존의 습성과 권위에 안주하면서 새로운 변화를 수용할 자세가 형성되지 않는 경우가 많기 때문이다. 이들은 새로운 군사기술이나 무기 체계에 회의적이며 이를 위한 작전 개념, 교리 및 조직의 변화를 두려워하거나 배척하기 쉽다. 이는 한국군에게도 시사하는 바가 크다. 군의 보수적인 특성상 새로운 무기 체계의 도입과 이로 인한 전투 교리나 조직의 변화는 기존 구성원에게는 매우 불편하거나 심지어 자신들의 조직 이익에 반하는 것으로 여겨지기 쉽다. 말로는 누구나 혁신을 외치면서도 정작 혁신이 쉽지 않은 이유이다. 특히 이러한 경향은 가장 권위를 인정받는 군 조직일수록 더욱 강하게 나타난다. 진정한 군사혁신을 위해서는 스스로 뼈를 깎는 처절한 자기부정이 필요하다. 더욱이 조직의 존재와 역할에 대한 근본적인 위기가 닥칠수록 그러한 노력은 더욱 필요하다.

다섯째, 자기부정을 통한 군사혁신을 달성하기 위해서는 군과 민간 지도부 최고위층으로부터의 지원이 있어야 한다. 이들의 지원이 특히 필요한 분야는 먼저 현 조직에서 신망을 받으면서 동시에 현행 제도를 개선하기 위해 과감한 제안을 할 의지가 있는 상급장교들이다. 다음으로는 새로운 무기 체계나 전쟁 기법을 실전에서 실험하고 훈련하는 부서에 근무하는 위관장교들이 승진할 수 있는 진급 방안이다. 미 해군의 항공모함 전단의 군사혁신 추진은 윌리엄 심스(William Sims) 제독과 윌리엄 모펫(William A. Moffett) 제독과 같은 실험정신과 창의성을 가진 상급 지휘관들이 이를 지원하였기 때문에 가능했다. 초창기 해군에서 항공기를 운영한 조종사들은 중령과 대령으로의 진급에 문제가 있었다. 이후 1930년대 중반부터 항공모함의 함장과 해군 항공기지의 지휘관에 이들 해군 조종사 출신이 대령으로 보임하게 된다. 그리고 이들 혁신적인 장교들이 더 상위계급으로 진급하여 조직을 변화시키게 되었다. 이에 비교해 미 육군은 1·2차 대전 사이에 새로 도입된 기갑군단이나 육군 항공단에 소속된 장교들의 진급 기회를 차단하였다. 결국, 미 육군은 기갑과 항공 기술과 교리가 독일군과 비교하면 열악한 상태에서 2차 대전에 참전하게 된다.[435] 군사혁신에 대한 조직의 수용적 분위기를 위해 최고위층의 지원이 매우 중요하다. 최고위층의 지원과 조직의 수용적 분위기 속에서 군사혁신의 새로운 실험을 군사 교리나 무기 획득, 군 구조 분야의 변화로 접목할 수 있을 때 군사혁신이 완성될 수 있다.

여섯째, 앞에서 말한 신기술의 효율적인 조합과 새로운 무기 및 전략·전술의 개발을 위해서는 결국 이 기술이 지향하는 목표와 방향성이 제시되어야 한다. 가장 확실한 방향성은 결국 자신이나 적이 보유한 핵심 군사 역량에 도전하는 것이다. 그런데 가장 강력한 군대이거나 국가일수록 이러한 도전의식이 생기기 어렵다. 앞의 군사혁신 사례에서 보았듯이 주요한 군사혁신은 기존의 군사 대국이나 가장 강력한 군 조직이 아니라 오히려 열세한 군사력을 보유한 국가들이 이들을 극복하고자 하는 노력으로 가능했다. 군사혁신을 위한 새로운 아이디어와 실험이 기존의 보수적인 군 조직이나 지휘부에 의해 많은 저항에 부닥치는 경향이 있기 때문이다. 올바른 군사혁신을 위해서는 자신의 문제점을 성찰하고 강력한 상대를 도전하기 위한 용기가 필요하다. 2차 대전 직전 20년간에 걸친 독일의 전차전 개발은 강력한 방위선을 구축한 프랑스군의 핵심역량을 격파하기 위한 노력의 산물이었다. 마찬가지로 1차 대전 당시 해군력에서 절대적 열세였던 독일 해군은 U-보트를 개발하여 2차 대전에서 잠수함전의 선구가 되었다.

한국군의 21세기 군사혁신 노력 역시 한국 안보에 위협이 되는 상대국의 핵심 군사 역량을 대상으로 추진되어야 한다. 안보 환경의 유동성이 커지면서 21세기 한국 안보의 장기적 위협에 대한 정치·군사적 판단이 쉽지는 않다. 그럼에도 신기술에 의한 군사혁신 못지않게 미래의 위협에 대한 군사혁신 노력도 병행되어야 한다.

앞선 사례를 보면 군사혁신은 새로운 기술을 활용하여 스스로 핵심 군사 역량을 파괴하는 노력에서 시작되었다. 이를 위해서는 기존의 조직과 사고를 넘어서는 창조적이고 과감한 실험정신, 그리고 이를 수용하는 조직의 문화와 용기가 필요하다, 한국전쟁 이래 대한민국 안보를 지탱해온 한국군은 21세기 새로운 도전에 직면하고 있다. 밖으로는 4차 산업혁명의 거대한 변화와 한반도를 둘러싼 안보 환경의 격변 속에 안으로는 인구절벽으로 인한 예산 압박과 감군으로 심각한 위기에 처해있다. 그러나 동시에 이러한 위기야말로 역대 군사혁신의 가장 중요한 동인이었다. 위기를 기회로 살릴 수 있는 철저한 자기부정과 진취적인 실험정신, 그리고 개혁의 열정이 필요하다.

미주

1 Carl von Clausewitz. (1984). *On War*(Michael Howard and Peter Paret, eds. and trans. Princeton). NJ: Princeton University Press. p.132., p.578.

2 왕선택. (2025. 12. 15). "993차례의 외침, 사실일까?". YTN 기자칼럼.

3 왕선택. (2025. 12. 15). "중국의 침략 사례는 45회 또는 7회". YTN 기자칼럼.

4 Kant, I. (1795). *Perpetual peace: A philosophical essay*(M. Campbell Smith, trans.). London: S. Sonnenschein.

5 Kant, D. M. (1983). Liberal Legacies, and Foreign Affairs. *Philosophy and Public Affairs*, 12(3), 205-235.; Doyle, M. W. (1986). Liberalism and world politics. *American political science review*, 80(4), 1151-1169.

6 Pompeo, M. R. (2020, July 23). *Communist China and the Free World's Future.* U.S. Department of State. https://2017-2021.state.gov/communist-china-and-the-free-worlds-future/

7 Locke, John, 1632-1704. (1948). *The second treatise of civil government and A letter concerning toleration.* Oxford: B. Blackwell.

8 Saunders, E. N., & Horowitz, M. C. (2018, May 24). "Why nuclear war with North Korea is less likely than you think". *The Washington Post.* https://www.washingtonpost.com/news/monkey-cage/wp/2018/01/03/why-nuclear-war-with-north-korea-is-less-likely-than-you-think/

9 Carr, E. H. (1946). *The twenty year's crisis: 1919-1939, an introduction to the study of International Relations.* Macmillan; Morgenthau, H. J. (1949). *Politics among nations.* Knopf.

10 Waltz, K. N. (1959). *Man, the State and war: A theoretical analysis.* Columbia University Press.

11 Mearsheimer, J. J. (2001). *Tragedy of great power politics.* WW Norton & Co.

12 Allison, G. T. (2017). *Destined for war: Can america and China escape Thucydides's trap?* Houghton Mifflin Harcourt.

13 정인환. (2017, July 2). 시진핑 "중국 괴롭히면 만리장성에 머리 깨져 피 볼 것." 한겨레. https://www.hani.co.kr/arti/international/china/1001746.html

14 Brands, H., & Beckley, M. (2023). *Danger zone: The coming conflict with China.* W. W. Norton & Company.

15 한명기. (1999). 『임진왜란과 한중관계』. 역사비평사.

16 구범진. (2019). 『병자호란, 홍타이지의 전쟁』. 까치.

17 Tian, N., Da Silva, D. L., Liang, X., & Scarazzato, L. (2024, April 1). Trends in world military expenditure, 2023. Stockholm International Peace Research Institute. https://www.sipri.org/sites/default/files/2024-04/2404_fs_milex_2023.pdf; 防衛

省. (2024, July 12). *Defense of Japan 2024*. 防衛省·自衛隊. https://www.mod.go.jp/en/publ/w_paper/wp2024/DOJ2024_EN_Reference.pdf
18 Mearsheimer, J. J. (2001). *Tragedy of great power politics.* WW Norton & Co.
19 van Evera, S. (1998). Offense, Defense, and the Causes of War. *International Security,* 22(4), 5-43. https://doi.org/10.2307/2539239
20 Wendt, A. (1992). "Anarchy is what states make of it: the social construction of power politics". *International organization,* 46(2), 391-425.
21 Chung, J. H. (2001). "South Korea between eagle and dragon". *Asian Survey,* 41(5), 777-796.
22 구범진. (2019).『병자호란, 홍타이지의 전쟁』. 까치.
23 물론 청군이 아무 보상 없이 되돌아간 것은 아니었다. 아직 30여 년 전 임진왜란의 여파로 피폐한 조선의 유일한 전리품인 젊은 조선 남녀 수만 명이 끌려가 당시 후금의 수도 심양의 노예시장에서 팔리거나 정복군의 종살이를 하였다. 한명기. (1999).『임진왜란과 한중관계』. 역사비평사.
24 Kang, D. C. (2005). "Hierarchy in Asian international relations: 1300-1900". *Asian Security,* 1(1), 53-79. DOI: 10.1080/14799850490928717
25 Mearsheimer, J. J. (2001). *Tragedy of great power politics.* WW Norton & Co.
26 Bijian, Z. (2005). "China's New Road of Peaceful Rise and Chinese-U.S. Relations: Brookings Institution", June 16, 2005. In *China's Peaceful Rise: Speeches of Zheng Bijian 1997-2005*(pp. 1-13). Brookings Institution Press. http://www.jstor.org/stable/10.7864/j.ctt127xn6.4
27 Huntington, S. P. (1993). "The Clash of Civilizations?" *Foreign Affairs,* 72(3), 22-49. https://doi.org/10.2307/20045621
28 Clausewitz, C. von. (1993). *On war*(P. Paret, Trans., M. Howard, Ed.). Everyman's library.
29 Clausewitz, C. von. (1993). *On war*(P. Paret, Trans., M. Howard, Ed.). Everyman's library. Introduction, viii.
30 손자. (2013).『손자병법 : 세상의 모든 전쟁을 위한 고전』(김원중 옮김). 글항아리.
31 Kissinger, H. (1994). *Diplomacy.* Simon & Schuster.
32 Clausewitz, C. von. (1993). *On war*(P. Paret, Trans., M. Howard, Ed.). Everyman's library.
33 Clausewitz, C. von. (1993). *On war*(P. Paret, Trans., M. Howard, Ed.). Everyman's library.
34 구자룡. (2023, July 11). "맥아더의 '무사안일' 북진(北進)과 호된 대가[정전 70년, 끝나지 않은 6·25]".《동아일보》. https://www.donga.com/news/Politics/article/all/20230707/120131952/1
35 Kissinger, H. (1994). *Diplomacy.* Simon & Schuster. p. 480
36 Cumings, B. (1981). *The origins of the Korean War: Liberation and the emergence of*

separate regimes 1945-1947. Princeton University Press.

37 Kissinger, H. (1994). *Diplomacy.* Simon & Schuster.

38 Nathan, A. J. (2019). "Review of A Misunderstood Friendship: Mao Zedong, Kim Il-sung, and Sino-North Korean Relations, 1949-1976; Mao and the Sino-Soviet Split, 1959-1973: A New History, by Z. SHEN, Y. XIA, & D. LI". *Foreign Affairs,* 98(1), 211-212. https://www.jstor.org/stable/26798062

39 이완범. (2013). 『한반도 분할의 역사 임진왜란에서 6·25 전쟁까지』. 한국학중앙연구원 출판부.

40 Handel, M. I. (1991). *Sun Tzu and Clausewitz: The Art of War and On War Compared.* Strategic Studies Institute, US Army War College.

41 Art, R. J. (1993). "The four functions of force". *International Politics: Enduring Concepts and Contemporary Issues,* 153-165.

42 Snyder, G. H. (1961). *Deterrence and Defense: Toward a Theory of National Security Princeton,* NJ: Princeton Univ. pp. 14-15.; George, A. L., & Smoke, R. (1974). *Deterrence in American foreign policy: Theory and practice.* Columbia University Press. p. 11.; Jervis, R. (1989). "Rational deterrence: Theory and evidence". *World Politics,* 41(2), 183-207.; Lebow, R. N., & Stein, J. G. (1989). "Rational deterrence theory: I think, therefore I deter". *World politics,* 41(2), 208-224.

43 Art, R. J. (1993). "The four functions of force". *International Politics: Enduring Concepts and Contemporary Issues,* 153-165.

44 Art, R. J. (1993). "The four functions of force". *International Politics: Enduring Concepts and Contemporary Issues,* 153-165.

45 Art, R. J. (1993). "The four functions of force". *International Politics: Enduring Concepts and Contemporary Issues,* 153-165.

46 유용원. (2016, September 19). "美 멀린 前합참 '북핵 선제타격' … 예방타격을 말한건가". 《조선일보》. https://www.chosun.com/site/data/html_dir/2016/09/19/2016091900273.html

47 Sanger, D. E., & Mazzetti, M. (2007, October 14). "Israel struck Syrian nuclear project, analysts say". *The New York Times.* https://www.nytimes.com/2007/10/14/washington/14weapons.html

48 Snyder, G. H. (1961). *Deterrence and Defense: Toward a Theory of National Security Princeton.* NJ: Princeton Univ. pp. 14-15.; George, A. L., & Smoke, R. (1974). *Deterrence in American foreign policy: Theory and practice.* Columbia University Press. p. 11.; Jervis, R. (1989). "Rational deterrence: Theory and evidence". *World Politics,* 41(2), 183-207.; Lebow, R. N., & Stein, J. G. (1989). "Rational deterrence theory: I think, therefore I deter". *World politics,* 41(2), 208-224.

49 Art, R. J. (1993). "The four functions of force". *International Politics: Enduring Concepts and Contemporary Issues,* 153-165.

50 미국의 현실주의 학자들은 설사 후세인이 핵무기를 개발했더라도 이는 억지될 수 있는 것이라 하면서 부시의 이라크 전쟁은 불필요한 행위였다고 비판하였다. (Walt, S. M., & Mearsheimer, J. J. (2003). "An unnecessary war". *Foreign Policy*, 134, 50-59.)

51 재래식 무기에 의한 억지의 한계성에 대한 논의는 Rhodes, E. (2000). "Conventional deterrence". *Comparative Strategy*, 19(3), 221-253.; Harknett, R. J. (1994). "The logic of conventional deterrence and the end of the Cold War". *Security Studies*, 4(1), 86-114.; Mearsheimer, J. J. (1985). *Conventional deterrence*. Cornell University Press.

52 Jervis, R. (1994). "What do we want to deter and how do we deter it?". *Turning Point: The Gulf War and US Military Strategy*, 122-24.

53 Lankov, A. (2008). "Staying alive: Why North Korea will not change". *Foreign Affairs*, 9-16.

54 Shimshoni, J. (2020). *Israel and conventional deterrence: Border warfare from 1953 to 1970*. Cornell University Press.

55 Waltz, K. N. (1959). *Man, the state, and war: A theoretical analysis*. Columbia University Press; 이근욱. (2006). 『왈츠 이후: 네오리얼리즘과 세계정치이론』. 서울: 사회평론.

56 Waltz, K. N. (1990). "Nuclear myths and political realities". *American Political Science Review*, 84(3), 730-745.

57 Waltz, K. N. (1990). "Nuclear myths and political realities". American Political Science Review, 84(3), 730-745.

58 Kissinger, H. A. (1994). *Diplomacy*. Simon & Schuster, pp. 606-615.

59 Waltz, K. (2004). "Nuclear myths and political realities". In R. J. Art & K. N. Waltz(Eds.), *The use of force: Military power and international politics*(pp. 104-105). Rowman & Littlefield.

60 Yusuf, M. (2009). *Predicting proliferation: The history of the future of nuclear weapons*(Policy Paper No. 11). Brookings Institution. https://www.brookings.edu/wp-content/uploads/2016/06/01_nuclear_proliferation_yusuf.pdf

61 Sagan, S. D. (2003). "More will be worse". In S. D. Sagan & K. N. Waltz(Eds.), *The spread of nuclear weapons: A debate renewed*(pp. 46-48). W.W. Norton & Company.

62 이들 확산 낙관론자들은 선택적 확산을 주장하는 Bruce de Mesquita와 William Riker, 독일과 일본의 핵무장을 낙관하는 John Mearsheimer와 Stephen Van Evera, 인도-파키스탄의 핵 균형을 주장하는 Peter Lavoy, 중동의 핵 안정을 주장하는 Martin van Creveld와 Shai Feldman 등이 있다.

63 Sagan, S. D. (2003). "More will be worse". In S. D. Sagan & K. N. Waltz(Eds.), *The spread of nuclear weapons: A debate renewed*(pp. 46-48). W.W. Norton & Company.

64 Sagan, S. D. (2003). "More will be worse". In S. D. Sagan & K. N. Waltz(Eds.), *The spread of nuclear weapons: A debate renewed*(pp. 60-61). W.W. Norton & Company.

65 U.S. Department of Defense. (2017). *Military and security developments involving*

the People's Republic of China 2017.

66 Mueller, J. (2010). *Atomic obsession: Nuclear alarmism from Hiroshima to Al-Qaeda.* Oxford University Press.

67 Mueller, J. (2010). *Atomic obsession: Nuclear alarmism from Hiroshima to Al-Qaeda.* Oxford University Press.

68 Mueller, J. (2010). *Atomic obsession: Nuclear alarmism from Hiroshima to Al-Qaeda.* Oxford University Press.

69 김동현. (2021, April 14). "북한, 2027년 최대 242개 핵보유 전망 … 전술핵 재배치, 핵 공유 필요 시점. 《Voice of Korea》. https://www.voakorea.com/korea/korea-politics/north-korean-nuclear-threshold; Bennett, B. W., Choi, K., Go, M.-H., Bechtol, B. E., Jr., Park, J., Klingner, B., & Cha, D.-H. (2021, April). *Countering the risks of North Korean nuclear weapons.* RAND Corporation.

70 권혁철. (2023, March 28). "김정은, 실전용 핵탄두 '실물' 공개했다 … 소형화·규격화 과시". 《한겨레》.

71 Kang, D. (2003. 10). "Acute Conflicts in Asia After the Cold War: Kashmir, Taiwan, and Korea". In M. Alagappa (Ed.), *Asian Security Order: Instrumental and Normative Features*(pp. 349-379). Redwood City: Stanford University Press.

72 Roy, D. (2010). *North Korea and regional security in the Kim Jong-il era: A new international security dilemma.* Palgrave Macmillan.

73 Waltz, K. N. (1990). "Nuclear myths and political realities". *American Political Science Review,* 84(3), 731-745.

74 Harari, Y. N. (2018). *21 Lessons for the 21st Century.* Spiegel & Grau.

75 Grotius, H. (1751). *De iure belli ac pacis* (Vol. 2). Bousquet.

76 김준석. (2016). "위기의 국제정치사상—휴고 그로티우스의 정전론(正戰論)". 《세계정치》, 25, 65-112.

77 Groot, H. de. (2005). *The rights of war and peace*(R. Tuck & J. Barbeyrac, Eds.). Liberty Fund.

78 UN Charter Article 2, Article 51.

79 UN Charter Article 7.

80 ICRC. (2014, December 1). *International humanitarian law: Answers to your questions.* International Committee of the Red Cross. https://www.icrc.org/sites/default/files/external/doc/en/assets/files/other/icrc-002-0703.pdf

81 이영재. (2015, June 24). "숫자로 본 6·25 전쟁 … 국군 사망자 13만7천899명(종합)". 《연합뉴스》. https://www.yna.co.kr/view/AKR20150624129751043.; 국가기록원(n.d.) "6·25전쟁 피해현황 통계". 국가기록원. https://theme.archives.go.kr/next/625/damageStatistic.do

82 여기에 규정된 제노사이드는 특정 집단에 대한 대량살육뿐만 아니라 이러한 의도를 가지고 행해지는 사회·문화적 탄압이나 조치를 포함하는 반인류적 범죄를 지칭

하며, 인종청소(ethnic cleansing)나 대량학살(mass murder)과도 비슷한 의미로 쓰인다. UN. (1948, December 9). *Convention on the Prevention and Punishment of the Crime of Genocide.* United Nations. https://www.un.org/en/genocideprevention/documents/atrocity-crimes/Doc.1_Convention on the Prevention and Punishment of the Crime of Genocide.pdf

83 홍준석. (2021, April 25). "바이든 꺼내든 '제노사이드'는 … 살육 동반한 인류 최악범죄". 《연합뉴스》. https://www.yna.co.kr/view/AKR20210425041100009

84 이혜영. (2024). "이스라엘-하마스 전쟁과 '국제공익소송': 국제사법재판소(ICJ)의 최근 동향". 《퍼시픽 리포트》, 20, 2-8.

85 ICISS. (2001, December 1). *The responsibility to protect: Report of the International Commission on Intervention and State Sovereignty.* Global Centre for the Responsibility to Protect. https://www.globalr2p.org/resources/the-responsibility-to-protect-report-of-the-international-commission-on-intervention-and-state-sovereignty-2001/

86 UN. (2005, October 24). *Resolution adopted by the General Assembly on 16 September 2005* . United Nations General Assembly. https://www.un.org/en/development/desa/population/migration/generalassembly/docs/globalcompact/A_RES_60_1.pdf

87 ICISS. (2001, December 1). *The responsibility to protect: Report of the International Commission on Intervention and State Sovereignty.* Global Centre for the Responsibility to Protect. https://www.globalr2p.org/resources/the-responsibility-to-protect-report-of-the-international-commission-on-intervention-and-state-sovereignty-2001/

88 Posen, B. R. (2004). "Military responses to refugee disasters". In R. J. Art & K. N. Waltz(Eds.), *The use of force*(pp. 415-435). Rowman & Littlefield Publishers.

89 Power, S. (2002). *A problem from hell: America and the age of genocide*(p. 437). Basic Books.

90 Posen, B. R. (2004). *Military responses to refugee disasters.* In R. J. Art & K. N. Waltz(Eds.), *The use of force*(pp. 415-435). Rowman & Littlefield Publishers.

91 Bush, G. W. (2006, March). *The national security strategy of the United States of America.* White House

92 U.S. Department of State, Office of the Coordinator for Counterterrorism. (2005, April). *Country reports on terrorism 2004*(p. 9). U.S. Government Printing Office.

93 탈냉전 이후 국제안보에서 두드러지게 나타나기 시작한 저강도 분쟁(low-intensity conflicts)은 국가 간 전쟁과 같은 고강도 분쟁과는 전혀 다른 모습을 보인다. 탱크나 전투기 및 대규모 군대를 동원하는 대신, 소총이나 몽둥이, 칼과 같은 단순한 무기에 의해 폭력이 행해지는 저강도 분쟁은 그 방법과 대상에 대한 잔혹성이 증가하고 분쟁의 기간이 길어지는 특징을 보인다. 저강도 분쟁은 이름과 달리 고강도의 국가 간 전쟁에 비해 더 많은 파괴와 희생을 초래하는 경향이 두드러졌다. (van Creveld, M.

(1991). *The transformation of war.* Free Press; Cooper, R. (2003). *The breaking of nations.* Atlantic Monthly Press)

94 Cronin, A. K. (2003). "Behind the curve: Globalization and international terrorism". *International Security,* 27(3), 30-58.

95 Laqueur, W. (1977). *Terrorism*(pp. 7-8). Weidenfeld and Nicolson.

96 Rapoport, D. C. (2001). "The fourth wave: September 11 in the history of terrorism". *Current History,* 100(650), 419-424.

97 Laqueur, W. (2003). "The changing face of terror". In R. J. Art & K. N. Waltz(Eds.), *The use of force: Military power and international politics*(p. 452). Rowman & Littlefield Publishers.

98 Cronin, A. K. (2003). "Behind the curve: Globalization and international terrorism". *International Security,* 27(3), 30-58.

99 Jenkins, B. M. (2006). *Unconquerable nation: Knowing our enemy, strengthening ourselves*(pp. 64-69). RAND Corporation.

100 Cronin, A. K. (2003). "Behind the curve: Globalization and international terrorism". *International Security,* 27(3), 30-58; Hoffman, B. (2006). *Inside terrorism*(pp. 5-12). Columbia University Press.

101 Cronin, A. K. (2003). "Behind the curve: Globalization and international terrorism". *International Security,* 27(3), 30-58.

102 White House. (2002a). *The national security strategy of the United States of America.* White House, Office of the Press Secretary; White House. (2002b). *National strategy to combat weapons of mass destruction.* White House, Office of the Press Secretary.

103 Al-Fahd, N. B. H. (2003, May). *A treatise on the legal status of using weapons of mass destruction against infidels.* http://www.carnegiendowment.org/static/nnp/fatwa.pdf

104 Perl, R. (2005, September 8). *Terrorism and national security: Issues and trends.* Congressional Research Service.

105 Medalia, J. (2004, September 22). *Nuclear terrorism: A brief review of threats and responses.* Congressional Research Service

106 Bunn, M., & Wier, A. (2005, April). "The seven myths of nuclear terrorism". *Current History,* 104(681), 154-156.

107 Krauthammer, C. (2004, Fall). "In defense of democratic realism". *The National Interest,* (77), 17-19.

108 Cronin, A. K. (2003). "Behind the curve: Globalization and international terrorism". *International Security,* 27(3), 30-58.

109 Zanini, M., & Edwards, S. J. A. (2001). "The networking of terror in the information age". In J. Arquilla & D. Ronfeldt(Eds.), *Networks and netwars: The future of terror, crime, and militancy*(pp. 29-60). RAND.

110 Coll, S., & Glasser, S. B. (2005, August 7). "Terrorists turn to the web as base of operations". *The Washington Post.*

111 Weimann, G. (2006). *Terror on the Internet: The new arena, the new challenges.* U.S. Institute of Peace.

112 U.S. Department of State, "Office of the Coordinator for Counterterrorism". (2006, April). *Country reports on terrorism 2005.*

113 Coll, S., & Glasser, S. B. (2005, August 7). "Terrorists turn to the web as base of operations". *The Washington Post,* A01

114 Sciolino, A. (2005, August 1). "Europe meets the new face of terrorism." *The New York Times.*

115 Arquilla, J., & Ronfeldt, D. (2001). *Networks and netwars: The future of terror, crime, and militancy*(pp. 1-25). RAND.

116 Deibert, R. J., & Stein, J. G. (2002). "Hacking networks of terror". *Dialog-IO,* Spring 2002, 1-14.

117 Matthew, R., & Shambaugh, G. (2005). "The limits of terrorism: A network perspective". *International Studies Review,* 7(4), 618-619.

118 U.S. Department of State. (2006). *Country reports on terrorism 2005*(pp. 11-12). Office of the Coordinator for Counterterrorism.

119 U.S. Department of State. (2006, April). *Country reports on terrorism 2005.* Office of the Coordinator for Counterterrorism.

120 Hoffman, B. (2006, May 4). *The use of the Internet by Islamic extremists.* Testimony presented to the House Permanent Select Committee on Intelligence.

121 미국의 대테러전과 관련한 외교전략의 변화와 관련하여서는 Gaddis, J. L. (2004). *Surprise, security, and the American experience.* Harvard University Press; Mead, W. R. (2004). *Power, terror, peace, and war: America's grand strategy in a world at risk.* Vintage Books 참조.

122 The White House. (2021, August 31). *Remarks by President Biden on the end of the war in Afghanistan.* https://www.whitehouse.gov/briefing-room/speeches-remarks/2021/08/31/remarks-by-pres

123 U.S. Department of State. (2023). *Country reports on terrorism 2023.* https://www.state.gov/reports/country-reports-on-terrorism-2023/

124 Knowlton, B. (2010, August 25). "Military computer attack confirmed". *The New York Times.* https://www.nytimes.com/2010/08/26/technology/26cyber.html

125 Peterson, A. (2014, December 18). "The Sony pictures hack, explained". *The Washington Post.* https://www.washingtonpost.com/news/the-switch/wp/2014/12/18/the-sony-pictures-hack-explained/

126 Davis, J. H. (2015, July 9). "Hacking of government computers exposed 21.5 million people". *The New York Times.* https://www.nytimes.com/2015/07/10/

us/office-of-personnel-management-hackers-got-data-of-millions.html?action=click&contentCollection=Politics&module=RelatedCoverage&region=Marginalia&pgtype=article
127 Lichtblau, E., & Schmitt, E. (2016, August 11). "Hack of Democrats' accounts was wider than believed, officials say". *The New York Times.* https://www.nytimes.com/2016/08/11/us/politics/democratic-party-russia-hack-cyberattack.html?_r=0
128 Fischer, E. A. (2016). *Cybersecurity issues and challenges: In brief.* Congressional Research Service.
129 Bertrand, N., Perez, E., Cohen, Z., Sands, G., & Campbell, J. (2021, May 13). "Colonial Pipeline did pay ransom to hackers, sources now say". *CNN.* https://edition.cnn.com/2021/05/12/politics/colonial-pipeline-ransomware-payment/index.html
130 한수경(2022, June 6). "[인포그래픽] 2004년부터 2021년까지 발생한 50대 데이터 침해 사례". 《MAD Times》. https://www.madtimes.org/news/articleView.html?idxno=13068
131 Statista. (2025). "Cybercrime and companies in the U.S. - statistics & facts". https://www.statista.com/topics/1731/smb-and-cyber-crime/#topicOverview
132 The White House. (2009, May 8). *Cyberspace Policy Review: Assuring a trusted and resilient information and communications infrastructure, May 8, 2009. unclassified.* National Security Archive. https://nsarchive.gwu.edu/document/21424-document-28
133 The White House. (2018, September). *National cyber strategy of the United States of America.* https://www.whitehouse.gov/wp-content/uploads/2018/09/National-Cyber-Strategy.pdf
134 Ibid. p.3
135 U.S. Department of Defense. (2018). *Summary: Department of defense cyber strategy.* https://media.defense.gov/2018/Sep/18/2002041658/-1/-1/1/CYBER_STRATEGY_SUMMARY_FINAL.PDF
136 The White House. (2022, October 12). *The Biden-Harris administration's national security strategy.* https://www.whitehouse.gov/wp-content/uploads/2022/10/Biden-Harris-Administrations-National-Security-Strategy-10.2022.pdf
137 Jackson, W. (2009, June 24). *DOD creates Cyber Command as U.S. strategic command subunit.* FCW. https://www.nextgov.com/cybersecurity/2009/06/dod-creates-cyber-command-as-us-strategic-command-subunit/202628/?oref=ng-homepage-noscript-river
138 U.S. Department of Defense. (2015, April 17). *The DOD cyber strategy.* National Security Archive. https://nsarchive.gwu.edu/document/21384-

document-25 pp.4-5
139 Ibid. 13-15.
140 NATO Cooperative Cyber Defence Centre of Excellence(CCDCOE). (2013). *Tallinn manual on the international law applicable to cyber warfare.*
141 Office of the National Counterintelligence Executive. (2011). *Foreign spies stealing U.S. economic secrets in cyberspace.* Office of the Director of National Intelligence.
142 Mandiant. (2013). *APT1: Exposing one of China's cyber espionage units.*
143 National Archives and Records Administration. (2013, March 11). *Remarks by Tom Donilon, National Security advisor to the president: "The United States and the Asia-Pacific in 2013.* National Archives and Records Administration. https://obamawhitehouse.archives.gov/the-press-office/2013/03/11/remarks-tom-donilon-national-security-advisor-president-united-states-an
144 Schmidt, M. S., & Sanger, D. E. (2014, May 19). "5 in China Army Face U.S. charges of cyberattacks". *The New York Times.* https://www.nytimes.com/2014/05/20/us/us-to-charge-chinese-workers-with-cyberspying.html
145 Lieberthal, K., & Singer, P. W. (2012, February). *Cybersecurity and u.s.-china relations.* Brookings. https://www.brookings.edu/wp-content/uploads/2016/06/0223_cybersecurity_china_us_lieberthal_singer_pdf_english.pdf pp.4-5
146 Bejtlich, R. (2015, September 28). *To hack, or not to hack?.* Brookings. https://www.brookings.edu/articles/to-hack-or-not-to-hack/
147 Risen, T. (2015, December 3). "Hotline Bling: China, U.S. Work to Further Cybersecurity Pact". *US News & World Report.* https://www.usnews.com/news/articles/2015/12/03/hotline-bling-china-us-work-to-further-cybersecurity-pact
148 Nakashima, E. (2016, June 20). "Chinese hacking activity down sharply since mid-2014, researchers say". *The Washington Post.* https://www.washingtonpost.com/world/national-security/chinese-hacking-activity-down-sharply-since-mid-2014-researchers-say/2016/06/20/089703e6-36fd-11e6-9ccd-d6005beac8b3_story.html
149 Conger, K., & Frenkel, S. (2021, March 6). "Thousands of Microsoft customers may have been victims of hack tied to China". *The New York Times.*https://www.nytimes.com/2021/03/06/technology/microsoft-hack-china.html; Mason, J., & Bose, N. (2021, March 13). "White House national security adviser will identify actor behind Microsoft hack in near future". *Reuters.* https://www.reuters.com/article/us-usa-microsoft-hack-idUSKBN2B42CO
150 송태은. (2024, 10월). "최근 사이버 위협 실태와 한국의 인태 사이버 안보 외교전략". 《주요국제문제분석》, 국립외교원 외교안보연구소.

151 Lieberthal, K., & Singer, P. W. (2012, February). *Cybersecurity and u.s.-china relations.* Brookings. https://www.brookings.edu/wp-content/uploads/2016/06/0223_cybersecurity_china_us_lieberthal_singer_pdf_english.pdf pp.23-31

152 The White House. (2009a, May 8). *Cyberspace policy review: Assuring a trusted and resilient information and communications infrastructure.* National Security Archive. https://nsarchive.gwu.edu/document/21424-document-28

153 The White House. (2011, May). *International strategy for cyberspace: Prosperity, security, and openness in a networked world.* The White House.

154 Ibid. pp.9-10.

155 김소정. (2013). "사이버 안보와 국제 규범: 미국의 사이버 안보전략을 중심으로". 《국제정치논총》, 53(3), 1-22.

156 국회도서관. (2023). "사이버 안보 한눈에 보기". 《FACT BOOK》, 2023-8호, 통권 제108호. https://www.shinkim.com/newsletter/2024/GA/2024_vol218/links/2024_vol218_401.pdf

157 UN Office of Disarmament Affairs. (2016). *Developments in the field of information and telecommunications in the context of international security.* https://www.un.org/disarmament/topics/informationsecurity/

158 Defense Intelligence Agency. (2019). *Challenges to security in space*(p. 7). https://www.dia.mil/Portals/27/Documents/News/Military%20Power%20Publications/Space_Threat_V14_020119_sm.pdf

159 Visual Capitalist. (2025. 2. 21). "How Big is the Space Economy?". https://www.visualcapitalist.com/how-big-is-the-space-economy/

160 Bryce Space and Technology. (2017). *Global space industry dynamics*(p. 1). Research paper for Australian Government, Department of Industry, Innovation and Science. https://www.industry.gov.au/sites/default/files/2019-03/global_space_industry_dynamics_-_research_paper.pdf

161 GPS.gov. (n.d.). *GPS: The Global Positioning System.* U.S. Government. https://www.gps.gov

162 United Nations Office for Outer Space Affairs. (n.d.). *Benefits of space: Communication.* United Nations. https://www.unoosa.org/oosa/en/benefits-of-space/communication.html; Zuckerman, L. (1998, May 21). "Satellite failure is rare, and therefore unsettling". *The New York Times.* https://www.nytimes.com/1998/05/21/business/satellite-failure-is-rare-and-therefore-unsettling.html

163 United Nations Office for Outer Space Affairs. (n.d.). *Sustainable development goal 13: Climate action.* United Nations. https://www.unoosa.org/oosa/en/ourwork/space4sdgs/sdg13.html

164 United Nations Office for Outer Space Affairs. (n.d.). *Sustainable development goal 9: Industry, innovation and infrastructure*. United Nations. https://www.unoosa.org/oosa/en/ourwork/space4sdgs/sdg9.html
165 NASA. (n.d.). *NASA technologies benefit our lives*. NASA Technology Transfer Program. https://spinoff.nasa.gov/Spinoff2008/tech_benefits.html; 이주량. (2012, January). "중국의 거침없는 우주 개발 행보". 《Chindia Journal》, 19. https://www.posri.re.kr/files/file_pdf/53/222/1388/53_222_1388_file_pdf_1201-04_05_Issue.pdf
166 Chang, K. (2016, September 27). "Elon Musk's plan: Get humans to Mars, and beyond". *The New York Times*. https://www.nytimes.com/2016/09/28/science/elon-musk-spacex-mars-exploration.html
167 Clark, S. (2008, September 28). "Sweet success at last for Falcon 1 rocket". *SPACEFLIGHT NOW* https://spaceflightnow.com/falcon/004/index.html; Chang, K. (2012, May 25). "SpaceX Dragon docks with International Space Station". *The New York Times*. https://www.nytimes.com/2012/05/26/science/space/space-x-capsule-docks-at-space-station.html
168 Weaver, M. (2015, December 22). "'Welcome back, baby': Elon Musk celebrates SpaceX rocket launch - and landing". *The Guardian*. https://www.theguardian.com/science/2015/dec/22/welcome-back-baby-elon-musk-celebrates-spacex-rocket-launch-and-landing; Amos, J. (2017, March 31). "Success for SpaceX 're-usable rocket'". *BBC News*. https://www.bbc.com/news/science-environment-39451401
169 Wattles, J. (2020, April 22). "SpaceX moves ahead with Starlink satellite launch amid pandemic". *CNN Business*. https://edition.cnn.com/2020/04/22/tech/spacex-starlink-satellite-launch-scn/index.html; 스페이스X. (2021, April 8). "위성 5번 더 쏘면 전 세계 우주 인터넷 서비스 가능해". 《동아사이언스》. http://dongascience.donga.com/news.php?idx=45505
170 Wattles, J. (2020, June 1). "SpaceX's Crew Dragon took flight in historic mission. What's next?". *CNN Business*. https://edition.cnn.com/2020/06/01/tech/spacex-crew-dragon-mission-whats-next-scn/index.html
171 Amos, J. (2017, September 29). "Elon Musk: Rockets will fly people from city to city in minutes". *BBC News*. https://www.bbc.com/news/science-environment-41441877; Etherington, D. (2017, September 28). "Elon Musk shares images of 'Moon Base Alpha' and 'Mars City' ahead of IAC talk. *TechCrunch*. https://techcrunch.com/2017/09/28/elon-musk-tweets-image-of-moon-base-alpha-concept-ahead-of-mars-talk/
172 CBS News. (2019, July 20). "Corporate astronaut: How billionaires are joining the space race". *CBS News*. https://www.cbsnews.com/news/elon-

musk-jeff-bezos-richard-branson-how-billionaires-are-joining-the-space-race-2019-07-20/

173 National Air and Space Intelligence Center. (2018, December). *Competing in space*(p. 24). https://media.defense.gov/2019/Jan/16/2002080386/-1/-1/1/190115-F-NV711-0002. PDF

174 International Institute for Strategic Studies. (2020, February). "The space domain: Towards a regular realm of conflict?" In *The military balance 2020*(pp. 17-20). https://www.iiss.org/publications/the-military-balance/military-balance-2020-book/the-space-domain-towards-a-regular-realm-of-conflict

175 Defense Daily. (2008, March 5). *Kinetic Energy Anti-Satellite(KE-ASAT)*. https://www.defensedaily.com/kinetic-energy-anti-satellite-ke-asatmanufacturerboei/

176 Hecht, J. (2019, June 28). "A Star Wars sequel? The allure of directed energy for space weapons." *Bulletin of the Atomic Scientists*.https://thebulletin.org/2019/06/a-star-wars-sequel-the-allure-of-directed-energy-for-space-weapons/

177 von Spreckelsen, M. (2018). "Electronic Warfare - The Forgotten Discipline - Why is the Refocus on this Traditional Warfare Area Key for Modern Conflict?" *The Journal of the JAPCC*. No. 27(Autumn/Winter). pp. 41-45. https://www.japcc.org/wp-content/uploads/JAPCC_J27_screen.pdf

178 DIA(Defense Intelligence Agency). (2019). *Challenges to Security in Space*. p. 10. https://www.dia.mil/Portals/110/Images/News/Military_Powers_Publications/Space_Threat_V14_020119_sm.pdf

179 Courtesy of the Space Foundation. (2019). *The Space Briefing Book, A Reference Guide to Modern Space Activities*. p. 19. https://www.spacefoundation.org/wp-content/uploads/2019/10/SpaceFoundation_Space101.pdf

180 송태은. (2023). "우주자산의 군사적 역할과 미국의 우주전략: 한국에의 함의". 《주요국제문제분석》, 2023-17. 국립외교원 외교안보연구소.

181 U.S. Department of Defense. (2011, January 19). "FACT SHEET: National Security Space Strategy". https://dod.defense.gov/Portals/1/features/2011/0111_nsss/docs/2011_01_19_NSSS_Fact_Sheet_FINAL.pdf

182 U.S. Department of Defense. (2010, June 28). *Defense Secretary Rovert Gates Statement on the National Space Policy*.https://dod.defense.gov/Portals/1/features/defenseReviews/SPR/National_Space_Policy_SecDef_June_28_2010.pdf

183 U.S. Department of Defense. (2011, January) *National Security Space Strategy*. https://www.dni.gov/files/documents/Newsroom/Reports%20and%20Pubs/2011_nationalsecurityspacestrategy.pdf

184 The White House. (2017, December). *National Security Strategy of the United*

States of America. p. 31. https://trumpwhitehouse.archives.gov/wp-content/uploads/2017/12/NSS-Final-12-18-2017-0905.pdf

185 The White House. (2018, March 23). *Fact Sheet: President Donald J. Trump is Unveiling an America First National Space Strategy.* https://trumpwhitehouse.archives.gov/briefings-statements/president-donald-j-trump-unveiling-america-first-national-space-strategy/

186 U.S. Space Force Public Affairs. (2019, December 20). *U.S. Space Force Fact Sheet.* https://www.dvidshub.net/news/356875/us-space-force-fact-sheet

187 David, L. (2019, December 22). *Trump Officially Establishes US Space Force with 2020 Defense Bill Signing.* Space.com. https://www.space.com/trump-creates-space-force-2020-defense-bill.html

188 Secretary of the Air Force Public Affairs. (2019, December 20). *With the stroke of a pen, U.S. Space Force becomes a reality.* https://www.af.mil/News/Article-Display/Article/2046061/with-the-stroke-of-a-pen-us-space-force-becomes-a-reality/

189 U.S. Space Force. (2020, June). *Spacepower: Doctrine for Space Force.* https://www.spaceforce.mil/Portals/1/Space%20Capstone%20Publication_10%20Aug%202020.pdf

190 Mike Pence. (2019, March 26). *Remarks by Vice President Pence at the Fifth Meeting of the National Space Council Huntsville, AL.* https://trumpwhitehouse.archives.gov/briefings-statements/remarks-vice-president-pence-fifth-meeting-national-space-council-huntsville-al/

191 Joel Alanbach. (2019, April 26). "Trump and Pence push 'America First' agenda to the moon and outer space". *The Washington Post.* https://www.washingtonpost.com/national/health-science/trump-and-pence-push-america-first-agenda-to-the-moon-and-outer-space/2019/04/25/61ce9df4-5f98-11e9-9ff2-abc984dc9eec_story.html

192 *Statement of Acting Secretary of Defense Patrick M. Shanhan & Chairman of the Joint Chiefs General Joseph F. Dunford, before the Senate Armed Services Committee.* (2019, April 11). https://www.armed-services.senate.gov/imo/media/doc/Shanahan_Dunford_04-11-19.pdf

193 U.S. Defense Intelligence Agency. (2019). *Challenges to Security in Space.* p. 7. https://www.dia.mil/Portals/110/Images/News/Military_Powers_Publications/Space_Threat_V14_020119_sm.pdf

194 Ibid.

195 Xinhua. (2018, December 27). *China's Beidou Officially Goes Global.* http://www.xinhuanet.com/english/2018-12/27/c_137702956.htm; Elizabeth Howell. (2020, March 12). *China's new navigation system is nearly complete with penultimate*

Beidou satellite launch. Space.Com. https://www.space.com/china-long-march-3b-rocket-launches-54th-beidou-satellite.html

196 Wilson, J. (2017, January 5). "China's Alternative to GPS and Its Implications for the United States". *U.S.-China Economic and Security Review Commission.* https://www.uscc.gov/sites/default/files/Research/Staff%20Report_China%27s%20Alternative%20to%20GPS%20and%20Implications%20for%20the%20United%20States.pdf; Howell, E. (2020, March 12). *China's new navigation system is nearly complete with penultimate Beidou satellite launch.* Speace.Com. https://www.space.com/china-long-march-3b-rocket-launches-54th-beidou-satellite.html

197 Abi-Habib, M. (2018, December 19). "China's 'Belt and Road' Plan in Pakistan Takes a Military Turn". *New York Times.* https://www.nytimes.com/2018/12/19/world/asia/pakistan-china-belt-road-military.html

198 U.S. Defense Intelligence Agency. (2019). *Challenges to Security in Space.* pp. 13-14; Costello, J. & McReynolds, J. (2018, October 2). *China's Strategic Support Force: A Force for a New Era.* National Defense University Institute for National Strategic Studies.

199 U.S. Defense Intelligence Agency. (2022, March). *Challenges to Security in Space.* p. III. https://www.dia.mil/Portals/110/Documents/News/Military_Power_Publications/Challenges_Security_Space_2022.pdf

200 Space Security Research Center of the Aerospace Engineering University. (2019, March 7). *Firming Up the High Ground of National Security in Outer Space.* China Military Online. (Translation). http://www.qstheory.cn/llwx/2019-03/07/c_1124202138.htm; Xinhua. (2016, April 24). *Xi Jinping: Persist with Innovation to Drive Development, Bravely Climb to the Technical Peak, and Compose a New Chapter of China's Aerospace Endeavors.* (Translation). http://www.xinhuanet.com//politics/2016-04/24/c_1118719221.htm.

201 Beall, A. (2017, November 18). *Everything You Need to Know about China's Ambitious Space Plans.* http://www.wired.co.uk/article/chinas-space-plans; Ma Chi. (2017, November 17). "China Aims to Be World-Leading Space Power by 2045". *China Daily,* http://www.chinadaily.com.cn/china/2017-11/17/content_34653486.htm; Xinhua. (2017, January 30). *Towards the Depths of the Cosmos! China Will Carry Out Four Major Deep Space Exploration Missions in the Future.* http://www.xinhuanet.com/politics/2017-01/30/c_1120394632.htm;

202 최지영. (2017, July 7). "중국의 새로운 우주 개발 계획." 《한국항공우주연구원》; Jones, A. "Why China's Long March 5 Is Crucial to Its Space Ambitions". *GB Times.* https://gbtimes.com/whychinas-long-march-5-crucial-its-space-ambitions; The State Council Information Office. (2017, January 10). *China's*

Space Activities in 2016. http://english.scio.gov.cn/whitepapers/2017-01/10/content_40535777.htm; The State Council Information Office. (2016, December 28). *U.S.-China Economic and Security Review Commission. 2019 Report to Congress.* https://www.uscc.gov/sites/default/files/2019-11/2019%20Annual%20Report%20to%20Congress.pdf; Zhao Lei. (2017, September 29). "Long March Rocket Launch a Success". *China Daily.* http://www.chinadaily.com.cn/a/201709/29/WS5a0be6b6a31061a738404fe1.html; Wall, M. (2016, November 3). *China Launches Heavy-Lift Long March 5 Rocket for 1st Time.* Space.com. https://www.space.com/34601-china-launches-longmarch-5-heavy-lift-rocket.html

203 이주량. (2012). "중국의 거침없는 우주 개발 행보". 《Chindia Journal》. pp. 18-20.

204 곽노필. (2023. 11. 29.). "390km 궤도 중국 우주정거장 완전체 첫 공개; 기본 구성은 T자형 3개 모듈…좌·우엔 화물·유인 우주선". 《한겨레》. https://www.hani.co.kr/arti/science/science_general/1118293.html

205 Jones, A. (2019, November 1). *China targets late 2020 for lunar sample return mission.* SpaceNews.Com https://spacenews.com/china-targets-late-2020-for-lunar-sample-return-mission/

206 곽노필. (2020. 12. 17.). "중국 창어5호, 달 표본 싣고 지구에 안착". 《한겨레》.https://m.hani.co.kr/arti/science/science_general/974620.html#cb

207 로라 비커 & 켈리 응. (2024. 6. 26.) "중국 창어 6호, 희귀한 '달 뒷면 암석' 채취해 귀환". 《BBC News》. https://www.bbc.com/korean/articles/c288ep1v7lyo

208 Andrew Jones. (2020, March 25). *Here's Where and How We Think China Will Land on Mars: China's 2020 HX-1 Mars mission will draw on previous lunar explorations and human spaceflights.* Spectrum. https://spectrum.ieee.org/tech-talk/aerospace/robotic-exploration/where-how-china-mars-mission-news

209 Xinhua. (2018, April 25). *China Outlines Roadmap for Deep Space Exploration.* http://www.xinhuanet.com/english/2018-04/25/c_137136188.htm; 곽노필. (2019. 12. 28.). "중국, 2020년 우주 '세 마리 토끼'에 도전". 《한겨레》. https://www.hani.co.kr/arti/science/future/922399.html

210 곽노필. (2021. 2. 11.). "중국도 화성 궤도 진입에 성공, 세계 6번째". 《한겨레》. https://www.hani.co.kr/arti/science/future/982705.html

211 중국전문가포럼. (2024. 4. 29.) "中 2030년 전후로 화성 토양 표본 반환 임무 수행할 계획". https://www.thepaper.cn/newsDetail_forward_27158471

212 China Youth Daily. (2015, March 5). *Ye Peijian: If We Don't Go to Mars Today, It Will Be Difficult to Go in the Future.* http://politics.people.com.cn/n/2015/0305/c70731-26638965.html.

213 United Nations/China Cooperation on the Utilization of the China Space Station. (2018, May 28). *First Announcement of Opportunity.* UN Office for Outer

Space Affairs. pp. 2-5. http://www.unoosa.org/documents/doc/psa/hsti/CSS_1stAO/CSS_1stAO_Announcement_2018.pdf; Xinhua. (2018, April 19). *China Strengthens International Space Cooperation.* http://www.xinhuanet.com/english/2018-04/19/c_137123117.htm; Xinhua. (2016, October 16). *China Manned Space Agency Will Shift from Exploration Experiments to the Phase of Normalized Space Station Operation — Visiting China Manned Space Engineering Office Deputy General Director and Central Military Commission Equipment Development Department ViceChairman Zhang Yulin.* (Translation). http://www.xinhuanet.com//politics/2016-10/16/c_1119726209.htm

214 Xinhua. (2016, October 7). *China May Be Only Country with Space Station in 2024.* http://www.xinhuanet.com/english/2016-10/07/c_135736657.htm

215 Huang, E. (2019, July 25). *A private Chinese space firm successfully launched a rocket into orbit.* Quartz.https://qz.com/1674426/ispace-to-attempt-chinas-third-private-rocket-launch/; Barry He. (2019, September 4). "China's booming private aerospace industry". *China News.* http://www.china.org.cn/opinion/2019-09/04/content_75170364.htm

216 Brown, T. (2020, January 7). "Private sector is no longer a bit player in China's big space plans". *Market Watch.* https://www.marketwatch.com/story/private-sector-is-no-longer-a-bit-player-in-chinas-big-space-plans-2020-01-06

217 Bowe, A. (2019, April 11). *China's Pursuit of Space Power Status and Implication, US-China Economic and Security Review Commission.* p. 2.https://www.uscc.gov/sites/default/files/Research/USCC_China's%20Space%20Power%20Goals.pdf

218 Pellerin, C(2016) "Deputy Secretary: Third Offset Strategy Bolsters America's Military Deterrence", *US DoD News*, Oct. 31, 2016. https://www.defense.gov/News/Article/Article/991434/deputy-secretary-third-offset-strategy-bolsters-americas-military-deterrence

219 조현석. (2018). "인공지능, 자율무기 체계와 미래 전쟁의 변환". 《21세기정치학회보》, 8(1), 115-139; Boulanin, V. (2016). "Mapping the Development of Autonomy in Weapon Systems: A Primer on Autonomy". *SIPRI(Stokholm International Peace Research).*

220 Michael, A. H. & Gettinger, D. (2016). *The Drone Revolution Revisited: An Assessment of Military Unmanned Systems in 2016.* The Center of the Study of the Drone at Bard College.

221 싱어, 피터 W. (권영근 역). (2011). 『하이테크 전쟁: 로봇 혁명과 21세기 전투(Wired for War: The Robotics Revolution and Conflict in the 21st Century)』. 서울: 지안.

222 Work, B. (2015, December 14). Keynote Speech at CNAS Defense Forum http://www.defense.gov/News/Speeches/Speech-View/634214/cnas-

defenseforum
223 정희완, (2018. 9. 28). "육군 '드론봇 전투단' 공식 창설 … 80여 명 규모". 《경향신문》. http://news.khan.co.kr/kh_news/khan_art_view.html?art_id=201809281000001#csidx2ddb16a8a3a009f94ba114ed9bb8c5d
224 싱어, 피터 W. (권영근 역). (2011). 『하이테크 전쟁: 로봇 혁명과 21세기 전투(Wired for War: The Robotics Revolution and Conflict in the 21st Century)』. 서울: 지안.
225 Nott, G. (2017, August 25). "Can autonomous killer robots be stopped? Advances in AI could make lethal weapon technology devastatingly effective". *Computer World.* https://www.computerworld.com.au/article/626460/can-autonomous-killer-robots-stopped/
226 Sharkey, N. (2012). "Killing Made Easy: From Joysticks to Politics" in *Robot Ethics: The Ethical and Social Implications of Robotics.* ed. Lin, P., Abney, K. and George B. A. (Cambridge: MIT Press). pp. 111-128; Wallach, W. (2013). *Terminating the Terminator: What to do About Autonomous Weapons.* ed. Allenby, R. R. Routledge; Human Rights Watch(HRW) and International Human Rights Commision(IHRC). (2014, May 13). *Advancing the Debate on Killer Robots.* https://www.hrw.org/news/2014/05/13/advancing-debate-killer-robots.; HRW and IHRC. (2014). *Shaking the Foundations*; HRW and IHRC. (2012). *Losing Humanity*; UNOG. (2015). *Advance Copy of the Report of the 2015 Informal Meeting of Experts on LAWS.* https://meetings.unoda.org/ccw-ime/convention-certain-conventional-weapons-informal-meeting-experts-2015; Anderson and Waxman. (2012). "Law and Ethics for Robot Soldiers." *Policy Review*; Thurnher. (2013). "The Law That Applies to Autonomous Weapon System." *Asil Insights*; Heyns. (2015). *Report of the Special Rapporteur.* https://digitallibrary.un.org/record/755741; Marra and McNeil. (2012). "Understanding 'The Loop'", *Harvard Journal of Law and Public Policy,* 36(3).
227 Future of Life. (2017, August 20). *An Open Letter to the United Nations Convention on Certain Conventional Weapons.* https://futureoflife.org/open-letter/autonomous-weapons-open-letter-2017/
228 Tech World Staff. (2017.08.23.). "AI 무기는 안 된다 外… 인공지능의 위험성에 대한 경고 11선". 《CIO》. http://www.ciokorea.com/news/35314#csidx0aaca119c2d12c0a6132e8ee1b9268b
229 Kevin Rawlinson. (29 January 2015). "Microsoft's Bill Gates insists AI is a threat". *BBC News.* https://www.bbc.co.uk/news/31047780
230 Acheson, R. (2015, April 16). *The Unbearable Meaninglessness of Autonomous Violence, Campaign to Stop Killer Robots.* CCW Report(1-2).
231 Nott, G. (2017, August 25). "Can autonomous killer robots be stopped? Advances in AI could make lethal weapon technology devastatingly

effective". *Computer World.* https://www.computerworld.com.au/article/626460/can-autonomous-killer-robots-stopped/
232 Scharre, P. (2018, September 12). "A Million Mistakes a Second." *Foreign Policy.* https://foreignpolicy.com/2018/09/12/a-million-mistakes-a-second-future-of-war/?utm_source=PostUp&utm_medium=email&utm_campaign=Editors%20Picks%20%209/12/2018%20-%20Boston%20University&utm_keyword=Editor's%20Picks%20OC
233 The United Nations, Office for Disarmament Affairs(UNODA). (2018). *Securing Our Common Future: An Agenda for Disarm.*
234 Acheson, R. (2015, April 16). *The Unbearable Meaninglessness of Autonomous Violence, Campaign to Stop Killer Robots.* CCW Report(1-2).
235 BBC. (2018, April 5). Google should not be in business of war, say employees. https://www.bbc.com/news/business-43656378
236 Alba, D. (2018, June 1). "Google Backs Away From Controversial Military Drone Project". *Buzzfeed News.* https://www.buzzfeednews.com/article/daveyalba/google-says-it-will-not-follow-through-on-pentagon-drone-ai
237 Future of Life. (2023, March 22). *Pause Giant AI Experiments: An Open Letter.* https://futureoflife.org/open-letter/pause-giant-ai-experiments/; Metz, C. and Schmidt, G. (2023, March 29). "Elon Musk and Others Call for Pause on A.I., Citing 'Profound Risks to Society'", *The New York Times.* https://www.nytimes.com/2023/03/29/technology/ai-artificial-intelligence-musk-risks.html
238 Metz, C. (2023, May 1). "'The Godfather of A.I.' Leaves Google and Warns of Danger Ahead." *The New York Times.* https://www.nytimes.com/2023/05/01/technology/ai-google-chatbot-engineer-quits-hinton.html
239 Sangerm, D. E. (2023, May 5). "The Next Fear on A.I.: Hollywood's Killer Robots Become the Military's Tools". *The New York Times.* https://www.nytimes.com/2023/05/05/us/politics/ai-military-war-nuclear-weapons-russia-china.html
240 Kissinger, Henry A., and Graham Allison. "The Path to AI Arms Control: America and China Must Work Together to Avert Catastrophe". *Foreign Affairs,* October 13, 2023. https://www.foreignaffairs.com/united-states/henry-kissinger-path-artificial-intelligence-arms-control
241 Kania, E. B. (2018, April 19). "The Pursuit of AI Is More Than an Arms Race". *Defense One.* https://www.defenseone.com/ideas/2018/04/pursuit-ai-more-arms-race/147579/
242 Gertz, B. (2018, May 30). "China in race to overtake the US in AI warfare". *Asia Times.*
243 Tate Nurkin. (2018, April 4). "China and US compete for AI dominance". *IHS Markit.* https://ihsmarkit.com/research-analysis/China-US-compete-for-AI-

dominance.html

244 Kania, E. B. (2017, November 28). *Battlefield Singularity, Artificial Intelligence, Military Revolution, and China's Future Military Power.* Center for New American Security. https://www.cnas.org/publications/reports/battlefield-singularity-artificial-intelligence-military-revolution-and-chinas-future-military-power

245 Mattis, J. (2018, February 6). *House Armed Services Committee, Written Statement for the Record.* https://docs.house.gov/meetings/AS/AS00/20180206/106833/HHRG-115-AS00-Wstate-MattisJ-20180206.pdf

246 Dominguez, G. (2018, June 6). "China Seeking to Surpass U.S. in Military Technologies, Says Canadian Report". *Jane's Defence Weekly.* p. 6.

247 Quora. (2015, March 9). *Artificial Intelligence: How is AI research in Japan different from AI research in the U.S.?.* https://www.quora.com/Artificial-Intelligence-How-is-AI-research-in-Japan-different-from-AI-research-in-the-U-S

248 Dutton, T. (2018, July 13). *An Overview of National AI Strategies.* Medium.Com. https://medium.com/politics-ai/an-overview-of-national-ai-strategies-2a70ec6edfd

249 Japan Ministry of Defense. (2018, December 18). *National Defense Program Guidelines for FY 2019 and Beyond.* http://www.mod.go.jp/j/approach/agenda/guideline/2019/pdf/20181218_e.pdf

250 Hornyak, T. (2010). "Korean Machine Gun Robots Start DMZ Duty". C/NET.com. https://www.cnet.com/news/korean-machine-gun-robots-start-dmz-duty/

251 이근영, 이정훈. (2018. 4. 5). "'카이스트 보이콧' 선언한 세계 학자들, AI무기 개발 비판". 《한겨레》. http://www.hani.co.kr/arti/science/science_general/839279.html#csidx44b42a27bb7674489781c58485d6667

252 Smoke, R. (1975). "National Security Affairs". in Fred I. Greenstein, F. I. and Polsby, N. W. (eds). *Handbook of Political Science Vol.8: International Politics.* MA: Reading; Buazan, B. (1991). *People, States and Fear: An Agenda for International Security Studies in the Post-Cold War Era.* Harvester Wheatsheaf.

253 Baldwin, D. A. (1997). "The Concept of Security". *Review of International Studies,* 23(1), 5-26. http://www.jstor.org/stable/20097464

254 Waltz, K. (1979). *Theory of international politics. Mass.* McGraw-Hill.

255 Wolfers, A. (1985) "'National Security' as an Ambiguous Symbol", Robert Art and Robert Jervis, *International Politics* 2nd ed. Boston:Little,Brown and Company. pp.42-53.

256 Baldwin, D. A. (1997). "The Concept of Security". *Review of International Studies,* 23(1), 5-26. http://www.jstor.org/stable/20097464

257 Brodie, B. (1959). *Strategy in the Missile Age.* California: RAND; Knorr, K and

Trager, F, N. (1977). *Economic Issues and National Security.* Kansas: University Press of Kansas.

258 Baldwin, D. A. (1997). The Concept of Security. *Review of International Studies,* 23(1), 5-26. http://www.jstor.org/stable/20097464

259 2022년 월드뱅크 통계에 의하면 콜롬비아(3.1%), 에스토니아(2.1%), 리투아니아(2.5%), 그리스(3.7%), 한국(2.7%), 이스라엘(4.5%), 폴란드(2.4%), 영국(2.2%), 미국(3.5%)의 9개 국가가 2% 이상 국방비를 지출하였다. World Bank Group. *Military expenditure(% of GDP) - OECD members* https://data.worldbank.org/indicator/MS.MIL.XPND.GD.ZS?locations=OE

260 World Bank Group. (n.d.) *Military Expenditure(% of GDP) - The World Bank.* http://data.worldbank.org/indicator/MS.MIL.XPND.GD.ZS; OECD. (n.d.). *Social Expenditure Database.* OECD. https://www.oecd.org/social/expenditure.htm

261 Wolfers, A. (1952). "National Security" as an Ambiguous Symbol. *Political Science Quarterly,* 67(4), 481-502. https://doi.org/10.2307/2145138

262 이이의 10만 양병설에 대해서는 후세 제자들이 지어낸 이야기라는 논란이 있다.

263 Trotta, D. (2013, March 14). "Iraq war costs U.S. more than $2 trillion: Study". *reuters.* (n.d.). https://www.reuters.com/article/us-iraq-war-anniversary/iraq-war-costs-u-s-more-than-2-trillion-study-idUSBRE92D0PG20130314/

264 McCarthy, N. (2018, July 10). *Defense Expenditures Of NATO Members Visualized.* https://www.forbes.com/sites/niallmccarthy/2018/07/10/defense-expenditure-of-nato-members-visualized-infographic/

265 Baldwin, D. A. (1997). "The Concept of Security". *Review of International Studies,* 23(1), 5-26. http://www.jstor.org/stable/20097464

266 The People's Republic of China - Information Office of the State Council. (2011). *China's National Defense in 2010 – White Paper.* http://news.xinhuanet.com/english2010/china/2011-03/31/c_13806851.htm

267 Ministry of Defense. (2015). *DEFENSE OF JAPAN 2015.* https://warp.da.ndl.go.jp/info:ndljp/pid/11591426/www.mod.go.jp/e/publ/w_paper/2015.html

268 국방부. (2022). 『2022년 국방백서』. https://www.mnd.go.kr/cop/pblictn/selectPublicationUser.do?siteId=mnd&componentId=14&categoryId=15&publicationSeq=1040&pageIndex=1&id=mnd_040501000000

269 US Department of Defense. (2018). *2018 National Defense Strategy.* https://dod.defense.gov/Portals/1/Documents/pubs/2018-National-Defense-Strategy-Summary.pdf

270 Boyd, A. (2016, February 5). "DNI Clapper: Cyber bigger threat than terrorism". *Federal Times.* https://www.federaltimes.com/management/2016/02/04/dni-clapper-cyber-bigger-threat-than-terrorism/

271 김민지. (2023, December 21). "2024년 분야별 예산". 《연합뉴스》. https://m.yna.co.kr/view/GYH20231221001300044

272 Baldwin, D. A. (1997). "The Concept of Security". *Review of International Studies*, 23(1), 5-26. http://www.jstor.org/stable/20097464

273 Baldwin, 1997.

274 Clausewitz, K. (1976). *On War*. Princeton: Princeton University Press. pp. 330.

275 Hart, B, H, L. (1967). *Strategy*. New York: Praeger. pp. 333-372. "Grand strategy involves synchronizing means and ends at the highest level of national policy".

276 Cohen, E, A. (2003). *Supreme Command: Soldiers, Statesmen, and Leadership in Wartime*. New York: Anchor Books.

277 Stratchen, H. (2005). "The Lost Meaning of Strategy". *Survival*, 47(3). https://ir101.co.uk/wp-content/uploads/2018/10/strachan-2005-the-lost-meaning-of-strategy.pdf

278 Sumida, J. T. (1997). *Inventing grand strategy and teaching command: The classic works of Alfred Thayer Mahan reconsidered*. Johns Hopkins University Press.; Hart, B. H. L. (1929). *Strategy*. Faber and Faber; Howard, M. (2002). *The First World War: A very short introduction*. Oxford University Press. (Original work published 2001).

279 국가안전보장회의. (2004). 『평화번영과 국가안보』. p. 23.

280 Brodie, B. (1973). *War and politics*. NY: Macmillan.

281 Brands, H. (2012, August). *The Promise and Pitfalls of Grand Strategy*. US Army War College. Strategic Studies Institute. 3-4. http://strategicstudiesinstitute.army.mil/pubs/display.cfm?pubID=1121

282 Brands, H. (2014). *What Good Is Grand Strategy?*. NY: Cornell University Press. pp.1-3.

283 Brands, H. (2014). *What Good Is Grand Strategy?*. NY: Cornell University Press.

284 ibid. pp. 7-10.

285 Kissinger, H. (1994). *Diplomacy6*. NY: Simon & Schuster.

286 U.S. National Security Council. (1953, October 30). "Report to the National Security Council by the Executive Secretary(Lay) top secret, NSC 162/2(New Look)". In *Foreign Relations of the United States, 1952–1954, National Security Affairs*, Volume II, Part 1(S/S-NSC files, lot 63 D 351, NSC 162). Washington, D.C.

287 Wolk, H. S. (2003, August 1). "The 'New look'" *Air & Space Forces Magazine*. https://www.airforcemag.com/article/0803look/

288 NATO Strategy Documents 1949 - 1969. (1957, May 23). *A REPORT BY THE MILITARY COMMITTEE to the NORTH ATLANTIC COUNCIL on OVERALL STRATEGIC CONCEPT FOR THE DEFENSE OF THE NORTH ATLANTIC TREATY ORGANIZATION AREA*. MC 14/2 (Revised) (Final Decision). NATO. https://www.nato.int/docu/stratdoc/eng/a570523a.pdf

289 Kennedy, J. F. (n.d.). *Remarks to NATO Military Committee opening session, 10 April 1961.* John F. Kennedy Presidential Library and Museum. https://www.jfklibrary.org/asset-viewer/archives/jfkpof-034-015; Kennedy, J. F. (1961, April 10). "Remarks at the opening session of the meeting of the Military Committee of NATO". Remarks at the Opening Session of the Meeting of the Military Committee of NATO. | The American Presidency Project. https://www.presidency.ucsb.edu/documents/remarks-the-opening-session-the-meeting-the-military-committee-nato

290 Kaplan, L. S., Landa, R. D., & Drea, E. J. (2006). *The McNamara Ascendancy, 1961-1965.* Historical Office, Office of the Secretary of Defense. pp. 370-375.

291 McNamara, R. S. (1984). The military role of nuclear weapons: Perceptions and misperceptions. Center for International and Strategic Affairs, University of California, Los Angeles. pp.63-64; Park, Park, W. H. (1990). Defense, Deterrence, and the Central Front: Around the Nuclear Threshold. In NATO After Forty Years(pp. 221-246), SR Books. pp. 225-226.

292 Drea, E. J. (2011). McNamara, Clifford, and the burdens of Vietnam, 1965-1969. Historical Office, Office of the Secretary of Defense. pp. 398-417.

293 Tomes, R. (2014, December 22). *The Cold War offset strategy: Origins and relevance.* War on the Rocks. https://warontherocks.com/2014/11/the-cold-war-offset-strategy-origins-and-relevance/

294 Global Security. (2020, November 26). *Operation Desert Storm.* https://www.globalsecurity.org/military/ops/desert_storm.htm

295 Maven, W. (2019, May 26). "The day stealth and smart bombs turned the U.S. military into a superpower". *The National Interest.* https://nationalinterest.org/blog/buzz/day-stealth-and-smart-bombs-turned-us-military-superpower-59477

296 Osborn, K. (2019, May 24). "How the Gulf War Combat Debut of - "Stealth & GPS" - transformed war". *Warrior Maven.* https://warriormaven.com/history/how-the-gulf-war-combat-debut-of-stealth-gps-transformed-war-video

297 Biddle, S., Embrey, J. H., & Filiberti, E. (2004). *Toppling Saddam: Iraq and American Military Transformation.* Strategic Studies Institute, U.S. Army War College.

298 Department of Defense. (2010, February 1). *Quadrennial Defense Review Report 2010.* https://history.defense.gov/Portals/70/Documents/quadrennial/QDR2010.pdf?ver=vVJYRVwNdnGb_00ixF0UfQ%3D%3D

299 Air-Sea Battle Office. (2013, May 1). *AIR- SEA BATTLE: Service Collaboration to Address Anti-Access & Area Denial Challenges.* Defense Technical Information Center. https://apps.dtic.mil/sti/citations/ADA584067

300 Pellerin, C. (2014, November 15). *Hagel announces New Defense Innovation, Reform Efforts.* U.S. Department of Defense. https://www.defense.gov/News/

News-Stories/Article/Article/603658/hagel-announces-new-defense-innovation-reform-efforts/

301 Tol, J. van, Gunzinger, M., Krepinevich, A., & Thomas, J. (2010). *Air-Sea Battle: A Point-of-Departure Operational Concept.* Center for Strategic and Budgetary Assessments. https://csbaonline.org/uploads/documents/2010.05.18-AirSea-Battle.pdf

302 Martinage, R. (2014, October 27). *Toward a new offset strategy: Exploiting U.S. long-term advantages to restore U.S. Global Power Projection Capability.* Center for Strategic and Budgetary Assessments. https://csbaonline.org/research/publications/toward-a-new-offset-strategy-exploiting-u-s-long-term-advantages-to-restore

303 Office of the President. (2017, December). *National security strategy of the United States of America.* Trump White House. https://trumpwhitehouse.archives.gov/wp-content/uploads/2017/12/NSS-Final-12-18-2017-0905.pdf pp. 2-3, 25, 26-27.

304 US Congressional Research Service. (2020, December 3). *Renewed Great Power Competition: Implications for Defense – Issues for Congress.* USCRS. https://crsreports.congress.gov/product/pdf/R/R43838/96 pp. 5-9.

305 TRADOC 525-3-1. (2018, December 6). *The U.S. Army in Multi-Domain Operation in 2028.* US Army. pp. 15-46.

306 Ibid.

307 O'Brien, R. C. (2020, June 21). "Why the U.S. Is Moving Troops Out of Germany". *The Wall Street Journal.* https://www.wsj.com/articles/why-the-u-s-is-moving-troops-out-of-germany-11592757552; Nagasawa, T., & Miyasaka, S. (2020, July 5). "Thousands of US troops will shift to Asia-Pacific to guard against China". *Nikkei Asia.* https://asia.nikkei.com/Politics/International-relations/Thousands-of-US-troops-will-shift-to-Asia-Pacific-to-guard-against-China

308 TRADOC 525-3-1. (2018, December 6). *The U.S. Army in Multi-Domain Operation in 2028.* US Army.

309 Boot, M. (2003). "The New American Way of War". *Foreign Affairs,* 82(4), 41-58. https://doi.org/10.2307/20033648

310 Leland, A., & Oboroceanu, M.-J. (2010, February 26). *American War and Military Operations Casualties: Lists and Statistics.* US Congressional Research Service. https://apps.dtic.mil/sti/tr/pdf/ADA516440.pdf

311 Cohen, E. A. (1993). *Gulf War Air Power Survey* (Vol. 1). Office of the Secretary of the Air Force. p. 651.

312 Record, J. (2006, September 1). *The American Way of War: Cultural Barriers to Successful Counterinsurgency.* CATO Institute. https://www.cato.org/sites/cato.

org/files/pubs/pdf/pa577.pdf
313 이근욱. (2010). "미래의 전쟁과 전쟁의 미래: 이라크 전쟁에서 나타난 군사혁신의 두 가지 측면". 《*신아세아*》, 17(1), 137-161.
314 O'Rourke, R. (2019). *Renewed Great Power Competition: Implications for Defense—Issues for Congress.* pp. 9-11.
315 Department of Defense. (2020, January). *FY 2021 Defense Wide Review final.* US DoD. https://media.defense.gov/2020/Feb/06/2002244621/-1/-1/1/FY-2021-DEFENSE-WIDE-REVIEW-FINAL.PDF pp. 2-4.
316 Shah, R. M., & Kirchhoff, C. M. (2024, September 13). "The U.S. military is not ready for the new era of Warfare". *The New York Times.* https://www.nytimes.com/2024/09/13/opinion/ai-drones-robot-war-pentagon.html
317 Snyder, G. (1997). *Alliance Politics.* Ithaca: Cornell University Press. p. 4.
318 Snyder, G. (1997). *Alliance Politics.* Ithaca: Cornell University Press. pp. 14-16.
319 Cha, V. (2016). *Power play: The origins of the U.S. alliance in Asia.* NY: Princeton University Press.
320 Snyder, G. (1984). "Security Dilemma in Alliance Politics". *World Politics,* 36(4) pp. 461-495; Snyder, G. (1997). *Alliance Politics.* NY: Cornell University Press. pp. 180-184.
321 Waltz, K. (1979). *Theory of International Politics.* MA: Reading. pp. 126-127.
322 Pape, R. A. (2005). "Soft balancing against the United States". *International security,* 30(1), 7-45.
323 Brooks, S. G. and Wohlforth, W. C. (2005). "Hard Times for Soft Balancing". *International Security,* 30(1). pp. 72-108; Mowle, T. S. and Sacko, D. H. (2007). *The Unipolar World: An Unbalanced Future.* Macmillan. p. 147.
324 Walt, S. M. (1988). *The Origins of Alliances.* Ithaca: Cornell University Press.
325 Schweller, R. (1998). *Deadly Imbalances: Tripolarity and Hitler's Strategy of World Conquest.* New York: Columbia University Press. pp. 59-61.
326 늑대와 자칼의 예로든 국가들은 어디까지나 비유이지 정확한 근거는 없다. ibid. pp. 101-103.
327 ibid. pp. 76-81.
328 Ciorciari, J. D. (2019). "The variable effectiveness of hedging strategies". *International Relations of the Asia-Pacific* 19(3). 523—555. https://doi.org/10.1093/irap/lcz007; Ciorciari, J. D. (2009). "The balance of great-power influence in contemporary Southeast Asia". *International Relations of the Asia-Pacific,* 9(1). 157-196. https://doi.org/10.1093/irap/lcn017
329 Goh, E. (2005). "Meeting the China Challenge: The U.S. in Southeast Asian Regional Security Strategies". *Policy Studies,* 16. East-West Center.
330 Roy, D. (2005). "Southeast Asia and China: balancing or bandwagoning".

Contemporary Southeast Asia, 27(2). 305-322; Haacke, J. (2019). "The concept of hedging and its application to Southeast Asia: a critique and a proposal for a modified conceptual and methodological framework". *International Relations of the Asia-Pacific*, 19(3). 375-417.

331 서울대학교. (2014, July 15). 『[시진핑 주석] 아시아 꿈을 위한 동행(同行)』. 서울대학교. https://www.snu.ac.kr/snunow/snu_story?md=v&bbsidx=120500

332 신성호. (2016). "억제의 불균형: 핵3원체제와 핵전략을 통해 본 미·중 군사경쟁". 《국가전략》, 22(4).

333 강태화. (2024, April 25). "[단독] 트럼프 외교안보 최측근 '한국 자체 핵무장 고려해야'". 《중앙일보》. https://www.joongang.co.kr/article/25244983

334 조선중앙통신. (2024, January 16). "경애하는 김정은 동지께서 조선인민민주주의공화국 최고인민회의 제14기 제10차 회의에서 강령적인 시정연설을 하시였다".(참고: https://www.tongiltimes.com/news/articleView.html?idxno=1963)

335 Mendelsohn, J. (n.d.). *NATO's Nuclear Weapons: The Rationale for No First Use.* Arms Control Association. https://www.armscontrol.org/act/1999-07/features/natos-nuclear-weapons-rationale-first-use#:~:text=In%20December%201954%2C%20NATO%20agreed,weapons%20deployed%20in%20Western%20Europe.

336 Military Committee. (1957, May 23). "A report by the Military Committee to the North Atlantic Council on overall strategic concept for the defense of the North Atlantic Treaty Organization area". (Revised). (Final Decision). *NATO Strategy Documents 1949 – 1969.* https://www.nato.int/docu/stratdoc/eng/a570523a.pdf

337 Kennedy, J. F. (n.d.). "Remarks at the Opening Session of the Meeting of the Military Committee of NATO". *The American Presidency Project.* https://www.presidency.ucsb.edu/node/234551

338 McNamara, R. (1962, May 5). "Address by Secretary of Defense McNamara at the Ministerial Meeting of the North Atlantic Council". https://history.state.gov/historicaldocuments/frus1961-63v08/d82

339 Atomic Archive. (1967, September 18). *"Mutual Deterrence" Speech by Sec. of Defense Robert McNamara.* San Francisco. https://www.atomicarchive.com/resources/documents/deterrence/mcnamara-deterrence.html.

340 McNamara, R. S. (1961, January 21). *January 21, 1961 – February 29, 1968.* Office of the Secretary of Defense. https://history.defense.gov/Multimedia/Biographies/Article-View/Article/571271/robert-s-mcnamara/

341 US Department of Defense. (2018). *Nuclear Posture Review 2018.* 22-23. https://media.defense.gov/2018/Feb/02/2001872886/-1/-1/1/2018-NUCLEAR-POSTURE-REVIEW-FINAL-REPORT.PDF

342 Rose, F. A. (2015, May 19). "Missile Defense and the U.S. Response to the North Korean Ballistic Missile and WMD Threat". *Institute for Corean-American Studies.* https://www.icasinc.org/2015/2015s/2015sfar.html
343 이용인·성연철. (2016, February 15). "중국, 북핵 3원칙에 '자국 안보' 추가 … '사드, 결연히 반대'". 《한겨레》. https://www.hani.co.kr/arti/international/america/730451.html
344 박의래. (2017, May 3). "'사드보복 피해' 한국 8조 5천억·중국 1조 1천억 원 달할 듯". 《연합뉴스》. https://www.yna.co.kr/view/AKR20170502160700002
345 Lamothe, D. (2017, March 7). "U.S. military deploys advanced defensive missile system to South Korea, citing North Korean threat". *Washington Post.* https://www.washingtonpost.com/news/checkpoint/wp/2017/03/06/u-s-military-deploys-advanced-defensive-missile-system-to-south-korea-citing-north-korean-threat/
346 MacDonald, B. W. and Ferguson, C. D. (2015, September). "Understanding the Dragon Shield: Likelihood and Implications of Chinese Strategic Ballistic Missile Defense". *Federation of American Scientists.* https://fas.org/publication/understanding-the-dragon-shield/
347 US Office of the Secretary of Defense. (2016). *China Military Power 2016; China Military Power 2020.* pp. 55-56.
348 Lewis, G. and Postol, T. (2012, September 21). "Ballistic Missile Defense: Radar Range Calculations for the AN/TPY-2 X-Band and NAS Proposed GBX Radars". *mostlymissiledefense.* https://mostlymissiledefense.com/2012/09/21/ballistic-missile-defense-radar-range-calculations-for-the-antpy-2-x-band-and-nas-proposed-gbx-radars-september-21-2012/#:~:text=To%20provide%20a%20basis%20for%20discussion%2C%20here%20we,with%20all%20our%20parameters%20and%20assumptions%20spelled%20out.
349 Rinehart, I. E. and Hildreth, S. A. et al. (2015, April 3). "Ballistic Missile Defense in the Asia-Pacific Region: Cooperation and Opposition". *Congress Research Service.* https://www.congress.gov/crs-product/R43116
350 US Office of the Secretary of Defense. (2020). *Annual Report to Congress: Military and Security Developments Involving the PRC 2020.* https://media.defense.gov/2020/sep/01/2002488689/-1/-1/1/2020-dod-china-military-power-report-final.pdf
351 정욱식. (2020, October 27). "다시 불붙은 사드 '3불' 논쟁, 무엇이 국익인가". 《프레시안》. https://www.pressian.com/pages/articles/2020102717064339830?utm_source=naver&utm_medium=search
352 김수진. (2017, August 2). "한국인, IS보다 '중국 세력확장' 더 위협적으로 간주". 《연합뉴스》. https://www.yna.co.kr/view/AKR20170802051400009

353 MacDonald, B. W. and Ferguson, C. D. (2015). "Understanding the Dragon Shield: Likelihood and Implications of Chinese Strategic Ballistic Missile Defense". *Federation of American Scientists*. https://fas.org/publication/understanding-the-dragon-shield/

354 Lieber, K. A. and Press, D. G. (2006). "The End of MAD? The Nuclear Dimension of U.S. Primacy". *International Security*, 30(4). https://www.jstor.org/stable/4137528; Press, D. G. (2017). "The New Era of Counterforce; Technological Change and the Future of Nuclear Deterrence". *International Security*, 41(4). https://doi.org/10.1162/ISEC_a_00273

355 Waltz, K. (1990). "Nuclear Myths and Political Realities." in *The Use of Force: Military Power and International Politics*, 6th ed. Art, R. J. and Waltz, K. 102-118. New York: Rowman & Littlefield; Waltz, K. (2004). "Missile Defense and the Multiplication of Nuclear Weapons." in *The Use of Force: Military Power and International Politics*, 6th ed. Art, R. J. and Waltz, K. 347-352. New York: Rowman & Littlefield.

356 Waltz, K. (1990). "Nuclear Myths and Political Realities." in *The Use of Force: Military Power and International Politics*, 6th ed. Art, R. J. and Waltz, K. New York: Rowman & Littlefield.

357 Waltz, K. (2004). "Missile Defense and the Multiplication of Nuclear Weapons." in *The Use of Force: Military Power and International Politics*, 6th ed. Art, R. J. and Waltz, K. New York: Rowman & Littlefield.

358 U.S. Department of Defense. (2023). *Military and security developments involving the People's Republic of China 2023*. https://media.defense.gov/2023/Oct/19/2003323409/-1/-1/1/2023-MILITARY-AND-SECURITY-DEVELOPMENTS-INVOLVING-THE-PEOPLES-REPUBLIC-OF-CHINA.PDF

359 Waltz, K. N. (2004). *The spread of nuclear weapons: A debate renewed*(2nd ed.). W.W. Norton & Company

360 신성호. (2016). "억제의 불균형: 핵3원체제와 핵전략을 통해 본 미·중 군사경쟁". 《국가전략》, 22(4).

361 Clapper, J. (2016, October 25). *A conversation with James Clapper, Director of National Intelligence*. (C. Rose, Presider). Council on Foreign Relations. http://www.cfr.org/intelligence/conversation-james-clapper/p38426

362 Schilling, J. (2016, August 26). *North Korea's SLBM program progresses, but still long road ahead*. 38 North. http://38north.org/2016/08/slbm082616/

363 Global Firepower. (2020). *Global Firepower ranks(2005-present)*. Global Firepower. https://www.globalfirepower.com/global-ranks-previous.php

364 Sagan, S. D., & Waltz, K. N. (2003). *The spread of nuclear weapons: A debate renewed*(2nd ed., pp. 38-39). W.W. Norton & Company.

365 김성탁. (2016년 9월 11일). "미 NYT '북한은 미치기는커녕 너무 이성적이다'". 《중앙일보》. https://www.joongang.co.kr/article/20545223

366 Art, R. J., & Cronin, P. M. (2003). *The United States and coercive diplomacy*. United States Institute of Peace Press.

367 George, A. (1991). *Forceful persuasion: Coercive diplomacy as an alternative to war*. United States Institute of Peace Press.

368 George, A., & Simons, W. (1994). *The limits of coercive diplomacy*(2nd rev. ed.). Westview Press.

369 George, A. L. (1988). "Coercive diplomacy". In K. N. Waltz & R. J. Art(Eds.). *The use of force: Military power and international politics*(3rd ed., pp. 70-76). University Press of America.

370 George, A. L., & Simons, W. E. (1994). *The limits of coercive diplomacy*(2nd ed.). Westview Press.

371 Hunt, M. H. (2009). *Crisis in U.S. foreign policy*(pp. 232-291). Yale University Press; Gaddis, J. L. (1997). *We now know: Rethinking Cold War history*(pp. 260-280). Oxford University Press; Craig, G. A., & George, A. L. (2007). *Force and statecraft: Diplomatic problems of our time*(pp. 202-205). Oxford University Press.

372 Jentleson, B. W., & Whytock, C. A. (2005/2006). "Who 'won' Libya? The force-diplomacy debate and its implications for theory and policy". *International Security*, 30(3), 47-86.

373 Ibid. p.51.

374 Ibid. pp.52-53.

375 Jentleson, B. W., & Whytock, C. A. (2005/2006). "Who 'won' Libya? The force-diplomacy debate and its implications for theory and policy". *International Security*, 30(3), 47-86.

376 Sanger, D. E., & Broad, W. J. (2017, April 16). "A 'Cuban missile crisis in slow motion' in North Korea". *The New York Times*. https://www.nytimes.com/2017/04/16/us/politics/north-korea-missile-crisis-slow-motion.html

377 International Crisis Group. (2010, December 23). *North Korea: The risk of war in the Yellow Sea*. http://www.crisisgroup.org/en/regions/asia/north-east-asia/north-korea/198-north-korea-the-risks-of-war-in-the-yellow-sea.aspx

378 Bennett, B. (2011, June 21). *The challenge of nuclear nonproliferation: The North Korean case*. Paper presented at the International Nuclear Order Change and the Seoul Nuclear Security Summit, Korea National Defense University, Seoul Plaza Hotel, Seoul, South Korea.

379 강압 외교와 확전의 위험성에 관해서는 참고 Stein, J. G. (1991). "Reassurance in international conflict management". *Political Science Quarterly*, 106(3), 431-451; Lebow, R. N. (1988). "Provocative deterrence: A new look at the Cuban

missile crisis". *Arms Control Today,* 18(6), 3-11.

380 Buzan, B., & Hansen, L. (2015). *The Evolution of International Security Studies.* Cambridge University Press; Buzan, B., Wæver, O., & De Wilde, J. (1998). *Security: A new framework for analysis.* Lynne Rienner Publishers.

381 Clapper, J. R. (2013, March 12). *Worldwide threat assessment of the US intelligence community: Senate Select Committee on Intelligence.* Office of the Director of National Intelligence. https://www.dni.gov/files/NCTC/documents/news_documents/2013_03_12_SSCI_Worldwide_Threat_Assessment.pdf; Abbott, R. (2016, February 16). "Clapper says cyber is top national threat over terrorism". *Defense Daily.*https://www.defensedaily.com/clapper-says-cyber-is-top-national-threat-over-terrorism-2/uncategorized/

382 김상배. (2016). "신흥안보와 메타 거버넌스: 새로운 안보 패러다임의 이론적 이해". 《한국정치학회보》, 50(1), 75-104.

383 Intergovernmental Panel on Climate Change(IPCC). (2021). *Climate change 2021: The physical science basis.* IPCC Sixth Assessment Report, Working Group I. https://www.ipcc.ch/report/ar6/wg1/downloads/report/IPCC_AR6_WGI_FullReport.pdf

384 Gaffney, A. (2024, October 31). "Climate change is making disasters deadlier. Here's how much". *The New York Times.* https://www.nytimes.com/2024/10/31/climate/climate-disasters-cop29-election.html

385 박현주. (2024, October 8). "폭염이 북핵만큼 무섭다 … '기후, 한국 가장 큰 위협' 1위 [한국 안보, 국민에 묻다]". 《중앙일보》. https://www.joongang.co.kr/article/25282744

386 The White House. (2021, January 27). *Executive order on tackling the climate crisis at home and abroad.*

387 Cincotta, R. C. (2004). *Demographic security comes of age.Environmental Change and Security Program Report, 10,* Wilson Center.

388 Marqusee, H. (2010, December 16). "Demographic security comes to the Hill". *New Security Beat.* Wilson Center. https://www.newsecuritybeat.org/2010/12/demographic-security-comes-to-the-hill/

389 Murray, S. H. (2022, February 10). "The next century's big demographic mystery: Experts can't agree on how many humans will be on Earth by 2100. The implications could be profound". *The Atlantic.* https://www.theatlantic.com/family/archive/2022/02/global-population-forecast-disagreement/621243/

390 National Intelligence Council. (2008, November). *Global trends 2025: A transformed world.* http://www.aicpa.org/Research/CPAHorizons2025/GlobalForces/DownloadableDocuments/GlobalTrends.pdf

391 Goldstone, J. A. (2002). "Population and security: How demographic change can lead to violent conflict". *Journal of International Affairs*, 56(1), 4-5.
392 National Intelligence Council. (2008, November). *Global trends 2025: A transformed world*http://www.aicpa.org/Research/CPAHorizons2025/GlobalForces/DownloadableDocuments/GlobalTrends.pdf
393 Ibid. pp. 23-24.
394 Muslim Population by Country 2025, World Population Review, https://worldpopulationreview.com/country-rankings/muslim-population-by-country#title
395 Hackett, C. (2016, July 16). "5 facts about Muslim populations in Europe". *Pew Research Center*.http://www.pewresearch.org/fact-tank/2016/07/19/5-facts-about-the-muslim-population-in-europe/
396 European Commission. (2016, June 20). *Refugee Crisis in Europe*, http://ec.europa.eu/echo/refugee-crisis_en
397 BBC News. (2016, March 4). "Migrant crisis: Migration to Europe explained in seven charts". *BBC News*. http://www.bbc.com/news/world-europe-34131911
398 Michaels, J. (2016, July 29). "Analysis: String of terror attacks in Europe likely to continue". *USA Today*. http://www.usatoday.com/story/news/world/2016/07/26/analysis-string-if-terror-attacks-europe-likely-continue/87578584/; Batchelor, T. (2016, July 27). "Terror in Europe mapped - Shocking number of deaths and injuries from attacks in 2016". *Express*. http://www.express.co.uk/news/world/693954/Terror-in-Europe-map-deaths-injuries-attacks-2016
399 National Intelligence Council. (2008, November). *Global trends 2025: A transformed world*. http://www.aicpa.org/Research/CPAHorizons2025/GlobalForces/DownloadableDocuments/GlobalTrends.pdf
400 Dent, H. (2014). *The demographic cliff: How to survive and prosper during the great deflation of 2014-2019*. Penguin.
401 Mehta, P. B. (2018, September). India's strong man: Narendra Modi remains an authoritarian at heart. *Global Asia*, 13(3). https://www.globalasia.org/v13no3/cover/indias-strong-man-narendra-modi-remains-an-authoritarian-at-heart_pratap-bhanu-mehta; Chandra, A. (2019, June 6). "Hindu nationalism and authoritarianism: Narendra Modi's second - and third - term". *Commentary, London School of Economics*.https://blogs.lse.ac.uk/religionglobalsociety/2019/06/hindu-nationalism-and-authoritarianism-narendra-modis-second-and-third-term/
402 한진주. (2022. 9. 25). "OECD '韓 초산 연령 27년 만에 26→32세'". 《아시아경제》.

https://cm.asiae.co.kr/article/world-all/2022092508355356325
403 임현진. (2023 4. 25). "서기 2300년, 한국은 세계지도에서 사라진다". 《매일경제》. https://snuac.snu.ac.kr/?page_id=34991&board_page=10&vid=113
404 전준범. (2022, September 19). "'50년 후 노인민국' … 소리 없이 다가오는 '경제 마비' 그림자". 《조선비즈》. https://biz.chosun.com/policy/policy_sub/2022/09/19/2ZUZEWT3IFFKDA3KOAHAXFSOC4/
405 민병권. (2022, April 13). "국방硏 '올해 병력 50만 명선 붕괴' … 정치 포퓰리즘이 부른 안보참사". 《서울경제》. https://m.sedaily.com/NewsView/264OF4LOZQ#cb
406 Schwab, K. (2016, January 14). *The Fourth Industrial Revolution: What It Means and how to respond.* World Economic Forum. https://www.weforum.org/stories/2016/01/the-fourth-industrial-revolution-what-it-means-and-how-to-respond/
407 Brodie, B., & Brodie, F. M. (1973). *From crossbow to H-Bomb: The Evolution of the Weapons and Tactics of Warfare.* Indiana University Press; Dupuy, T. N. (1984). *The evolution of weapons and warfare.* Da Capo Press; Van Creveld, M. (1991). *Technology and war: From 2000 B.C. to the present.* Maxwell Macmillan.
408 Bertaud, J. P. (2019). *The army of the French Revolution: From citizen-soldiers to instrument of power.* Princeton University Press.; Haythornthwaite, P. J. (1988). *Napoleon's military machine.* History Press.
409 Geist, C. (n.d.). "Of Rocks, Trees, Rifles, and Militia: Thoughts on Eighteenth-Century Military Tactics". The Colonial Williamsburg Official History & Citizenship Site. https://research.colonialwilliamsburg.org/Foundation/journal/Winter08/tactics.cfm; Black, J., & Keegan, J. (1999). *Warfare in the Eighteenth Century.* Cassell; Carrington, H. B. (1968). *Battles of the American revolution, 1775-1781*; Edgar, W. B. (2003). *Partisans and Redcoats: The Southern conflict that turned the tide of the American Revolution.* Perennial; Van Tyne, C. H. (1929).
410 Howard, M. (2013). *The Franco-Prussian War: The German Invasion of France 1870–1871.* Routledge; Brodie. pp. 148-151; van Creveld. pp. 158-159.
411 Marshall, A. (1995, May 5). *Revolutions in Military Affairs Statement prepared for the Subcommittee on Acquisition & Technology*, Senate Armed Services Committee.
412 Hundley, R. O. (1999). *Past Revolutions Future Transformation.* RAND. pp. 8-10.
413 Krepinevich, A. F. (1994). "Cavalry to computer: The pattern of military revolutions". *The national interest,* (37), 30-42. 정춘일. (1999). "미국의 군사혁신 개념과 비전". 《국방연구》(안보 문제연구소), 42(1), 5-27.에서 재인용.
414 Parker, G. (1996). *The military revolution: Military innovation and the rise of the*

West, 1500-1800. Cambridge University Press.
415 Ellis, J. (1986). *The social history of the machine gun.* The Johns Hopkins University Press, pp. 63-64.
416 Wikipedia. (n.d.). "Battle of ulundi". https://en.wikipedia.org/wiki/Battle_of_Ulundi
417 Wikipedia. (n.d.). "Battle of abu klea". https://en.wikipedia.org/wiki/Battle_of_Abu_Klea
418 Wikipedia. (n.d.). "Battle of omdurman". https://en.wikipedia.org/wiki/Battle_of_Omdurman
419 Ellis. (1986). pp. 48-60.
420 Ibid. 65-68.
421 Murray, W., & Watts, B. (1996). "Military innovation in peacetime". *Military innovation in the interwar period,* pp, 369-415.
422 Allcorn, W. (2007). *Maginotova linie 1928-45.* Grada Publishing.
423 Donnell, C. (2017). *The Battle for the Maginot Line, 1940.* Pen and Sword.
424 Frieser, K. H. (2013). *The blitzkrieg legend: The 1940 campaign in the West.* Naval Institute Press.
425 Murray, W., & Watts, B. (1996). "Military innovation in peacetime". *Military innovation in the interwar period.* pp. 369-415.
426 Dupuy, T. N. (1984). *The evolution of weapons and warfare.* Da Capo Press.
427 Ellis. (1986). pp. 48-60.
428 Hart, B. L. (1979). *The German Generals talk: Startling Revelationsfrom Hitler's high command.* Quill; Corum, J. S. (1992). *The roots of blitzkrieg: Hans von Seeckt and German military reform.* University Press of Kansas; Macksey, K. (1976). *Guderian, Creator of the Blitzkrieg.* Scarborough House.
429 Turnbull, A. D., & Lord, C. L. (1949). *History of United States Naval Aviation.* Yale University Press.
430 Marshall, A. W. (1993). "Some Thoughts on Military Revolutions-Second Version". *Memorandum for the Record, Office of the Secretary of Defense, Office of Net Assessment,* 3.
431 Hundley. (1999). pp. 32-34.
432 The Economist. (2018, January 27). "The Future of War". *The Economist.* https://www.economist.com/special-report/2018/01/25/the-future-of-war
433 대한민국 국방부. (2023). 『2022년 국방백서』. p. 129.
434 Hundley. 1999. pp. 59-73.
435 Johnson, D. E. (1998). *Fast tanks and heavy bombers: innovation in the US Army, 1917–1945.* Cornell University Press.

KI신서 13653

한반도 평화의 지정학

서울대 국제대학원 신성호 교수의 현실적이고 객관적인 대한민국 안보 정책

1판 1쇄 인쇄 2025년 6월 17일
1판 1쇄 발행 2025년 6월 25일

지은이 신성호
펴낸이 김영곤
펴낸곳 (주)북이십일 21세기북스

인문기획팀 팀장 양으녕 **책임편집** 서진교 **마케팅** 김주현
디자인 푸른나무디자인
출판마케팅팀 남정한 나은경 한경화
영업팀 한충희 장철용 강경남 황성진 김도연
제작팀 이영민 권경민

출판등록 2000년 5월 6일 제406-2003-061호
주소 (10881) 경기도 파주시 회동길 201(문발동)
대표전화 031-955-2100 **팩스** 031-955-2151 **이메일** book21@book21.co.kr

(주)북이십일 경계를 허무는 콘텐츠 리더

21세기북스 채널에서 도서 정보와 다양한 영상자료, 이벤트를 만나세요!

페이스북 facebook.com/jiinpill21 **포스트** post.naver.com/21c_editors
인스타그램 instagram.com/jiinpill21 **홈페이지** www.book21.com
유튜브 youtube.com/book21pub

ISBN 979-11-7357-363-7 (03300)